国家出版基金项目
NATIONAL PUBLICATION FOUNDATION
“十三五”国家重点图书
出版规划项目

中国濒危语言志　组委会

主　任

杜占元

执行主任

田立新

成　员

田联刚　许正明　刘　利　黄泰岩　于殿利

张浩明　刘　宏　周晓梅　周洪波　尹虎彬

中国濒危语言志
汉语方言系列

总主编 曹志耘
主编 张振兴 邢向东

浙江江山廿八都话

黄晓东 著

创于1897
商务印书馆
The Commercial Press

图书在版编目（CIP）数据

浙江江山廿八都话/黄晓东著.—北京：商务印书馆，2019
（中国濒危语言志）
ISBN 978-7-100-17728-3

Ⅰ.①浙… Ⅱ.①黄… Ⅲ.①吴语—介绍—江山 Ⅳ.①H173

中国版本图书馆CIP数据核字（2019）第167400号

浙江江山廿八都话

黄晓东 著

出版发行：商务印书馆
地　　址：北京王府井大街36号
邮政编码：100710

印　　刷：北京雅昌艺术印刷有限公司

开　　本：787×1092 1/16　　印　　张：17 1/4
版　　次：2019年6月第1版　　印　　次：2019年6月北京第1次印刷
书　　号：ISBN 978-7-100-17728-3

定　　价：120.00元

江山市廿八都地形地貌　江山市廿八都 /2016.4.30/ 黄晓东 摄

江山市廿八都镇貌　江山市廿八都 /2016.5.2/ 黄晓东 摄

江山市廿八都文昌殿　江山市廿八都 /2018.2.26/ 黄晓东 摄

调查工作现场　江山市廿八都 /2016.4.30/ 吴露露 摄

序

我的老家在浙江金华。我在老家生活的年代是20世纪六七十年代。那时候人们白天黑夜地干，酷暑寒冬地干，但就是吃不饱饭。山上光秃秃的，地上光秃秃的，简直成了不毛之地。如今40年过去了，回到家乡，只见茂林修竹，清流激湍，芳草鲜美，落英缤纷，俨然人间仙境。进山的小路早已被草木掩没，没有刀斧开路，则寸步难行。

在我家附近的塔石乡，有一个叫“大坑”的畲族村子，坐落在一条山沟里，有50多人。畲族相传发源于广东潮州凤凰山，明代以来逐渐北迁，从广东到福建，从福建到浙江、江西、安徽等地。数百年来，畲族尽管不断迁徙，散落中国东南各地，然而始终保持着他们共同的语言——畲话。1981年，我在山东大学上学期间，曾经一个人跑到大坑去，拿着日本人编制的调查表记录他们的畲话。当时村里男女老少，基本上人人会讲畲话。但时至今日，很多人已不会讲或讲不好畲话了，25岁以下无一人会讲。照此发展下去，估计几十年后，大坑人沿袭千年之久的母语将彻底消亡。

自然环境的破坏可以修复，但语言的消亡无法挽回，不可再生。

根据联合国教科文组织的《世界濒危语言地图》（2018），在世界现存的约6700种语言中，有40%的语言濒临灭绝，平均每两个星期就有一种语言消亡。中国有130多种语言，其中有68种使用人口在万人以下，有48种使用人口在5000人以下，有25种使用人口不足1000人，有的语言只剩下十几个人甚至几个人会说了。汉语方言尽管使用人数众多，但许多小方言、方言岛也在迅速衰亡。即使是那些还在使用的大方言，其语言结构和表达功能也已大大萎缩，或多或少都变成“残缺”的语言了。

冥冥之中，我们成了见证历史的人。

然而，作为语言学工作者，绝不应该坐观潮起潮落。事实上，联合国教科文组织早在1993年就确定当年为“抢救濒危语言年”，同时启动“世界濒危语言计划”，连续发布“世界濒危语言地图”（联合国已确定2019年为“国际本土语言年”）。二十多年来，国际上先后成立了上百个抢救濒危语言的机构和基金会，各种规模和形式的濒危语言抢救保护项目在世界各地以及网络上展开。我国学者在20世纪90年代已开始关注濒危语言问题，自21世纪初以来，开展了多项濒危语言、方言调查研究课题，出版了一系列重要成果，例如孙宏开先生主持的“中国新发现语言研究丛书”、张振兴先生等主持的“中国濒危语言方言研究丛书”、鲍厚星先生主持的“濒危汉语方言研究丛书”（湖南卷）等。为了全面、及时抢救保存中国语言方言资源，教育部、国家语委于2015年启动了规模宏大的“中国语言资源保护工程”。在语保工程里，专门设立了濒危语言方言调查项目，迄今已调查76个濒危语言点和60个濒危汉语方言点。对于濒危语言方言点，除了一般调查点的基本调查内容以外，还要求对该语言或方言进行全面系统的调查，并编写濒危语言志书稿。随着工程的实施，语保工作者奔赴全国各地，帕米尔高原、喜马拉雅山区、藏彝走廊、滇缅边境、黑龙江畔、海南丛林都留下了他们的足迹和身影。一批批鲜活的田野调查语料、音视频数据和口头文化资源汇聚到中国语言资源库，一些从未被记录过的语言、方言在即将消亡前留下了它们的声音。

为了更好地利用这些珍贵的语言文化遗产，在教育部语言文字信息管理司的领导下，商务印书馆和中国语言资源保护研究中心组织申报了国家出版基金项目“中国濒危语言志”，并有幸获得批准。该项目计划在两年内按统一规格、以EP同步方式编写出版30卷志书，其中少数民族语言20卷，汉语方言10卷。自项目启动以来，语信司领导高度重视，亲自指导志书的编写出版工作，各位主编、执行编委以及北京语言大学、中国传媒大学的工作人员认真负责，严格把关，付出了大量心血，商务印书馆则配备了精兵强将以确保出版水准。这套丛书可以说是政府、学术界和出版社三方紧密合作的结果。在投入这么多资源、付出这么大努力之后，我们有理由期待一套传世精品的出现。

当然，艰辛和困难一言难尽，不足和遗憾也在所难免。让我们感到欣慰的是，在这些语言、方言即将隐入历史深处的时候，我们赶到了它们身边，倾听它们的声音，记录它们的风采。尽管我们无力回天，但已经尽了最大的努力，让时间去检验吧。

曹志耘

2018年10月

于浙江师范大学

目录

第一章　导论　1

第一节　调查点概况　2
　一　江山市概况　2
　二　廿八都概况　3
第二节　廿八都方言概况　4
　一　方言种类及其分布　4
　二　廿八都话　5
第三节　廿八都话使用现状　9
　一　问卷调查　9
　二　实地访谈　13
　三　濒危现状　16
第四节　研究现状　17
第五节　调查说明　18

第二章　语音　21

第一节　声韵调　22
　一　声母　22
　二　韵母　22
　三　单字调　23
第二节　单字音表　24
第三节　连读变调　33
第四节　异读　35
　一　文白异读　35
　二　新老异读　35
第五节　古今语音比较　37
　一　声母的古今比较　38
　二　韵母的古今比较　40
　三　声调的古今比较　44
第六节　音韵特点　45
　一　声母的特点　45
　二　韵母的特点　46
　三　声调的特点　47

第三章　同音字汇　49

第四章　词汇特点　63

第一节　特别词　64
　一　与官话方言一致的说法　64
　二　与周围方言一致的说法　67

三　其他说法　69
第二节　古语词　70
第三节　民俗文化词　73
一　房舍建筑　73
二　日常用具　77
三　饮食　78
四　农工百艺　79
五　婚丧嫁娶　81
六　节日　83

第五章　分类词表　87

第一节《中国语言资源调查手册 · 汉语方言》　89
一　天文地理　89
二　时间方位　90
三　植物　92
四　动物　93
五　房舍器具　94
六　服饰饮食　95
七　身体医疗　97
八　婚丧信仰　98
九　人品称谓　99
十　农工商文　100
十一　动作行为　102
十二　性质状态　105
十三　数量　107
十四　代副介连词　108
第二节《汉语方言词语调查条目表》　110
一　天文　110
二　地理　111
三　时令　时间　112
四　农事　农业　114
五　植物　117
六　动物　119
七　房舍　122
八　器具　用品　124

九　称谓　127
十　亲属　129
十一　身体　130
十二　疾病　医疗　131
十三　衣服　穿戴　133
十四　饮食　135
十五　红白大事　137
十六　日常生活　140
十七　讼事　141
十八　交际　142
十九　商业　交通　手工业等　143
二十　文化教育　147
二十一　文体活动　149
二十二　动作　151
二十三　位置　153
二十四　代词等　154
二十五　形容词　154
二十六　副词　介词等　156
二十七　量词　156
二十八　附加成分等　158
二十九　数字　159

第六章　语法　163

第一节　词法　164
一　指称动物性别的特征语素　164
二　词缀　164
三　重叠　166
四　数量词　167
五　代词　168
六　性状与程度　171
七　介引与关联　172
八　动词的体　173
九　动词的后置成分　176
十　语气词　177
第二节　句法　180
一　处置句和被动句　180
二　双宾句　181

三　比较句　183
四　疑问句　184
五　否定句　186
六　可能句　187
七　动补句　188
八　宾语和补语的顺序　190

第七章　语法例句　191

第一节　《中国语言资源调查手册·汉语方言》　193
第二节　《汉语方言语法调查例句》　199

第八章　话语材料　227

第一节　俗语谚语　228
一　俗语　228
二　谚语　229
三　歇后语　232
第二节　歌谣　235
第三节　故事　239

参考文献　252

调查手记　254

后　记　260

第一章 导论

第一节

调查点概况

一 江山市概况

江山市位于浙江省西南部，浙、闽、赣三省交界处，介于北纬28°15′～28°53′、东经118°22′～118°48′之间。东临衢江区和遂昌县，西接江西省玉山县和上饶市广丰区，北面是常山县（以上各县区均通行吴语），南面为福建省浦城县（北部通行吴语，南部则通行闽北方言）。地势东南高、西北低，中部为河谷地带。全市总面积2019平方公里，南北长71公里，东西宽42公里，其中山区占69%。河流以发源于福建省浦城仙霞岭、注入常山港的江山港为主，属钱塘江水系。

江山唐武德四年（公元621年）建县，始称须江县，隶属于衢州。（五代十国）吴越宝正六年（931年）更名为江山。宋、元、明、清时期一直属衢州（路、府）。1987年经国务院批准，撤县设市，仍隶衢州市。

现辖11镇5乡3街道、292个行政村13个社区。廿八都是属镇之一。全市户籍人口61.64万人（2018年年末），[①]绝大多数为汉族。

江山方言是江山市境内最主要的方言，属于吴语上丽片上山小片（据《中国语言地图集》第二版），与广丰、玉山、开化、常山等方言关系较为密切。此外，江山境内还有廿八都话、南丰话等方言岛。

---

① 据《2018年江山市国民经济和社会发展统计公报》（江山市统计局），http://www.jiangshan.gov.cn/art/2019/3/25/art_1226135_31637529.html。

二 廿八都概况

廿八都镇位于江山市西南端，浙闽赣三省交界处。北距江山市区60公里，南距福建浦城县城、西至江西上饶市广丰区城区均约45公里。该镇地处仙霞岭山脉腹地，境内多山。总面积183平方公里，其中山地就占88.7%，耕地只占8.1%，水域仅有0.5%。镇区面积约6平方公里，分布在一个小盆地中。205国道盘山越岭，穿镇而过。

廿八都地处浙闽咽喉之地，形势险要，关隘拱列，历来为兵家必争之地和屯兵扎营之所。境北仙霞关素有“东南锁钥”之称。据说，唐末黄巢农民起义军从此进入福建，留下一条仙霞古道及一座仙霞雄关。境南的枫岭关系浙江五大名关之一，始建于五代，清政府曾在此设浙闽枫岭营。

廿八都始名于宋熙宁四年（1070年），1931年始设镇；1949年5月，廿八都解放，此后一直属于保安区；1958年公社化，属峡口人民公社廿八都管理区；1961年调整为廿八都公社；1987年建制为峡口区廿八都镇。1991年被列为浙江省历史文化名镇，2007年被列为中国历史文化名镇，2008年被命名为中国民间文化艺术（山歌）之乡。2017年2月，被评为国家5A级旅游景区。

廿八都镇现辖浔里、花桥、枫溪、兴墩、坚强、山峰、林丰、浮盖山、周村等9个行政村。常住人口约7000人（2010年第六次全国人口普查数据）。

第二节

廿八都方言概况

一　方言种类及其分布

廿八都境内方言非常复杂。陶寰（2007）认为有6种方言，大致分布如下：

廿八都话，境内最大的方言，分布在廿八都镇以及羊田等地。①

下浦话，分布在灰山（山峰大队），俗称“上四府话”，可能是闽北方言。

下四府话，分布在溪下、岭头，据李如龙（1991：411），应是闽南方言。

江山话，分布在镇属范围内小竿岭以北地区。

广丰话，分布在林峰。

浦城话，分布在古溪、岭下一带，实际上是浦城话和廿八都话的双方言区。

其中后三种方言都是吴语，江山话跟广丰话比较接近，大体可以通话，浦城话则相差较大。

《廿八都镇志》（2007：450—453）则称境内主要有13种方言。具体如表1-1所示。

表1-1　廿八都镇的方言和分布

	方言	使用人口	主要分布村庄
1	廿八都话	9798	花桥、富强、枫溪、林丰、坚强、浔里、兴墩、山峰、五福、张家山、岭头、崇山等
2	江山腔	1708	五福、和平、徐罗、高峰等
3	浦城腔	764	富强、张家山、岭头、花桥、高峰等

① 毗邻的福建省浦城县北端盘亭乡深坑村一带也有人使用。参见李如龙（1991）。

续 表

	方言	使用人口	主要分布村庄
4	岭头腔	361	岭头村岭头和岭下自然村
5	广丰腔	360	林丰、花桥、五福、坚强、枫溪、富强、兴墩等
6	灰山腔	356	山峰村灰山自然村
7	洋田腔	182	富强村洋田自然村
8	溪下腔	135	张家山村溪下自然村
9	乌石块腔	61	花桥村乌石块和腊子岗自然村、富强
10	南丰腔	19	林丰村乌梅弄自然村
11	下浦腔	5	富强村叠石自然村
12	徽州腔	4	枫溪、花桥
13	贵州腔	156	枫溪、林丰、兴墩、花桥等

说明：表中各村按使用人口从多到少排列，多个村庄都有数种方言分布。贵州腔来源与其他不同，故排最后。

据《廿八都镇志》(2007：450—453)，表中部分方言的系属和来源分别如下：

1. 岭头腔。源自福建省汀州府，又称汀州腔。

2. 灰山腔。源自江西省宜黄县，又称宜黄腔。

3. 洋田腔。富强村洋田自然村中李、谢两姓，先祖来自闽南，原讲闽南话。因与浦城交界，又学会浦城话。久而久之，形成融闽南话与闽北浦城话于一体的特殊方言，称为洋田腔。

4. 溪下腔。应源自福建东南沿海一带。

5. 乌石块腔。其方言源自何处，有待考证。

6. 南丰腔。先祖来自江西省南丰县。

7. 下浦腔。源自闽南下浦县。

8. 徽州腔。清代，徽州商人来廿八都定居，开设大商号。

9. 贵州腔。20世纪80年代开始，每年均有一些贵州籍女青年嫁入。

二　廿八都话

廿八都话，即“廿八都腔”，又称“正字”，是当地的通用语。周围农村的人与廿八都人交流用廿八都话。使用总人口不到1万（包括非母语者）。

（一）形成历史

关于廿八都话的形成历史，有几种说法：

1. 京官后裔说

李如龙（1991：412）指出："相传是同治年间京官来廿八都当三品游击，其后裔就保留了这一北方方言岛。"

2. "苗獠骑兵"后裔说

根据《衢州市志》（1994：1232—1233）的考证，可能是顺治二年（1645年），贵州平越指挥赵怀民从金陵溃败，带领"苗獠骑兵千余人"，过衢入闽途中，在廿八都驻留下来，繁衍生息而成。

3. 方言、官话接触说

陶寰（2007）推测，廿八都话的形成缘于它独特的地理位置，作为一个交通枢纽，客商来往频繁，由于浙闽赣三省交界地区的方言十分复杂，通话困难，客观上要求有一种相对通用的交际方言，在周边方言都没有绝对权威的情况下，"官话"就成了最好的选择。（参见潘家懿 1998）廿八都驻军使用的官话在其中起到了一个"示范"的作用，但它本身应该并没有保留下来，保留下来的只是当地居民学习官话的一个成果。廿八都话形成于何时，我们还很难就目前的材料做出判断。因为方言的形成和稳定本身有一个过程，驻军初期尚不能形成方言，所以我们只能大致说它不早于康熙，不晚于同治、光绪。廿八都话应是方言与权威方言——官话接触的产物。

林芝雅、沈先君（2014）与陶文观点类似：在移民种类较复杂、所在地各种方言难有强势、弱势之分的情况下，当地居民以及各种移民放弃各自方言（或者说母语退居为家庭用语），而以当时的书面语（共同语）为交际语言。最后由于官话在交际中的作用和地位愈益重要，居民的母语方言不断萎缩直至消亡，这些居民成为"无方言人群"，而以官话为母语。于是逐渐形成了今天所看到的"官话方言岛"。

4. 来源不明说

曹志耘、黄晓东（2007）对廿八都话、开化县华埠土官话、玉山怀玉山官话的语言特点进行了比较，推测三者很可能有共同的来源。

（二）方言系属

《衢州市志》（1994：1233）认为廿八都话"与贵州省贵阳市至广西壮族自治区桂林市之间的口音相近""是一种西南官话与吴语长期融合的语言"。陶寰（2007）则认为，廿八都话除了有北方方言的一些特征以外，还有闽语、畲话等方言的成分，但更多的特征与邻近地区的吴语相同，可以定性为"浙西南地区土官话"，但更近吴语。

我们认为，廿八都话具有较多的官话特点，又受到周围方言尤其是江山话的深刻影响。下文将廿八都话与官话、吴语分别进行比较。

1. 与官话的比较

罗杰瑞（1995：161—163）曾提出划分汉语南北方言类型的10项标准[①]，认为北部类型（官话）具有10项全部特征，南部类型（客家、粤、闽）反之，而介乎两者之间的方言属于中部类型（吴、赣、湘）。史皓元（1992、1995）曾经运用这10项标准来讨论杭州方言的性质，我们则借以判定廿八都话的系属。如表1–2所示（附江山话、苏州话和北京话以资比较）：

表1–2　廿八都话与官话的比较

官话特征	廿八都	江山	苏州	北京
（1）第三人称代词是“他”或“他”的同源词	+	−	−	+
（2）领属助词是“的”或“的”的同源词	+	−	−	+
（3）否定词是“不”或“不”的同源词	+	−	+	+
（4）表示动物性别的词序在前，如“母鸡”	−	−	+	+
（5）只有平声分阴阳	−	−	−	+
（6）古舌根音在i前腭化	+	−	+	+
（7）用“站”或“站”的同源词	+	−	−	+
（8）用“走”或“走”的同源词	+	+	+	+
（9）用“儿子”或“儿子”的同源词	+	+	+	+
（10）用“房子”或“房子”的同源词	+	−	±	+

从表1–2可见，廿八都话与官话一致的特点达8条，不一致的仅2条，二者大同小异，因此把廿八都话归入官话并无不妥。

2. 与吴语的比较

《中国语言地图集》（第一版）列举了吴语的15条特征，表1–3显示了廿八都话与吴语的异同。

表1–3　廿八都话与吴语的比较

吴语特征	廿八都	江山	苏州
（1）古全浊声母读浊音，古塞音三分	−	+	+
（2）古疑母今读鼻音，洪音作[ŋ]，细音作[ȵ]	± 多数	+	+
（3）古微母有文白异读，文读口音，白读鼻音	± 个别	+	+

① 原著出版于1988年，此处据中译本。罗杰瑞（2006）又增至15项。本文仍以罗杰瑞（1995：161—163）的10项为准。

续 表

吴语特征	廿八都	江山	苏州
（4）古日母有文白异读，文读口音，白读鼻音	−	+	+
（5）[m n ŋ]能自成音节	−	−	+
（6）“鸟”字声母有[ȵ t]文白两读	−	+	+
（7）咸山两摄字一般不带鼻尾	± 鼻尾或鼻化	+	+
（8）蟹摄二等字不带[i]尾	−	+	+
（9）咸山两摄见系一二等不同韵（二等指白读洪音）	−	+	+
（10）梗摄二等白读跟同摄三四等及曾摄不混	−	+	+
（11）“打”读“德冷切”	−	+	+
（12）平上去入今一般各分阴阳	+	+	+
（13）入声多收[ʔ]尾	+	+	+
（14）否定词“不”字口语读唇齿音声母	−	+	+
（15）“个”的轻声表示领有	−	+	+

以吴语的15条特征来衡量，廿八都话与吴语相同者2条，不同者10条，部分相同部分不同者3条。值得一提的是，廿八都话全浊声母清化，平声送气，仄声不送气，明显不同于吴语；虽然平、去、入各分阴阳，但次浊上归阴上的特点也不同于吴语。

我们认为，廿八都话与吴语的“异”大于“同”，不宜归入吴语。总体来看，廿八都话与官话更近，宜归入官话方言岛。

第三节

廿八都话使用现状

为了了解廿八都话的使用现状，我们在廿八都小学进行了问卷调查，并实地走访了部分家庭。

一　问卷调查

（一）调查对象

廿八都小学五、六年级各2个班。我们对这4个班中当时在场的全部学生进行调查。问卷当场收回。

调查时间为2018年4月—5月。共发放问卷166份，收回有效问卷130份。[①]其中男生65名，女生65名；五年级60名，六年级69名，年级未填1名；家庭住址为廿八都镇上的50名（花桥、枫溪、浔里三村），其他村80名。

（二）问卷分析

1. 第一语言习得情况

这里所说的“第一语言”是指一个人出生之后最先接触并习得的语言或方言。一个人的第一语言并不一定是其母语。（李永燧 1999）根据此定义，我们在问卷中设计了如下问题：“您小时候首先学会的是哪种话？”统计结果如表1-4：

① 部分问卷无效，例如家庭住址不详或非廿八都镇、父母亲是外地人或不清楚是否外地人，等等。

表1-4　第一语言习得情况

	廿八都话	普通话	其他方言	廿+普	合计
镇上	17/36%	26/54%	3/6%	2/4%	48
村里	31/39%	36/46%	7/9%	5/6%	79
合计	48/38%	62/49%	10/8%	7/5%	127

说明：①“镇上”指花桥、枫溪、浔里3个村；“村里”指其他村子。②“廿”“普”分别指“廿八都话”“普通话”。③未填被试不参与统计。

从表1-4可见，无论是廿八都镇上还是村里，第一语言为普通话的被试所占比例最高，其次为廿八都话，其他方言则很少。

2. 语言掌握情况

（1）掌握种类

我们的问题是：“您会熟练说哪几种话（按熟练程度排列）？”结果见表1-5。

表1-5　掌握种类

	普通话	普＞廿	廿＞普	其他情况	合计
镇上	7/15%	18/37%	19/40%	4/8%	48
村里	9/12%	32/41%	24/31%	12/16%	77
合计	16/13%	50/40%	43/34%	16/13%	125

说明：①“>”号表示前者比后者更熟练。②“普 > 廿”还包括“普 > 廿 > 其他方言”；“廿 > 普”还包括“廿 > 普 > 其他方言”。③归入“其他情况”的被试有的也掌握普通话或廿八都话。

表1-5显示，大多数被试同时掌握廿八都话和普通话，占74%，其中普通话比廿八都话熟练的比例更高；多达13%的被试只会说普通话，即属于“无方言族”（张树铮 1998）。

（2）掌握程度

我们分听和说两方面来考察。结果见表1-6。

表1-6　掌握程度

	掌握程度	廿八都话	普通话	江山话	浦城话
听	完全能听懂	82/68%	121/97%	2/2%	2/2%
	大多能听懂	23/19%	4/3%	10/9%	4/3%
	部分能听懂	11/9%	0	31/27%	8/6%

续 表

	掌握程度	廿八都话	普通话	江山话	浦城话
听	大多听不懂	4/3%	0	39/35%	19/16%
	完全听不懂	1/1%	0	31/27%	88/73%
	合　计	121	125	113	121
说	能流利、准确使用，发音标准	48/44%	88/75%	2/2%	1/1%
	能熟练使用，但有些音发不准	29/26%	26/22%	6/5%	2/2%
	能熟练使用，但家乡口音较重	6/5%	2/2%	0	0
	会说一些	23/21%	1/1%	48/43%	6/5%
	不会说	4/4%	0	57/50%	106/92%
	合　计	110	117	113	115

从表1–6可见：

① 对于同一种语言或方言，“听”的能力均好于“说”。

② 被试均熟练掌握普通话（个别未填的，应该也已掌握）。

③ 江山话虽然是整个江山市的强势方言，但在廿八都，强势方言却是廿八都话。当然，随着年龄的增长，由于外出上学或工作的原因，原先不会说江山话的廿八都人，很多也都掌握了江山话。

④ 浦城话、广丰话、灰山腔等在廿八都属于小众方言，影响力不大。

3. 家庭内部交际

我们考察了被试与长辈的交际用语。结果见表1–7。

表1–7　家庭内部交际

交际对象	廿八都话	普通话	廿+普	其他方言	廿+其他	普+其他	合计
父亲	60/50%	49/41%	8/7%	3/2%	0	0	120
母亲	40/34%	64/54%	8/7%	4/3%	1/1%	1/1%	118
祖父	51/64%	25/31%	0	4/5%	0	0	80
祖母	56/64%	28/32%	0	3/4%	0	0	87

说明：①“+”表示兼用。②未与父母或祖父母进行过交际的（如因离异或去世），视作未填，不参与统计。③个别被试兼用三种或三种以上语码，我们只取前两种。

从表1–7可见：

① 家庭内部交际语码基本上都采用廿八都话或普通话。

② 被试与祖父母交流多选用廿八都话。因为很多当地老人不会普通话，或说得不好。

③ 被试与父亲交流多选用廿八都话，但与母亲交流则多选用普通话，显示了性别因素的作用。

4. 语言态度

我们让被试从“好听”“亲切”“社会影响”和“有用程度”等四项指标对廿八都话、普通话和江山话进行比较。结果见表1–8。

表1–8　被试的语言态度

	廿>普>江	廿>江>普	普>廿>江	普>江>廿	江>廿>普	江>普>廿	合计
好听	31/24%	4/3%	80/61.5%	9/7%	4/3%	2/1.5%	130
亲切	69/53%	10/8%	43/33%	4/3%	0	4/3%	130
社会影响	3/2%	10/8%	29/23%	58/45%	21/16%	8/6%	129
有用	11/8%	2/2%	56/43%	55/42%	2/2%	4/3%	130

说明：①“江”指“江山话”。②“>”号表示前者先于后者。下同。

从表1–8可见：

① 在“好听”的指标上，68.5%的被试认为普通话最好听，27%的被试认为廿八都话最好听，只有4.5%的被试认为江山话最好听。即，三者排名从高到低依次为：普通话、廿八都话、江山话。

② 在“亲切”的指标上，61%的被试认为廿八都话最亲切，36%的被试认为普通话最亲切，只有3%的被试认为江山话最亲切。即，三者排名从高到低依次为：廿八都话、普通话、江山话。

③ 在“社会影响”的指标上，68%的被试认为普通话社会影响最大，22%的被试认为江山话社会影响最大，只有10%的被试认为廿八都话社会影响最大。即，三者排名从高到低依次为：普通话、江山话、廿八都话。

④ 在“有用”的指标上，85%的被试认为普通话最有用，10%的被试认为廿八都话最有用，只有5%的被试认为江山话最有用。即，三者排名从高到低依次为：普通话、廿八都话、江山话。

总的来看，廿八都话在情感上仍具有优势；普通话不仅更具有社会声望和实用价值，而且在情感上也已经得到了当地学生的普遍认同；江山话作为江山市的权威方言，仍比廿八都话更具影响力，但其地位无法与普通话相提并论。

二　实地访谈

我们考察了十几个家庭的语言交际情况，下面选择有代表性的家庭进行介绍。为保护发音人的个人隐私，本小节一律不出现真实姓名。

1. 杨A家

杨A有两个儿子、一个孙子、一个孙女。全家语言交际情况如图1-1所示：

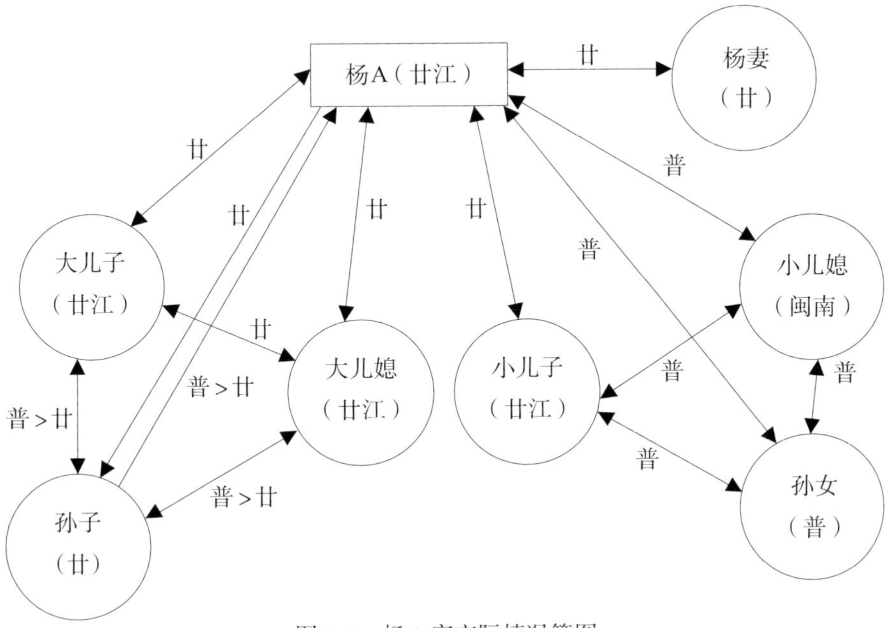

图1-1　杨A家交际情况简图

说明：

（1）杨A夫妇与家人的交际情况基本相同，故图中只用杨A做代表。“（　）”内表示会说的方言，“廿、江、闽南”分别代表廿八都话、江山话、闽南话；不会说方言、只会说普通话者，则标注“普”。“＞”表示用得多。下同。

（2）杨A的妻子是本镇林丰村人，会说廿八都话、普通话；能听懂浦城话、广丰话，但基本不会说。

（3）大儿媳是廿八都镇上花桥村人，会说廿八都话和江山话；小儿媳是广东普宁人，母语为闽南话，不会说廿八都话或江山话。

（4）大儿子在江山上初中和高中时学会了江山话。大儿子一家目前在上海生活，互相主要说普通话；但当回廿八都时，则互相主要说廿八都话。

值得一提的是，我们在2009年调查时，杨A的孙子才6岁，只会说普通话。那时，包括杨A在内的全家人都跟他说普通话。而到2018年再次调查时，杨A的孙子已经学会廿八都话，但他更偏爱说普通话。

（5）小儿子一家目前在杭州生活，家里互相说普通话。杨A的孙女基本能听懂廿八都话，但不会说。

2. 林A家

林A只有一个儿子、一个孙子。全家语言交际情况如图1–2所示：

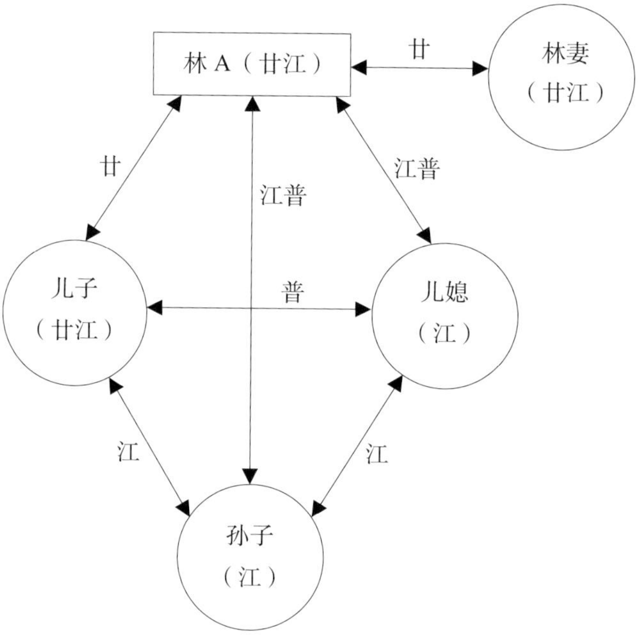

图1–2　林A家交际情况简图

说明：

（1）林A夫妇与家人的交际情况基本相同，故图中只用林A做代表。

（2）林A做过木匠，经常在江山各地做活，会说江山话，还能听懂部分浦城话和广丰话。林A的妻子与外地人接触也较多，情形基本同林A。

（3）儿子从小说廿八都话。后来到江山峡口上初中，又到江山城里上高中，于是学会了江山话。这在廿八都年轻人中很有代表性。

（4）儿媳妇为江山碗窑人，母语为江山话，不会说廿八都话。

（5）孙子才3岁（2018年调查时），出生后主要由外祖母帮忙照看，家人与他说江山话。这在当地非常少见，因为其他学龄前儿童一般先学会普通话。

3. 杨B家

杨B为杨A的弟弟，只有一个儿子、一个孙子。全家语言交际情况如图1–3所示：

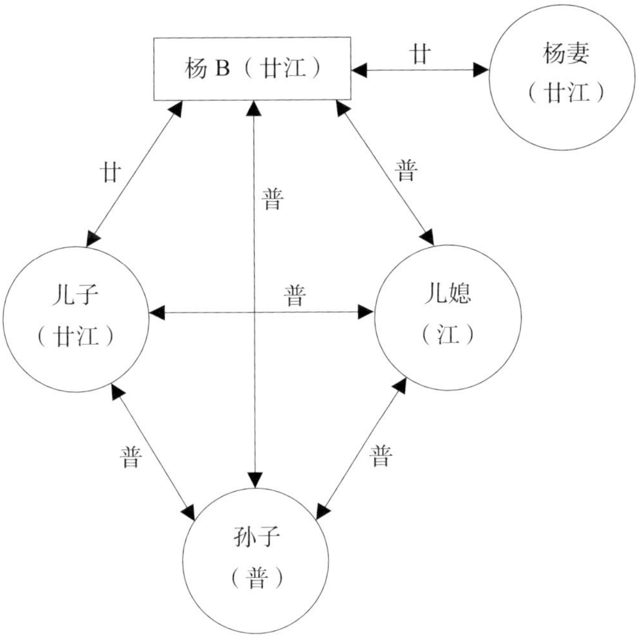

图1-3 杨B家交际情况简图

说明：

（1）杨B夫妇与家人的交际情况基本相同，故图中只用杨B做代表。

（2）儿媳妇是江山贺家山人，母语为江山话。基本能听懂廿八都话，但不会说。

（3）孙子才六七岁（2018年调查时），家人与他只说普通话。

4. 杨C家

杨C为杨A的侄子，会说廿八都话和江山话，在廿八都承包山林，从事果木种植。妻子是廿八都镇上花桥村人，会说廿八都话和江山话，目前在江山城里打工。夫妻之间说廿八都话。

儿子15岁（2018年调查时），在江山上初中，在学校说普通话，回家与父母说廿八都话。

5. 杨D家

杨D是杨A最小的侄子，出生于1989年，会说廿八都话和江山话。妻子是安徽人，夫妻之间说普通话。

根据我们的走访结果，可以发现：

1. 廿八都地处江山、浦城、广丰交界处，过去跟浦城、广丰人通婚比较普遍。而且廿八都商业发达，很多浦城、广丰人常来此购买生活用品。因此，廿八都很多老人都懂几种方言。

2. 过去外来媳妇必须改说廿八都话，但现在则一般不必。相反，男方及其长辈越来越迁就女方了。因此，现在年轻夫妻之间往往出现这种情况：如果双方都是廿八都人，则全家一般都说廿八都话；如果妻子是外地的，则全家一般都说普通话。

3. 过去四十年来，廿八都高中和初中相继撤销，廿八都的孩子只能到江山峡口或江山城里上中学，他们往往在此时学会江山话。但现在，随着普通话在校园里越来越普及，他们学习江山话的机会也越来越少了。

三　濒危现状

2003年3月，联合国教科文组织在巴黎召开了濒危语言国际专家会议，通过了国际濒危语言保护的纲领性文件《语言活力与语言濒危》（*Language Vitality and Endangerment*），提出了划分语言濒危等级的9项指标和具体标准。（范俊军 2006）下面根据该文件的部分指标，对廿八都话的濒危等级进行评估。

指标1：代际语言传承

根据我们的调查，廿八都儿童中，以廿八都话为第一语言的仅占38%，以普通话为第一语言的则占49%；虽然大多数儿童同时掌握廿八都话和普通话，但其中普通话比廿八都话熟练的比例更高，而且多达13%的儿童只会说普通话。对照该文件指标1，可以认为廿八都话基本属于"确有危险"的等级，即：多为父辈和祖辈人使用。

指标2：绝对使用人口

廿八都话的使用总人口不到1万（包括非母语者），与周围吴语、闽语等大方言相比，简直是"沧海一粟"。因此，对照该文件指标2，廿八都话显然也是有消亡危险的。①

指标3：语言使用人口占总人口的比例

廿八都话目前为当地多数人使用，主要为成人。对照该文件指标3，廿八都话属于"确有危险"的等级，即：多数人使用。

指标4：语言使用域的走向

根据我们的调查，廿八都话目前虽然还在家庭和社会多个场合使用，但普通话不仅在社会上被广泛使用，而且已开始渗入家庭领域（见表1-7）。对照该文件指标4，可见廿八都话属于"正在收缩的语域"，即：该语言用于家庭和诸多功能，但强势语已开始渗入家庭。

指标5：语言族群成员对母语的态度

前文指出，廿八都话在情感上仍具有优势，但普通话不仅更具有社会声望和实用价值，而且在情感上也已经得到了当地年轻人的普遍认同。对照该文件指标5，可见廿八都话应属于"许多成员支持保持母语，但有些人漠不关心或支持放弃母语"的等级。

总体来看，廿八都话的濒危等级应属于"确有危险"的等级。

---

①《语言活力与语言濒危》未就各安全级次设定标准数值。

第四节

研究现状

1.《江山市志》(1990：577—578) 附有廿八都话声韵调，指出:“廿八都话保留‘官话’的特点，同时在语音、词汇、语法方面也受到江山话的影响。”

2. 李如龙 (1991：412—413) 调查了福建省浦城县盘亭乡深坑村的廿八都“正字”，记录了其声韵调，归纳了主要音韵特点，列举了部分特殊词汇，并认为它是一个“北方方言岛”。[①]

3.《衢州市志》(1994：1232—1233) 从语言特点和历史文献两个方面，对廿八都话的来源进行了考证，推测其为西南官话与吴语长期融合的产物。

4. 孙锐欣 (2005) 用实验语音学的方法，对廿八都话的阳去调进行了分析。

5.《廿八都镇志》(2007：450—453) 介绍了廿八都话的分布和使用人口，转引了《江山市志》(1990：577—578) 和李如龙 (1991：412—413) 的记录，并列出部分常用词。

6. 陶寰 (2007) 对该方言的形成历史和来源进行了探讨。陶文认为，廿八都话为驻军形成的“官话方言岛”的说法并不十分准确;“廿八都方言除了有北方方言的一些特征外，还有闽语、畲话等方言的成分，但是更多的特征则跟邻近地区的吴语相同。如果要给它定性的话，最恰当的恐怕是‘浙西南地区土官话’，但更接近吴语”。

7. 曹志耘、黄晓东 (2007) 对廿八都话、开化县华埠土官话、玉山怀玉山官话的语言特点进行了比较，推测三者很可能有共同的来源。

8. 林芝雅 (2005) 和林芝雅、沈先君 (2014) 记录了廿八都话的音系，并推测其形成原因。

9. 黄晓东 (2010) 记录了浙江江山市廿八都“正字”的音系，归纳其音韵特点，并列出同音字汇。

---

① 廿八都镇上的老人告诉笔者，深坑的这些人应是从廿八都迁过去的，具体情况待核。

第五节

调查说明

本书的方言语料都是笔者亲自调查所得。从2002年至2018年的16年内，先后八次赴廿八都调查，分别简介如下：

第一次是笔者为了撰写博士学位论文①，于2002年春首次到廿八都进行调查。为期近一个月，记录了《方言调查字表》、2000条词、90多个语法例句，发音人是杨舜日先生和姜志远先生。后对材料进行了初步整理。

第二次是2009年8月，以杨舜日先生为发音人，对之前的全部材料进行了核对、补充。在此基础上，笔者发表《江山市廿八都"正字"音系》一文（日本《开篇》第29卷，2010）。

第三次是2016年4月，笔者带领部分师生赴廿八都进行方言调查实习。参加者包括杭州师范大学张薇副教授，浙江财经大学硕士生肖潇，浙江师范大学硕士生吴露露，北京语言大学硕士生陈艺雯、丁坦。肖潇汇总、整理材料，撰写成硕士学位论文《语言接触视角下江山市廿八都"正字"研究》（2016年）。发音人为杨舜日先生和谢培旺先生。②

第四次是笔者为完成中国语言资源保护工程专项"濒危汉语方言调查·浙江江山廿八都正字"（YB1620A002），于2016年5月赴廿八都进行纸笔记录。参加者有张薇副教授以及肖潇、吴露露两位同学。发音人为杨舜日先生（方言老男）、林超先生（方言青男）和谢培旺先生（口头文化发音人）。

第五次是笔者为完成语保课题"濒危汉语方言调查·浙江江山廿八都正字"，于2016年8月赴廿八都进行摄录。参加者有张薇副教授以及肖潇、吴露露两位同学。发音人为杨

---

① 原题为"浙江境内官话方言岛研究"，后缩小范围，定题为"浙江安吉县官话方言岛研究"，未包括廿八都话。

② 肖潇同学在浙江师范大学硕士生吴露露的陪同下，又先后两次赴廿八都进行核对和补充调查。

舜日先生（方言老男）、吴春姣女士（方言老女）、林超先生（方言青男）、陈丽云女士（方言青女）和谢培旺先生（口头文化发音人）。

第六次和第七次是笔者为撰写《浙江江山廿八都话》，分别于2018年2月和4月两次赴廿八都核对语料，并补充调查了部分词语和语法例句。发音人为杨舜日先生和谢培旺先生。

2019年5月，笔者再次赴廿八都，核对书稿尚存问题。发音人为杨舜日先生和谢培旺先生。

下面列出多年来协助我们调查的主要发音合作人的基本情况：

1. 杨舜日，男，1946年生。世居本地。基本在本地生活和工作。中专文化程度，小学退休教师。除了廿八都话以外，还会说江山话和普通话。

2. 姜志远，男，1937年生。世居本地。15岁到浦城上中学，22岁到福州上大专。毕业后先后任教于福建政和、浦城，1988年回到廿八都。除了廿八都话以外，还会说江山话、政和话、浦城话和普通话。

3. 杨展三，男，祖籍廿八都镇。1944年出生于云南省沾益县，长于贵州省贵阳市。8岁以后回到廿八都，以后一直在廿八都务农。除了廿八都话以外，还会说流利的江山话、普通话和不太标准的贵阳话。

4. 谢培旺，男，世居本地。小学文化程度，农民。除了廿八都话以外，还会说江山话、广丰话、浦城话和不太标准的普通话。擅长唱山歌、讲民间故事。

5. 林超，男，1988年生。父母均为廿八都人。基本在本地生活和工作。本科文化程度，现任廿八都小学教师。除了廿八都话以外，还会说江山话和普通话。

6. 吴春姣，女，1962年生。世居本地。一直在本地生活和工作。初中文化程度，农民。除了廿八都话以外，还会说江山话、普通话以及部分浦城话、广丰话。

7. 陈丽云，女，1990年生。父亲为廿八都人，母亲为江山市保安乡人。基本在本地生活和工作。大专文化程度，幼儿园教师。除了廿八都话以外，还会说江山话和普通话。

除了上述几位主要发音人以外，我们还就一些内容做过更广泛的调查，发音人名字恕不一一列出，一并致以谢意！

第二章 语音

第一节

声韵调

一　声母

廿八都话有声母20个，包括零声母在内。

p帮布白	pʰ平破	m门米麦	f飞费饭	
t低对稻夺	tʰ天同糖条	n男闹农		l兰连路吕
ts糟争坐撞	tsʰ仓草锄		s三苏师生是	
tɕ精经招蒸住	tɕʰ秋抽全昌穷	ȵ年严女软	ɕ扇修休书	
k根跪共	kʰ开口快	ŋ硬藕	x海红虎	
ø袄儿围远认				

说明：

（1）[tɕ tɕʰ ɕ]声母略带舌叶色彩。

（2）[x]声母舌位略后。

二　韵母

廿八都话有韵母41个。

ɿ资支	i地弟以	u乌故五	y雨书虚
ɑ爬打怕	iɑ架牙	uɑ花瓜	yɑ□喊
o多河过			
e杯妹	ie蛇野写	ue归回嘴	ye靴
ai该开盖儿	iai街鞋矮	uai怪快	yai帅衰
ɑo饱保桃	iɑo条烧笑		

əɯ藕走	iɯ收九有		
	iɛ̃天烟		yɛ̃船圆远
en等顶根耕恩	in心新星蒸	uen温魂滚	yen春军云
ɑŋ党狼三胆盘满半	iɑŋ枪良唱	uɑŋ光双桑酸官关	
oŋ东红翁	ioŋ兄用荣		
ɿʔ只副词是还～			
aʔ八百北色辣	iaʔ甲热鸭接	uaʔ国刮活骨	
əʔ怎～么嗝			
	ieʔ力猎		
ɔʔ壳六木		uɔʔ哭屋握	yɔʔ血雪出肉药月

说明：

（1）[o]韵舌位较低，而且常自由变读为[uo]韵。

（2）[e ue]二韵中的[e]略有动程，实际读音为[eɪ]。

（3）[ɑo iɑo]二韵中的[o]唇形较展。

（4）[əɯ iɯ]二韵中的[ɯ]舌位较低。[əɯ]韵偶尔读作[iɯ]。

（5）[en]韵与[p]组、[t]组声母相拼时，实际读音为[ɪn]。

（6）[en uen yen]三韵中的[e]带有鼻化色彩。

（7）[ɑŋ iɑŋ uɑŋ]三韵中的[ɑ]舌位较前，且带有鼻化色彩。

（8）[aʔ iaʔ uaʔ]三韵中的[a]舌位较高，实际音值为[ɐ]。

（9）[ɔʔ uɔʔ yɔʔ]三韵中的[ɔ]舌位较低。[yɔʔ]韵很不稳定，有时变读为[yɐʔ]或[yeʔ]。中古通摄入声字更倾向于读[yɔʔ]，其他摄字更倾向于读[yɐʔ]或[yeʔ]。

三　单字调

廿八都话有单字调7个。

阴平　[33]　东高猪低开抽

阳平　[31]　穷平神徐人云

上声　[53]　古走草死水好，马买老女五有

阴去　[24]　菜怕送放盖带

阳去　[313]　病大树饭岸用，淡近柱造坐厚

阴入　[5]　急七黑百尺发

阳入　[2]　月六肉麦读白

说明：

（1）阳平[31]末尾略平，实际读音为[311]。

（2）阳去[313]带紧喉（中塞），终点一般比起点略高。

（3）阴入[5]有时较低，接近[4]。

（4）“个”作为量词时，常读作[kəʔ^{24}]调，本书一律记作[kəʔ^{5}]或[kəʔ^{0}]。

第二节

单字音表

廿八都话单字音见表本节各表。

说明：

（1）表头是韵母和声调，表左是声母，表中是例字。韵母、声调和声母的顺序同本章第一节。

（2）表中一字多音或可能影响理解的字音，都加粗表示，并在表下注音且加注释。

（3）有音无字或一时找不到合适字的用圈码表示，并在表下注音且加注释。

表2-1 廿八都话单字音表之一

声 \ 韵 调	ɿ					i					u					y					ɑ				
	阴平 33	阳平 31	上声 53	阴去 24	阳去 313	阴平 33	阳平 31	上声 53	阴去 24	阳去 313	阴平 33	阳平 31	上声 53	阴去 24	阳去 313	阴平 33	阳平 31	上声 53	阴去 24	阳去 313	阴平 33	阳平 31	上声 53	阴去 24	阳去 313
p						屄		比	闭	避			补	布	步						疤		把	坝	稗
pʰ						披	皮	**疕**	屁		**铺**	菩	普	**铺**								爬		怕	
m							眉	米		谜		**模**	母		雾							麻	马		骂
f						飞	**肥**	匪	废	**未**	麸	扶	斧	富	妇										
t						低		底	帝	地	**都**		赌		度								打		大
tʰ						梯	题	体	剃			图	土	兔							他				
n												奴	努		怒							拿	哪		**那**
l							犁	礼		利		炉	卤		路		**驴**	吕		**虑**	**拉**				
ts	资		纸	痣	字						租		祖		助						渣			榨	
tsʰ	雌	迟	此	刺	寺						粗	锄	楚	醋							杈	茶		岔	
s	丝	时	死	四	事						苏			**数**	素						沙				
tɕ						鸡		挤	记							猪		煮	锯	柱					
tɕʰ						溪	骑	起	气							蛆	徐	取		去					
ȵ						**蚁**	泥	你	倪	义								女		愚					
ɕ						西		洗	细							书	薯	许		树					
k											姑		古	顾										①	
kʰ											箍	**糊**	苦	裤											
ŋ																					②				③
x											呼	胡	虎	戽	沪						哈				
ø						衣	移	已	意	异	乌	吴	五		误	盂	鱼	雨		芋		**娃**			

疕 p^hi^{53} 白～：头屑

肥 fi^{31} 化～

未 fi^{313} 文读

蚁 $ȵi^{33}$ 蚂～

铺 p^hu^{33} 动词

铺 p^hu^{24} 动词

模 mu^{31} ～范，～具

都 tu^{33} 首～

数 su^{53} 动词

糊 k^hu^{31} 面～：糨糊

驴 ly^{31} 又音 lu^{31}

虑 ly^{313} 文读

那 $nɑ^{313}$ ～个

拉 $lɑ^{33}$ ～屎

娃 $ɑ^{31}$ 女～子：女孩儿

① $kɑ^{24}$ ～开点：两腿分开点儿站

② $ŋɑ^{33}$ 张（嘴）

③ $ŋɑ^{313}$ 硌

表2-2　廿八都话单字音表之二

韵/调/声	iɑ					uɑ					yɑ					o					e				
	阴平 33	阳平 31	上声 53	阴去 24	阳去 313	阴平 33	阳平 31	上声 53	阴去 24	阳去 313	阴平 33	阳平 31	上声 53	阴去 24	阳去 313	阴平 33	阳平 31	上声 53	阴去 24	阳去 313	阴平 33	阳平 31	上声 53	阴去 24	阳去 313
p																菠			簸		杯		⑤	辈	**背**
pʰ																	婆		破		坯	赔		配	
m																摸	**磨**			**磨**		煤	每		妹
f																						**肥**	否		
t																多		躲		惰					
tʰ																拖	驼								
n																	③			糯					
l																啰	锣	④							
ts						抓		爪										左	做	坐					
tsʰ																搓			错				⑥		
s								撒								蓑		锁							
tɕ	家		**假**	嫁																					
tɕʰ			①																						
ȵ																									
ɕ	虾	霞			夏																				
k						瓜		寡	挂							歌		果	过						
kʰ						夸			跨							科		可	课						
ŋ																	鹅	我		饿				⑦	
x						花	**划**		化	画							河	火	货	祸					
Ø	鸦	牙	哑			蛙	**娃**				②					窝	禾								

假 $tɕiɑ^{53}$ 真～
划 $xuɑ^{31}$ ～船
娃 $uɑ^{31}$ 男～子：男孩儿
磨 mo^{31} ～刀
磨 mo^{313} 名词，石磨；动词，磨（豆腐等）
背 pe^{313} ～诵
肥 fe^{31} 肉～

① $tɕ^hiɑ^{53}$ ～□ $poŋ^{24}$：钹
② $yɑ^{33}$ 喊
③ no^{31} 揉（痛处）
④ lo^{53} 捋
⑤ pe^{53} 拨（灯芯）
⑥ ts^he^{53} 打□ $aʔ^5$ ～：打喷嚏
⑦ $ŋe^{24}$ 粪便

表2-3 廿八都话单字音表之三

韵 调 声	ie					ue					ye					ai					iai				
	阴平	阳平	上声	阴去	阳去	阴平	阳平	上声	阴去	阳去	阴平	阳平	上声	阴去	阳去	阴平	阳平	上声	阴去	阳去	阴平	阳平	上声	阴去	阳去
	33	31	53	24	313	33	31	53	24	313	33	31	53	24	313	33	31	53	24	313	33	31	53	24	313
p																		摆	拜	败					
pʰ																	排		派						
m																	埋	买		卖					
f																									
t						堆			对	队								③	带	袋					
tʰ						推		腿	退							胎	抬		太						
n																奶				耐					
l						①	雷	②		泪							来			赖					
ts						追		嘴	醉	罪						灾		宰	债	在					
tsʰ						吹	锤		脆							猜	财	彩	菜						
s						虽	随	水	碎	睡						筛		洒	晒	④					
tɕ	遮		姐	借																	街		解	戒	
tɕʰ	车	斜	扯																						
ȵ																									
ɕ	赊	蛇	写	卸	谢						靴											鞋	蟹		械
k						归		鬼	贵	跪						该		改	盖						
kʰ						亏	葵									开		楷							
ŋ																	呆	蚁		艾					
x						灰	回	悔	晦	会						桸	孩	海		害					
∅		爷			夜	威	围	尾		味							儿	耳	爱	二			矮		

姐 $tɕie^{53}$ ～妹

会 xue^{313} 开～，～不～

蚁 $ŋai^{53}$ ～仔：野外的蚂蚁

桸 xai^{33} 捞～：捞鱼的网兜

解 $tɕiai^{53}$ ～开

① lue^{33} 戳，捅

② lue^{53} 发～：起包

③ tai^{53} 祖母；公～：祖父

④ sai^{313} 质量差

表2-4　廿八都话单字音表之四

韵 调 声	uai					yai					ɑo					iɑo					əɯ				
	阴平33	阳平31	上声53	阴去24	阳去313	阴平33	阳平31	上声53	阴去24	阳去313	阴平33	阳平31	上声53	阴去24	阳去313	阴平33	阳平31	上声53	阴去24	阳去313	阴平33	阳平31	上声53	阴去24	阳去313
p											包		饱	报	抱	标		表		③					
pʰ											抛	袍	跑	炮		飘	瓢	漂	票						
m											猫	毛	卯		帽		苗	秒	妙	庙		谋	某		贸
f																						浮			
t											刀		岛	到	稻	雕			钓	调	兜		抖	斗	豆
tʰ											涛	桃	讨	套		挑	条		跳		偷	头	敨	透	
n													脑		闹										
l											捞	劳	老				疗	了		料		楼	柳		漏
ts											糟		早	灶	造								走	皱	
tsʰ											抄	曹	草	耖								愁		凑	
s											骚		嫂	潲							搜			嗽	
tɕ																焦		绞	叫	赵					
tɕʰ																超	桥	窍	翘						
ȵ																	饶	鸟		尿					
ɕ						衰			帅							烧		小	笑	效					
k	乖		拐	怪	①						高		搞	告							钩		狗	够	
kʰ		②		快							敲		考	靠									口	扣	
ŋ												熬			傲								藕		
x		淮			坏							豪	好	耗	号						齁	猴	吼		厚
ø	歪				外						爊		袄	奥		妖	摇	咬		鹞	欧			④	

敲 kʰɑo33 ～竹杠

好 xɑo53 ～坏，喜～

号 xɑo313 几～

爊 ɑo33 煮

漂 pʰiɑo53 ～白粉，～亮

调 tiɑo313 ～查，～动

挑 tʰiɑo33 ～水

了 liɑo53 ～解，私～

谋 məɯ31 又读 me31

某 məɯ53 又读 me53

浮 fəɯ31 又读 fe31

斗 təɯ24 批～

敨 tʰəɯ53 ～开：展开

① kuai313 捉，拎，挎

② kʰuai31 ～□təɯ33：怀里

③ piɑo313 "不要"的合音

④ əɯ24 蹲

表2-5 廿八都话单字音表之五

声＼韵/调	iɯ 阴平 33	iɯ 阳平 31	iɯ 上声 53	iɯ 阴去 24	iɯ 阳去 313
p					
pʰ					
m					
f					
t					
tʰ					
n					
l	溜				
ts					
tsʰ					
s					
tɕ	周		九	救	旧
tɕʰ	秋	求	**丑**		
ȵ	扭	牛	**纽**		
ɕ	修		手	锈	寿
k					
kʰ					
ŋ					
x					
∅	优	油	有		右

声＼韵/调	iɛ̃ 阴平 33	iɛ̃ 阳平 31	iɛ̃ 上声 53	iɛ̃ 阴去 24	iɛ̃ 阳去 313
p	编		扁	变	辫
pʰ	偏	**便**		骗	
m		棉	免		面
f					
t	颠		点	店	电
tʰ	天	田		①	
n					
l	②	连	脸		练
ts					
tsʰ					
s					
tɕ	尖		剪	剑	件
tɕʰ	千	前	浅	欠	
ȵ	黏	年	染		念
ɕ	先	咸	险	线	县
k					
kʰ					
ŋ					
x					
∅	烟	颜	眼	燕	艳

声＼韵/调	yɛ̃ 阴平 33	yɛ̃ 阳平 31	yɛ̃ 上声 53	yɛ̃ 阴去 24	yɛ̃ 阳去 313
p					
pʰ					
m					
f					
t					
tʰ					
n					
l					
ts					
tsʰ					
s					
tɕ	砖		**卷**	眷	**旋**
tɕʰ	穿	船	犬	劝	
ȵ		原	软		愿
ɕ	宣	**玄**	**筅**		
k					
kʰ					
ŋ					
x					
∅			远		院

声＼韵/调	en 阴平 33	en 阳平 31	en 上声 53	en 阴去 24	en 阳去 313
p	冰		本	**拚**	笨
pʰ	拼	盆	品	姘	
m	虻	门	敏		闷
f	分	坟	粉	粪	份
t	登		等	订	定
tʰ	听	腾	挺	③	
n		能		④	⑤
l	⑥	林	冷		令
ts	争			甑	
tsʰ	撑	层		衬	
s	生		**省**	渗	
tɕ					
tɕʰ					
ȵ					
ɕ					
k	根		哽		
kʰ	坑	⑦	肯	**墈**	
ŋ					硬
x	⑧	衡	狠		恨
∅	恩				

声＼韵/调	in 阴平 33	in 阳平 31	in 上声 53	in 阴去 24	in 阳去 313
p					
pʰ					
m					
f					
t					
tʰ					
n					
l					
ts					
tsʰ					
s					
tɕ	金		紧	进	近
tɕʰ	清	琴	请	秤	
ȵ		宁			韧
ɕ	心	神	醒	信	**盛**
k					
kʰ					
ŋ					
x					
∅	音	人	影	印	认

丑 $tɕ^hiɯ^{53}$ 地支之一

纽 $ȵiɯ^{53}$ 秤～：秤毫

便 $piɛ̃^{31}$ ～宜

卷 $tɕyɛ̃^{53}$ 动词

旋 $tɕyɛ̃^{313}$ 头～，～风

玄 $ɕyɛ̃^{31}$ ～孙：重孙。又读 $yɛ̃^{31}$

筅 $ɕyɛ̃^{53}$ ～帚：炊帚

拚 pen^{24} ～箕：簸箕

省 sen^{53} ～长，节～

墈 k^hen^{24} 田～：田埂

盛 $ɕin^{313}$ 茂～

① $t^hiɛ̃^{24}$ ～耳朵：掏耳朵

② $liɛ̃^{33}$ 舔

③ □ t^hen^{24} ～股：合伙

④ nen^{24} 踮

⑤ nen^{313} 瞪

⑥ len^{33} □ $saŋ^{33}$ □ $tɕieʔ^{5}$ ～：蟋蟀

⑦ k^hen^{31} 罩

⑧ xen^{33} 掀

表2-6　廿八都话单字音表之六

韵 调 声	uen					yen					aŋ					iaŋ					uaŋ				
	阴平 33	阳平 31	上声 53	阴去 24	阳去 313	阴平 33	阳平 31	上声 53	阴去 24	阳去 313	阴平 33	阳平 31	上声 53	阴去 24	阳去 313	阴平 33	阳平 31	上声 53	阴去 24	阳去 313	阴平 33	阳平 31	上声 53	阴去 24	阳去 313
p											帮		板	半	办										
p^h											潘	盘	膀	胖											
m												馒	满		慢										
f											方	烦	访	放	饭										
t	**驐**		**墩**	炖	盾						**当**		胆	**担**	淡						端		短	**断**	段
t^h											汤	谈	毯	炭								团			
n					嫩							男			**难**								暖		
l		仑			论							蓝	懒		烂		凉	**两**		亮			卵		乱
ts	尊												斩	蘸	站						装			葬	赚
ts^h	村	存	忖	寸							餐	蚕	铲	①							窗	床	闯		
s	孙		损								三		伞	**散**							酸		磉	算	
tɕ						军		准	**甽**	郡						张		讲	酱	象					
$tɕ^h$						春	群									枪	墙	抢	唱						
ȵ																**娘**	**娘**	仰		**娘**					
ɕ							纯	笋	旬	顺						香	裳	想	向	尚					
k			滚	棍							肝		敢	**虹**	②						官		管	罐	③
k^h	昆		捆	困							糠	衔	砍	**看**							宽	狂	款		
ŋ															岸										
x	婚	魂			混							含	喊	汉	汗						欢	**还**	况		换
Ø	温	蚊	稳	**揾**	问		云	永		运	安				案	秧	羊	养		样	弯	王	碗		万

驐 $tuen^{33}$ 阉割

墩 $tuen^{53}$ 桥～

揾 uen^{24} 淹

甽 $tɕyen^{24}$ 水～：引水渠

当 $taŋ^{33}$ ～时，～兵

担 $taŋ^{24}$ 名词

难 $naŋ^{313}$ 名词

散 $saŋ^{24}$ ～开，分～

虹 $kaŋ^{24}$ 彩虹

看 $k^haŋ^{24}$ 看守；～见

两 $liaŋ^{53}$ ～个，二～

娘 $ȵiaŋ^{33}$ 姑妈

娘 $ȵiaŋ^{31}$ ～亲：母亲，叙称

娘 $ȵiaŋ^{313}$ 伯母

断 $tuaŋ^{24}$ 吩咐

还 $xuaŋ^{31}$ 动词

① $ts^haŋ^{24}$ 牙齿外露

② $kaŋ^{313}$ 拦

③ $kuaŋ^{313}$ 菜篮子的提梁

表2-7 廿八都话单字音表之七

韵	oŋ					ioŋ					ɿʔ		aʔ		iaʔ		uaʔ	
调	阴平	阳平	上声	阴去	阳去	阴平	阳平	上声	阴去	阳去	阴入	阳入	阴入	阳入	阴入	阳入	阴入	阳入
声	33	31	53	24	313	33	31	53	24	313	5	2	5	2	5	2	5	2
p			①	蹦									北	白				
p^h	②	棚	捧	碰									拍					
m		蒙			梦									麦				
f	风	**缝**		**缝**									法	罚				
t	东		懂	冻	动								搭	踏				
t^h	通	同	桶										塔					
n		农		③										纳				
l	**弄**	龙	拢										瘌	辣		掠		
ts	宗		肿	粽	**重**						**只**		责	杂				
ts^h	冲	虫	宠	铳									插					
s	**松**		**搓**	送							**是**		杀	**煠**				
tɕ						**供**				**共**					接	**夹**		
$tɕ^h$							穷								**切**			
ȵ							浓								捏	弱		
ɕ						兄	熊								瞎	**若**		
k	工		拱	**灌**	**共**								割	**咯**			刮	
k^h	**空**		孔	**空**									客				阔	
ŋ														额				
x	烘	红											黑	盒			⑤	活
ø	翁		**塕**	瓮			荣	勇		用			④		鸭	热	**挖**	袜

缝 $foŋ^{31}$ 动词

缝 $foŋ^{313}$ 名词

弄 $loŋ^{33}$ 胡同；～坏

重 $tsoŋ^{313}$ 轻～

松 $soŋ^{33}$ ～紧

搓 $soŋ^{53}$ 推

灌 $koŋ^{24}$ ～脓：化脓

共 $koŋ^{313}$ 一～

空 $k^hoŋ^{33}$ ～心

空 $k^hoŋ^{24}$ 有～

塕 $oŋ^{53}$ 灰～：灰尘

供 $tɕioŋ^{33}$ 赡养，抚养

共 $tɕioŋ^{313}$ ～个村

只 $tsɿʔ^{5}$ 副词

是 $sɿʔ^{5}$ 还～

煠 $saʔ^{2}$ 煮（鸡蛋）

咯 $kaʔ^{2}$ ～～抖：发抖

夹 $tɕiaʔ^{2}$ ～子

切 $tɕ^hiaʔ^{5}$ 又音 $tɕ^hieʔ^{5}$

若 $ɕiaʔ^{2}$ ～干

挖 $uaʔ^{5}$ 又音 $uɑ^{33}$

① $poŋ^{53}$ ～尿：给小孩儿把尿

② $p^hoŋ^{33}$ 闻；～嘴：接吻

③ $noŋ^{24}$ 皱

④ $aʔ^{5}$ 打～□ ts^he^{53}：打喷嚏

⑤ $xuaʔ^{5}$ ～线：闪电

表2-8　廿八都话单字音表之八

韵 调 声	əʔ 阴入 5	əʔ 阳入 2	ieʔ 阴入 5	ieʔ 阳入 2	ɔʔ 阴入 5	ɔʔ 阳入 2	uɔʔ 阴入 5	uɔʔ 阳入 2	yɔʔ 阴入 5	yɔʔ 阳入 2
p			笔	鼻	剥	**薄**				
p^h			撇		扑	**薄**				
m		**么**	**搣**	密	**膜**	木				
f					福	服				
t	**的**		跌	叠	督	读				
t^h			铁		秃					
n					②					
l			①	猎	**络**	六				
ts		**怎**			竹	凿				
ts^h					触	昨				
s					速	熟				
tɕ			急	直					脚	局
$tɕ^h$			七						出	
ȵ				业						虐
ɕ			吸	十					雪	学
k	嗝				角	③				
k^h					壳		哭			
ŋ						鹤				
x					霍					
∅			一	叶	**恶**	**龌**	屋		育	月

么 məʔ² 怎～

的 təʔ⁵ 又音 tieʔ⁵

怎 tsəʔ² ～么

搣 mieʔ⁵ 捻

薄 pɔʔ² 厚～

薄 pʰɔʔ² ～荷

膜 mɔʔ⁵ 薄～

络 lɔʔ⁵ 活～

恶 ɔʔ⁵ ～劣

龌 aʔ² ～龊：脏

① lieʔ⁵ 路～：路上

② nɔʔ⁵ 揉（面）

③ kɔʔ² 阻挡

第三节

连读变调

廿八都话两字组连读变调规律见表2-9。表中各栏的上一行是单字调，下一行是连读调。例词请参看词汇部分。

表2-9　廿八都话两字组连调表

2 1	阴平33	阳平31	上声53	阴去24	阳去313	阴入5	阳入2
阴平 33	33　33 飞机 开车	33　31 清明 开门	33　53 工厂 乡长	33　24 车票 开店	33　313 车站 开会	33　5 东北 工作	33　2 生日 开学
阳平 31	31　33 农村 骑车	31　31 农民 皮鞋	31　53 牙齿 团长	31　24 难过 同意	31　313 毛病 排队	33　5 毛笔 留级	31　2 粮食 同学
上声 53	53　33 火车 打针	53　31 草鞋 检查	53　53 手表 水果	53　24 水库 写信	53　313 手艺 写字	53　5 粉笔 洗脚	53　2 死活 伙食
阴去 24	24　33 汽车 唱歌	24　31 酱油 过年	24　53 报纸 放火	24　24 意见 算账	24　313 孝顺 救命	24　5 正式 建设	24　2 四月 做贼
阳去 313	313　33 31 地方 用功	313　31 13 大门 地球	313　53 31 代表 县长	313　24 31 饭店 路费	313　313 13 大路 电话	313　5 31 办法 利息	313　2 13 树叶 大学
阴入 5	5　33 国家 结婚	5　31 铁门 发财	5　53 黑板 发火	5　24 织布 屋栋 ——— 5　24 2 脚腕 发票	5　313 鸭蛋 出汗 ——— 6　313 2 媳妇 铁路	5　5 节约 折尺 ——— 5　5 2 答复 出国	5　2 作业 结合 ——— 5　2 2 七十 八十
阳入 2	2　33 立冬 读书	2　31 麦田 合同	2　53 墨水 局长	2　24 力气 白菜	2　313 立夏 服务	2　5 蜡烛 及格	2　2 十六 学习

说明：

（1）[24＋313]的连调模式中，后字有时自由变读为[31]。

（2）阳去字做前字时，变读[31]的，仍带有紧喉色彩；[13＋313]的连调模式中，前字接近[213]。

（3）“发票”有时读作[faʔ^{5}p^{h}iɑo^{24}]。

廿八都话两字组的连读变调规律比较简单，主要为：

（1）阳去字做前字时，后字若为阴平、上声、阴去、阴入，前字变为[31]；后字若为阳平、阳去、阳入，则前字变为[13]。

（2）阴入字做前字时，后字若为阴去、阳去、阴入、阳入，前字可能不变调，也可能变为[2]。

少数词不符合表2-9所示的连读变调规律，例如：

阴平＋阳平：工人koŋ^{33}in^{31} ～ koŋ^{33}in^{0}

上声＋阴平：比方pi^{53}fɑŋ^{53}

上声＋上声：滚水热水kuen^{53}sue^{53} ～ kuen^{53}sue^{0}

上声＋阳去：肯定k^{h}en^{53}ten^{313} ～ k^{h}en^{53}ten^{0}｜寡妇kuɑ^{53}fu^{313} ～ kuɑ^{53}fu^{0}

阴去＋阴去：苋菜ɕiɛ̃^{24}ts^{h}ai^{24} ～ ɕiɛ̃^{24}ts^{h}ai^{0}

阳去＋阳去：道士tao^{31}sɿ^{313}｜弟妇弟媳ti^{31}fu^{313}｜垫被褥子tiɛ̃^{31}pe^{313}

阴入＋阳去：质量tɕieʔ^{5}liɑŋ^{313} ～ tɕieʔ^{5}liɑŋ^{0}｜速度sɔʔ^{5}tu^{313} ～ sɔʔ^{5}tu^{0}

第四节

异 读

一　文白异读

廿八都话文白异读现象不太丰富，略成系统的主要有：

1. 个别非组字白读[p p^{h}]声母，文读[f Ø]声母。例如（“/”前为白读，后为文读。下同）：反 pɑŋ^{53} ～手：左手/fɑŋ^{53} 正～｜覆 p^{h}ɔʔ^{5} 趴/fɔʔ^{5} ～盖｜奉 p^{h}oŋ^{31} 供～/foŋ^{313} ～化｜肥 p^{h}i^{31} 洋～皂：肥皂/fi^{31} 化～。

2. 个别见晓组开口二等字白读为[k]组声母，文读为[tɕ]组声母或零声母。例如：交 kɑo^{33}/tɕiɑo^{33}｜减 kɑŋ^{53}/tɕiɛ̃^{53}｜衔 k^{h}ɑŋ^{31} 衔（骨头）/ɕiɛ̃^{31} 军～｜项 xɑŋ^{313} 姓/ɕiɑŋ^{313} ～目，～链｜雁 ŋɑŋ^{313}/iɛ̃^{24}。

其他还有一些零星的文白异读现象。例如：切 tɕ^{h}iaʔ^{5} ～菜/tɕ^{h}ieʔ^{5} 一～｜缺 tɕ^{h}iaʔ^{5} 田～：水田里的进、排水口/tɕ^{h}yɔʔ^{5} ～少｜入 ɕyɔʔ^{2} 肏/ɕieʔ^{2} ～党。

二　新老异读

廿八都话新老异读主要有（老派以杨舜日为代表，新派以林超为代表）：

1. 深臻曾梗摄帮端系舒声字，老派一律读[en]韵；新派则存在[en][in]二韵的对立。例如：

	门	民	等	顶	冷	领
老派	men^{13}	men^{31}	ten^{53}	ten^{53}	len^{53}	len^{53}
新派	men^{13}	min^{31}	ten^{53}	tin^{53}	len^{53}	lin^{53}

2. 老派[aʔ]与[əʔ]、[iaʔ]与[ieʔ]分别对立，新派均合并。例如：

	割	嗝	甲	急	热	叶
老派	kaʔ^{5}	kəʔ^{5}	tɕiaʔ^{5}	tɕieʔ^{5}	iaʔ^{2}	ieʔ^{2}
新派	kəʔ^{5}	kəʔ^{5}	tɕiəʔ^{5}	tɕiəʔ^{5}	iəʔ^{2}	iəʔ^{2}

3. “去”字老派读[y]韵，新派读[ye]韵。

4. 老派读[o]韵的字，新派均读[uo]韵。

5. 老派[ɔʔ]韵可与任意声母相拼（[tɕ]组声母除外），新派则只拼[p p^{h} m f Ø]五个声母。

第五节

古今语音比较

本节将廿八都话语音与古音进行比较。其中的“古音”指《广韵》系统，声韵调名称以及表格样式均依照丁声树、李荣《汉语音韵讲义》，例字和标音为廿八都话。下文分别列出声母、韵母和声调三个比较表。

一　声母的古今比较

表2-10　廿八都话声母与《广韵》声母比较表

		清				全浊		
							平	仄
帮组		帮	杯pe^{33}	滂	偏p^{h}iɛ̃^{33}	並	爬p^{h}ɑ^{31}	病pen^{313}
非组		非	飞fi^{33} 反～手paŋ^{53}	敷	蜂foŋ^{33} 覆趴p^{h}ɔʔ^{5}	奉	房faŋ^{31} 冯p^{h}oŋ^{31}	饭faŋ^{313}
端泥组		端	刀tɑo^{33}	透	偷t^{h}əɯ^{33}	定	桃t^{h}ɑo^{31}	动toŋ^{313}
精组	今洪	精	灾tsai^{33}	清	草ts^{h}ɑo^{53}	从	曹ts^{h}ɑo^{31}	造tsɑo^{313}
	今细		焦tɕiɑo^{33}		枪tɕ^{h}iɑŋ^{33}		墙tɕ^{h}iɑŋ^{31}	就tɕiɯ^{313}
知组		知	竹tsɔʔ^{5} 猪tɕy^{33}	彻	拆ts^{h}aʔ^{5} 抽tɕ^{h}iɯ^{33}	澄	虫ts^{h}oŋ^{31} 除tɕ^{h}y^{31}	宅tsaʔ^{2} 轴tɕyɔʔ^{2}
庄组		庄	争tsen^{33}	初	炒ts^{h}ɑo^{53}	崇	床ts^{h}uɑŋ^{31}	闸tsaʔ^{2}
章组		章	煮tɕy^{53} 粥tsɔʔ^{5}	昌	臭tɕ^{h}iɯ^{24} 冲ts^{h}oŋ^{33}	船	蛇ɕie^{31} 船tɕ^{h}yɛ̃^{31}	舌ɕieʔ^{2}
日组								
见晓组	今洪	见	关kuɑŋ^{33}	溪	开k^{h}ai^{33}	群	狂k^{h}uɑŋ^{31}	跪kue^{313}
	今细		菊tɕyɔʔ^{5}		气tɕ^{h}i^{24}		桥tɕ^{h}iɑo^{31}	旧tɕiɯ^{313}
影组		影	袄ɑo^{53} 烟iɛ̃^{33} 温uen^{33} 冤yɛ̃^{33}					

次浊	清	全浊		
		平	仄	
明 门men^{31}				帮组
微 蚊uen^{31} 文fen^{31} 雾mu^{313}				非组
泥 南nɑŋ^{31} 念ȵiɛ̃^{313} 来 老lɑo^{53}				端泥组
	心 苏su^{33}	邪 词tsʰɿ^{31} 随sue^{31}	俗sɔʔ^{2}	精组 今洪
	心 秀ɕiɯ^{24}	邪 徐tɕʰy^{31} 巡ɕyen^{31}	袖tɕiɯ^{313} 谢ɕie^{313}	精组 今细
				知组
	生 晒sai^{24} 刷ɕyɔʔ^{5}			庄组
	书 舒ɕy^{33} 叔sɔʔ^{5}	禅 裳ɕiɑŋ^{31} 时sʅ^{31} 城tɕʰin^{31}	树ɕy^{313} 熟sɔʔ^{2}	章组
日 热iaʔ^{2} 软ȵyɛ̃^{53}				日组
疑 我ŋo^{53} 外uai^{313}	晓 火xo^{53}	匣 河xo^{31}	害xai^{313}	见晓组 今洪
疑 业ȵieʔ^{2} 牙iɑ^{31}	晓 稀ɕi^{33}	匣 鞋ɕiai^{31}	县ɕiɛ̃^{313}	见晓组 今细
云 有iɯ^{53} 胃ue^{313} 雨y^{53}				影组
以 夜ie^{313} 余y^{31}				影组

二　韵母的古今比较

表2-11　廿八都话韵母与《广韵》韵母比较表

	一　等			二　等			
	帮系	端系	见系	帮系	泥组	知庄组	见系
果　开		多 to^{33}	饿 ŋo^{313}				
果　合	破 pʰo^{24}	糯 no^{313}	火 xo^{53}				
假　开				爬 pʰɑ^{31}	拿 nɑ^{31}	茶 tsʰɑ^{31}	牙 iɑ^{31}
假　合						傻 sɑ^{33}	花 xuɑ^{33}
遇　合	布 pu^{24}	堵 tu^{53}	苦 kʰu^{53}				
蟹　开	贝 pe^{24}	代 tai^{313}	海 xai^{53}	排 pʰai^{31}	奶 nai^{33}	柴 tsʰai^{31}	街 tɕiai^{33}
蟹　合	梅 me^{31}	堆 tue^{33}	灰 xue^{33} 外 uai^{313}				歪 uai^{33} 话 xuɑ^{313}
止　开							
止　合							
效　开	抱 pɑo^{313}	早 tsɑo^{53}	高 kɑo^{33}	饱 pɑo^{53}	闹 nɑo^{313}	吵 tsʰɑo^{53}	咬 iɑo^{53} 交白 kɑo^{33}
流　开	亩白 me^{53} 母 mu^{53}	偷 tʰəɯ^{33}	狗 kəɯ^{53}				
咸舒开		贪 tʰɑŋ^{33} 簪 tsuɑŋ^{33}	敢 kɑŋ^{53}			衫 sɑŋ^{33} 赚 tsuɑŋ^{313}	咸 ɕiẽ^{31} 衔白 kʰɑŋ^{31}
咸入开		塔 tʰaʔ^{5}	盒 xaʔ^{2}			插 tsʰaʔ^{5}	鸭 iaʔ^{5}
咸舒合							
咸入合							
深舒开							
深入开							
山舒开		炭 tʰɑŋ^{24}	肝 kɑŋ^{33}	板 pɑŋ^{53}		山 sɑŋ^{33}	眼 iẽ^{53} 雁白 ŋɑŋ^{313}
山入开		辣 laʔ^{2}	割 kaʔ^{5}	八 paʔ^{5}		杀 saʔ^{5}	瞎 ɕiaʔ^{5}

三四等								
帮系	端组	泥组	精组	庄组	知章组	日母	见系	
							茄 tɕ^{h}ie^{31}	果开
							靴 ɕye^{33}	果合
			借 tɕie^{24}		遮 tɕie^{33}		夜 ie^{313}	假开
								假合
付 fu^{24}		虑白 li^{313} 女 ȵy^{53}	蛆 tɕ^{h}y^{33}	锄 ts^{h}u^{31}	柱 tɕy^{313}	如白 y^{31}	鱼 y^{31}	遇合
米 mi^{53}	低 ti^{33}	泥 ȵi^{31}	挤 tɕi^{53}		世 ɕi^{24} 制 tsɿ^{24}		鸡 tɕi^{33}	蟹开
肺 fi^{24}			岁 sue^{24}		税 sue^{24}		桂 kue^{24}	蟹合
皮 p^{h}i^{31} 碑 pe^{33}	地 ti^{313}	梨 li^{31}	四 sɿ^{24}	师 sɿ^{33}	纸 tsɿ^{53}	二 ai^{313}	奇 tɕ^{h}i^{31}	止开
飞 fi^{33} 味 ue^{313}		泪 lue^{313}	嘴 tsue^{53}	帅 ɕyai^{24}	吹 ts^{h}ue^{33}	蕊 lue^{53}	鬼 kue^{53}	止合
庙 miɑo^{313}	钓 tiɑo^{24}	料 liɑo^{313}	小 ɕiɑo^{53}		招 tɕiɑo^{33}	饶 ȵiɑo^{31}	摇 iɑo^{31}	效开
浮 fəɯ^{31} 富 fu^{24}	丢 təɯ^{33}	流 ləɯ^{31}	酒 tɕiɯ^{53}	瘦 səɯ^{24}	手 ɕiɯ^{53}	柔 iɯ^{31}	九 tɕiɯ^{53}	流开
	店 tiɛ̃^{24}	念 ȵiɛ̃^{313}	尖 tɕiɛ̃^{33}		占 tɕiɛ̃^{24}	染 ȵiɛ̃^{53}	严 ȵiɛ̃^{31}	咸舒开
	贴 t^{h}ieʔ^{5}	猎 lieʔ^{5}	接 tɕiaʔ^{5} 捷 tɕieʔ^{2}		折~叠 tɕieʔ^{5}		叶 ieʔ^{2}	咸入开
犯 fɑŋ^{313}								咸舒合
法 faʔ^{5}								咸入合
品 p^{h}en^{53}		林 len^{31}	心 ɕin^{33}	森 sen^{33}	针 tɕin^{33}	任 in^{313}	金 tɕin^{33}	深舒开
		立 lieʔ^{2}	集 tɕieʔ^{2}		十 ɕieʔ^{2}	入~党 ieʔ^{2} 入肏 ɕyɔʔ^{2}	急 tɕieʔ^{5}	深入开
棉 miɛ̃^{31}	天 t^{h}iɛ̃^{33}	年 ȵiɛ̃^{31}	线 ɕiɛ̃^{24}		扇 ɕiɛ̃^{24}	然 iɛ̃^{31}	烟 iɛ̃^{33}	山舒开
篾 mieʔ^{2}	铁 t^{h}ieʔ^{5}	捏 ȵiaʔ^{5} 裂 lieʔ^{2}	切 tɕ^{h}iaʔ^{5} 节 tɕieʔ^{5}		舌 ɕieʔ^{2}	热 iaʔ^{2}	结 tɕiaʔ^{5} 孽 ȵieʔ^{2}	山入开

	一等			二等			
	帮系	端系	见系	帮系	泥组	知庄组	见系
山舒合	半 pɑŋ^{24}	短 tuɑŋ^{53}	官 kuɑŋ^{33}			闩 ɕyɛ̃^{33}	关 kuɑŋ^{33}
山入合	拨 pɔʔ^{5}	脱 tʰɔʔ^{5}	活 xuaʔ^{2}			刷 ɕyɔʔ^{5}	刮 kuaʔ^{5}
臻舒开		吞 tʰen^{33}	根 ken^{33}				
臻入开							
臻舒合	门 men^{31}	寸 tsʰuen^{24}	婚 xuen^{33}				
臻入合	不 pɔʔ^{5}	卒 tsɔʔ^{5}	骨 kuaʔ^{5}				
宕舒开	忙 mɑŋ^{31}	汤 tʰɑŋ^{33} 仓 tsʰuɑŋ^{33}	缸 kɑŋ^{33}				
宕入开	薄形 pɔʔ^{2}	托 tʰɔʔ^{5}	恶形 ɔʔ^{5}				
宕舒合			光 kuɑŋ^{33}				
宕入合			郭 kɔʔ^{5}				
江舒开				邦 pɑŋ^{33}		撞 tsuɑŋ^{313}	讲 tɕiɑŋ^{53} 虹 kɑŋ^{24}
江舒入				剥 pɔʔ^{5}		啄 tsɔʔ^{5}	学 ɕyɔʔ^{2} 角 kɔʔ^{5}
曾舒开	朋 pʰoŋ^{31}	灯 ten^{33}	肯 kʰen^{53}				
曾入开	北 paʔ^{5}	德 taʔ^{5}	黑 xaʔ^{5}				
曾舒合							
曾入合			国 kuaʔ^{5}				
梗舒开				棚 pʰoŋ^{31}	冷 len^{53}	争 tsen^{33}	硬 ŋen^{313} 鹦 in^{33}
梗入开				百 paʔ^{5}		拆 tsʰaʔ^{5}	客 kʰaʔ^{5} 轭 iaʔ^{5}
梗舒合							横～的 xuen^{31}
梗入合							获 xuaʔ^{2}
通舒合	篷 pʰoŋ^{31}	冬 toŋ^{33}	工 koŋ^{33}				
通入合	木 mɔʔ^{2}	毒 tɔʔ^{2}	哭 kʰɔʔ^{5}				

续表

三四等								
帮系	端组	泥组	精组	庄组	知章组	日母	见系	
饭 faŋ^{313} 万 uaŋ^{313}		恋 liẽ^{31}	全 tɕʰyẽ^{31}		砖 tɕyẽ^{33}	软 ȵyẽ^{53}	远 yẽ^{53} 县 ɕiẽ^{313}	山舒合
罚 faʔ^{2} 袜 uaʔ^{2}		劣 lieʔ^{2}	雪 ɕyɔʔ^{5}		说 ɕyɔʔ^{5}		月 yɔʔ^{2}	山入合
民 men^{31}		邻 len^{31}	新 ɕin^{33}	衬 tsʰen^{24}	真 tɕin^{33}	人 in^{31}	近 tɕin^{313}	臻舒开
笔 pieʔ^{5}		栗 lieʔ^{2}	七 tɕʰieʔ^{5}	虱 saʔ^{5}	质 tɕieʔ^{5}	日~头 ieʔ^{2}	一 ieʔ^{5}	臻入开
粉 fen^{53} 问 uen^{313}		轮 luen^{31}	笋 ɕyen^{53}		春 tɕʰyen^{33}	闰 yen^{313}	云 yen^{31}	臻舒合
佛 faʔ^{2}		律 lieʔ^{2}	戌 ɕyɔʔ^{5}		出 tɕʰyɔʔ^{5}		橘 tɕieʔ^{5}	臻入合
		凉 liaŋ^{31}	枪 tɕʰiaŋ^{33}	床 tsʰuaŋ^{31}	肠 tɕʰiaŋ^{31}	让$_{1}$ ȵiaŋ^{313}	香 ɕiaŋ^{33}	宕舒开
		掠 liaʔ^{2}	削 ɕyɔʔ^{5}		着 tɕyɔʔ^{2}	弱 ȵiaʔ^{2}	药 iɔʔ^{2}	宕入开
方 faŋ^{33}							王 uaŋ^{31}	宕舒合
								宕入合
								江舒开
								江舒入
冰 pen^{33}		菱 len^{31}			蒸 tɕin^{33}		鹰 in^{33}	曾舒开
逼 pieʔ^{5}		力 lieʔ^{2}	鲫 tɕieʔ^{5}	色 saʔ^{5}	直 tɕieʔ^{2}		极 tɕieʔ^{2} 亿 i^{24}	曾入开
								曾舒合
							域 yɔʔ^{2}	曾入合
兵 pen^{33}	停 tʰen^{31}	领 len^{53}	星 ɕin^{33}		整 tɕin^{53}		轻 tɕʰin^{33}	梗舒开
壁 pieʔ^{5}	踢 tʰieʔ^{5}	历 lieʔ^{2}	锡 ɕieʔ^{5}		石 ɕieʔ^{2}		击 tɕieʔ^{5}	梗入开
							荣 ioŋ^{31} 营 yen^{31}	梗舒合
							疫 yɔʔ^{2}	梗入合
风 foŋ^{33}		龙 loŋ^{31} 浓 ȵioŋ^{31}	踪 tsoŋ^{33}		冲 tsʰoŋ^{33}	绒 ioŋ^{31}	胸 ɕioŋ^{33} 宫 koŋ^{33}	通舒合
福 fɔʔ^{5}		绿 lɔʔ^{2}	足 tsɔʔ^{5}	缩 sɔʔ^{5}	竹 tsɔʔ^{5}	肉 yɔʔ^{2}	玉 yɔʔ^{2}	通入合

三　声调的古今比较

表2-12　廿八都话声调与《广韵》声调比较表

		阴平 33	阳平 31	上声 53	阴去 24	阳去 313	阴入 5	阳入 2
平	清	东高开天						
	次浊		门龙牛油					
	全浊		铜皮床红					
上	清			懂九苦草				
	次浊			买老五有				
	全浊					坐淡近厚		
去	清				半四快寸			
	次浊					卖路硬乱		
	全浊					病地饭树		
入	清						百急哭塔	
	次浊							六麦月药
	全浊							毒白罚局

第六节

音韵特点

一　声母的特点

1. 古全浊声母字，今读清音声母。其中塞音、塞擦音声母，逢古平声读送气清音，逢古上、去、入声读不送气清音。例如：盘pʰaŋ^{31}｜权tɕʰyẽ^{31}｜坐tso^{313}｜件tɕiẽ^{313}｜度tu^{313}｜阵tɕin^{313}｜薄厚～pɔʔ^{2}｜毒tɔʔ^{2}。

2. 个别非敷奉微母字白读分别为[p pʰ m]声母。例如：反～手：左手。非paŋ^{53}｜殕发～：发霉。敷pʰu^{53}｜覆趴。敷pʰɔʔ^{5}｜冯奉pʰoŋ^{31}｜奉供～。奉pʰoŋ^{31}｜雾微mu^{313}。

3. 泥来母基本不混。例如：脑泥nao^{53}≠老来lao^{53}｜男泥naŋ^{31}≠狼来laŋ^{31}｜年泥ȵiẽ^{31}≠连来liẽ^{31}｜奴泥nu^{31}≠炉来lu^{31}。个别字相混，例如：内泥＝雷来lue^{31}。

4. 不分尖团，精、见组细音韵母字都读[tɕ]组声母。例如：焦＝浇tɕiao^{33}｜清＝轻tɕʰin^{33}｜齐＝旗tɕʰi^{31}｜箱＝香ɕiaŋ^{33}。

5. 古邪母字今多读塞擦音[tsʰ tɕ tɕʰ]声母，与从母字同。例如：松～树。邪＝从从tsʰoŋ^{31}｜袖邪＝就从tɕiɯ^{313}｜祥邪＝墙从tɕʰiaŋ^{31}。

6. 古日母今多读零声母，少数读[ȵ]声母，无明显的分化条件。例如：如$_{1}$y^{31}｜儿ai^{31}｜热iaʔ^{2}｜日～头ieʔ^{2}｜认in^{313}｜任in^{313}｜饶ȵiao^{31}｜染ȵiẽ^{53}｜软ȵyẽ^{53}。

此外，个别日母字读[n l ɕ]声母：瓤naŋ^{31}｜如$_{2}$lu^{31}｜入禽ɕyɔʔ^{2}。

7. 见系开口二等字多数腭化，少数不腭化。前者如：家tɕia^{33}｜街tɕiai^{33}｜鞋ɕiai^{31}｜交～电费tɕiao^{33}｜间房～tɕiẽ^{33}｜江tɕiaŋ^{33}｜讲tɕiaŋ^{53}；后者如：交～椅kao^{33}｜敲～竹杠kʰao^{33}｜衔kʰaŋ^{31}｜豇kaŋ^{33}｜虹彩虹kaŋ^{24}｜硬ŋen^{313}。

8. 疑母今洪音字多读[ŋ]声母，今细音字多读[ȵ]声母。另有部分字读零声母，个别字读[kʰ]声母。例如：我ŋo^{53}｜岸ŋɑŋ^{313}｜义ȵi^{313}｜业ȵieʔ^{2}｜外uai^{313}｜牙iɑ^{31}｜桅~杆kʰue^{31}。

9. 其他：撕心tsʰɿ^{33}｜寺邪tsʰɿ^{313}｜鼠书tɕʰy^{53}｜供赡养，抚养。见tɕioŋ^{33}｜共~个村。群tɕioŋ^{313}｜萁莨~。群i^{33}｜糊面~：糨糊。匣kʰu^{31}｜完匣xuɑŋ^{31}｜鳙以tsʰoŋ^{31}。

二　韵母的特点

1. 古入声韵，今读均带喉塞音韵尾[ʔ]。

2. 古阳声韵，读鼻化韵或鼻尾韵，鼻音韵尾有两个：[n]和[ŋ]。

3. 果摄开一、合一基本都读[o]韵。例如：我开一ŋo^{53}｜果合一ko^{53}｜哥开一＝锅合一ko^{33}｜饿开一＝卧合一ŋo^{313}。

4. 蟹摄开口一等咍韵和泰韵、开口二等皆韵和佳韵各无分别。例如：戴咍＝带泰tai^{24}｜菜咍＝蔡泰tsʰai^{24}｜耐咍＝奈泰nai^{313}｜排皆＝簰佳pʰai^{31}｜豺皆＝柴佳tsʰai^{31}。

蟹摄开口二等见系字与假摄开口三等麻韵字有别。例如：介皆tɕiai^{24}≠借麻tɕie^{24}｜街佳tɕiai^{33}≠遮麻tɕie^{33}｜鞋佳ɕiai^{31}≠蛇麻ɕie^{31}。

5. 蟹合一灰韵、止合三支韵和脂韵泥来母字基本读合口[ue]韵。例如：雷灰lue^{31}｜内灰lue^{313}｜累~计。支lue^{313}｜累连~。支lue^{313}｜垒堡~。脂lue^{53}｜类脂lue^{313}｜泪脂lue^{313}。此外，遇合三虞韵有一个字也读[ue]韵：屡虞lue^{313}。

6. 蟹合三废韵、止合三微韵非组字多读齐齿[i]韵，少数读[e ue]韵。例如：废废fi^{24}｜肺废fi^{24}｜非微fi^{33}｜匪微fi^{53}｜费微fi^{24}｜肥化~。微fi^{31}｜肥肉~。微fe^{31}｜味微ue^{313}。

7. 流开一三侯尤韵来母字多读开口[əɯ]韵。例如：楼侯＝流尤ləɯ^{31}｜篓侯＝柳尤ləɯ^{53}｜漏侯ləɯ^{313}｜馏尤ləɯ^{31}。

8. 咸摄开口一等的覃、谈两韵没有区别。

9. 咸山摄开口三、四等字的主要元音没有区别。

10. 咸山摄开口一等、开口二等（多数见系字除外）、合口三等（非组字）与宕江摄合流。例如：蓝咸开一＝兰山开一＝狼宕开一lɑŋ^{31}｜班山开二＝帮宕开一＝邦江开二pɑŋ^{33}｜凡咸合三＝烦山合三＝房宕合三fɑŋ^{31}。

11. 山摄合口一、二等字与宕摄合口字合流。例如：官山合一＝关山合二＝光宕合一kuɑŋ^{33}｜碗山合一＝枉宕合三uɑŋ^{53}｜弯山合二uɑŋ^{33}＝汪宕合一uɑŋ^{33}｜完山合一＝还动词。山合二xuɑŋ^{31}。

12. 宕开一部分精组字读合口[uɑŋ]韵。例如：仓tsʰuɑŋ^{33}｜苍tsʰuɑŋ^{33}｜桑suɑŋ^{33}｜磉石~：柱下石suɑŋ^{53}｜葬tsuɑŋ^{53}。此外，咸开一、山开一也有个别字读[uɑŋ]韵：簪tsuɑŋ^{33}｜赞tsuɑŋ^{24}。

13. 深臻曾梗四摄合流，舒声字都读[en in]韵（臻摄和梗摄合口读[uen yen]韵）。例如：

深摄　森sen^{33}｜心ɕin^{33}｜金tɕin^{33}

臻摄　根 ken^{33}｜新 ɕin^{33}｜村 tsʰuen^{33}｜春 tɕʰyen^{33}

曾摄　登 ten^{33}｜蒸 tɕin^{33}｜肯 kʰen^{53}｜冰 pen^{33}

梗摄　生 sen^{33}｜正 tɕin^{24}｜横~的 xuen^{31}｜永 yen^{53}

14. 其他：椅脂 y^{53}｜季 1 脂 tɕy^{24}｜津真 tɕyen^{33}｜笋谆 ɕyen^{53}｜榫谆 ɕyen^{53}｜筐阳 kʰɑŋ^{33}。

三　声调的特点

1. 平、去、入声按古声母清浊各分阴阳，调值阴高阳低。

2. 次浊上归阴上，全浊上字归阳去。

第三章 同音字汇

本字汇以收录廿八都话的单字音为主。如果没有单字音，酌收主要的连读音。连读音放在相应的单字音节后面，在连读音的前面加双竖线“‖”表示（如果连读调是单字调以外的新调值，该调值放在其他调类后面，“‖”加在连读调的前面）。

字汇根据廿八都话韵母、声母、声调的次序（见第二章第一节）排列。轻声音节用“[0]”表示。写不出本字的音节用方框“□”表示。释义、举例用小字表示。在例子里，用“～”代替本字，“□”后加注音标。文白异读用小字“文”“白”表示，又读等一字多音的现象在字的右下角用数码表示，一般用“1”表示最常用或最口语化的读音，“2”次之，依此类推。

ɿ

ts　[33]支枝肢栀资姿咨脂之芝智　[53]紫纸旨指子地支之一籽仔~细止趾址己天干之一齿四~耙□□sɿ^{31}~□ia^{33}：知了　[24]制置志~愿志杂~痣致痔　[313]自字治政~巳

tsʰ　[33]雌撕　[31]脐茅治~理池驰瓷迟慈磁糍麻~鹚辞词祠持饲　[53]此耻齿牙~　[24]刺次　[313]寺

s　[33]斯施私师狮蛳尸司丝思诗　[31]时匙市□~□tsɿ^{53}□ia^{33}：知了　[53]死使史驶始屎　[24]四肆试　[313]是不~氏豉示视士柿事侍誓逝

i

p　[33]蓖~麻子屄　[53]比鄙　[24]蔽闭痹　[313]弊币毙避鐾备箅庇

pʰ　[33]批披　[31]皮疲脾琵枇肥白　[53]疕①白~：头屑□鲫鱼~：小的鲫鱼　[24]屁

m　[31]眉　[53]米弥阿~陀佛　[313]谜

f　[33]飞非妃榧1□~□pa^{33}滚：热得烫手□蠊~：蜻蜓　[31]肥文　[53]匪榧2　[24]废肺费痱　[313]未1地支之一

t　[33]低　[53]底抵　[24]帝蒂　[313]弟第递地

tʰ　[33]梯　[31]堤题提蹄隶　[53]体　[24]替涕剃屉

l　[31]犁离~婚篱璃梨厘狸　[53]礼李里裹理鲤□□kʰɔʔ^{5}~仔戏：木偶戏　[313]虑白滤白厉励丽美~丽~水市利痢莉吏离~开荔~枝

tɕ　[33]鸡肌几茶~基箕机饥知杞枸~子　[53]挤已自~纪几~个　[24]祭际济计继寄记忌既季2这2

tɕʰ　[33]妻溪欺　[31]齐奇骑其棋期旗蕲企技~术　[53]启起　[24]契器弃气汽

ȵ　[33]蚁蚂~　[31]泥宜适~尼疑　[53]你　[24]倪　[313]艺谊义议仪~器，~式

ɕ　[33]西犀牺嬉熙希稀　[53]洗喜蟢玺　[24]世势细婿戏系繫

Ø　[33]医衣依萁莨~：蕨□问~梦：问仙姑，一种迷信活动　[31]宜便~移姨遗　[53]已以　[24]意忆亿易容~，交~　[313]异

u

p　[53]补　[24]布织~布~告怖　[313]部簿步埠

pʰ　[33]铺动词埔東~寨　[31]蒲葡菩匏②白~：瓠子荸□溢　[53]谱普浦捕甫殕发~：发霉　[24]铺名词

m　[31]模~范模~具摹　[53]母　[313]墓募雾

f　[33]夫肤芙敷麸俘抚　[31]辅符扶无　[53]府腑俯斧　[24]付赋傅富副　[313]父腐侮务附妇负

t　[33]都首~　[53]堵赌肚猪~　[313]肚~子杜度渡镀

---

①《广韵》上声旨韵匹鄙切：“头疡”。参看秋谷裕幸（2001：61）。

②《广韵》平声肴韵薄交切：“瓠也。”参看秋谷裕幸（2001：99）。

t^h [31]徒屠涂途图 [53]土吐~口馋：吐唾沫 [24]吐呕吐兔

n [31]奴 [53]努 [313]怒

l [31]卢炉鸬庐芦鲁橹如2驴2 [53]虏卤 [313]路露

ts [33]租 [53]祖组阻 [313]助

ts^h [33]粗初 [31]锄□啄 [53]楚础 [24]醋

s [33]苏酥梳疏蔬□雾露~：大雾 [53]数动词 [24]素诉塑数名词

k [33]姑菇孤□~手：两手交叉在胸前 [53]古估牯股鼓 [24]故固雇顾

k^h [33]箍 [31]糊面~：糨糊 [53]苦 [24]库裤

x [33]呼乎 [31]胡姓胡~须鬍湖蝴壶狐葫户窗~糊~涂 [53]虎浒 [24]戽 [313]沪

∅ [33]乌污诬 [31]吴梧 [53]五伍午坞舞武鹉戊2□怎么~：怎么办 [313]户~口护互戊1婺~剧误悟娱~乐

y

l [31]驴1 [53]吕旅 [313]虑文滤文

tɕ [33]猪诸居车~马炮株朱硃珠蛛殊拘 [53]煮举主注矩 [24]据锯註蛀铸句季1 [313]储~蓄绪巨拒柱住具惧俱

$tɕ^h$ [33]趋枢区蛆 [31]渠水~除徐距厨橱 [53]鼠老~取□~气：喘气 [24]去趣处~理处保卫~

ȵ [53]女语寓~言 [313]愚

ɕ [33]书舒虚墟~日须必~须2胡~需输荽 [31]薯 [53]暑署许 [313]序叙竖树

∅ [33]淤盂 [31]鱼渔余与宇羽虞于如1禹□~蚣：蜈蚣 [53]椅乳豆腐~雨寓公~ [313]御誉预豫芋裕乳~制品娱文~

ɑ

p [33]巴1芭疤爸①□□fi^{33}~滚：热得烫手 [53]把巴2 [24]靶霸坝 [313]耙~田罢稗~子

p^h [31]爬琶杷耙铁~□下~：下巴□~□ləɯ^{31}手：扒手 [24]怕

m [31]麻蟆□$tɕ^hiaŋ^{31}$~：青蛙 [53]马码蚂妈姨~娘：姨妈 [313]骂

t [53]打 [313]大

t^h [33]他

n [31]拿 [53]哪 [313]那~个

l [33]挪拉~屎

ts [33]楂渣 [53]笊~篱：捞饭用的笊篱 [24]炸榨

ts^h [33]叉杈差~不多 [31]茶搽查 [24]岔□一~：大拇指和食指或中指伸张的长度

s [33]沙砂纱傻□排~骨：肋骨

k [24]□~开点：两腿分开点儿站

ŋ [33]□张（嘴） [313]□碜□擀

x [33]哈

∅ [31]娃女~子

iɑ

tɕ [33]家加嘉佳 [53]假真~贾 [24]假放~架驾嫁价斾碗~橱：碗橱

$tɕ^h$ [53]□~□poŋ^{24}：钹

ɕ [33]虾 [31]霞 [313]下方位下动词厦大~厦~门夏

∅ [33]鸦丫桠□□sʅ^{31}□tsʅ^{53}~：知了 [31]牙芽衙涯□容量单位，为4斤 [53]雅哑亚

---

① 本字不明。可能借自江山、广丰方言，见秋谷裕幸（2001：105）。

uɑ

ts [33]抓~痒 [53]爪鸡脚~，鹰~

s [53]撒~谷种

k [33]瓜 [53]寡剐 [24]挂卦

kʰ [33]夸垮 [24]跨

x [33]花 [31]华中~划~船 [24]化 [313]画话

ø [33]蛙洼挖2 [31]娃男~子 [53]瓦

yɑ

ø [33]□喊

o

p [33]波菠玻坡 [24]簸

pʰ [31]婆 [24]破

m [33]摸 [31]魔磨~刀摩 [313]磨名词，石磨；动词，磨（豆腐等）

t [33]多都也 [53]朵躲 [313]惰

tʰ [33]拖妥椭 [31]驼驮扛，端，举（手）舵陀□呆~：笨蛋

n [31]□揉（痛处） [313]糯

l [33]啰□扶，拉，牵 [31]罗锣箩螺脶萝□冰~□kəɯ²⁴：冰 [53]□捋

ts [53]左 [24]做 [313]坐座

tsʰ [33]搓~绳子 [24]锉错□一~：一截

s [33]蓑梭唆 [53]锁所

k [33]哥歌锅 [53]果馃 [24]个1过

kʰ [33]科窠颗棵 [53]可 [24]课

ŋ [31]蛾鹅俄 [53]我 [313]饿卧

x [31]河何荷~花和~气，~尚和拌~机：搅拌机 [53]火伙 [24]货荷薄~ [313]祸

ø [33]阿~弥陀佛窝被~：被子 [31]禾~弓：割稻子用的镰刀

e

p [33]杯碑卑裴背~麻袋 [53]□拨（灯芯） [24]贝辈背~脊心：后背 [313]被~窝：被子倍背~诵焙□"不会"的合音，本书中写作"勀"

pʰ [33]胚坯 [31]培陪赔佩 [24]配

m [31]梅霉媒煤谋1 [53]每美亩1某1牡1没动词，副词 [313]妹昧

f [31]肥文，肉~浮1 [53]否

tsʰ [53]□打□aʔ⁵~：打喷嚏

ŋ [24]□粪便

ie

tɕ [33]遮 [53]姐~妹者 [24]借蔗

tɕʰ [33]车汽~且□~转：转身 [31]茄斜 [53]扯

ɕ [33]赊佘 [31]蛇邪 [53]写舍~不得□讨~：求饶 [24]泻~肚：拉肚子卸赦舍宿~ [313]谢社射麝

ø [31]耶爷 [313]夜液

ue

t [33]堆 [24]对碓 [313]队

tʰ [33]推 [53]腿 [24]退

l [33]□戳，捅 [31]雷擂□~钻：锥子 [53]儡垒堡~□发~：起包 [313]累~计累连~泪屡内类垒~球锐趺[1]滚动

ts [33]追□苦~：榛子 [53]嘴 [24]最醉 [313]罪坠赘

tsʰ [33]催崔吹炊 [31]锤槌 [24]脆翠

---

①《集韵》去声队韵卢对切："足跌。"参看曹志耘、秋谷裕幸（2016：31）。

s　[33]虽　[31]随垂　[53]髓脑~水　[24]碎岁税　[313]睡瑞髓骨~遂

k　[33]规龟轨归□嗦子　[53]诡鬼刽　[24]桧桂贵　[313]跪柜

kʰ　[33]亏傀　[31]癸葵逵桅~杆溃

x　[33]恢灰盔挥辉徽　[31]回茴汇~总　[53]毁贿受~悔苇　[24]晦　[313]贿~赂汇~款会开~会~不~

∅　[33]威煨慧畏敌敌~　[31]危围微　[53]委慰尾　[313]惠卫位魏讳胃未2地支之一味为介词伪~装违伟

ye

ç　[33]靴

ai

p　[53]摆　[24]拜　[313]败

pʰ　[31]排牌簰　[24]派

m　[31]埋　[53]买　[313]卖

t　[53]□祖母；公~：祖父　[24]戴带　[313]待怠贷代袋逮

tʰ　[33]胎苔舌~　[31]台戏~抬苔青~　[24]态太泰

n　[33]奶　[313]耐奈

l　[31]来　[313]赖癞

ts　[33]灾栽斋　[53]宰仔词尾　[24]再载债　[313]在

tsʰ　[33]猜差出~钗　[31]才材财裁豺柴　[53]彩采踩　[24]菜蔡

s　[33]腮鳃筛　[53]洒甩　[24]赛寨晒　[313]□质量差

k　[33]该　[53]改　[24]盖

kʰ　[33]开揩　[53]凯概溉楷

ŋ　[31]呆挨~打　[53]蚁~仔：野外的蚂蚁　[313]碍艾

x　[33]桸捞~：捞鱼的网兜　[31]孩亥　[53]海　[313]害

∅　[31]儿而~且　[53]耳　[24]爱　[313]二

iai

tç　[33]阶街□母亲　[53]解~开　[24]介界芥届戒

ç　[31]鞋　[53]蟹　[313]械

∅　[53]矮

uai

k　[33]乖　[53]拐　[24]怪　[313]□捉，拎，挎

kʰ　[31]□~□tɔɯ³³：怀里　[24]块会~计快筷

x　[31]怀槐淮　[313]坏

∅　[33]歪　[313]外

yai

ç　[33]衰　[24]帅

ɑo

p　[33]褒包胞　[53]保堡宝饱　[24]报豹趵[①]~出：(泉水)大量渗出　[313]抱菢暴鲍爆

pʰ　[33]抛脬卵~：阴囊□柚子□抽~阄：抓阄　[31]瀑泡油炸袍鉋名词，动词　[53]跑~步　[24]炮泡水~泡~茶

---

①《集韵》去声校韵巴校切："趵，跳跃也。"

m [33]猫 [31]毛茅矛 [53]卯 [313]冒帽貌

t [33]刀 [53]岛倒打~，树~了倒~水 [24]到□□ten^{33}~头：倒立 [313]道稻盗导祷倒老~了：过世

t^h [33]涛□流苏 [31]桃逃跑；逃淘陶萄 [53]讨□摘 [24]套

n [53]脑恼□泥埻~：土块 [313]闹□用药毒害

l [33]捞 [31]劳涝旱~牢 [53]老佬

ts [33]遭糟 [53]早枣蚤澡找~钞票 [24]灶罩躁 [313]皂造

ts^h [33]操臊抄 [31]曹槽 [53]草炒吵钞~票□吃猪~□ləɯ^{53}：杀猪后请亲朋吃猪内脏、猪肉、猪血等□~麻将：打麻将 [24]糙耖

s [33]骚稍□一~：一阵（雨） [53]扫嫂□毛竹椏~：竹枝，用来扎笤帚 [24]潲

k [33]高膏镐糕交白，~椅铰~剪：剪刀茭~笋：茭白 [53]稿搞 [24]告校~准（钟表）

k^h [33]烤~肉敲白，~竹杠 [53]考烤~鸭 [24]靠

ŋ [31]熬 [313]傲

x [31]豪壕毫 [53]好~坏好喜~浩 [24]耗 [313]号几~

ø [33]坳爊煮 [53]袄 [24]奥懊~恼

iɑo

p [33]标彪 [53]表婊 [313]□“不要”的合音，本书中写作“嫑”

p^h [33]飘嫖 [31]瓢薸浮萍 [53]漂~白粉漂~亮 [24]票

m [31]苗描 [53]秒 [24]妙 [313]庙

t [33]刁貂雕 [24]钓吊□~酒：用稻谷制白酒 [313]调~查调~动

t^h [33]挑~水 [31]条笤调~解 [24]跳

l [31]疗聊辽镣髎~子：阴茎 [53]了~解，私~ [313]料廖□遗失

tɕ [33]交文，~电费郊胶狡教动词较焦蕉椒招骄娇浇 [53]绞缴檄[1]稻谷~：稻穗□擦 [24]教~育觉睡~窖珓照叫 [313]赵兆轿召

$tɕ^h$ [33]敲文，~锣鼓锹缲~边超 [31]朝~代潮乔侨桥 [53]窍 [24]翘

ȵ [31]饶尧 [53]鸟 [313]尿□~作：做作

ɕ [33]消霄硝销肖烧嚣萧箫 [53]小少多晓 [24]孝酵笑 [313]校学~效韶绍邵

ø [33]妖邀要~求腰□~纸：在坟头和周边树上挂纸条 [31]摇谣窑姚 [53]咬舀 [313]要重~，不~鹞耀跃

əɯ

m [31]谋2 [53]亩2某2牡2 [313]茂贸

f [31]浮2

t [33]丢兜蔸禾~：稻茬篼笊~：捞饭用的笊篱□马~铃：一种草药，可以退烧□□k^huai^{31}~：怀里 [53]斗一~米抖陡 [24]斗批~ [313]豆

t^h [33]偷 [31]头投 [53]敨~开：展开 [24]透

l [31]楼流刘留榴硫琉馏□□$p^hɑ^{31}$~手：扒手 [53]篓柳□吃猪□$ts^hɑo^{53}$~：杀猪后请亲朋吃猪内脏、猪肉、猪血等□搅□用谷耙把稻谷摊开 [313]漏

---

① 《集韵》上声有韵侧九切：“艸木子聚生。”参看秋谷裕幸（2001：50）。

ts [53]走 [24]皱

tsʰ [31]愁 [24]凑

s [33]搜馊 [24]嗽

k [33]勾钩沟阄抽□pʰɑo³³～：抓阄 [53]狗苟枸 [24]够构购□起～：结冰

kʰ [53]口 [24]扣

ŋ [53]藕偶

x [33]齁 [31]喉猴 [53]吼 [313]後厚后候倏

∅ [33]欧 [24]□蹲

iɯ

l [33]溜

tɕ [33]周舟州洲鸠纠 [53]酒帚九久韭 [24]咒救灸究 [313]就袖售臼舅旧

tɕʰ [33]秋鳅抽丘 [31]囚绸筹仇报～酬求球仇姓 [53]丑地支之一

ȵ [33]扭纽～带 [31]牛 [53]纽秤～：秤毫

ɕ [33]修收休须1胡～ [53]手首 [24]秀绣锈 [313]受寿授

∅ [33]忧优柚幽尤姓鱿幼 [31]邮由油游酉2柔 [53]有友酉1 [313]又右佑釉

iɛ̃

p [33]鞭编边 [53]扁匾鳊～鱼 [24]变遍 [313]便方～辫辩～论

pʰ [33]偏 [31]便～宜 [24]骗片

m [31]绵棉 [53]免勉□一～：一瓣 [313]面～子面～粉

t [33]颠癫 [53]点典 [24]店 [313]电殿奠垫簟～皮：晒粮食用的大竹席

tʰ [33]添天 [31]甜田填 [24]掭拨；～耳朵：掏耳朵

l [33]□舔 [31]镰廉帘连联怜莲恋～爱 [53]脸 [313]练炼链

tɕ [33]监～督尖兼艰间房～奸煎櫼楔子肩坚柬 [53]减文检捡拣简笕剪茧趼 [24]剑箭战建见溅毽 [313]践件贱键健

tɕʰ [33]签抽～签～字谦迁千歼牵铅□伸 [31]钳钱乾前潜 [53]浅□眼～：羡慕 [24]欠

ȵ [33]黏 [31]严阎言年鲇 [53]染研碾 [313]验念廿砚～瓦：砚台

ɕ [33]仙鲜先 [31]咸～淡咸～丰衔文，军～嫌闲 [53]陕险显宪献 [24]扇名词扇动词线苋～菜 [313]善鳝贤县限

∅ [33]腌烟 [31]炎盐名词檐颜延沿然燃弦芫 [53]眼演厣鳞 [24]厌宴燕雁文□□ɕieʔ² ～：秕谷 [313]艳焰

yɛ̃

tɕ [33]专砖捐 [53]转～弯卷动词券 [24]卷名词眷 [313]旋头旋；～风传水浒～

tɕʰ [33]川穿圈 [31]全泉传宣～椽船缠拳权 [53]犬 [24]串劝

ȵ [31]原源援□拧 [53]软 [313]愿

ɕ [33]闩宣 [31]玄2～孙：重孙 [53]选癣筅～帚：炊帚 [24]楦

∅ [33]冤怨鸳 [31]丸圆员缘元阮袁园玄1～孙：重孙 [53]远□圆～：桂圆 [313]院

en

p [33]彬宾殡鬓冰兵 [53]本禀丙柄把～饼并合～ [24]拚①～箕：簸箕 [313]笨病

①《广韵》去声方問切：“坌，扫除也。”

pʰ [33]拼 [31]盆贫凭平评坪瓶萍并～且 [53]喷～水品聘 [24]姘

m [33]虻□捂 [31]门民鸣明名 [53]抿含（一口水）敏 [313]闷命

f [33]分芬 [31]坟文纹 [53]粉 [24]粪□打～气：打喷嚏 [313]份

t [33]登灯丁叮盯钉名词疔□～□tao[24]头：倒立 [53]等顶□桩～：桩 [24]凳钉动词订 [313]邓锭定

tʰ [33]吞听厅 [31]腾藤疼亭停廷庭□沉 [53]挺艇 [24]□～股：合伙

n [31]能 [24]□踮 [313]□瞪

l [33]□□saŋ[33]□tɕieʔ[5]～：蟋蟀 [31]林临邻磷凌菱灵零铃伶龄另稜 [53]冷领岭 [313]令

ts [33]曾姓增僧～人争砧 [24]甑

tsʰ [33]撑 [31]层 [24]衬掌支撑

s [33]森参人～生牲甥僧唐～ [53]省～长省节～ [24]渗

k [33]跟根更打～庚羹耕 [53]哽

kʰ [33]坑 [31]□罩 [53]恳垦肯 [24]勘田～：田埂揿摁

ŋ [313]硬

x [33]□掀 [31]衡 [53]很狠擤蠔①黄～：蚯蚓 [313]恨

ø [33]恩

in

tɕ [33]针诊疹今金珍真巾斤筋蒸京惊～蛰精晶睛贞正～月征经锦 [53]枕镇振紧景井整颈□～□kuaŋ[53]：常常 [24]浸禁进劲～头证警敬镜境正～面政 [313]阵近静靖净郑尽～量

tɕʰ [33]亲侵1称清轻青 [31]寻琴禽陈辰2晨勤芹承情晴程成城诚绳白 [53]侵2寝请 [24]秤庆

ȵ [31]银白宁迎 [313]忍韧

ɕ [33]心深辛新薪身申升兴～旺声星腥□些 [31]神辰1乘行罪～形型刑桁～条 [53]沈审婶迅醒 [24]信讯囟兴高～性姓圣胜 [313]盛茂～

ø [33]音阴因姻殷蝇苍～英莺婴缨鹦鹰萤映放～ [31]人仁银文淫寅赢瀛荧 [53]饮引隐影映反～ [24]印应～该应答～ [313]壬任认

uen

t [33]墩徐家～：地名驐阉（猪、牛、鸡等） [53]墩桥～ [24]炖顿□踩 [313]盾遁～土

n [313]嫩

l [31]轮仑 [313]论

ts [33]尊遵

tsʰ [33]村 [31]存 [53]忖 [24]寸

s [33]孙 [53]损

k [53]滚 [24]棍

kʰ [33]昆坤 [53]捆 [24]困

x [33]昏婚荤 [31]魂浑横1上～头 [313]混

ø [33]温瘟 [31]蚊闻新～横2上～头 [53]稳 [24]揾②淹 [313]问

①《集韵》上声阮韵许偃切："寒蠔，虫名，蚯蚓也。"参看曹志耘、秋谷裕幸（2016：34）。

②《广韵》去声恩韵乌困切："《说文》：没也。"

yen

tɕ　[33]津均君军菌肫　[53]俊准标～准批～　[24]甽①水～：引水渠□打冷～：打冷颤　[313]郡

tɕ^h　[33]椿春　[31]秦群裙

ɕ　[31]循巡纯醇绳文　[53]笋榫吮　[24]旬舜训　[313]顺

ø　[31]匀云营　[53]允永泳　[313]闰运

ɑŋ

p　[33]班斑般帮邦　[53]扳板版反白，～手榜泵　[24]扮绊半　[313]办伴拌蚌

p^h　[33]潘　[31]爿盘搬叛彭旁螃～蟹棒　[53]膀　[24]判胖

m　[33]蛮～好　[31]蛮～劲：不讲道理馒鳗瞒1忙盲　[53]瞒2满蟒蜢□tɕ^{h}ieʔ^5～：蚂蚱　[313]慢

f　[33]番翻蕃幡帆方芳妨　[31]凡烦矾房防　[53]泛反文，正～纺访肪□漂洗　[24]贩放□坐～地上：坐在地上　[313]范姓范模～犯樊饭

t　[33]耽丹单～位当～时，～兵　[53]胆党挡　[24]担名词旦花～当～铺□生～：陌生　[313]淡诞旦元～弹子～蛋荡盪

t^h　[33]贪滩摊汤　[31]潭谭谈痰檀坛弹～琴堂棠螳唐糖塘□～簸：圆形竹器，晒东西用　[53]毯坦躺　[24]探炭烫

n　[31]男南难形容词瓤　[313]难名词

l　[31]篮蓝兰拦栏牛～郎廊狼螂莨～萁：蕨朗　[53]览缆懒㫰②稀　[313]烂滥浪波～㫰③阴干

ts　[53]盏斩　[24]蘸　[313]站暂～时栈

ts^h　[33]参～加餐　[31]蚕馋口～：唾沫残禅　[53]铲产生～　[24]□牙齿外露

s　[33]三杉衫山□～□tɕieʔ^5□len^{33}：蟋蟀　[53]散零～伞　[24]散～开，分～□鸡～仔：未下蛋的小母鸡

k　[33]甘柑泔肝干笋～杆栏～竿鱼～刚1纲钢～材缸豇□茅～：一种茅草□八～：八哥　[53]感敢杆秤～竿毛竹～秆赶减白港　[24]干高～钢～笔岗杠虹彩虹降霜～□～□t^{h}oŋ^{31}子：跳大神　[313]□拦

k^h　[33]刚2康糠筐□蠊～□fi^{33}:蜻蜓　[31]衔白，衔（骨头）　[53]砍槛抗　[24]看看守看～见

ŋ　[31]岩　[313]岸雁白昂～头：仰头

x　[31]含寒行银～航杭绗　[53]喊憾　[24]汉夯　[313]韩旱汗焊馅项白，姓笐～竿：晒衣服用的竹竿

ø　[33]庵安　[24]案

iɑŋ

l　[31]良凉量动词粮梁粱　[53]两～个两二～　[313]亮谅量数～

tɕ　[33]将～来浆张章障樟疆姜姓姜生～江□连～：连枷　[53]蒋奖桨长～大涨掌讲降～落　[24]酱糨将大～帐胀仗□猪头～：腮腺炎□“这样”的合音　[313]象像橡丈杖匠

tɕ^h　[33]枪昌菖腔江山～　[31]墙祥长～短肠场常强详降投～□～蟆：青蛙　[53]抢厂倡腔腹～　[24]唱

ȵ　[33]娘姑妈　[31]娘～亲：母亲，背称　[53]

---

①《集韵》去声稕韵朱闰切：“沟也。”参看秋谷裕幸（2001：34）。

②《广韵》上声荡韵卢党切：“㝩㫰，空虚。”

③《集韵》去声宕韵郎宕切：“暴也。”

仰 [313]让1娘伯母

ç [33]相互～箱厢镶商伤香乡 [31]裳 [53]想鲞偿赏享响 [24]相看～向 [313]上动词尚上方位项文，～目

ø [33]央秧鸯 [31]羊洋烊杨阳扬疡黄～蟮：蚯蚓 [53]养痒 [313]让2样

uaŋ

t [33]端 [53]短 [24]断吩咐 [313]断绳子～了段

tʰ [31]团

n [53]暖

l [53]卵 [313]乱

ts [33]簪庄装桩 [24]钻动词钻名词赞葬壮 [313]赚藏西～脏内～状撞□一～：一沓

tsʰ [33]仓苍疮窗 [31]藏动词床 [53]闯创

s [33]酸桑丧霜双 [53]褬 [24]算蒜

k [33]官棺倌观参～冠鸡～花关光 [53]管馆广2□□tɕin⁵³～：常常 [24]贯惯灌～水罐 [313]□菜篮子的提梁

kʰ [33]宽框 [31]狂 [53]款矿广1

x [33]欢荒慌 [31]完还动词环 [53]况□挽（袖子） [313]换

ø [33]弯湾汪 [31]玩～具黄～色簧蟥蚂～皇王□～桶：收割稻、麦等时脱粒用的木桶 [53]皖碗腕晚挽枉往网 [313]万旺忘～记望希～

oŋ

p [53]□～尿：给小孩儿把尿 [24]蹦□□tɕʰiɑ⁵³～：钹

pʰ [33]□闻；～嘴：接吻 [31]朋棚篷冯奉白，供～ [53]捧 [24]喷～香碰

m [31]蒙芒～槌：棒槌 [53]□含 [313]梦

f [33]风疯丰封峰蜂锋讽 [31]缝动词 [313]奉文，～化缝名词凤

t [33]东冬中～秋 [53]董懂 [24]冻栋 [313]动洞瞳

tʰ [33]通 [31]同铜桐筒童□□kaŋ²⁴～子：跳大神□～骨：猪的大腿骨 [53]桶捅统痛读字

n [31]农脓 [24]□皱

l [33]弄胡同；～坏浪拨～鼓担：货郎 [31]龙咙砻笼聋垅山～：山谷 [53]拢窿

ts [33]棕鬃宗中～央衷中～奖终踪钟姓钟～表 [53]综总种名词肿 [24]粽众种动词 [313]重轻～

tsʰ [33]聪匆葱囱充冲舂 [31]虫从松～树重～新鳙 [53]宠 [24]铳

s [33]松～紧 [53]搃[1]推 [24]送宋

k [33]公蚣工功弓躬宫恭供～应贡 [53]拱供～奉 [24]供～起来灌～脓：化脓 [313]共一～

kʰ [33]空～心 [53]孔巩恐控 [24]空有～

x [33]烘 [31]虹人名宏红洪鸿

ø [33]翁 [53]塕 [24]瓮

ioŋ

tɕ [33]供赡养，抚养 [313]共～个村

tɕʰ [31]穷

ȵ [31]浓

ç [33]兄胸凶吉～凶～狠 [31]熊雄

ø [31]荣容蓉绒 [53]勇雍拥 [313]用

---

[1]《集韵》上声董韵损动切：“推也。”参看曹志耘、秋谷裕幸（2016：37）。

ɿʔ

ts [5]脊1只副词子后缀

s [5]是还~

aʔ

p [5]北百柏伯泊梁山~擘掰 [2]拔白

p^h [5]拍泼活~迫魄

m [2]末1墨麦脉

f [5]法发头~发~财 [2]乏筏罚佛□泡沫

t [5]答搭得1德瘩 [2]踏达特1

t^h [5]塔塌□烙

n [2]捺纳

l [5]瘌□舔 [2]腊蜡辣粒肋栏栅~齿：栅栏□□kaʔ² ~侧睡：侧身睡

ts [5]扎~实窄则侧白，侧翻责□用指甲掐 [2]杂闸铡贼泽宅栅~栏齿：栅栏

ts^h [5]插□水~：水獭擦察测侧文，~面拆策册坼裂缝

s [5]萨杀屑木~虱塞色 [2]煠煮（鸡蛋）

k [5]鸽合~算割疙格革隔□~姘头：找姘头 [2]咯~~抖：发抖□~□laʔ²侧睡：侧身睡

k^h [5]客咳刻克瞌

ŋ [2]额

x [5]黑 [2]合~计盒核还副词

ø [5]□打~□ts^he^{53}：打喷嚏

iaʔ

l [2]掠

tɕ [5]睞①闭，眨裌~袄颊甲接结疖 [2]夹~子挟夹在腋下□轧

---

①《集韵》入声洽韵讫洽切：“眇也。一曰目睫动。”

$tɕ^h$ [5]恰切白，~菜缺田~：水田里的进、排水口□下赌注

ȵ [5]捏 [2]弱

ɕ [5]瞎歇1吓辖赫□这~：现在 [2]若1

ø [5]鸭押~金压~力轭牛~也 [2]热

uaʔ

k [5]刮括骨国碱②裂

k^h [5]阔扩窟水~：水坑

x [5]□~线：闪电 [2]活滑获或划笔~，计~

ø [5]挖1 [2]袜

əʔ

m [2]么怎~

t [5]得2的2

l ‖[0]了助词

ts [2]怎~么

k [5]个2嗝

ieʔ

p [5]笔滗毕必逼碧壁鳖 [2]别鼻

p^h [5]撇匹疕③生了一个~：生了一个女孩儿泼~水僻

m [5]搣捻 [2]灭篾密蜜

t [5]跌得3的1滴嫡 [2]叠碟牒蝶谍笛敌狄

t^h [5]帖贴铁踢剔

---

②《广韵》入声麦韵古获切：“碱破。”

③《广韵》入声质韵譬吉切：“牝疕。”参看曹志耘、秋谷裕幸（2016：34）。在吴语中常指女阴，廿八都话借以指代“女孩儿”，含戏谑意。（女阴则说“屄”）

l [5]□路～：路上 [2]猎篚①馃～：箅子立列烈裂律劣力历～史历阴～沥栗例

tɕ [5]折～叠蜇海～皮执汁急级浙节洁质吉橘即鲫织职积迹脊2隻绩击激这1脊2□发～：髻□～米：碾米□□saŋ^{33}～□len^{33}：蟋蟀 [2]捷睫集及杰剧疾直值植极席蛰惊～习侄

tɕ^h [5]鼠～曲：一种野草，当地用来做清明馃彻撤切文，一～七漆赤尺戚吃□～蜢：蚂蚱

ȵ [2]业孽毅

ɕ [5]湿吸设歇2蝎失室膝1息熄媳识式惜适释锡析 [2]十折～本涉协胁实食石舌膝2□～□iɛ̃^{24}：秕谷

ø [5]日今～，明～乙一益 [2]叶页日～头，～上：白天入文，～党逸译易贸～

ɔʔ

p [5]拨钵不博剥膊 [2]薄厚～雹垺泥～□nao^{53}：土块卜

p^h [5]朴～素扑覆白，趴 [2]薄～荷

m [5]膜薄～□□k^{h}ɔʔ^5～：恐怕 [2]膜脑～炎木目穆牧拇末2沫默

f [5]腹福复～杂蝮覆文，～盖复恢～ [2]物伏服

t [5]督嘟壮～～：胖嘟嘟□酒～：酒坛□～头：点头 [2]独读毒夺突凸特2

t^h [5]脱讬托秃庹一～：两臂向左右伸张的长度

n [5]□揉（面）

l [5]落角～头：角落络活～ [2]落降～骆烙洛络联～赂略乐快～若2鹿禄六陆绿录□～□sɔʔ^5：垃圾□□kɔʔ^2～底：腋下

ts [5]卒作啄～木鸟竹粥筑建～祝烛足□拦（水） [2]凿族镯

ts^h [5]撮戳促龊龌～：脏触 [2]昨

s [5]速肃宿～舍宿星～缩粟束叔□□lɔʔ^2～：垃圾 [2]术手～熟属续俗

k [5]葛各阁郭角縠廓 [2]□～□lɔʔ^{2}底：腋下□阻挡□～腿：翘腿

k^h [5]壳窟～窿磕□～□mɔʔ^5：恐怕□～□li^{53}仔戏：木偶戏

ŋ [2]鹤岳

x [5]喝读字霍藿

ø [5]恶～劣 [2]龌～龊：脏

uɔʔ

k^h [5]哭

ø [5]握屋

yɔʔ

tɕ [5]决诀欰②吮吸脚觉～悟菊 [2]绝嚼着助词，火旺；～火轴局

tɕ^h [5]缺～少出屈雀鹊确曲歌～曲酒～□舀

ȵ [2]虐

ɕ [5]薛刷雪说小～血戌恤削畜～牧蓄储～ [2]入白，肏术白～学

ø [5]育约□拗，折 [2]越阅月穴药域疫役翼～膀：翅膀狱浴肉玉

① 《集韵》入声帖韵力协切：“竹箸所以干物。”参看曹志耘、秋谷裕幸（2016：33）。

② 《广韵》入声術韵子聿切：“饮也。《玉篇》云：吮也。”参看曹志耘、秋谷裕幸主编（2016：35）。

第四章 词汇特点

第一节

特别词

一　与官话方言一致的说法

廿八都话中有很多词与周围方言不同，而与多数官话方言一致。

李如龙（1991：413）指出："（廿八都话）多数基本词汇还保留着北方方言的说法。"并举出如下例子：房子、窗户、门槛、稻谷、绳子、抽屉、苍蝇、事情、口水、儿子、女儿、肚子、屁股、站、疼、吃饭、讲话、洗澡、宰猪、不行、要不要、到家了。

除了上述例词，我们又找到了一些其他例子，一并列出，见表4-1（附江山、广丰方言，以资比较）：

表4-1　廿八都话中与官话方言一致的说法

序号	普通话	廿八都	江山	广丰
1	太阳	太阳	日头/□日 bᴇ³³nəʔ³	热头(公)
2	月亮	月亮	日光	月光
3	下雨	下雨	□雨 dəŋ³³yə³³	落雨
4	夜晚	夜晚	黄昏	黄昏
5	左边	左边	借⁼边[1]	反手边
6	右边	右边	顺边	顺手边

① "⁼"表示同音字。下同。

续 表

序号	普通话	廿八都	江山	广丰
7	稻子	稻子	□dɯ^{33}	谷
8	稻谷	稻谷	谷	谷
9	稻草	稻草	稿	禾稿
10	茄子	茄子	茄	茄
11	猴子	猴子	哭=狲	哭=狲
12	蚂蚁	蚂蚁	苍蚁	蚁
13	蚊子	蚊子	蚊虫	蚊虫
14	鱼鳞	鱼鳞	鱼屑	鱼屑
15	杀猪	宰猪	杀猪	杀猪
16	房子整座的	房子	屋	屋
17	屋子，房间	房间	间	间
18	门槛	门槛	门□moŋ^{33}dʑœ̃^{33}	门□moŋ^{22}dʑyẽ^{24}
19	窗户	窗户	窗	窗盘
20	筷子	筷子	箸	箸
21	柴火	柴火	樵	柴
22	脸盆	脸盆	面桶木头的/洋瓷面桶搪瓷的	树面桶
23	穿～衣裳	穿	戴	着
24	系～鞋带	捆	客=/缚	缚
25	饿	肚子饿	腹饥	腹饥
26	脸	脸	面	面嘴/面
27	鼻子	鼻子	鼻头	舌=目=头
28	手指	手指头	汁=头	执=力=头
29	肚子	肚子	腹肚	腹/腹磨=指外面
30	屁股	屁股	哭=臀	□=臀guɤʔ^{2}duɐ̃^{341}
31	疼	疼	痛	痛
32	患疟疾	打摆子	打半工	打半工

续表

序号	普通话	廿八都	江山	广丰
33	蚊子咬成的疙瘩	包	难=	难=
34	看病	看病	促=毛病	促=病
35	姊妹	姐妹	姊妹	囡妹姊
36	儿子	儿子	儿	儿
37	儿媳妇	媳妇	新妇	新妇
38	女儿	女儿	囡儿	囡儿
39	女婿	女婿	囡婿	囡婿
40	绳子	绳子	索	绳
41	下棋	下棋	走棋	动棋
42	吃饭	吃饭	跌=饭	跌=饭
43	洗澡	洗澡	洗浴	洗浴
44	看~电视	看	促=	促=/□me^{24}
45	拿~过来	拿	杯=	约=
46	站立	站	徛	徛
47	藏钱~好	藏	园	园/□ga^{223}
48	砍~树	砍	记=	接=
49	捡~到十块钱	捡	约=	撮
50	说~话	讲	话	话
51	是不是他~老师	是不是	鼻=是	是未是
52	在他~家	在	徛（□）gᴇ^{33}(gɐɯ^{52})	缩得=
53	没有他~钱	没	无	无（有）
54	我	我	我/我农	我/我农
55	我	你	你/你农	你/你农
56	他	他	渠/渠农	渠/渠农
57	我们	我们	我信=农	也=犁=
58	咱们	我们	□人比较少ã^{243}/ □信=农人比较多ã^{24}ɕiŋ^{52}nã^{0}	矮=

续 表

序号	普通话	廿八都	江山	广丰
59	你们	你们	你信=农	□nɐi^{341}
60	他们	他们	渠信=农	□犁=ɤʔ^{5}lɐi^{0}
61	这个	这个	乙=个□iᴇʔ^{5}kəʔ^{4}lᴇ^{44}/ 乙=个iᴇʔ^{5}kæ^{0}	乙=个□ ieʔ^{5}kɤʔ^{5}lɐi^{445}/ 乙=个少/乙-号少
62	那个	那个	喝=个□xaʔ^{5}kəʔ^{4}lᴇ^{44}/ 喝=个	□个□xɤʔ^{5}kɤʔ^{5}lɐi^{445}/ □个少xɤʔ^{5}kɤʔ^{0}/ □号少xɤʔ^{5}xɑɔ^{0}
63	这里	这里	乙=里	乙=里/乙=块/乙= □ieʔ^{5}tɐʔ^{0}～ieʔ^{5}tuɐʔ^{0}/ □里xɤʔ^{5}lɐi^{445}
64	那里	那里	喝=里	□里xɤʔ^{5}lie^{0}～xɤʔ^{5}li^{0}/ □块xɤʔ^{5}k^{h}ua^{0}/ □□xɤʔ^{5}tɐʔ^{0}～xɤʔ^{5}tuɐʔ^{0}

说明：

（1）表中江山、广丰方言的材料，引自秋谷裕幸（2001）。本章下同。

（2）李如龙（1991：413）所指出的大部分词均已列入，个别词未列入。主要出于两个原因：一是我们的调查结果与李如龙（1991：413）不同，例如“事情、口水”；二是有的词也见于周围吴语，不宜列入，如江山方言也说“抽屉”。

（3）“宰猪”条，虽然与普通话不同，但“宰”显然是官话的说法，故仍保留。

表4–1所列几乎都为方言中的基本词汇，有的甚至是核心词汇，廿八都话均与官话方言说法一致，而迥异于周围方言，反映了该方言的“官话”性质。

二 与周围方言一致的说法

廿八都话中也有很多说法与周围方言相同，而与官话方言不同。

李如龙（1991：413）亦指出，廿八都话一部分语词也受当地方言的影响，或者二者并用。例如：厕所/茅司、锅头铁锅、手袖/袖子、玩/嬉、人客客人、狗母母狗、鸡公公鸡、翼膀翅膀、芳嗅、闹热热闹、发殕发霉。

除了上述例词，我们又找到了其他一些例子，一并列出，见表4–2：

表4-2　廿八都话中与周围方言一致的说法

序号	普通话	廿八都	江山	广丰
1	打雷	响雷公	响雷公	响雷公
2	淹	揾	揾	揾
3	裂缝	坼	坼/刮=坼/缝	坼缝
4	灰尘	灰埄	灰埄	灰/灰尘
5	中秋	中秋 toŋ^{33}tɕ^{h}iɯ^{33}	中秋 toŋ^{44}ts^{h}ɯ^{44}	中秋 tɕioŋ^{445}ts^{h}eɯ^{445}
6	鼠曲一种野草，当地用来做清明馃	鼠曲 tɕ^{h}ieʔ^{2}tɕ^{h}yɔʔ^{5}	鼠曲 tɕ^{h}iᴇʔ^{5}k^{h}əʔ^{5}	—
7	袖子	手袖	手碗头/□头 tɕ^{h}yẼ^{43}du^{313}	手袖
8	蚯蚓	黄蟮 iɑŋ^{31}xeŋ^{53}	黄蟮 yã^{33}xəŋ^{243}	黄蟮 iã^{22}xyẽ^{52}
9	厕所	茅司	茅坑	茅司
10	锅	锅头	（□）镬(tɕy^{43}) yaʔ^{3}	锅
11	玩儿	嬉	嬉	搞玩耍/嬉游玩
12	公狗	狗牯	狗牯	狗公
13	公鸡统称	鸡公	鸡公	鸡公
14	母鸡	鸡母	鸡娘	鸡嫲
15	闻用鼻子	喷=p^{h}oŋ^{33}	□p^{h}oŋ^{44}	□p^{h}oŋ^{445}
16	发霉	发殕	上毛	霉起罢/上殕
17	热闹	闹热	闹热	闹热
18	笊篱	笊篼 tsɑ^{53}təɯ^{33}	笊篼 tsɒ^{44}tɯ^{44}	笊篼 tsɑɔ^{42}teɯ^{445}
19	行应答语	有法的	有法个	有法
20	不行应答语	没法的	无法个	无法
21	连枷	连章=	掉樵	连章=
22	烘篮	火囱/火弄=	火囱	火囱
23	油坊	油车	麻车	油车
24	晒衣服用的竹竿	笐竿	竹笐	竹笐
25	叫魂	取吓/收半天更正式	□gyã^{33}惊/喊惊/取惊	取吓
26	山洪暴发	过龙	—	过龙/妖精动起罢
27	厨房	灶门底	灶目=底/灶目=底屋指房屋	灶□底 tsɤɯ^{445}mɤʔ^{4}tie^{52}
28	食指	鸡指头	□xɔ̃^{44}鸡汁=头	鸡（指）

续 表

序号	普通话	廿八都	江山	广丰
29	用竹篾和纸扎成的灵屋	座	座	乡亭
30	糨糊	糊 k^{h}u^{31}	糊 guə^{31}	面糊 miẽ^{24}uɤ^{0}/ 糨糊新

说明：江山方言“鼠曲”的读音引自王洪钟、赵普义（2017：276）。

从表4-2可见：

1. 廿八都话大量基本词说法与周围方言相同，这反映了该方言岛深受周围方言的渗透和影响。

2. 上述说法有的来自江山话，有的则来自广丰话。总体来看，受江山话的影响更多一些。

3. 在借入时，大多数都会以本音系规则，去折中或对译其发音，如“糊”[k^{h}u^{31}]糨糊显然借自江山的[guə^{31}]。但有时则不再进行折中，而直接借入其发音，从而在本方言中形成了一批特殊读音。例如“中秋”的“中”读[t]声母，在江山话中符合规律，但借入廿八都话中，则形成特例。再如廿八都话中“鼠曲”的“鼠”读入声，显然也是把江山话中“鼠”的特殊读法原封不动地搬入了。此外，“笊篼”的“笊”[tsɒ^{44}]也应借自江山话。“黄蟮”的“黄”读[iɑŋ^{31}]，则可能是借自广丰话。

陶寰（2007）认为：“（廿八都话）大部分基本词与当地吴语相同，尤其是单音节动词和形容词，这一点与李如龙（1991）的看法有异。特别是常用的动词、形容词都与江山方言相同，有些也是典型的吴语词。”这个问题尚待进一步研究。

三　其他说法

廿八都话中还有部分说法来源不明。李如龙（1991：413）举出了若干例子：斗篷斗笠 ᶜtɤɯ ꜀p^{h}oŋ｜睡倒躺着 suiᵓ ᶜtɑu｜除脱꜀tɕ^{h}y。但我们发现，江山、广丰“脱~帽”亦说“除”，所以廿八都话中的“除脱”可能来自周围方言。

据我们调查，廿八都话中来源不明的说法还有：对脸对面 tue^{24}liɛ̃^{53}｜脸前面前 liɛ̃^{53}tɕ^{h}iɛ̃^{31}｜哪把间什么时候 nɑ^{53}pɑ^{53}tɕiɛ̃^{33}｜黄⁼桶稻桶 uɑŋ^{31}t^{h}oŋ^{53}｜时⁼纸⁼鸦⁼知了 sɿ^{31}tsɿ^{53}iɑ^{33}｜捞桸捞鱼的网兜 lɑo^{33}xai^{33}。

陶寰（2007）认为，廿八都话中少数成分可能源自畲话，例如该方言中用得非常普遍的“仔”尾以及“公□”[koŋ^{33}tai^{53}]爷爷、“□”[tai^{53}]奶奶两词之中的[tai^{53}]（陶文作“姼”）。陶文还推测，廿八都话中个别成分也许来自客赣语或闽语。

上述问题待进一步考察。

第二节

古语词

本节主要通过文献材料列举分析廿八都话中的一些本字和特殊字音。

桸 xai^{33} 即“櫼”，闽语的口语常用词。最早见于扬雄《方言》卷五：“𧅰，陈楚宋魏之间或谓之箄，或谓之櫼，或谓之瓢。”郭璞注：“今江东通呼勺为櫼，音羲。”《玉篇·木部》：“櫼，杓也。”《正字通·木部》：“櫼，虚欺切，音希。蠡也，即今瓢勺。《方言》：‘陈楚宋魏间或谓之櫼，或谓之瓢。’通作‘桸’。”南朝沈约的《齐禅林寺尼净秀行状》中就有：“内外寂默，即闻器桸杓作声，如用水法。”《广韵》作“桸”，支韵平声许羁切：“桸，杓也。”

陶寰、盛益民（2018）指出“桸/櫼”在闽语中可以表示“水勺、粪勺、捞鱼网兜、捕捞”等四种不同的意思；在吴语中也有“水勺、网兜、舀或捞的动作”等三个意思，“桸/櫼”是吴闽语的一个重要的同源词。

廿八都话中有“桸”[xai^{33}]捞~：捞鱼的网兜的用法，义合，但读音特殊。廿八都话中支韵读[ai]韵的，目前仅见“桸”字。据秋谷裕幸（2001），江山、广丰方言无“桸”的用法。

疕 p^{h}i^{53}《说文·疒部》：“疕，头疡也。”《周礼·天官·医师》：“凡邦之有疾病者、疕疡者造焉，则使医分而治之。”郑玄注：“疕，头疡，亦谓秃也。”贾公彦疏：“疕，头疡，谓头上有疮含脓血者。又云‘亦谓秃也’者，秃含脓血者则入疕中；秃而不含脓血者疕中可以兼之，故云亦谓秃也。”

《广韵》卑履切，又匹鄙切、匹婢切。廿八都话说“疕”[p^{h}i^{53}]白~：头屑，符合匹鄙切。据秋谷裕幸（2001：61）的记录，广丰话有“疕”[p^{h}i^{52}]白~：头垢的用法。因此，廿八都话“疕”的用法可能来自广丰话。

趵 pɑo^{24}《集韵》去声效韵巴校切：“趵，跳跃也。”宋曾巩《齐州二堂记》：“而自（渴马）崖以北至于历城之西，盖五十里，而有泉涌出，高或至数尺，其旁之人名之曰‘趵突之泉’。”明刘侗、于奕正《帝京景物略·畿辅名迹·红螺山》：“有泉，趵趵如颗，时一定动，曰珍珠泉。”清朱彝尊《日下旧闻》卷三十引《北游纪方》：“泉凡七孔，平地趵突，流为长沟。”廿八都话可说“趵”[pɑo^24]～出：泉水大量渗出，正与上述用法合。

穛 tɕiɑo^53《集韵》上声有韵侧九切：“艸木子聚生。”广丰话有“穛”[tɕiɑɔ^52]谷～：稻穗的用法。廿八都说“穛”[tɕiɑo^53]稻谷～：稻穗。因此，廿八都话的这个用法，可能来自广丰话。（江山话中未见此用法）可参看秋谷裕幸（2001：50）。

煠 saʔ^2《广韵》入声洽韵士洽切：“汤煠。”唐刘恂《岭表录异下》：“（水母）先煮椒桂或豆蔻，生姜缕切而煠之。”元《农桑辑要》卷五：“（蔓菁）十月初采苗煠作和菜余者，晒过留根在地。”明徐光启《农政全书·荒政·救荒本草一》：“山苋菜……采苗叶煠熟，换水浸去酸味，淘净，油盐调食。”清翟灏《通俗编·杂字》：“今以食物纳油及汤中一沸而出曰煠。”

廿八都话有“煠”[saʔ^2]煮（鸡蛋）的用法，义合，声母特殊。崇母字在廿八都话中除了“士仕柿事煠”等个别字以外，均读[ts tsʰ]声母。据秋谷裕幸（2001：122），江山、广丰方言也有“煠”煮（鸡蛋）的用法，分别读作[saʔ^3]和[sɐʔ^23]。我们怀疑，廿八都话“煠”字读[s]声母，可能来自周围方言。

篥 lieʔ^2《集韵》入声帖韵力协切：“竹笭所以干物。”[①]该用法见于部分吴语，例如浙江武义话说“篥”[lia^334]索粉干～：晒粉干用的竹帘；金华小黄村话说“熯篥儿”[xɤ^33liɛ̃^143]箅子。廿八都话“箅子”说“馃篥”[ko^53lieʔ^2]，音义皆合。

蠉 xen^53《集韵》上声阮韵许偃切：“寒蠉，虫名，蚯蚓也。吴、楚呼寒蠉。或作蚓。”廿八都说“蠉”[xen^53]黄～：蚯蚓。该方言中阮韵读[en]韵的，只有“蠉”字，我们推测，其说法应来自周围吴语。参见表4–2“蚯蚓”条。

肶 pʰieʔ^5《玉篇·肉部》：“普栗切，肚肥也。”《广韵》入声质韵譬吉切：“牝肶。”“肶”在很多吴方言中指女阴，有时也可用以指代女孩儿（含戏谑意）。廿八都话中仅用于指代“女孩儿”（女阴则说“屄”），亦含戏谑意。例如“生了一个肶”指“生了一个女孩儿”。江山、广丰方言中均无“肶”的用法。

驐 tuen^33《广韵》平声魂韵都昆切：“去畜势。出《字林》。”宋梅尧臣《重送袁世弼》：“秋蕖出水似君才，驐鸡肥脆聊供膳。”清李玉《清忠谱·书闹》：“童贯这驐狗，作恶异常，教我那里按捺得定。”廿八都话中“驐”[tuen^33]可指阉猪、牛、鸡等家畜、家禽。据秋谷裕幸（2001：121），江山、广丰也有此用法。

搵 uen^24《说文·手部》：“搵，没也。从手，昷声。”段玉裁注：“没者，湛也，谓湛浸

①《集韵》原文作：“竹笭。所以干物。”按，“笭”应为“笭”之误。今据曹志耘、秋谷裕幸（2016：33）改。

于中也。”唐李肇《唐国史补》卷上：“（张）旭饮酒辄草书，挥笔而大叫，以头揾水墨中而书之，天下呼为张颠。”元佚名《鸳鸯被》第二折：“汗浸浸揾湿香罗帕。”《广韵》去声慁韵乌困切：“《说文》：没也。”廿八都话音义皆合。不过，这个说法应该借自周围的江山、广丰方言。可参看秋谷裕幸（2001：34，74）。

甽tɕyen^{24}《集韵》去声稕韵朱闰切：“沟也。”《释名》：“山下根之受霤处曰甽。甽，吮也。吮得山之肥润也。”“霤”应指下流的水。廿八都话“甽”[tɕyen^{24}]水～：引水渠的用法，音义皆合。据秋谷裕幸（2001），广丰话未见“甽”的用法，但江山话有“甽”[yẽ^{52}]小溪的用法，声母脱落，韵母读如山摄合口三等。（秋谷裕幸2001：34）因此，廿八都话“甽”[tɕyen^{24}]的用法也许是自身固有的。

欶tɕyɔʔ^{5}《广韵》入声术韵子聿切：“饮也。《玉篇》云：吮也。”《集韵·术韵》：“欶，口饮谓之欶。”该用法在吴语中非常普遍。廿八都话“吮吸”说“欶”[tɕyɔʔ^{5}]，音义皆合。

㝗lɑŋ^{53}《说文·宀部》：“㝗，康也。从宀，良声。”段玉裁注：“㝗，康㝗也。各本删㝗字，今补。康㝗以叠韵成文。”《玉篇·宀部》：“㝗，力荡切，空虚也。又鲁堂切，屋康㝗也。”《玉篇·宀部》：“康，苦郎切，虚也，空也。”可见，“㝗”和“康”意思基本相同，均指“空虚”。《广韵》平声唐韵鲁当切：“康㝗，宫室空貌。”廿八都话今有“㝗”[lɑŋ^{53}]稀疏：菜种得～的用法，符合古义，但声调特别。

第三节

民俗文化词

一　房舍建筑

堂前 $t^{h}aŋ^{31}tɕ^{h}iɛ̃^{31}$ 即堂屋，正房里居中的一间，用于吃饭、会客、祭祀等。当地“堂前”常见的摆设为：正面墙上设有“天地君亲师”之位，当地称“香火”[$ɕiaŋ^{33}xo^{53}$]，“香火”下方挂有祝贺新婚、乔迁及寿诞的大红对联，一般为至亲所送。对联下方设“香

图 1　堂前　江山市廿八都 /2018.2.26/ 黄晓东　摄

儿”[ɕiaŋ^{33}tɕi^{33}]香案，上面摆放香炉、烛台等。“香儿”前放八仙桌、交椅、方凳等。“堂前”一般正对“天井”[tʰiɛ̃^{33}tɕin^{53}]，两侧为卧室，一般供长辈居住（但儿子要成家时，父母一般要让出）。

过去的房子一般为三进，外面一进的堂屋称为“下厅”[ɕia^{31}tʰen^{33}]，连通天井与大门，一般在两侧摆放“仓”[tsʰuaŋ^{33}]谷仓、农具等物；里面一进的堂屋称为“后堂前”[xəɯ^{13}tʰɑŋ^{31}tɕʰiɛ̃^{31}]，形制较小的则称为“后厅”[xəɯ^{31}tʰen^{33}]。“后堂前”或“后厅”之后为“叶⁼屋”[ieʔ^{2}uɔʔ^{5}]，一般用作“灶门底”[tsɑo^{24}men^{31}ti^{53}]厨房或“柴间”[tsʰai^{31}tɕiɛ̃^{33}]杂物间。

天井 tʰiɛ̃^{33}tɕin^{53} 过去为了通风、采光和排水而在房屋当中留出的露天空地，一般是长方形的，下面有阴沟排水。天井地面以青石板和鹅卵石铺砌，四周亦铺条石。有的置有水缸、花盆。天井两侧为“横厢”[xuen^{31}ɕiaŋ^{33}]厢房，供未成家的子女居住。

门亭 men^{31}tʰen^{31} 也称“门楼”[men^{31}ləɯ^{31}]，大门上方向外伸出的建筑。当地有一定规模的宅院，均设门楼。江浙一带民居的门楼，多为砖石结构，而廿八都则为木构门楼。重檐翘角，上覆土瓦，下衬牛腿。一方面起遮风挡雨的作用，另一方面也起装饰作用。当地有“千斤门楼四两屋”之说，可见门楼在人们心目中的分量。廿八都地处闽浙要道，历史上经济比较发达，有钱人家众多，深宅大院鳞次栉比。而这些豪宅的门楼无不精雕细刻，气势恢宏，成为当地建筑的一大亮点。

图 2　门亭　江山市廿八都 /2018.2.26/ 黄晓东 摄

封火墙 foŋ^{33}xo^{53}tɕʰiaŋ^{31} 即马头墙，高出两山墙屋面的墙垣，呈阶梯状，墙顶盖瓦，两端翘起。由于民居建筑密度较大，又多为砖木结构，不利于防火，而高高的“封火墙”起着隔断火源的作用，故名。高低错落的马头墙也有装饰作用。据说马头墙的级数越多，说明房主的财力越雄厚。不过当地一般不会超过三级。新派说“马头墙”[mɑ^{53}tʰəɯ^{31}tɕʰiaŋ^{31}]。

泥墙ȵi^{31}tɕ^{h}iaŋ^{31} 土墙。过去常就地取材，夯土为墙。筑土墙的工具称“墙夹”[tɕ^{h}iaŋ^{31}tɕiaʔ^{5}]。木制，高约一尺，有三面夹板，一面较短，两面狭长。筑墙时，把“墙夹”固定在墙根上，用夹板形成一个槽，用小夹棍夹牢，使其不能滑动。然后把泥土或三合土倒入空“墙夹”内，填到一半之后，用“舂槌”[ts^{h}oŋ^{33}ts^{h}ue^{31}]①长方体，木制，长七八寸，上装一长柄夯实，接着再倒入泥土继续夯。等到与夹板齐平，退去小夹棍，把“墙夹”拿起，一截墙体就形成了。再把夹板前移，重复装土、夯实的步骤。如此往复，墙体不断加高、加长。筑墙的这个过程称为“舂墙头”[ts^{h}oŋ^{33}tɕ^{h}iaŋ^{31}t^{h}əɯ^{31}]。不过，土墙一般为穷苦人家所用，家境好的一般用“开砖”[k^{h}ai^{33}tɕyẽ^{33}]当地一种青砖砌墙。

图 3 泥墙 江山市廿八都 /2016.4.29/ 黄晓东 摄

进房子tɕin^{24}faŋ^{31}tsɿʔ^{5} 乔迁新居。乔迁是家庭中的一件大事，需提前专人“拣日子”[tɕiẽ^{53}ieʔ^{2}tsɿʔ^{5}]择吉日，并有一套复杂的程序和仪式。

首先，要“请香火”[tɕ^{h}in^{53}ɕiaŋ^{33}xo^{53}]（见上文“堂前”条）。待夜深人静，在老屋“堂前”点灯，燃香烛，供奉“三牲”[saŋ^{33}sen^{33}]鸡、肉、鱼等供品，出殡、祭祀用、生面、寿桃米粉或面粉蒸制等。祭拜完毕，从旧“香炉碗”[ɕiaŋ^{33}lu^{31}uaŋ^{53}]家里祭祀用的小香炉中取一些香灰，放到新

---

① 这里指舂墙用的。“舂臼”[ts^{h}oŋ^{33}tɕiɯ^{313}]里用的“舂槌”形状不同：与木杵垂直方向装一根手柄，即“舂槌把”[ts^{h}oŋ^{33}ts^{h}ue^{31}pa^{53}]。

“香炉碗”中，再从旧“香炉碗”中续点三炷香，插在新“香炉碗”中，并续点红烛，扫一点老屋的垃圾，置于新“拚斗”[pen^{24}təɯ^{53}]簸箕，撮垃圾或粮食用中。然后“家主”[tɕiɑ^{33}tɕy^{53}]男主人端起新“香炉碗”，众人各执柴火、“火囱”[xo^{53}ts^{h}oŋ^{33}]、“楼梯”[ləɯ^{31}t^{h}i^{33}]梯子、扫帚、拚斗等物，悄无声息地来到新居。

新居内早已灯火通明，“堂前”供奉着新的“香火”，“香几”及八仙桌上摆放着亲友们送的红烛、年糕、面条等；并事先挑选两根又长又粗的甘蔗，各缠一条红纸，分别靠在“香几”两侧，寓意生活“节节高”。

是日，主人宴请众工匠、风水先生及亲朋好友，庆祝乔迁大喜。

水安桥 sue^{53}ɑŋ^{33}tɕ^{h}iɑo^{31} 当地一座廊桥。廿八都因有枫溪流经，桥梁众多，其中水安桥颇具特色。该桥为单孔石拱桥，横跨于枫溪之上。桥身始建于1864年，长有20多米，宽近6米，由“姜隆兴”等六家商号合资建造。1891年，廿八都大户祝家又在桥上造了“桥廊”[tɕ^{h}iɑo^{31}lɑŋ^{31}]廊桥上的走廊，带屋顶，两边有椅子可供休憩和“桥亭”[tɕ^{h}iɑo^{31}t^{h}en^{31}]廊桥上的亭子。原共有九间，两边各为四间，中间是三层重檐亭阁，四面都有镂空花窗装饰。该桥因造型优美、做工精湛成为邻近地区廊桥的杰出代表。

图4　水安桥　江山市廿八都 /2018.4.8/ 黄晓东 摄

二 日常用具

站桶 tsaŋ^{31}t^{h}oŋ^{53} 供幼儿站立并有保暖功能的木桶。分上下两层，中有镂空隔板。上层让幼儿站立，也可放张小凳让幼儿坐着。下面可放置火盆，天冷时，供幼儿取暖。幼儿在站桶里可站可坐，下面有火盆供暖，既暖和，又安全，大人可以放心做家务。

火囱 xo^{53}ts^{h}oŋ^{33} 也叫"火弄$^{=}$"[xo^{53}loŋ^{33}]，一般为陶芯，外用竹篾包住，有提梁，大小不等。天冷时，里面盛炭火，烘手用。也有铁制或铜制。有铁丝网做的"火囱盖"[xo^{53}ts^{h}oŋ^{33}kai^{24}]，便于直接搁脚烘烤，也可防止衣物等掉入火中。提梁上还系有"火筷"[xo^{53}k^{h}uai^{24}]，为一根小铁棍，用以拨旺炭火。

烘篮 xoŋ^{33}laŋ^{31} 竹编器具，圆形，下置火盆或"火囱"[xo^{53}ts^{h}oŋ^{33}]，可用来烘干衣服、竹笋等。

图 5　站桶　江山市廿八都 /2018.2.26/ 黄晓东 摄

图 6　火囱　江山市廿八都 /2016.5.1/ 黄晓东 摄

图 7　烘篮　江山市廿八都 /2016.5.1/ 黄晓东 摄

图 8　脸盆架　江山市廿八都 /2018.2.26/ 黄晓东 摄

脸盆架 liɛ̃^{53}p^{h}en^{31}tɕiɑ^{24} 放置脸盆的木架。上面一般有横梁，供搭晾“脸布”[liɛ̃^{53}pu^{24}]毛巾，并设有专门放置肥皂、梳子等物的托板或抽屉。有的做工比较精致，饰有雕花，刷有红漆，还嵌有镜子。有大有小，小的只能放一个脸盆，大的则可并排放置两个脸盆。

三　饮食

铜锣糕 t^{h}oŋ^{31}lo^{31}ko^{33} 当地一种特产。把糯米和粳米按一定比例混合，浸泡后舂成细粉，加入糖、“茶油”[ts^{h}a^{31}iɯ^{31}]、去核蜜枣、花生等，拌匀后蒸熟。当地还将“鼠曲”[tɕ^{h}ieʔ^{2}tɕ^{h}yɔʔ^{5}]或“艾”[ŋai^{313}]煮熟、捣烂后拌入米粉，既可增强米粉的柔韧度，又可上色，使外呈青色，并具有独特的清香。多为圆形，也有方形，为当地人情往来必备之礼品。

图 9　铜锣糕　江山市廿八都 /2018.2.26/ 黄晓东 摄

图 10　风肉　江山市廿八都 /2018.2.26/ 黄晓东 摄

风肉 foŋ^{33}yɔʔ^{2} 腊月里当地常把鲜猪肉腌制后挂在楼板下或弄堂里风干，故名“风肉”。肉风干后既利于储存（一般可挂到来年四五月），又别有风味。尤其是“风肉”炒笋，是当地人非常喜爱的一道菜。

冬白菜 toŋ^{33}paʔ^{2}ts^{h}ai^{24} 白菜腌制的咸菜。将“土白菜”[t^{h}u^{53}paʔ^{2}ts^{h}ai^{24}]整棵洗净，抹上盐，放在锅里揉搓一阵（不烧火），然后放入空的水缸里。每放一层白菜，撒上一层盐，最后压上干净的大石块，约20天后即腌成。当地常将萝卜垫在白菜下同时腌制，称为“冬萝卜”[toŋ^{33}lɔʔ^{2}pɔʔ^{2}]。为了防止变质，一般在冬天进行。

干菜 kɑŋ^{33}ts^{h}ai^{24} 即霉干菜。将“土白菜”切碎，晒干，加盐蒸熟，再晒干，如此蒸、晒数次，然后放入坛子密封保存。一般在下半年制作。

风炉仔 foŋ^{33}lu^{31}tsai^{53} 当地一种小风炉，泥制。常放到餐桌上，上置一个“泥锅”[ȵi^{31}ko^{33}]白色砂锅，可边吃边加菜，功能类似火锅。一般以豆腐为主料，佐以冬笋、青菜、肉类等，风味独特，深受当地人喜爱。

图 11　干菜　江山市廿八都 /2018.2.26/ 黄晓东 摄

图 12　风炉仔　江山市廿八都 /2018.4.8/ 黄晓东 摄

四　农工百艺

耖田 ts^{h}ɑo^{24}t^{h}iɛ̃^{31} 指用“耖”[ts^{h}ɑo^{24}]把田里的土推平。田经过翻耕，土块隆起凹凸不平，平整后才能插秧。先要用“耙”[pɑ^{313}]切开土块，即“耙田”[pɑ^{13}t^{h}iɛ̃^{31}]，然后再“耖

图 13　耖田　江山市廿八都 /2018.6.17/ 林超 提供

田”。“耖”分“铁耖”[tʰieʔ^{2}tsʰɑo^{24}]铁齿、“木耖”[mɔʔ^{2}tsʰɑo^{24}]竹齿。先用“铁耖”把土块弄碎，后用“木耖”推平。

水车sue^{53}tɕʰie^{33} 一种古老的农业灌溉工具，可将水从低处送往高处。廿八都的水车有“大水车”[tɑ^{31}sue^{53}tɕʰie^{33}]脚踏和“小水车”[ɕiɑo^{53}sue^{53}tɕʰie^{33}]手摇两种，以前者居多。“大水车”长两三丈，包括“水车槽”[sue^{53}tɕʰie^{33}tsʰɑo^{31}]、“水车架”[sue^{53}tɕʰie^{33}tɕiɑ^{24}]、“车鼓”[tɕʰie^{33}ku^{53}]供人踩踏的圆柱形木头、“页板”[ieʔ^{2}pɑŋ^{53}]刮水页板、“龙骨”[loŋ^{31}kuaʔ^{5}]水车龙骨，用来缀连页板、“横档”[xuen^{31}tɑŋ^{24}]“水车架”上的横梁，供踩水车的人手扶借力等部件。今水车已被抽水机代替。

仓tsʰuɑŋ^{33} 农家专门存放粮食的大木柜，比“柜”[kue^{313}]大。一般位于“下厅”。通常由大木板分隔成几个大小、高低不一的空间，根据不同需要存放不同的谷物。谷仓下部的面板固定不动，上部由五六块活动的条板依次拼接而成。当所存谷物不多时，即可拆下上部门板，方便够取。过年时，谷仓上要贴“五谷丰登”之类的吉祥对联。

砻loŋ^{31} 一种去掉稻壳的农具。状如石磨，由上臼、下臼、支座、“砻钩担”[loŋ^{31}kəɯ^{33}tɑŋ^{33}]推砻用的扁担，即砻把等组成。上臼中间有一方形漏斗，周围用泥填实。工作时，下臼不动，人力推动上臼旋转。稻谷从漏斗漏下，经臼齿摩擦，稻壳与米粒分离。加工后脱下的稻壳叫“砻糠”[loŋ^{31}kʰɑŋ^{33}]，得到的米称为“糙米”[tsʰɑo^{24}mi^{53}]。“糙米”一般还

图 14　水车　江山市廿八都 /2018.2.26/ 黄晓东 摄

图 15　仓　江山市廿八都 /2016.4.29/ 黄晓东 摄

图 16　砻　江山市廿八都 /2018.2.26/ 黄晓东 摄

需用“水碓”[sue^{53}tue^{24}]舂。

油车 iɯ^{31}tɕ^{h}ie^{33} 旧时土法榨油的作坊，即油坊。过去榨油时，先用稻草把油菜籽或茶籽包成一个个圆饼，叫“菜饼”[ts^{h}ai^{24}pen^{53}]油菜籽包或“茶饼”[ts^{h}ɑ^{31}pen^{53}]茶籽包，一包一包放进“油筒”[iɯ^{31}t^{h}oŋ^{31}]多为一根又粗又长的松木，中间有槽里，夹紧。然后众人齐推“撞子”[tsuɑŋ^{31}tsɿʔ^{5}]用来撞击“油筒”的柱子向“油筒”撞击。“菜饼”或“茶饼”被不断挤压，油也随之慢慢渗出。榨干油的“菜饼”可做肥料。“茶饼”不能做肥料，可当柴烧，也可拌入石灰，撒到田里，起到杀虫的作用。

穿棕衣 tɕ^{h}yẽ^{33}tsoŋ^{33}i^{33} 用棕榈树上割下的棕皮缝制蓑衣、棕垫、“棕板床”[tsoŋ^{33}pɑŋ^{53}ts^{h}uɑŋ^{31}]棕绷等的手工艺。需把棕皮裁成丝，再打成线，然后再加工成蓑衣、棕垫等。会这门手艺的人称作“穿棕衣师父”[tɕ^{h}yẽ^{33}tsoŋ^{33}i^{33}sɿ^{33}fu^{313}]。“穿棕衣师父”通常也会“弹棉花”[t^{h}ɑŋ^{31}miẽ^{31}xuɑ^{33}]，春季主要“穿棕衣”，秋冬季主要“弹棉花”。如今这两门传统手艺均已式微。

图 17 油车 江山市廿八都 /2016.4.29/ 黄晓东 摄

图 18 穿棕衣 江山市廿八都 /2018.2.26/ 黄晓东 摄

五 婚丧嫁娶

看东家 k^{h}ɑŋ^{24}toŋ^{33}tɕia^{33} 即相亲。婚姻是终身大事，男女双方自然都非常重视，礼仪也比较烦琐，而“看东家”即为第一个重要程序。首先，要请“媒人”[me^{31}in^{31}]“做媒”[tso^{24}me^{31}]。如果双方都比较满意，则择日“过定”[ko^{24}ten^{313}]订婚，男方要把彩礼送到女方家，并商定婚期。

接新娘 tɕiaʔ^{5}ɕin^{33}ȵiaŋ^{31} 娶亲当天，男方接亲队伍由“鼓手”[ku^{53}ɕiɯ^{53}]吹鼓班伴送，浩浩荡荡地来“接新娘”。媒人带着“新娘倌”[ɕin^{33}ȵiaŋ^{31}kuaŋ^{33}]①新郎和两个伴娘打头阵。接亲队伍需带上香烟、喜糖等礼物，还必须带一只猪腿，称为“恰⁼轿腿”[tɕ^{h}iaʔ^{5}tɕiao^{31}t^{h}ue^{53}]

① “娘”也许是“郎”之讹变。

压轿腿。新娘则故意不起床，经反复劝说才肯起床，临行前还要恸哭，以示对娘家的不舍。旧时迎亲，富贵人家用“花轿”[xuɑ^{33}tɕiɑo^{313}]，穷苦人家则用“客轿”[k^{h}aʔ^{5}tɕiɑo^{313}]两人抬的便轿。上下轿时，新娘脚不能着地，都由“新娘倌”抱着。

图 19　送嫁妆　江山市廿八都 /2017.7.20/ 林群　提供

送嫁妆soŋ^{24}tɕiɑ^{24}tsuɑŋ^{33}　女方亲友把嫁妆搬到男方家。嫁妆视娘家的贫富情况而多少不同。旧时送嫁妆都靠肩挑人抬，因此需用竹杠把嫁妆扎好。因此，“杠”[kɑŋ^{24}]就成了嫁妆的计量单位了。一般人家的嫁妆为七八“杠”，有钱人家可达十几“杠”甚至更多。

拜堂pai^{24}t^{h}ɑŋ^{31}　拜堂都有特定的时辰。仪式由“利市公”[li^{31}sɿ^{31}koŋ^{33}]男司仪和“利市婆”[li^{31}sɿ^{31}p^{h}o^{31}]女司仪共同主持。当地喊的是：“一拜天地，二拜公婆，夫妻对拜。”拜堂之后，夫妻要“吃交杯酒”[tɕ^{h}ieʔ^{5}tɕiɑo^{33}pe^{33}tɕiɯ^{53}]。

坐床tso^{13}ts^{h}uɑŋ^{31}　暖房。结婚当天晚上要请几个小孩儿在新床上坐一下，一般为六七岁的，男孩儿、女孩儿各一两个，寓意新人早生贵子。主人则分发“新娘糖”[ɕin^{33}ȵiɑŋ^{31}t^{h}ɑŋ^{31}]水果糖或奶糖作为奖励。

闹洞房nɑo^{31}toŋ^{13}fɑŋ^{31}　为了制造热闹气氛，当地有闹洞房的习俗，俗称“三天无大小”，意为可以随便闹。不过一般只在婚礼当晚进行。其中有一项内容是“偷新娘房”[t^{h}əɯ^{33}ɕin^{33}ȵiɑŋ^{31}fɑŋ^{31}]，即从新房里把东西偷出来。男方第二天要“请贼酒”[tɕ^{h}in^{53}tsaʔ^{2}tɕiɯ^{53}]，对方才肯还东西。

白喜事paʔ^{2}ɕi^{53}sɿ^{0}　丧事。同中国许多地方一样，廿八都当地丧礼隆重烦琐，且至今保留较好。主要包括送终、报丧、移尸、进棺、出殡、烧七等环节。

讲信kɑŋ^{53}ɕin^{24}　也称“报信”[pɑo^{24}ɕin^{24}]，指报丧。家人去世后，要派人到亲戚家及村邻通报，将死者生前的棉被、草席拿到村里“水口”[sue^{53}k^{h}əɯ^{53}]地势较低的村口，一般也是溪流经过的地方焚烧，称为“烧床草”[ɕiɑo^{33}ts^{h}uɑŋ^{31}ts^{h}ɑo^{53}]。之后，亲戚朋友就会赶来吊唁，并送上礼金、“香纸”[ɕiɑŋ^{33}tsɿ^{53}]蜡烛、纸等物。至亲则送“盖被”[kai^{24}pe^{313}]，质地一般是薄的绸缎，但儿子则需准备棉被。需依次将“盖被”披盖在死者身上，先盖儿子送的，再盖孙子、玄孙送的，然后是女婿送的，再盖其他人送的。

七星灯 tɕʰieʔ^{5}ɕin^{33}ten^{33} 葬礼上点的灯。一个灯盏内使用七根灯草，并插上尺子、秤和剪刀，点燃后放在棺材下方，出殡后才熄灭。

出葬 tɕʰyɔʔ^{5}tsuɑŋ^{24} 出殡。日期是由道士挑好的。出殡当天，亲朋好友都来“送葬”[soŋ^{24}tsuɑŋ^{24}]。队伍的排列顺序有讲究。“开路锣”[kʰai^{33}lu^{13}lo^{31}]走在队伍最前面，然后是“魂幡”[xuen^{31}fɑŋ^{33}]①。儿子送的魂幡在前，然后是孙子、玄孙等人送的。魂幡之后是棺材（现在则改为骨灰盒）、“香炉碗”（插着香，由孙子捧着）等。众人均着孝服，戴“孝帽”[ɕiɑo^{24}mɑo^{313}]。孝帽均用白布做成，但形状有别：女的戴“拚斗”[pen^{24}təɯ^{53}]，为簸箕形；男的则戴“巾”[tɕin^{33}]，圆形。旧时，儿子、孙子、玄孙、女婿等戴的孝帽形状均互不相同。

暖洞 nuɑŋ^{53}toŋ^{313} 在放棺材之前，需事先派人带一沓草纸，在“坟洞”[fen^{31}toŋ^{313}]墓穴里点燃，以使墓穴内保持干燥。

登位 ten^{33}ue^{313} 指将棺材放入墓穴。登位后，儿子们应再三观察是否已把棺材摆正。因为当地人认为，棺材偏向一侧，则意味着某一位儿子会得到死者更多的荫庇。等儿子们都说已摆正了，泥水匠就开始“封门”[foŋ^{33}men^{31}]用砖石、水泥等将墓穴封死。现在则用骨灰盒代替棺材，放进墓穴。

撒五谷 suɑ^{53}u^{53}kɔʔ^{5} 指抛撒五谷，寓意为死者儿孙祈福。“五谷”[u^{53}kɔʔ^{5}]指稻子、高粱、玉米、铜钱、硬币等。“封门”后，道士站在新坟上，手持“五谷袋”[u^{53}kɔʔ^{5}tai^{313}]装“五谷”的布袋，抓起五谷，向众人撒去。每撒一把，高声说一句吉利话。众人则纷纷争抢，抢到即代表有好运。

送火种 soŋ^{24}xo^{53}tsoŋ^{53} 出殡当日下午，准备两根稻草绳（男女亲属各一根），在绳子头上系上一支香，从灶膛里点燃，在厨房、堂前转一圈，由死者至亲送到坟上，摆到坟背上。鼓手要一路护送。“送火种”标志着丧礼正式结束。

解魇 tɕiai^{53}iɛ̃^{24} 出殡归来，每个人需跨过一个“火囱”（内盛炭火，并放茶叶、米、盐等）。道士一边念经，一边给众人洒水，称“洒净水”[sai^{53}tɕin^{31}sue^{53}]，寓意给大家驱邪。

六　节日

过年 ko^{24}ȵiɛ̃^{31} 春节，也可指除夕。春节是当地最重要的节日。春节之前要“扫尘”[sɑo^{53}tɕʰin^{31}]过年之前房子里掸尘，腊月二十三“送灶司公上天”[soŋ^{24}tsɑo^{24}sɿ^{33}koŋ^{33}ɕiɑŋ^{31}tʰiɛ̃^{33}]祭灶，年前（多在大年三十下午）贴“春联”[tɕʰyen^{33}liɛ̃^{31}]、“画纸”[xuɑ^{31}tsɿ^{53}]年画。除夕要“谢年”[ɕie^{13}ȵiɛ̃^{31}]辞别旧岁，吃“年夜饭”[ȵiɛ̃^{31}ie^{13}fɑŋ^{313}]，长辈给晚辈“压岁钱”[iaʔ^{2}sue^{24}tɕʰiɛ̃^{31}]，

① “魂”字可读作[fen^{31}]，可能跟后字的影响有关。

还要“守岁”[ɕiɯ^{53}sue^{24}]。正月初一要“开大门”[kʰai^{33}tɑ^{13}men^{31}]大年初一的开门仪式，放鞭炮。正月里要给亲朋拜年，给逝去的亲人“上新年坟”[ɕiɑŋ^{31}ɕin^{33}ȵiɛ̃^{31}fen^{31}]。

扫尘 sɑo^{53}tɕʰin^{31} 春节前的大扫除。一般从腊月二十三就开始打扫了。扫尘的工具称“扫尘筲帚”[sɑo^{53}tɕʰin^{31}tʰiɑo^{31}tɕiɯ^{53}]，一般用竹枝扎成，绑在长竹竿上，以扫除屋顶、房梁、墙角等处灰尘。扫尘以后还要把家具如桌椅板凳、厨房用具都擦洗干净，寓意辞旧迎新。

谢年 ɕie^{13}ȵiɛ̃^{31} 指过年之前摆设福礼祭祀神佛祖先，于除夕进行。要供上三牲，倒三杯酒。还要将米饭捏成长条形，放到碗里，再用红纸、花生、桂圆、莲子、橘子等进行装饰，称作“捏年饭”[ȵiaʔ^{5}ȵiɛ̃^{31}fɑŋ^{313}]。然后点上蜡烛，先由家主执香祭拜，祈祷明年平安好运，接着家人逐个祭拜，最后“烧纸”[ɕiɑo^{33}tsɿ^{53}]，“放火炮”[fɑŋ^{24}xo^{53}pʰɑo^{24}]放鞭炮。之后，全家开始吃“年夜饭”。

玩龙灯 uɑŋ^{31}loŋ^{31}ten^{33} 舞龙灯。“正月十五”[tɕin^{33}yɔʔ^{2}ɕieʔ^{2}u^{53}]是元宵节，当地要“玩龙灯”，吃“汤圆”[tʰɑŋ^{33}yɛ̃^{31}]糯米粉制，一般以芝麻糖为馅料。龙头、龙身、龙珠过去为竹篾扎制，外面用纸或布包起来，画上龙鳞等图案，内点蜡烛。舞龙灯现场人山人海，鼓乐喧天，热闹非凡。当地一般认为，过完元宵节，才算真正过完年。①

图 20　玩龙灯　江山市廿八都 /2017.10.27/ 林群　提供

① 图20中的龙灯与传统样式不同，且并非在元宵节所拍。

图 21 清明粿 江山市廿八都 /2018.4.5/ 林超 提供

清明粿 tɕʰin³³men³¹ko⁵³ 清明节的特色小吃，有“圆清明粿”[yɛ̃³¹tɕʰin³³men³¹ko⁵³]圆形的和“长清明粿”[tɕʰiaŋ³¹tɕʰin³³men³¹ko⁵³]饺子形状的。当地人把“鼠曲”[tɕʰieʔ²tɕʰyɔʔ⁵]或“艾”[ŋai³¹³]用水焯过或用石灰水腌过，挤干，放石臼里捣烂，拌入糯米粉和“旱米粉”[tsao⁵³mi⁵³fen⁵³]粳米粉，做出的清明粿即成青绿色了。“鼠曲”中“鼠”字读音特别，借自江山话。

图 22 上坟 江山市廿八都 /2018.4.5/ 曹俐娜 提供

上坟 ɕiaŋ¹³fen³¹ 清明时要扫墓祭祖。一般需带上三牲、酒礼、香烛、纸箔、水果、清明粿等供品。作为供品的清明粿只能为“圆清明粿”，而不能是“长清明粿”。拜祭后，需在坟头及两侧各压三张白纸条，并将杯里余酒洒在坟头上。清明上坟时间为清明节当天及前三天、后七天，称“前三后七”。此外，清明期间可以动土修坟或迁坟。（除了清明、重阳和冬至，其他时间一般不能）

立夏粿 lieʔ²ɕia³¹ko⁵³ 立夏时吃的一种食品。大米煮成饭，用手压（或在石臼里捣）成米粉，然后搓成条状食用。

）》特种邮票首发式
江山·廿八都
2019.05.19

第五章 分类词表

说明：

1. 本章第一节收录《中国语言资源调查手册·汉语方言》中的词汇条目，根据廿八都话的实际情况有所删减。共14类，均附音频。音频目录与《中国语言资源调查手册·汉语方言》词汇条目一致。（本方言不说的除外；同义词共用一个音频条目）

2. 第二节收词以《汉语方言词语调查条目表》（《方言》2003年第1期）为基础，根据廿八都话的实际情况有所增删。增补的词条如与词表中某些词条意义有紧密联系，则插在该词条之后，否则按意义附在各大类或各次类之后。共29类，均不附音频。

3. 每个词条先写汉字，后标读音，最后释义。注音只标变调，不标本调。有歧义的词条，即同一语音形式和文字形式的词条，分别列为不同的条目并注释；不同义项加"①②"等表示，并用"；"隔开。

4. 一般实物性的名词只记录字形、字音，抽象名词、形容词、动词以及一些语法性的词语，不仅给出注释，必要时加上例句。在例句中，该词条用"～"号代替。字的右上角加"="号的表示写的是同音字。方框"□"表示有音无字的音节。

5. 同义词或近义词排在一起，按使用频率呈降序排列，第一条顶格排列，其他各条缩一格另行排列。

6. 一个词条的内容超过一行时，回行缩二格排列。

7. 所收词语一般注廿八都话老派读音。词条中可有可无的字和音均加圆括号表示。

8. 口语中有些词语有不同读法时，用"～"号隔开，并按使用频率降序排列。

9. 凡第四章已收的词语，前加"*"，只写词条和音标，不再做说明或解释。

第一节

《中国语言资源调查手册·汉语方言》

一　天文地理
二　时间方位
三　植物
四　动物
五　房舍器具
六　服饰饮食
七　身体医疗
八　婚丧信仰
九　人品称谓
十　农工商文
十一　动作行为
十二　性质状态
十三　数量
十四　代副介连词

一　天文地理

太阳 t^{h}ai^{24}iɑŋ^{31}

月亮 yɔʔ^{2}liɑŋ^{313}

天星 t^{h}iɛ̃^{33}ɕin^{33} 星星

云 yen^{31}

风 foŋ^{33}

台风 t^{h}ai^{31}foŋ^{33}

□线 xuaʔ^{2}ɕiɛ̃^{24} 闪电，名词

雷公 lue^{31}koŋ^{33} 雷

雨 y^{53}

下雨 ɕiɑ^{31}y^{53}

浇 tɕiɑo^{33} 淋

晒 sai^{24}

雪 ɕyɔʔ^{5}

冰 pen^{33}

龙雹子 loŋ^{31}pɔʔ^{2}tsɿ^{53} 冰雹

霜 suɑŋ^{33}

雾 mu^{313}

露水 lu^{31}sue^{53}

虹 kɑŋ^{24} 彩虹

天狗吃太阳 t^{h}iɛ̃^{33}kəɯ^{53}tɕ^{h}ieʔ^{5}t^{h}ai^{24}iɑŋ^{31} 日食

天狗吃月亮 t^{h}iɛ̃^{33}kəɯ^{53}tɕ^{h}ieʔ^{5}yɔʔ^{2}liɑŋ^{313} 月食

天气 t^{h}iɛ̃^{33}tɕ^{h}i^{24}

晴 tɕ^{h}in^{31}

阴 in^{33}

旱 xɑŋ^{313}

涨大水 tɕiɑŋ^{53}tɑ^{31}sue^{53} 涝，发大水

天亮 t^{h}iɛ̃^{33}liaŋ^{313}

水田 sue^{53}t^{h}iɛ̃^{31}

旱地 xaŋ^{13}ti^{313}

田塴 t^{h}iɛ̃^{31}k^{h}en^{24} 田埂

路 lu^{313}

山 saŋ^{33}

山窝窟 saŋ^{33}o^{33}k^{h}uaʔ^{5} 山谷

大河 tɑ^{13}xo^{31} 江

河滩 xo^{31}t^{h}aŋ^{33} 溪

河 xo^{31}

水沟仔 sue^{53}kəɯ^{33}tsai^{53} 水沟儿，指人工开挖的

河滩仔 xo^{31}t^{h}aŋ^{33}tsai^{53} 水沟儿，指天然的

湖 xu^{31}

塘 t^{h}aŋ^{31}

水窟 sue^{53}k^{h}uaʔ^{5} 水坑儿

大水 tɑ^{31}sue^{53} 洪水

* 揾 uen^{24}

河滩边 xo^{31}t^{h}aŋ^{33}piɛ̃^{33} ① 河岸；② 河滩

坝 pɑ^{24}

地震 ti^{31}tɕin^{53}

窟窿 k^{h}ɔʔ^{5}loŋ^{53}

窟窿仔 k^{h}ɔʔ^{5}loŋ^{53}tsai^{53} 小的窟窿，比“窟窿”小

坼 ts^{h}aʔ^{5} 裂缝

石块 ɕieʔ^{2}k^{h}uai^{24} 石头，统称

泥 ȵi^{31} 泥土，统称

烂泥 laŋ^{13}ȵi^{31} 泥，指湿的

洋石灰 iaŋ^{31}ɕieʔ^{2}xue^{33} 水泥，旧称

沙子 sɑ^{33}tsɿʔ^{5}

砖 tɕyɛ̃^{33}

瓦 uɑ^{53}

煤 me^{31}

洋油 iaŋ^{31}iɯ^{31} 煤油

煤炭 me^{31}t^{h}aŋ^{24} 炭

灰 xue^{33}

灰塕 xue^{33}oŋ^{53} 灰尘，桌面上的

火 xo^{53}

烟 iɛ̃^{33}

着火 tɕyɔʔ^{2}xo^{53} 失火

水 sue^{53}

冷水 len^{53}sue^{53} 凉水

滚水 kuen^{53}sue^{53} ～ kuen^{53}sue^{0} 热水，不是指喝的开水

滚汤 kuen^{53}t^{h}aŋ^{33} 开水

吸铁石 ɕiɛ̃ʔ^{5}t^{h}ieʔ^{5}ɕieʔ^{2} 磁铁

二 时间方位

时候 sɿ^{31}xəɯ^{313} 吃饭的～

哪把间 nɑ^{53}pɑ^{53}tɕiɛ̃^{33} 什么时候

这歇 =tɕi^{24}ɕiaʔ^{5} 现在

前 tɕ^{h}iɛ̃^{31} 十年～

后 xəɯ^{313} 十年～

一世 ieʔ^{2}ɕi^{24} 一辈子

今年 tɕin^{33}ȵiɛ̃^{31}

明年 men^{31}ȵiɛ̃^{31}

后年 xəɯ^{13}ȵiɛ̃^{31}

旧年 tɕiɯ^{13}ȵiɛ̃^{31} 去年

前年 tɕ^{h}iɛ̃^{31}ȵiɛ̃^{31}

往回 uaŋ^{53}xue^{31} 往年，老的说法

往年 uaŋ^{53}ȵiɛ̃^{31} 新的说法

年初 ȵiɛ̃^{31}ts^{h}u^{33}

年底 ȵiɛ̃^{31}ti^{53}

今日 tɕin^{33}ieʔ^{5} 今天

明日 men^{31}ieʔ^{5} 明天

后日 xəɯ^{31}ieʔ^{5} 后天

大后日 tɑ^{13}xəɯ^{31}ieʔ^{5} 大后天

昨日 tsʰɔʔ^{2}ieʔ^{5} 昨天

前日 tɕʰiɛ̃^{31}ieʔ^{5} 前天

大前日 tɑ^{13}tɕʰiɛ̃^{31}ieʔ^{5} 大前天

一天到夜 ieʔ^{5}tʰiɛ̃^{33}tɑo^{24}ie^{313} 整天

天天 tʰiɛ̃^{33}tʰiɛ̃^{33} 每天

天早 tʰiɛ̃^{33}tsɑo^{53} 早晨

午前 u^{53}tɕʰiɛ̃^{31} 上午

中时 tsoŋ^{33}sɿ^{31} 中午

午后 u^{53}xəɯ^{313} 下午

夜晚边 ie^{31}uɑŋ^{53}piɛ̃^{33} 傍晚

日上 ieʔ^{2}ɕiɑŋ^{313} 白天

夜晚 ie^{31}uɑŋ^{53}

半夜 pɑŋ^{24}ie^{313}

正月 tɕin^{33}yɔʔ^{2}

正月初一 tɕin^{33}yɔʔ^{2}tsʰu^{33}ieʔ^{5} 大年初一

*正月十五 tɕin^{33}yɔʔ^{2}ɕieʔ^{2}u^{53}

清明 tɕʰin^{33}men^{31}

端午 tuɑŋ^{33}u^{53}

七月半 tɕʰieʔ^{2}yɔʔ^{2}pɑŋ^{24} 中元节，农历七月十五

中秋 toŋ^{33}tɕʰiɯ^{33}

冬至 toŋ^{33}tsɿ^{24}

十二月 ɕieʔ^{2}ai^{13}yɔʔ^{2} 腊月

*过年 ko^{24}ȵiɛ̃^{31}

通书 tʰoŋ^{33}ɕy^{33} 历书

阴历 in^{33}lieʔ^{2}

阳历 iɑŋ^{31}lieʔ^{2}

星期日 ɕin^{33}tɕʰi^{31}ieʔ^{2}

场面 tɕʰiɑŋ^{31}miɛ̃^{313} 地方

哪里 nɑ^{53}lieʔ^{5} ～ nɑ^{53}lieʔ^{0} 什么地方

哪个场面 nɑ^{53}kəʔ^{0}tɕʰiɑŋ^{31}miɛ̃^{313}

家里 tɕiɑ^{33}lieʔ^{5}

城里 tɕʰin^{31}li^{53}

农村 noŋ^{31}tsʰuen^{33} 乡下

上头 ɕiɑŋ^{13}tʰəɯ^{31} 上面：从～滚下来

下头 ɕiɑ^{13}tʰəɯ^{31} 下面：从～爬上去

左边 tso^{53}piɛ̃^{33}

右边 iɯ^{13}piɛ̃^{33}

中间 tsoŋ^{33}tɕiɛ̃^{33}

前头 tɕʰiɛ̃^{31}tʰəɯ^{31} 前面

后头 xəɯ^{13}tʰəɯ^{31} ①后面；②后来

尾巴仔 ue^{53}pɑ^{33}tsai^{53} 末尾

对脸 tue^{24}liɛ̃^{53} 对面

脸前 liɛ̃^{53}tɕʰiɛ̃^{31} 面前

背脊后 pe^{24}tsɿʔ^{5}xəɯ^{313} 背后

里头 li^{53}tʰəɯ^{31} 里面

外头 uai^{13}tʰəɯ^{31} 外面

隔壁 kaʔ^{2}pieʔ^{5} 旁边

上 ɕiɑŋ^{0} 床铺～：床上

下头 ɕiɑ^{13}tʰəɯ^{31} 下面：台子～

边 piɛ̃^{33} 边儿

角 kɔʔ^{5} 角儿

上去 ɕiɑŋ^{31}tɕʰy^{24}

下来 ɕiɑ^{13}lai^{31}

进去 tɕin^{31}tɕʰy^{24}

出来 tɕʰyɔʔ^{5}lai^{31}

出去 tɕʰyɔʔ^{5}tɕʰy^{24}

回来 xue^{31}lai^{31}

起来 tɕʰi^{0}lai^{0} 天冷～了

三　植物

树 ɕy^{313} ①树木；②树林

木头 mɔʔ^{2}tʰəɯ^{31}

松树 tsʰoŋ^{31}ɕy^{313}

柏树 paʔ^{5}ɕy^{313}

杉木 sɑŋ^{33}mɔʔ^{2} ①杉树；②杉篙

杨柳树 iɑŋ^{31}ləɯ^{53}ɕy^{313} 柳树

毛竹 mɑo^{31}tsɔʔ^{5} 竹子

笋 ɕyen^{53}

叶子 ieʔ^{2}tsɿʔ^{5}

花 xuɑ^{33}

花蕾 xuɑ^{33}lue^{53}

梅花 me^{31}xuɑ^{33}

牡丹 me^{53}tɑŋ^{33}

荷花 xo^{31}xuɑ^{33}

草 tsʰɑo^{53}

藤 tʰen^{31}

刺 tsʰɿ^{24}

水果 sue^{53}ko^{53}

苹果 pʰen^{31}ko^{53}

桃子 tʰɑo^{31}tsɿʔ^{5}

雪梨 ɕyɔʔ^{5}li^{31} 梨，统称

麦李 maʔ^{2}li^{53} 李子

梅子 me^{31}tsɿʔ^{5} ①梅子；②杏

柑子 kɑŋ^{33}tsɿʔ^{5} 橘子

抛$^{=}$ pʰɑo^{33} 柚子

柿子 sɿ^{31}tsɿ^{53}

石榴 ɕieʔ^{2}ləɯ^{31}

枣 tsɑo^{53}

大栗 tɑ^{13}lieʔ^{2} 栗子

核桃 xaʔ^{2}tʰɑo^{31}

白果 paʔ^{2}ko^{53} 银杏

甘蔗 kɑŋ^{33}tɕie^{24}

木耳 mɔʔ^{2}ai^{53}

菇 ku^{33} 蘑菇

香菇 ɕiɑŋ^{33}ku^{33}

稻子 tɑo^{31}tsɿʔ^{5}

稻谷 tɑo^{31}kɔʔ^{5}

稻草 tɑo^{31}tsʰɑo^{53}

大麦 tɑ^{13}maʔ^{2}

小麦 ɕiɑo^{53}maʔ^{2}

麦秆 maʔ^{2}kɑŋ^{53} 麦秸

黄粟 uɑŋ^{31}sɔʔ^{5} 谷子

高粱 kɑo^{33}liɑŋ^{31}

包萝 pɑo^{33}lo^{31} 玉米

棉花 miɛ̃^{31}xuɑ^{33}

油菜 iɯ^{31}tsʰai^{24}

油麻 iɯ^{31}mɑ^{31} 芝麻

葵花 kʰue^{31}xuɑ^{33} 向日葵，指植株

蚕豆 tsʰɑŋ^{31}təɯ^{313}

麦豆 maʔ^{2}təɯ^{313} 豌豆

花生 xuɑ^{33}sen^{33}

豆子 təɯ^{31}tsɿʔ^{5} 黄豆

绿豆 lɔʔ^{2}təɯ^{313}

豇豆 kɑŋ^{33}təɯ^{313}

白菜 paʔ^{2}tsʰai^{24} 大白菜

包心菜 pɑo^{33}ɕin^{33}tsʰai^{24} 圆白菜

菠薐菜 po^{33}len^{31}tsʰai^{24} 菠菜

芹菜 tɕʰin^{31}tsʰai^{24} 芹菜，指外来品种，较高

莴笋 o^{33}ɕyen^{53}

韭菜 tɕiɯ^{53}tsʰai^{24}

芫荽 iɛ̃^{31}ɕy^{33} 香菜，老的说法

　香菜 ɕiɑŋ^{33}tsʰai^{24} 新的说法

葱 tsʰoŋ^{33}

大蒜 tɑ^{31}suɑŋ^{24}

生姜 sen^{33}tɕiɑŋ^{33}

洋葱 iɑŋ^{31}tsʰoŋ^{33}

番椒 fɑŋ^{33}tɕiɑo^{33} 辣椒

茄子 tɕʰie^{31}tsɿʔ^{5}

洋番椒 iɑŋ^{31}fɑŋ^{33}tɕiɑo^{33} 西红柿，老的说法

　西红柿 ɕi^{33}xoŋ^{31}sɿ^{313} 新的说法

萝卜 lɔʔ^{2}pɔʔ^{2}

红萝卜 xoŋ^{31}lɔʔ^{2}pɔʔ^{2} 胡萝卜

黄瓜 uɑŋ^{31}kuɑ^{33}

天萝 tʰiɛ̃^{33}lo^{31} 丝瓜

番匏 fɑŋ^{33}pʰu^{31} 南瓜

荸荠 pʰu^{31}tsʰɿ^{31}

番薯 fɑŋ^{33}ɕy^{31} 红薯

洋芋头 iɑŋ^{31}y^{13}tʰəɯ^{31} 马铃薯

芋头 y^{13}tʰəɯ^{31}

三叶薯 sɑŋ^{33}ieʔ^{2}ɕy^{31} 山药

藕 ŋəɯ^{53}

四　动物

老虎 lɑo^{53}xu^{53}

猴子 xəɯ^{31}tsɿʔ^{5}

蛇 ɕie^{31}

老鼠 lɑo^{53}tɕʰy^{53}

偷盐老鼠 tʰəɯ^{33}iɛ̃^{31}lɑo^{53}tɕʰy^{53} 蝙蝠

鸟仔 ȵiɑo^{53}tsai^{53} 鸟儿

麻雀仔 mɑ^{31}tɕʰyɔʔ^{5}tsai^{53} 麻雀

喜鹊 ɕi^{53}tɕʰyɔʔ^{5}

老鸦 lɑo^{53}iɑ^{33} 乌鸦

鸽子 kaʔ^{5}tsɿʔ^{0}

翼膀 yɔʔ^{2}pʰɑŋ^{53} 翅膀

脚爪 tɕyɔʔ^{5}tsuɑ^{53} 爪子

尾巴 ue^{53}pɑ^{33}

窠 kʰo^{33} 窝

虫 tsʰoŋ^{31}

蝴蝶 xu^{31}tieʔ^{2}

蝀飞= kʰɑŋ^{33}fi^{33} 蜻蜓

蜂 foŋ^{33} 蜜蜂

蜂糖 foŋ^{33}tʰɑŋ^{31} 蜂蜜

时=纸=鸦= sɿ^{31}tsɿ^{53}iɑ^{33} 知了

蚂蚁 mɑ^{53}ȵi^{33} 室内的蚂蚁，体形较小

　蚁仔 ŋai^{53}tsai^{53} 野外的蚂蚁，体形较大

*黄蟮 iɑŋ^{31}xen^{53}

蚕 tsʰɑŋ^{31}

批=丝蛛 pʰi^{33}sɿ^{33}tɕy^{33} 蜘蛛，指会结网的

蚊子 uen^{31}tsɿʔ^{5}

苍蝇 tsʰuɑŋ^{33}in^{33}

跳蚤 tʰiɑo^{24}tsɑo^{53}

虱母 saʔ^{5}mu^{53} 虱子

鱼 y^{31}

鲤鱼 li^{53}y^{31}

大头鳙 tɑ^{13}tʰəɯ^{31}tsʰoŋ^{31} 鳙鱼

鲫鱼 tɕieʔ^{5}y^{31}

团鱼 tʰuɑŋ^{31}y^{31} 甲鱼

鳞 len^{31}

虾公 ɕiɑ^{33}koŋ^{33} 虾

螃蟹 pʰɑŋ^{31}ɕiai^{53}

长=蟆 tɕʰiɑŋ^{31}mɑ^{31} 青蛙

癞皮长=蟆 lai^{13}pʰi^{31}tɕʰiɑŋ^{31}mɑ^{31} 癞蛤蟆

　癞长=蟆 lai^{13}tɕʰiɑŋ^{31}mɑ^{31}

马 mɑ^{53}

驴 ly^{31}

骡 lo^{31}

牛 ȵiɯ^{31}

牛牯 ȵiɯ^{31}ku^{53} 公牛

牛母 ȵiɯ^{31}mu^{53} 母牛

守牛 ɕiɯ^{53}ȵiɯ^{31} 放牛

羊 iɑŋ^{31}

猪 tɕy^{33} 统称

猪牯 tɕy^{33}ku^{53} 种公猪

猪 tɕy^{33} 阉过的公猪

猪母 tɕy^{33}mu^{53} 母猪

猪仔 tɕy^{33}tsai^{53} 猪崽

猪栏 tɕy^{33}lɑŋ^{31} 猪圈

喂猪 ue^{24}tɕy^{33} 养猪

猫 mɑo^{33}

猫牯 mɑo^{33}ku^{53} 公猫

猫母 mɑo^{33}mu^{53} 母猫

狗 kəɯ^{53}

狗牯 kəɯ^{53}ku^{53} 公狗

狗母 kəɯ^{53}mu^{53} 母狗

叫 tɕiɑo^{24} 狗～

兔子 t^{h}u^{24}tsɿʔ^{5}

鸡 tɕi^{33}

鸡公 tɕi^{33}koŋ^{33} 公鸡

鸡母 tɕi^{33}mu^{53} 母鸡

叫 tɕiɑo^{24} 公鸡～

生 sen^{33} 鸡～蛋

菢 pɑo^{313} 孵：～鸡仔

鸭子 iaʔ^{5}tsɿʔ^{0}

鹅 ŋo^{31}

*驐 tuen^{33}

喂 ue^{24} ～猪

宰猪 tsai^{53}tɕy^{33} 杀猪

破 p^{h}o^{24} 杀：～鱼

五　房舍器具

村 ts^{h}uen^{33} 村庄

弄 loŋ^{33} 胡同

街路 tɕiai^{33}lu^{313} 街道

造房子 tsɑo^{13}fɑŋ^{31}tsɿʔ^{5} 盖房子

房子 fɑŋ^{31}tsɿʔ^{5} 指整座房子，不包括院子

房间 fɑŋ^{31}tɕiɛ̃^{33} 屋子，指房子里分隔而成的

房间 fɑŋ^{31}tɕiɛ̃^{33} 卧室

茅铺房 mɑo^{31}p^{h}u^{24}fɑŋ^{31} 茅屋

*灶门底 tsɑo^{24}men^{31}ti^{53}

灶头 tsɑo^{24}t^{h}əɯ^{31} 灶

锅头 ko^{33}t^{h}əɯ^{31} 锅，统称

锅头 ko^{33}t^{h}əɯ^{31} 饭锅

锅头 ko^{33}t^{h}əɯ^{31} 菜锅

茅司 mɑo^{31}sɿ^{33} 厕所

桁条 xen^{31}t^{h}iɑo^{31} 檩

柱头 tɕy^{13}t^{h}əɯ^{31} 柱子

大门 tɑ^{13}men^{31}

门槛 men^{31}k^{h}ɑŋ^{53}

窗户 ts^{h}uɑŋ^{33}xu^{31}

*楼梯 ləɯ^{31}t^{h}i^{33}

笤帚 t^{h}iɑo^{31}tɕiɯ^{53} 扫帚

扫地 sɑo^{53}ti^{313}

齷齪 ɔʔ^{2}ts^{h}ɔʔ^{5} 垃圾

家具 tɕiɑ^{33}tɕy^{313}

东西 toŋ^{33}ɕi^{33} 我的～

床铺 ts^{h}uɑŋ^{31}p^{h}u^{33} 床

枕头 tɕin^{53}t^{h}əɯ^{31}

被窝 pe^{31}o^{33} 被子

棉被 miɛ̃^{31}pe^{313} 棉絮

床单 ts^{h}uɑŋ^{31}tɑŋ^{33}

垫被 tiɛ̃^{31}pe^{313} 褥子

草席 ts^{h}ɑo^{53}tɕieʔ^{2}

篾席 mieʔ^{2}tɕieʔ^{2} 竹席

蚊子帐 uen^{31}tsɿʔ^{5}tɕiɑŋ^{24} 蚊帐

台子 t^{h}ai^{31}tsɿʔ^{5} 桌子

柜 kue^{313} 柜子，有盖子，从上边打开

橱 tɕ^{h}y^{31} 橱柜，有门，往两边拉开

抽屉 tɕ^{h}iɯ^{33}t^{h}i^{24}

*香儿 tɕiɑŋ^{33}tɕi^{33}

交椅 kɑo^{33}y^{53} 椅子，指竹制的

板凳 pɑŋ^{53}ten^{24} 凳子

马尿桶 mɑ^{53}sɿ^{53}t^{h}oŋ^{53} 马桶

菜刀 ts^{h}ai^{24}tɑo^{33}

木瓢 mɔʔ^{2}p^{h}iɑo^{31} 瓢

缸 kɑŋ^{33}

酒坛 tɕiɯ^{53}t^{h}ɑŋ^{31}

罐子 kuɑŋ^{24}tsɿʔ^{0} 瓶子

盖子 kai^{24}tsɿʔ^{0}

碗 uɑŋ^{53}

筷子 k^{h}uai^{24}tsɿʔ^{0}

瓢羹 p^{h}iɑo^{31}ken^{33} 汤匙

柴火 ts^{h}ai^{31}xo^{53}

洋火 iɑŋ^{31}xo^{53} 火柴

锁 so^{53}

锁匙 so^{53}sɿ^{31} 钥匙

热水壶 iaʔ^{2}sue^{53}xu^{31} 暖水瓶

脸盆 liɛ̃^{53}p^{h}en^{31}

洗脸水 ɕi^{53}liɛ̃^{53}sue^{53}

*脸布 liɛ̃^{53}pu^{24}

手巾 ɕiɯ^{53}tɕin^{33} 手绢

洋肥皂 iɑŋ^{31}p^{h}i^{31}tsɑo^{313} 肥皂，老的说法

　肥皂 p^{h}i^{31}tsɑo^{313} 新的说法

头梳 t^{h}əɯ^{31}su^{33} 梳子

枚针 me^{31}tɕin^{33} 缝衣针

铰剪 kɑo^{33}tɕiɛ̃^{53} 剪子

蜡烛 laʔ^{2}tsɔʔ^{5}

电筒 tiɛ̃^{13}t^{h}oŋ^{31} 手电筒

雨伞 y^{53}sɑŋ^{53}

脚踏车 tɕyɔʔ^{5}taʔ^{2}tɕ^{h}ie^{33} 自行车

六　服饰饮食

衣裳 i^{33}ɕiɑŋ^{31} 衣服

穿 tɕ^{h}yɛ̃^{33} ～衣裳

除 tɕ^{h}y^{31} 脱：～衣裳

捆 k^{h}uen^{53} 系：～鞋带

衬衫 ts^{h}en^{24}sɑŋ^{33}

背心 pe^{24}ɕin^{33}

毛线衣 mɑo^{31}ɕiɛ̃^{24}i^{33} 毛衣

棉袄 miɛ̃^{31}ɑo^{53} 棉衣

手袖 ɕiɯ^{53}tɕiɯ^{313} 袖子

口袋 k^{h}əɯ^{53}tai^{313} 衣兜

裤子 k^{h}u^{24}tsɿʔ^{0}

短裤 tuɑŋ^{53}k^{h}u^{24} 指外穿的

裤脚 k^{h}u^{24}tɕyɔʔ^{5} 裤腿

帽子 mɑo^{31}tsɿʔ^{5}

鞋子 ɕiai^{31}tsɿʔ^{5}

袜子 uaʔ^{2}tsɿʔ^{5}

围巾 ue^{31}tɕin^{33}

围裙 ue^{31}tɕ^{h}yen^{31}

尿片 ȵiɑo^{31}p^{h}iɛ̃^{24} 尿布

扣子 k^{h}əɯ^{24}tsɿʔ^{0}

扣 k^{h}əɯ^{24} ～扣子

戒箍 tɕiai^{24}k^{h}u^{33} 戒指

镯头 tsɔʔ^{2}t^{h}əɯ^{31} 手镯

剃头 t^{h}i^{24}t^{h}əɯ^{31}

梳头 su^{33}t^{h}əɯ^{31}

饭 faŋ^{313} 米饭

粥 tsɔʔ^{5} 稀饭

麦粉 maʔ^{2}fen^{53} 面粉，老的说法

面粉 miɛ̃^{31}fen^{53} 新的说法

面 miɛ̃^{313} 面条

粉 fen^{53} 面儿：包萝～

末 maʔ^{2} 面儿，仅限于"番椒～"

馒头 mɑŋ^{31}t^{h}əɯ^{31}

包子 pɑo^{33}tsɿʔ^{5}

水饺 sue^{53}tɕiɑo^{53} 饺子

扁食 piɛ̃^{53}ɕieʔ^{2} 馄饨

馅 xɑŋ^{313}

天萝铺$^{=}$ t^{h}iɛ̃^{33}lo^{31}p^{h}u^{24} 油条

豆浆 təɯ^{31}tɕiɑŋ^{33}

豆腐仔 təɯ^{31}fu^{31}tsai^{53} 豆腐脑儿

*汤圆 t^{h}ɑŋ^{33}yɛ̃^{31}

粽子 tsoŋ^{24}tsɿʔ^{0}

糕 kɑo^{33} 年糕

点心 tiɛ̃^{53}ɕin^{33} ①点心的统称；②中午和晚饭之间的一顿饭，一般在农忙季节或请工匠来做活儿时才吃

菜 ts^{h}ai^{24}

*干菜 kɑŋ^{33}ts^{h}ai^{24}

豆腐 təɯ^{31}fu^{313}

猪血 tɕy^{33}ɕyɔʔ^{5}

猪脚爪 tɕy^{33}tɕyɔʔ^{5}tsuɑ^{53} 猪蹄

猪舌头 tɕy^{33}ɕieʔ^{2}t^{h}əɯ^{31}

猪肝 tɕy^{33}kɑŋ^{33}

肚类 tu^{13}lue^{313} 下水

鸡蛋 tɕi^{33}tɑŋ^{313}

皮蛋 p^{h}i^{31}tɑŋ^{313} 松花蛋

板油 pɑŋ^{53}iɯ^{31} 猪油

油麻油 iɯ^{31}mɑ^{31}iɯ^{31} 香油

酱油 tɕiɑŋ^{24}iɯ^{31}

盐 iɛ̃^{31}

醋 ts^{h}u^{24}

香烟 ɕiɑŋ^{33}iɛ̃^{33}

草烟 ts^{h}ɑo^{53}iɛ̃^{33} 旱烟

烧酒 ɕiɑo^{33}tɕiɯ^{53} 白酒

黄酒 uɑŋ^{31}tɕiɯ^{53}

酒娘 tɕiɯ^{53}ȵiɑŋ^{31} 江米酒

茶叶 ts^{h}ɑ^{31}ieʔ^{2}

泡 p^{h}ɑo^{24} 沏：～茶

棒冰 p^{h}ɑŋ^{31}pen^{33} 冰棍儿

午$^{=}$饭 u^{53}fɑŋ^{313} 做饭

午$^{=}$菜 u^{53}ts^{h}ai^{24} 炒菜

*煠 saʔ^{2}

煎 tɕiɛ̃^{33} ～鸡蛋

泡 p^{h}ɑo^{31} 炸：～天萝铺$^{=}$炸油条

蒸 tɕin^{33}

□ nɔʔ^{5} 揉（面）

□ ŋɑ^{313} 擀

吃天早 tɕ^{h}ieʔ^{5}t^{h}iɛ̃^{33}tsɑo^{53} 吃早饭

吃中时 tɕ^{h}ieʔ^{5}tsoŋ^{33}sɿ^{31} 吃午饭

吃夜晚 tɕ^{h}ieʔ^{5}ie^{31}uɑŋ^{53} 吃晚饭

吃 tɕ^{h}ieʔ^{5} ～饭

吃 tɕ^{h}ieʔ^{5} 喝：～酒

吃 tɕ^{h}ieʔ^{5} 喝：～茶

吃 tɕ^{h}ieʔ^{5} 抽：～烟

装 tsuɑŋ^{33} 盛：～饭

钳 tɕ^{h}iɛ̃^{31} 搛（菜）

筛 sai^{33} 斟（酒）

嘴巴干 tsue^{53}pɑ^{33}kɑŋ^{33} 渴

肚子饿 tu^{31}tsɿʔ^{5}ŋo^{313}

哽 ken^{53} 噎：～倒，～着

七　身体医疗

头 tʰəɯ^{31}

头发 tʰəɯ^{31}faʔ^{5}

辫子 piɛ̃^{31}tsɿʔ^{5}

旋 tɕyɛ̃^{313} 头旋

额头 ŋaʔ^{2}tʰəɯ^{31}

脸相 liɛ̃^{53}ɕiɑŋ^{24} 相貌

脸 liɛ̃^{53}

眼睛 iɛ̃^{53}tɕin^{33}

眼乌珠 iɛ̃^{53}u^{33}tɕy^{33} 眼珠

眼泪 iɛ̃^{53}lue^{313}

眉毛 mi^{31}mɑo^{31}

耳朵 ai^{53}to^{53}

鼻子 pieʔ^{2}tsɿʔ^{5}

鼻涕 pieʔ^{2}tʰi^{24}

擤 xen^{53} ～鼻涕

嘴巴 tsue^{53}pɑ^{33}

嘴巴皮 tsue^{53}pɑ^{33}pʰi^{31} 嘴唇

馋 tsʰɑŋ^{31} 口水

舌头 ɕieʔ^{2}tʰəɯ^{31}

牙齿 iɑ^{31}tsʰɿ^{53}

下钯$^{=}$ ɕiɑ^{13}pʰɑ^{31} 下巴

胡子 xu^{31}tsɿʔ^{5}

肚颈 tu^{31}tɕin^{53} 脖子

喉咙 xəɯ^{31}loŋ^{31}

肩头 tɕiɛ̃^{33}tʰəɯ^{31} 肩膀

手膊肚 ɕiɯ^{53}pɔʔ^{5}tu^{53} ①胳膊；②前臂

手 ɕiɯ^{53} 包括臂

反手 pɑŋ^{53}ɕiɯ^{31} 左手

顺手 ɕyen^{31}ɕiɯ^{53} 右手

拳头 tɕʰyɛ̃^{31}tʰəɯ^{31}

手指头 ɕiɯ^{53}tsɿ^{53}tʰəɯ^{31} 手指

大拇指头 tɑ^{13}mɔʔ^{2}tsɿ^{53}tʰəɯ^{31} 大拇指

鸡指头 tɕi^{33}tsɿ^{53}tʰəɯ^{31} 食指

中指头 tsoŋ^{33}tsɿ^{53}tʰəɯ^{31} 中指

　中指 tsoŋ^{33}tsɿ^{53}

狐狸指 xu^{31}li^{31}tsɿ^{53} 无名指

小拇指头 ɕiɑo^{53}mɔʔ^{2}tsɿ^{53}tʰəɯ^{31} 小拇指

指甲 tsɿ^{53}tɕiaʔ^{5}

腿 tʰue^{53}

脚 tɕyɔʔ^{5} 包括腿

脚膝头 tɕyɔʔ^{2}ɕieʔ^{2}tʰəɯ^{31} 膝盖

背脊心 pe^{24}tsɿʔ^{5}ɕin^{33} 背

肚子 tu^{31}tsɿʔ^{5}

肚脐 tu^{13}tsʰɿ^{31}

奶 nai^{33} ①乳房；②乳汁

屁股 pʰi^{24}ku^{53}

屁股洞 pʰi^{24}ku^{53}toŋ^{313} 肛门

髎子 liɑo^{31}tsɿʔ^{5} 阴茎

屄 pi^{33} 女阴

入 ɕyɔʔ^{2} 肏

髎子脓 liɑo^{31}tsɿʔ^{5}noŋ^{31} 精液

身上来 ɕin^{33}ɕiɑŋ^{13}lai^{31} 来月经

　来月份 lai^{31}yɔʔ^{2}fen^{313}

拉屎 lɑ^{33}sɿ^{53}

　拉□ lɑ^{33}ŋe^{24}

拉尿 lɑ^{33}ȵiɑo^{313} 撒尿

放屁 fɑŋ^{24}pʰi^{24}

生病了 sen^{33}pen^{31}lə^{0}

冻着 toŋ^{24}tɕyɔʔ^{0} 着凉

咳 kʰaʔ^{5} 咳嗽

发烧热 faʔ^{5}ɕiɑo^{33}iaʔ^{2} 发烧

咯咯抖 kaʔ^{2}kaʔ^{2}təɯ^{53} 发抖：冻得～

肚子疼 tu^{31}tsɿʔ^{5}t^{h}en^{31}

泻肚 ɕie^{24}tu^{313} 拉肚子

打摆子 tɑ^{53}pai^{53}tsɿʔ^{0} 患疟疾

受了太阳气 ɕiɯ^{31}ləʔ^{0}t^{h}ai^{24}iɑŋ^{31}tɕ^{h}i^{24} 中暑

　闭着太阳气 pi^{24}tɕyɔʔ^{0}t^{h}ai^{24}iɑŋ^{31}tɕ^{h}i^{24}

肿 tsoŋ^{53}

灌脓 koŋ^{24}noŋ^{31} 化脓

疤子 pɑ^{33}tsɿ^{33} 疤

癣 ɕyɛ̃^{53}

痣 tsɿ^{24}

包 pɑo^{33} 蚊虫叮咬后形成的疙瘩

老鸦仙 lɑo^{53}iɑ^{33}ɕiɛ̃^{33} 狐臭

看病 k^{h}ɑŋ^{24}pen^{313}

搭脉 taʔ^{5}maʔ^{2} 诊脉

打银针 tɑ^{53}in^{31}tɕin^{33} 针灸

打针 tɑ^{53}tɕin^{33}

挂瓶 kuɑ^{24}p^{h}en^{31} 打吊针

吃药 tɕ^{h}ieʔ^{5}yɔʔ^{2}

中药 tsoŋ^{33}yɔʔ^{2} 汤药

病好点了 pen^{313}xɑo^{53}tiɛ̃^{0}ləʔ^{0} 病轻了

八　婚丧信仰

*做媒 tso^{24}me^{31}

*媒人 me^{31}in^{31}

*看东家 k^{h}ɑŋ^{24}toŋ^{33}tɕiɑ^{33}

*过定 ko^{24}ten^{313}

嫁妆 tɕiɑ^{24}tsuɑŋ^{33}

结婚 tɕiaʔ^{5}xuen^{33}

讨老婆 t^{h}ɑo^{53}lɑo^{53}p^{h}o^{31} 娶妻子

做新娘 tso^{24}ɕin^{33}ȵiɑŋ^{31} 出嫁

*拜堂 pai^{24}t^{h}ɑŋ^{31}

*新娘倌 ɕin^{33}ȵiɑŋ^{31}kuɑŋ^{33}

*新娘 ɕin^{33}ȵiɑŋ^{31}

大肚妇人 tɑ^{31}tu^{31}fu^{13}in^{31} 孕妇

　大肚女人 tɑ^{31}tu^{31}ȵy^{53}in^{31}

大肚了 tɑ^{31}tu^{31}ləʔ^{0} 怀孕了

病妹仔 pen^{31}me^{31}tsai^{53} 害喜

生妹仔 sen^{33}me^{31}tsai^{53} 分娩

损妹仔 suen^{53}me^{31}tsai^{53} 流产

双生妹 suɑŋ^{33}sen^{33}me^{313} 双胞胎

　双胞胎 suɑŋ^{33}pɑo^{33}t^{h}ai^{33}

坐月子 tso^{13}yɔʔ^{2}tsɿʔ^{5}

吃奶 tɕ^{h}ieʔ^{5}nai^{33}

□奶 tuen^{53}nai^{33} 断奶

满月 mɑŋ^{53}yɔʔ^{2}

生日 sen^{33}ieʔ^{2}

做生日 tso^{24}sen^{33}ieʔ^{2} 做寿

死 sɿ^{53} 统称

老倒 lɑo^{53}tɑo^{0} 死，婉称

　过世 ko^{24}ɕi^{24}

寻死路 tɕ^{h}in^{31}sɿ^{53}lu^{313} 自杀

　自杀 tsɿ^{31}saʔ^{5}

断气 tuɑŋ^{31}tɕ^{h}i^{24} 咽气

入棺 ieʔ^{2}kuɑŋ^{33} 入殓

棺材 kuɑŋ^{33}ts^{h}ai^{31}

*出葬 tɕ^{h}yɔʔ^{5}tsuɑŋ^{24}

灵牌 len^{31}p^{h}ai^{31} 灵位

坟 fen^{31} 坟墓

*上坟 ɕiɑŋ^{13}fen^{31}

纸钱 tsɿ^{53}tɕ^{h}iɛ̃^{31}

老天爷 lɑo^{53}t^{h}iɛ̃^{33}ie^{31}

菩萨 p^{h}u^{31}saʔ^{5}

观音菩萨 kuaŋ^{33}in^{33}p^{h}u^{31}saʔ^{5}

灶司公 tsao^{24}sɿ^{33}koŋ^{33} 灶王爷

庙 miao^{313}

祠堂 ts^{h}ɿ^{31}t^{h}aŋ^{31}

和尚 xo^{31}ɕiaŋ^{313}

尼姑 ȵi^{31}ku^{33}

道士 tao^{31}sɿ^{313}

算命 suaŋ^{24}men^{313}

运气 yen^{31}tɕ^{h}i^{24}

保佑 pao^{53}iɯ^{313}

九　人品称谓

人 in^{31}

男人 naŋ^{31}in^{31}

妇人 fu^{13}in^{31} 女人

光棍 kuaŋ^{33}kuen^{24} 单身汉

　单身汉 taŋ^{33}ɕin^{33}xaŋ^{24}

　单身人 taŋ^{33}ɕin^{33}in^{31}

老姑婆 lao^{53}ku^{33}p^{h}o^{31} 老姑娘

乌毛驼$^{=}$ u^{33}mao^{31}t^{h}o^{31} 婴儿

　毛驼$^{=}$仔 mao^{31}t^{h}o^{31}tsai^{53}

娃子仔 ua^{31}tsɿʔ^{0}tsai^{53} 小孩儿，统称

　妹仔 me^{31}tsai^{53}

男娃子 naŋ^{31}ua^{31}tsɿʔ^{5} 男孩儿

女娃子 ȵy^{53}a^{31}tsɿʔ^{5} ～ ȵy^{53}ua^{31}tsɿʔ^{5} 女孩儿

老人家 lao^{53}in^{31}tɕia^{33} 老人

亲眷 tɕ^{h}in^{33}tɕyɛ̃^{24} 亲戚

朋友 p^{h}oŋ^{31}iɯ^{53}

隔壁邻乡 kaʔ^{2}pieʔ^{5}len^{31}xiaŋ^{33} 邻居

人客 in^{31}k^{h}aʔ^{5} 客人，也指顾客

种田的 tsoŋ^{24}t^{h}iɛ̃^{31}tieʔ^{5} 农民

　农民 noŋ^{31}men^{31}

做生意的 tso^{24}sen^{33}i^{24}tieʔ^{5} 商人

做手艺的 tso^{24}ɕiɯ^{53}ȵi^{31}tieʔ^{5} 手艺人

泥水师父 ȵi^{31}sue^{53}sɿ^{33}fu^{313} 泥水匠

木匠师父 mɔʔ^{2}tɕiaŋ^{31}sɿ^{33}fu^{313} 木匠

裁缝师父 tsai^{31}foŋ^{31}sɿ^{33}fu^{313} 裁缝

剃头师父 t^{h}i^{24}t^{h}əɯ^{31}sɿ^{33}fu^{313} 理发师

厨倌师父 tɕ^{h}y^{31}kuaŋ^{33}sɿ^{33}fu^{313} 厨师

师父 sɿ^{33}fu^{313} 师傅

徒弟 t^{h}u^{31}ti^{313}

讨饭人 t^{h}ao^{53}faŋ^{13}in^{31} 乞丐

婊子 piao^{53}tsɿʔ^{0} 妓女

流氓 ləɯ^{31}maŋ^{31}

　二流子 ai^{13}ləɯ^{31}tsɿʔ^{5}

贼 tsaʔ^{2}

　贼骨头 tsaʔ^{2}kuaʔ^{5}t^{h}əɯ^{31}

瞎子 ɕiaʔ^{5}tsɿʔ^{0}

聋子 loŋ^{31}tsɿʔ^{5}

哑巴子 ia^{53}pa^{33}tsɿʔ^{5} 哑巴

　哑子 ia^{53}tsɿʔ^{0}

驼子 t^{h}o^{31}tsɿʔ^{5}

拐子 kuai^{53}tsɿʔ^{0} 瘸子

傻癫子 sa^{33}tiɛ̃^{33}tsɿʔ^{5} 疯子

傻子头 sa^{33}tsɿʔ^{5}t^{h}əɯ^{31} 傻子

呆驼$^{=}$ ŋai^{31}t^{h}o^{31} 笨蛋

公□ koŋ^{33}tai^{53} 爷爷。有人说“公代$^{=}$ koŋ^{33} tai^{313}”

□ tai^{53} 奶奶。有人说“得$^{=}$代$^{=}$ təʔ^{5}tai^{313}”

外公 uai^{31}koŋ^{33} 外祖父

外婆 uai^{13}p^{h}o^{31} 外祖母

娘亲老子 ȵiaŋ^{31}tɕ^{h}in^{33}lao^{53}tsɿʔ^{0} 父母的合称，

背称

老子 lɑo^{53}tsɿʔ^{0} 父亲

娘亲 ȵiɑŋ^{31}tɕ^{h}in^{33} 母亲

爸 pɑ^{33} 爸爸，面称。声调特殊

街$^{=}$tɕiai^{33} 妈妈，面称

后老子 xəɯ^{31}lɑo^{53}tsɿʔ^{0} 继父

后娘亲 xəɯ^{13}ȵiɑŋ^{31}tɕ^{h}in^{33} 继母

丈人 tɕiɑŋ^{13}in^{31} 岳父

丈人佬 tɕiɑŋ^{13}in^{31}lɑo^{53}

丈母 tɕiɑŋ^{31}mu^{53} 岳母

丈母娘 tɕiɑŋ^{31}mu^{53}ȵiɑŋ^{31}

公公 koŋ^{33}koŋ^{33}

婆婆 p^{h}o^{31}p^{h}o^{31}

伯 paʔ^{5} 伯父

娘 ȵiɑŋ^{313} 伯母。声调特殊

叔 sɔʔ^{5} 叔父

叔仔 sɔʔ^{5}tsai^{53} 排行最小的叔父

小叔仔 ɕiɑo^{53}sɔʔ^{0}tsai^{0}

婶 ɕin^{53} 叔母

娘 ȵiɑŋ^{33} 姑妈。声调特殊

姑夫 ku^{33}fu^{33}

舅爷 tɕiɯ^{13}ie^{31} 舅舅

舅母 tɕiɯ^{31}mu^{53} 舅妈

姨妈娘 i^{31}mɑ^{53}ȵiɑŋ^{31} 姨妈

姨夫 i^{31}fu^{33} 姨父

兄弟 ɕioŋ^{33}ti^{313} 弟兄

姐妹 tɕie^{53}me^{313} 姊妹

哥 ko^{33}

嫂 sɑo^{53}

兄弟 ɕioŋ^{33}ti^{313} 弟弟

弟妇 ti^{31}fu^{313} 弟媳

姐 tɕie^{53}

姐夫 tɕie^{53}fu^{33}

妹子 me^{31}tsɿʔ^{5} 妹妹

妹夫 me^{31}fu^{33}

叔伯兄弟 sɔʔ^{2}paʔ^{5}ɕioŋ^{33}ti^{313}①堂兄弟；②堂弟

表兄弟 piɑo^{53}ɕioŋ^{33}ti^{313}

叔伯姆 sɔʔ^{2}paʔ^{5}mu^{53} 妯娌

姨夫 i^{31}fu^{33} 连襟

儿子 ai^{31}tsɿʔ^{5}

媳妇 ɕieʔ^{2}fu^{313} 儿媳妇

女儿 ȵy^{53}ai^{31}

女婿 ȵy^{53}ɕi^{24}

孙子 suen^{33}tsɿʔ^{5}

玄孙 yɛ̃^{31}suen^{33} ～ ɕyɛ̃^{31}suen^{33} 重孙子

侄儿 tɕiaʔ^{2}ai^{31}

外甥 uai^{31}sen^{33}

外甥 uai^{31}sen^{33} 外孙

老公老婆 lɑo^{53}koŋ^{33}lɑo^{53}p^{h}o^{31} 夫妻

老公 lɑo^{53}koŋ^{33}

老婆 lɑo^{53}p^{h}o^{31}

名字 men^{31}tsɿ^{313}

野名 ie^{53}men^{31} 绰号

十　农工商文

做事 tso^{24}sɿ^{313} 干活儿

事 sɿ^{313}①事情；②活儿：做～

栽田 tsai^{33}t^{h}iɛ̃^{31} 插秧

割稻子 kaʔ^{5}tɑo^{31}tsɿʔ^{5} 割稻

栽菜 tsai^{33}ts^{h}ai^{24} 种菜

犁 li^{31}

锄头 ts^{h}u^{31}t^{h}əɯ^{31}

禾镰仔 o^{31}liɛ̃^{31}tsai^{53} 镰刀

把 pɑ^{24} 把儿：刀～

扁挑 piɛ̃^{53}tʰiɑo^{33} 扁担

箩筐 lo^{31}kʰɑŋ^{33}

筛子 sai^{33}tsɿʔ^{5}

拚箕 pen^{24}tɕi^{33} 簸箕，一种农具，有梁

* 拚斗 pen^{24}təɯ^{53}

羊角车 iɑŋ^{31}kɔʔ^{5}tɕʰie^{33} 独轮车

轮子 luen^{31}tsɿʔ^{5}

* 水碓 sue^{53}tue^{24}

舂臼 tsʰoŋ^{33}tɕiɯ^{313}

磨 mo^{313}

年成 ȵiɛ̃^{31}tɕʰin^{31}

走江湖 tsəɯ^{53}tɕiɑŋ^{33}xu^{31}

打工 tɑ^{53}koŋ^{33}

斧头 fu^{53}tʰəɯ^{31}

钳子 tɕʰiɛ̃^{31}tsɿʔ^{5}

起子 tɕʰi^{53}tsɿʔ^{0} 螺丝刀

铁锤 tʰieʔ^{5}tsʰue^{31} 锤子

铁钉 tʰieʔ^{5}ten^{33} 钉子

绳子 tɕʰin^{31}tsɿʔ^{5}

棍子 kuen^{24}tsɿʔ^{0}

做生意 tso^{24}sen^{33}i^{24}

店 tiɛ̃^{24} 商店

饭店 fɑŋ^{31}tiɛ̃^{24} 饭馆

饭店 fɑŋ^{31}tiɛ̃^{24} 旅馆

　旅馆 ly^{53}kuɑŋ^{53}

贵 kue^{24}

便宜 pʰiɛ̃^{31}i^{31}

合算 kaʔ^{2}suɑŋ^{24}

折头 tɕieʔ^{5}tʰəɯ^{0} 折扣

折本 ɕieʔ^{2}pen^{53} 亏本

钞票 tsʰɑo^{53}pʰiɑo^{24} 钱

　钱 tɕʰiɛ̃^{31}

零钱 len^{31}tɕʰiɛ̃^{31}

洋钱仔 iɑŋ^{31}tɕʰiɛ̃^{31}tsai^{53} 硬币

本钱 pen^{53}tɕʰiɛ̃^{31}

工钱 koŋ^{33}tɕʰiɛ̃^{31}

路费 lu^{31}fi^{24}

用 ioŋ^{313} 花：～钱

赚 tsuɑŋ^{313} 赚：～钱

赚 tsuɑŋ^{313} 挣：～钱

欠 tɕʰiɛ̃^{24}

算盘 suɑŋ^{24}pʰɑŋ^{31}

秤 tɕʰin^{24}

称 tɕʰin^{33}

赶墟 kɑŋ^{53}ɕy^{33} 赶集

墟日 ɕy^{33}ieʔ^{2} 集市

庙会 miɑo^{13}xue^{313}

学堂 ɕyɔʔ^{2}tʰɑŋ^{31} 学校

教室 tɕiɑo^{24}ɕieʔ^{5}

读书 tɔʔ^{2}ɕy^{33} 上学

放学 fɑŋ^{24}ɕyɔʔ^{2}

考试 kʰɑo^{53}sɿ^{24}

书袋 ɕy^{33}tai^{313} 书包

簿子 pu^{31}tsɿʔ^{5} 本子

铅笔 tɕʰiɛ̃^{33}pieʔ^{5}

钢笔 kɑŋ^{24}pieʔ^{5}

圆珠笔 yɛ̃^{31}tɕy^{33}pieʔ^{5}

毛笔 mɑo^{31}pieʔ^{5}

墨 maʔ^{2}

砚瓦 ȵiɛ̃^{31}uɑ^{53} 砚台

信 ɕin^{24}

图书仔 tʰu^{31}ɕy^{33}tsai^{53} 连环画

躲乌鸡 to^{53}u^{33}tɕi^{33} 捉迷藏
跳绳 t^{h}iɑo^{24}tɕ^{h}in^{31}
毽子 tɕiɛ̃^{24}tsɿʔ^{0}
风筝 foŋ^{33}tsen^{33}
火炮 xo^{53}p^{h}ɑo^{24} 鞭炮
唱歌 tɕ^{h}iɑŋ^{24}ko^{33}
做戏 tso^{24}ɕi^{24} 演戏
锣鼓 lo^{31}ku^{53}
胡琴 xu^{31}tɕ^{h}in^{31} 二胡
笛子 tieʔ^{2}tsɿʔ^{5}
猜拳 ts^{h}ai^{33}tɕ^{h}yɛ̃^{31} 划拳
下棋 ɕiɑ^{13}tɕ^{h}i^{31}
打老K tɑ^{53}lɑo^{31}k^{h}ai^{53} 打扑克
炒$^{=}$麻将 ts^{h}ɑo^{53}mɑ^{31}tɕiɑŋ^{24} 打麻将
变把戏 piɛ̃^{24}pɑ^{53}ɕi^{24} 变戏法，变魔术
讲古 tɕiɑŋ^{53}ku^{53} 讲故事
猜谜 ts^{h}ai^{33}mi^{313} 猜谜语
嬉 ɕi^{33} 玩儿
去隔壁嬉 tɕ^{h}y^{24}kaʔ^{2}pieʔ^{5}ɕi^{33} 串门儿
去亲眷那里 tɕ^{h}y^{24}tɕ^{h}in^{33}tɕyɛ̃^{24}nɑ^{31}lieʔ^{5} 走亲戚

十一　动作行为

看 k^{h}ɑŋ^{24} ～电视
听 t^{h}en^{33} ～戏
碰$^{=}$p^{h}oŋ^{33} 闻
取$^{=}$tɕ^{h}y^{53} 吸：～气
开 k^{h}ai^{33} 睁：～眼
睐 tɕiaʔ^{5} 闭：～眼
睐 tɕiaʔ^{5} 眨：～眼
□ ŋɑ^{33} 张（嘴）
抿 men^{53} 闭（嘴）
咬 iɑo^{53} 狗～人
嚼 tɕyɔʔ^{2} ～碎
吞 t^{h}en^{33} 咽：～下去
瘌$^{=}$laʔ^{5} 舔
猛$^{=}$moŋ^{53} 含
碰$^{=}$嘴 p^{h}oŋ^{33}tsue^{53} 亲嘴
*欶 tɕyɔʔ^{5}
吐 t^{h}u^{53} ～掉
吐 t^{h}u^{24} 呕吐：他～了
打粪$^{=}$气 tɑ^{53}fen^{24}tɕ^{h}i^{24} 打喷嚏
拿 nɑ^{31} ～过来
拿 nɑ^{31} 给：他～我一个苹果
摸 mo^{33} ～头
牵 tɕ^{h}iɛ̃^{33} 伸（手）
抓 tsuɑ^{33} 挠（痒）
摘 tsaʔ^{5} 用拇指和食指的指甲掐
车$^{=}$tɕ^{h}ie^{33} 拧（螺丝）
原$^{=}$ȵyɛ̃^{31} 拧（毛巾）
搣 mieʔ^{5} 用拇指和食指捻。声调特殊
擘 paʔ^{5} 掰
剥 pɔʔ^{5} ～皮
撕 ts^{h}ɿ^{33} ～纸
约$^{=}$yɔʔ^{5} 折（断）
扯 tɕ^{h}ie^{53} 拔：～萝卜
讨$^{=}$t^{h}ɑo^{53} 摘：～花
站 tsɑŋ^{313} 站立
靠 k^{h}ɑo^{24} 倚，斜靠
□ əɯ^{24} 蹲
坐 tso^{313}
跳 t^{h}iɑo^{24} ～起来
跨 k^{h}uɑ^{24} 迈：～过去
踩 ts^{h}ai^{53}
□ kɔʔ^{2} 翘（腿）

覆p^{h}ɔʔ^{5}弯腰：～倒

挺t^{h}en^{53} ～胸

覆p^{h}ɔʔ^{5}趴

爬p^{h}ɑ^{31} ～山，在地上～

走tsəɯ^{53}慢慢～

逃t^{h}ɑo^{31}跑：慢慢走，要～

逃t^{h}ɑo^{31}贼～走了

追tsue^{33}

□kuai^{313}抓（小偷）

抱pɑo^{313} ～不动

背pe^{33} ～不动

啰$^{=}$lo^{33}①搀（老人）；②拉，牵

搡soŋ^{53}推（汽车）

跌tieʔ^{5}摔（倒）

碰p^{h}oŋ^{24}撞（到）

挡tɑŋ^{53}遮挡

躲to^{53}躲藏

藏ts^{h}uɑŋ^{31}钞票～好

放fɑŋ^{24} ～在台子上

叠tieʔ^{2}摞（砖）

埋mai^{31} ～起来

盖kai^{24} ～起来

恰$^{=}$tɕ^{h}iaʔ^{5}（用石头）压

揿k^{h}en^{24}摁（图钉）

□lue^{33}捅（鸟窝）

　捅t^{h}oŋ^{53}

插ts^{h}aʔ^{5} ～香

凿tsɔʔ^{2}戳（洞）

　□lue^{33}

砍k^{h}ɑŋ^{53} ～树

斩tsɑŋ^{53}剁（肉）

削ɕyɔʔ^{5} ～苹果

碱kuaʔ^{5}裂：～开

□noŋ^{24}皱：皮～起来

烂lɑŋ^{313}腐烂

缴$^{=}$tɕiɑo^{53}擦，揩：～手

倒tɑo^{53} ～倒倒掉

丢təɯ^{33}丢弃，扔

丢təɯ^{33}投掷

料$^{=}$liɑo^{313}掉：树上～下来一个雪梨

滴tieʔ^{5} ～下来

料$^{=}$liɑo^{313}丢：锁匙～倒了

寻tɕ^{h}in^{31}找：～倒了

捡tɕiẽ^{53} ～倒十块钱

□kuai^{313}提（篮子）

挑t^{h}iɑo^{33} ～担

驮t^{h}o^{31}扛（锄头）

抬t^{h}ai^{31} ～轿

驮t^{h}o^{31}举（旗子）

撑ts^{h}en^{33} ～雨伞

撬tɕ^{h}iɑo^{53} ～门

拣tɕiẽ^{53}选择，挑选

拣tɕiẽ^{53}收拾：～～好

况$^{=}$xuɑŋ^{53}挽（袖子）

盪tɑŋ^{313}涮（杯子）

洗ɕi^{53} ～衣裳

捞lɑo^{33} ～鱼

捆k^{h}uen^{53}拴（牛）

捆k^{h}uen^{53} ～起来

解tɕiai^{53} ～开绳子

移i^{31}挪（桌子）

驮t^{h}o^{31}端（碗）

打tɑ^{53}摔：碗～碎了

冲ts^{h}oŋ^{33}掺：～水

烧 ɕiɑo^{33} ～柴火

拆 tsʰaʔ^{5} ～房子

旋 tɕyɛ̃^{313} 转：～一圈儿

捶 tsʰue^{31} 用拳头～，～背脊

打 tɑ^{53} ～人

打架 tɑ^{53}tɕiɑ^{24}

歇气 ɕiaʔ^{2}tɕʰi^{24} 休息

打哈齁 tɑ^{53}xɑ^{33}xəɯ^{33} 打哈欠

打瞌睡 tɑ^{53}kʰaʔ^{2}sue^{313}

睡 sue^{313} ①睡；②躺

扯呼 tɕʰie^{53}xu^{33} 打呼噜

做梦 tso^{24}moŋ^{313}

爬起 pʰɑ^{31}tɕʰi^{53} 起床

洗牙齿 ɕi^{53}iɑ^{31}tsʰɿ^{53} 刷牙

洗澡 ɕi^{53}tsɑo^{53}

忖 tsʰuen^{53} 想：～一下

想 ɕiɑŋ^{53} 想念：～他

划算 xuɑ^{31}suɑŋ^{24} 打算：我～开个店

记倒 tɕi^{24}tɑo^{53} 记得

记不倒 tɕi^{24}pɔʔ^{5}tɑo^{53} 忘记

怕 pʰɑ^{24} 害怕

相信 ɕiɑŋ^{33}ɕin^{24} 我～你

愁 tsʰəɯ^{31} 发愁

小心 ɕiɑo^{53}ɕin^{33} 过马路要～

欢喜 xuɑŋ^{33}ɕi^{53} 喜欢：～看电视

恼 nɑo^{53} 讨厌：我～他

舒服 ɕy^{33}fɔʔ^{2}

　好过 xɑo^{53}ko^{24}

难过 nɑŋ^{31}ko^{24} 难受，指生理上

难过 nɑŋ^{31}ko^{24} 难受，指心理上

高兴 kɑo^{33}ɕin^{24}

恼灶$^{=}$ nɑo^{53}tsɑo^{24} 生气，烦恼

怪 kuai^{24} 责怪

后悔 xəɯ^{31}xue^{24}

妒忌 tu^{53}tɕi^{33} 忌妒

怕倒霉 pʰɑ^{24}tɑo^{53}me^{31} 害羞

倒霉 tɑo^{53}me^{31} 丢脸

欺负 tɕʰi^{33}fu^{313}

做假 tso^{24}tɕiɑ^{53} 装（病）

心疼 ɕin^{33}tʰen^{31} 疼爱

要 iɑo^{313} 我～这个

有 iɯ^{53} 我～钱

没 me^{53} 没有：他～钱

是 sɿ^{313} 我～老师

不是 pɔʔ^{2}sɿ^{313} 他～老师

在 tsai^{313} 他～家

没在 me^{53}tsai^{313} 不在：他～家

晓得 ɕiɑo^{53}təʔ^{0} 知道：我～

[不晓]得 piɑo^{53}təʔ^{5} 不知道：我～

懂 toŋ^{53}

不懂 pɔʔ^{5}toŋ^{53}

会 xue^{313} 我～开车

𠡒 pe^{313} 我～开车

认倒 in^{31}tɑo^{53} 认识

认不倒 in^{31}pɔʔ^{5}tɑo^{53} 不认识

有法的 iɯ^{53}faʔ^{0}tieʔ^{0} 行，应答语

没法的 me^{53}faʔ^{0}tieʔ^{0} 不行，应答语

要 iɑo^{313} ①副词，肯；②副词，要

应该 in^{24}kai^{33} ～去

有法 iɯ^{53}faʔ^{5} 可以：～去

讲 tɕiɑŋ^{53} 说：～话

话 xuɑ^{313} 讲～

谈天 tʰɑŋ^{31}tʰiẽ^{33} 聊天儿

喊 xɑŋ^{53} 叫：～他吃饭

喊 xɑŋ^{53} 吆喝

哭 k^{h}uɔʔ^{5}

骂 mɑ^{313} ～人

相争 ɕiɑŋ^{33}tsen^{33} 吵架

骗 p^{h}iɛ̃^{24} ～人

说 $^{=}$ɕyɔʔ^{5} 哄（小孩）

拉天 lɑ^{33}t^{h}iɛ̃^{33} 撒谎

吹牛屄 ts^{h}ue^{33}ȵiɯ^{31}pi^{33} 吹牛

托马屁 t^{h}ɔʔ^{5}mɑ^{53}p^{h}i^{24} 拍马屁

开玩笑 k^{h}ai^{33}uɑŋ^{31}ɕiɑo^{24}

跟……讲 ken^{33}…tɕiɑŋ^{53} 告诉

多谢 to^{33}ɕie^{313} 谢谢

对不住 tue^{24}pɔʔ^{5}tɕy^{313} 对不起

再见 tsai^{24}tɕiɛ̃^{24}

十二　性质状态

大 tɑ^{313} 苹果～

小 ɕiɑo^{53} 苹果～

粗 ts^{h}u^{33} 绳子～

细 ɕi^{24} 绳子～

长 tɕ^{h}iɑŋ^{31} 线～

短 tuɑŋ^{53} 线～

长 tɕ^{h}iɑŋ^{31} 时间～

短 tuɑŋ^{53} 时间～

宽 k^{h}uɑŋ^{33} 路～

大洞 $^{=}$tɑ^{31}toŋ^{313} 宽敞：房子～

小 ɕiɑo^{53} 窄：路～

高 kɑo^{33} 飞得～

矮 iai^{53} 低：飞得～

高 kɑo^{33} 他比我～

矮 iai^{53} 他比我～

远 yɛ̃^{53} 路～

近 tɕin^{313} 路～

深 ɕin^{33} 水～

浅 tɕ^{h}iɛ̃^{53} 水～

清 tɕ^{h}in^{33} 水～

浑 xuen^{31} 水～

圆 yɛ̃^{31}

扁 piɛ̃^{53}

四方 sɿ^{24}fɑŋ^{33} 方

尖 tɕiɛ̃^{33}

平 p^{h}en^{31}

壮 tsuɑŋ^{24} 肥：～肉

瘦 səɯ^{24} 瘦：～肉

壮 tsuɑŋ^{24} 肥，形容猪等动物

壮 tsuɑŋ^{24} 胖，形容人

瘦 səɯ^{24} 形容人、动物

黑 xaʔ^{5}

白 paʔ^{2}

红 xoŋ^{31}

黄 uɑŋ^{31}

蓝 lɑŋ^{31}

绿 lɔʔ^{2}

紫 tsɿ^{53}

灰 xue^{33}

多 to^{33}

少 ɕiɑo^{53}

重 tsoŋ^{313}

轻 tɕ^{h}in^{33}

直 tɕieʔ^{2}

竖 ɕy^{313}

弯 uɑŋ^{33}

歪 uai^{33}

厚 xəɯ^{313}

薄 pɔʔ^{2}

浓 ȵioŋ^{31} 稠：粥～

清 tɕ^{h}in^{33} 稀：粥～

密 mieʔ^{2} 菜种得～

*㝗 laŋ^{53}

亮 liaŋ^{313} 光线～

黑 xaʔ^{5} 光线～

热 iaʔ^{2} 天气～

暖 nuaŋ^{53} 天气～

凉快 liaŋ^{31}k^{h}uai^{24} 天气～

冷 len^{53} 天气～

滚 kuen^{53} 热：水～

冷 len^{53} 凉：水～

干 kaŋ^{33} 晒～了

湿 ɕieʔ^{5} 浇～了

干净 kaŋ^{33}tɕin^{313} 衣裳～

龌龊 ɔʔ^{2}ts^{h}ɔʔ^{5} 脏：衣裳～

快 k^{h}uai^{24} 刀～

不快 pɔʔ^{2}k^{h}uai^{24} 钝：刀～

快 k^{h}uai^{24} 坐车比走路～

慢 maŋ^{313} 走路比坐车～

早 tsao^{53} 来得～

迟 ts^{h}ɿ^{31} 来～了

夜 ie^{313} 晚：天～了

松 soŋ^{33} 捆得～

紧 tɕin^{53} 捆得～

容易 ioŋ^{31}i^{24} 这个题目蛮～

难 naŋ^{31} 这个题目蛮～

新 ɕin^{33} 衣裳～

旧 tɕiɯ^{313} 衣裳～

老 lao^{53} 人～

年纪轻 ȵiɛ̃^{31}tɕi^{53}tɕ^{h}in^{33} 年轻：人～

软 ȵyɛ̃^{53} 心～

硬 ŋen^{313} 骨头～

烂 laŋ^{313} 没爊～没煮烂

焦 tɕiao^{33} 煳：饭烧～了

扎实 tsaʔ^{2}ɕieʔ^{2}（家具）结实

破 p^{h}o^{24} 衣裳～倒了

有钱 iɯ^{53}tɕ^{h}iɛ̃^{31} 富

可怜 k^{h}o^{53}liɛ̃^{31}①（值得）怜悯；②穷

忙 maŋ^{31}

空 k^{h}oŋ^{24} 闲

着力 tɕyɔʔ^{2}lieʔ^{2} 累

疼 t^{h}en^{31} 肚子～

痒 iaŋ^{53} 身上～

闹热 nao^{13}iaʔ^{2} 热闹

熟 sɔʔ^{2} ①饭～了；②熟悉

生旦$^{=}$ sen^{33}taŋ^{24} 陌生

味道 ue^{13}tao^{313}

气息 tɕ^{h}i^{24}ɕieʔ^{5} 气味

咸 ɕiɛ̃^{31}

淡 taŋ^{313}

酸 suaŋ^{33}

甜 t^{h}iɛ̃^{31}

苦 k^{h}u^{53}

辣 laʔ^{2}

鲜味 ɕiɛ̃^{33}ue^{313} 鲜：鱼汤蛮～

香 ɕiaŋ^{33}

臭 tɕ^{h}iɯ^{24}

馊 səɯ^{33}

臊 ts^{h}ao^{33} 腥：鱼～

好 xao^{53} 人～

坏 xuai^{313} 人～

不好 pɔʔ^{5}xao^{53}（质量）差

对 tue^{24} 账算～了

错 ts^{h}o^{24} 账算～了

齐整 tɕ^{h}i^{31}tɕin^{53} 漂亮

难看 nɑŋ^{31}k^{h}ɑŋ^{24} 丑

死相 sɿ^{53}ɕiɑŋ^{24}

发狠 faʔ^{5}xen^{53} 勤快

懒 lɑŋ^{53}

乖 kuai^{33}

听话 t^{h}en^{33}xuɑ^{313}

皮厚 p^{h}i^{31}xəɯ^{313} 顽皮

老实 lɑo^{53}ɕieʔ^{2}

傻 sɑ^{33}

笨 pen^{313}

大量 tɑ^{31}liɑŋ^{313} 大方

小气 ɕiɑo^{53}tɕ^{h}i^{24}

爽快 suɑŋ^{53}k^{h}uai^{24} 直爽

蛮劲 mɑŋ^{31}tɕin^{24} 犟：脾气～

十三　数量

一 ieʔ^{5}

二 ai^{313}

三 sɑŋ^{33}

四 sɿ^{24}

五 u^{53}

六 lɔʔ^{5}

七 tɕ^{h}ieʔ^{5}

八 paʔ^{5}

九 tɕiɯ^{53}

十 ɕieʔ^{2}

二十 ai^{13}ɕieʔ^{2}

三十 sɑŋ^{33}ɕieʔ^{2}

一百 ieʔ^{2}paʔ^{5}

一千 ieʔ^{5}tɕ^{h}iɛ̃^{33}

一万 ieʔ^{2}uɑŋ^{313}

一百零五 ieʔ^{2}paʔ^{5}len^{31}u^{53}

一百五十 ieʔ^{2}paʔ^{5}u^{53}ɕieʔ^{2}

一百五 ieʔ^{2}paʔ^{5}u^{53}

第一 ti^{31}ieʔ^{5}

二两 ai^{31}liɑŋ^{53}

几个 tɕi^{53}kəʔ^{5}

两个 liɑŋ^{53}kəʔ^{5} 俩：你们～

三个 sɑŋ^{33}kəʔ^{5} 仨：你们～

个把 ko^{24}pɑ^{53}

个 kəʔ^{5} 一～人

条 t^{h}iɑo^{31} 一～马

条 t^{h}iɑo^{31} 一～牛

条 t^{h}iɑo^{31} 一～猪

条 t^{h}iɑo^{31} 一～狗

个 kəʔ^{5} 一～鸡

个 kəʔ^{5} 一～蚊子

门$^{=}$men^{31} 条：一～鱼

根 ken^{33} 一～蛇

张 tɕiɑŋ^{33} 一～嘴巴

张 tɕiɑŋ^{33} 一～台子

床 tɕ^{h}uɑŋ^{31} 一～被窝

铺 p^{h}u^{33} 一～草席

双 suɑŋ^{33} 一～鞋

把 pɑ^{53} 一～刀

管 kuɑŋ^{53} 一～锁

根 ken^{33} 一～绳子

支 tsɿ^{33} 一～毛笔，一～枪

副 fu^{24} 一～眼镜

块 k^{h}uai^{24} 一～镜子

块 k^{h}uai^{24} 一～香皂

把 pɑ^{53} 一～车

栋 toŋ^{24} 一～房子

板 pɑŋ^{53} 一～桥

条 tʰiɑo^{31} 一～河

根 ken^{33} 一～路

棵 kʰo^{33} 一～树

朵 to^{53} 一～花

个 kəʔ^{5} 一～珍珠

粒 laʔ^{2} 一～米

餐 tsʰɑŋ^{33} 一～饭

帖 tʰieʔ^{5} 一～药

股 ku^{53} 一～香味

行 xɑŋ^{31} 一～字

块 kʰuai^{24} 一～钱

毛 mɑo^{31} 一～钱

　角 kɔʔ^{5}

样 iɑŋ^{313} 一～事

点 tiɛ̃^{53} 一～东西

星 =çin^{33} 些：一～东西

下 çiɑ^{313} 打一～

下 çiɑ^{313} 会儿：坐了一～

顿 tuen^{24} 打一～

浇 tçiɑo^{33} 阵：一～雨

回 xue^{31} 趟：去了一～

十四　代副介连词

我 ŋo^{53}

你 ȵi^{53}

他 tʰɑ^{33}

我们 ŋo^{53}men^{0} 我们，咱们

你们 ȵi^{53}men^{0}

他们 tʰɑ^{33}men^{0}

大家 tɑ^{31}tçiɑ^{33}

自家 tsɿ^{31}tçiɑ^{33} 自己

　自己 tsɿ^{31}tçi^{53}

别个 pieʔ^{2}kəʔ^{5} 别人

我爸 ŋo^{53}pɑ^{33} 我爸爸

你爸 ȵi^{53}pɑ^{33} 你爸爸

他爸 tʰɑ^{33}pɑ^{33} 他爸爸

这个 tçieʔ^{2}kəʔ^{5}

那个 nɑ^{31}kəʔ^{5}

哪个 nɑ^{53}kəʔ^{0} 哪一个

哪个 nɑ^{53}kəʔ^{0} 谁

这里 tçieʔ^{2}lieʔ^{5}

那里 nɑ^{31}lieʔ^{5}

哪里 nɑ^{53}lieʔ^{0} ～ nɑ^{53}lieʔ^{5}

[这样]tçiɑŋ^{24} 这样

那 nɑ^{313} 那样

怎么样 tsəʔ^{2}məʔ^{2}iɑŋ^{313}

[这样]tçiɑŋ^{24} 这么：～贵

怎么 tsəʔ^{2}məʔ^{2} 这个字～写

怎么 tsəʔ^{2}məʔ^{2} 什么：这个是～字

怎么西 tsəʔ^{2}məʔ^{2}çi^{33} 什么：你寻～

怎么 tsəʔ^{2}məʔ^{2} 为什么：你～不去

做怎么西 tso^{24}tsəʔ^{2}məʔ^{2}çi^{33} 干什么：你在～

几多 tçi^{53}to^{33} 多少：～人

蛮 mɑŋ^{33} 很：今日～热

太 tʰai^{24} 非常：今日～热

　实在 çieʔ^{2}tsai^{313}

还要 xaʔ^{2}iɑo^{313} 更：今日比昨日～热

太 tʰai^{24} ～贵了

顶 ten^{53} 最：他～高

统 tʰoŋ^{53} 都：大家～来了

一起 ieʔ^{5}tçʰi^{53} 一共：～几多钱

一堆 ieʔ^{5}tue^{33} 一起，老的说法

　一起 ieʔ^{5}tɕʰi^{53} 新的说法

总 tsoŋ^{53} 只，老的说法：我～去过一趟

　只 tsʅʔ^{5} 新的说法

刚刚 kʰɑŋ^{33}kʰɑŋ^{33} 刚：不大不小，～好

刚好 kʰɑŋ^{33}xɑo^{53} 刚：我～到

刚好 kʰɑŋ^{33}xɑo^{53} 才：他～来

就 tɕiɯ^{313} 我吃了饭～去

尽管 tɕin^{53}kuɑŋ^{53} 经常：我～去

又 iɯ^{313} 他～来了

还 xaʔ^{2} 他～没回来

再 tsai^{24} 你明日～来

都 to^{33} 也：我～去

反正 fɑŋ^{53}tɕin^{24} 覅急，～还早

没 me^{53} 没有：昨日我～去

不 pɔʔ^{5} 明日我～去

覅 piɑo^{313} 别：你～去

覅 piɑo^{313} 甭：你～客气

快 kʰuai^{24} 天～亮了

差点 tsʰɑ^{33}tiɛ̃^{53} ～跌倒

但愿 tɑŋ^{31}n̥yɛ^{313} 宁可：～买贵的

特为 təʔ^{2}ue^{313} 故意：～打破的

随便 sue^{31}piɛ̃^{313} ～讲几句

白 paʔ^{2} ～去一回

肯定 kʰen^{53}ten^{313} ～ kʰen^{53}ten^{0} ～是他

壳⁼木⁼ kʰɔʔ^{5}mɔʔ^{5} 可能：～是他

堆 tue^{33} 一边：～走，～讲

跟 ken^{33} 连词：我～他都姓王

跟 ken^{33} 介词：我昨日～他去江山了

对 tue^{24} 他～我蛮好

往 uɑŋ^{53} ～东走

跟 ken^{33} 向：～他借一本书

　问 uen^{313}

按 ɑŋ^{24} ～他的要求做

帮 pɑŋ^{33} 替：～他写信

要是 iɑo^{31}sʅʔ^{5} 如果

不管 pɔʔ^{5}kuɑŋ^{53} ～他去不去，我都要去的

第二节

《汉语方言词语调查条目表》

一　天文
二　地理
三　时令　时间
四　农事　农业
五　植物
六　动物
七　房舍
八　器具　用品
九　称谓
十　亲属
十一　身体
十二　疾病　医疗
十三　衣服　穿戴
十四　饮食
十五　红白大事
十六　日常生活
十七　讼事
十八　交际
十九　商业　交通　手工业等
二十　文化教育
二十一　文体活动
二十二　动作
二十三　位置
二十四　代词等
二十五　形容词
二十六　副词　介词等
二十七　量词
二十八　附加成分等
二十九　数字

一　天文

向阳 çiaŋ^{24}iaŋ^{31}

背阴 pe^{24}in^{33}

挡阴 taŋ^{53}in^{33} 阳光挡住的地方

太阳光 t^{h}ai^{24}iaŋ^{31}kuaŋ^{33} 阳光

月亮生毛 yɔʔ^{2}liaŋ^{313}sen^{33}mao^{31} 月晕

北斗星 paʔ^{5}təɯ^{53}çin^{33}

启明星 tç^{h}i^{53}men^{31}çin^{33}

天河 t^{h}iɛ̃^{33}xo^{31} 银河

天星逃难 t^{h}iɛ̃^{33}çin^{33}t^{h}ao^{31}naŋ^{313} 流星，名词

笤帚星 t^{h}iao^{31}tçiɯ^{53}çin^{33} 彗星

黑云 xaʔ^{5}yen^{31} 乌云

大风 ta^{31}foŋ^{33}

狂风 k^{h}uaŋ^{31}foŋ^{33}

点点仔风 tiɛ̃^{53}tiɛ̃^{53}tsai^{53}foŋ^{33} 微风

旋风 tçyɛ̃^{31}foŋ^{33}

顶风 ten^{53}foŋ^{33} 逆风

顺风 ɕyen^{31}foŋ^{33}

风歇了 foŋ^{33}ɕiaʔ^{5}ləʔ^{0} 风停了

霞 ɕiɑ^{31}

早霞 tsɑo^{53}ɕiɑ^{31}

晚霞 uɑŋ^{53}ɕiɑ^{31}

草⁼霞 tsʰɑo^{53}ɕiɑ^{31} 指快要下雨时出现的晚霞

□□闪 xuaʔ^{5}xuaʔ^{2}ɕiɛ̃^{24} 打闪

响雷公 ɕiɑŋ^{53}lue^{31}koŋ^{33} 打雷

等雷公打了 ten^{53}lue^{31}koŋ^{33}tɑ^{53}ləʔ^{0} 被雷劈了

下了几点 ɕiɑ^{31}ləʔ^{0}tɕi^{53}tiɛ̃^{53} 掉了几个雨点

雨仔 y^{53}tsai^{53} 小雨

毛毛雨 mɑo^{31}mɑo^{31}y^{53}

大雨 tɑ^{31}y^{53}

暴雨 pɑo^{31}y^{53}

梅天 me^{31}tʰiɛ̃^{33} 黄梅天

雷阵雨 lue^{31}tɕin^{31}y^{53}

等雨浇了 ten^{53}y^{53}tɕiɑo^{33}ləʔ^{0} 被雨淋了

雨歇了 y^{53}ɕiaʔ^{5}ləʔ^{0} 雨停了

出虹 tɕʰyɔʔ^{5}kɑŋ^{24} 天上出现彩虹

过龙 ko^{24}loŋ^{31} 山洪暴发，老的说法

下雪 ɕiɑ^{31}ɕyɔʔ^{5}

雪子 ɕyɔʔ^{5}tsɿ^{53} 霰

雨夹雪 y^{53}tɕiaʔ^{5}ɕyɔʔ^{5}

雪烊了 ɕyɔʔ^{5}iɑŋ^{31}ləʔ^{0} 雪化了

冰萝⁼够⁼ pen^{33}lo^{31}kəɯ^{24} 冰

吴⁼踏⁼钉 u^{31}taʔ^{2}ten^{33} 冰锥

起够⁼ tɕʰi^{53}kəɯ^{24} 结冰

够⁼起冰萝⁼够⁼ kəɯ^{24}tɕʰi^{53}pen^{33}lo^{31}kəɯ^{24}

冰烊了 pen^{33}iɑŋ^{31}ləʔ^{0} 冰化了

起风 tɕʰi^{53}foŋ^{33} 刮风

打霜 tɑ^{53}suɑŋ^{33} 下霜

有雾 iɯ^{53}mu^{313} 下雾

有露水 iɯ^{53}lu^{31}sue^{53} 下露

伏天 fɔʔ^{2}tʰiɛ̃^{33}

进伏 tɕin^{24}fɔʔ^{2} 入伏

头伏 tʰəɯ^{31}fɔʔ^{2} 初伏

二伏 ai^{13}fɔʔ^{2} 中伏

三伏 sɑŋ^{33}fɔʔ^{2} 末伏

二　地理

平原 pʰen^{31}yɛ̃^{31}

菜地 tsʰai^{24}ti^{313}

荒地 xuɑŋ^{33}ti^{313}

沙地 sɑ^{33}ti^{313} 沙土地

坡地 po^{33}ti^{313} 山坡上的田地。“坡”字声母特殊

山坡地 sɑŋ^{33}po^{33}ti^{313}

河滩边地 xo^{31}tʰɑŋ^{33}piɛ̃^{33}ti^{313} 滩地

田缺 tʰiɛ̃^{31}tɕʰiaʔ^{5} 水田里的进、排水口

山地 sɑŋ^{33}ti^{313}

半山腰 pɑŋ^{24}sɑŋ^{33}iɑo^{33} 山腰

山脚底 sɑŋ^{33}tɕyɔʔ^{5}ti^{53} 山脚

山沟 sɑŋ^{33}kəɯ^{33} 山涧

水沟 sue^{53}kəɯ^{33}

山坡 sɑŋ^{33}po^{33}

山顶 sɑŋ^{33}ten^{53}

山崖 sɑŋ^{33}iɑ^{31}

河滩里 xo^{31}tʰɑŋ^{33}li^{53} 河里：掉～了

深潭窟 ɕin^{33}tʰɑŋ^{31}kʰuaʔ^{5} 潭

海 xai^{53}

堤坝 tʰi^{31}pɑ^{24}

清水 tɕʰin^{33}sue^{53}

浑水 xuen^{31}sue^{53}

水波浪 sue^{53}po^{33}lɑŋ^{313} 波浪

水浪头 sue^{53}laŋ^{13}tʰəɯ^{31} 浪头
泉水 tɕʰyɛ̃^{31}sue^{53}
温温滚 uen^{33}uen^{33}kuen^{53} 温水
大石块 tɑ^{13}ɕieʔ^{2}kʰuai^{24}
石块仔 ɕieʔ^{2}kʰuai^{24}tsai^{53} 小石块
石板 ɕieʔ^{2}paŋ^{53}
鸡蛋石 tɕi^{33}taŋ^{13}ɕieʔ^{2} 鹅卵石
泥沙 n̡i^{31}sɑ^{33} 沙土，指含沙量较大的土
泥坯 n̡i^{31}pʰe^{33} 土坯
砖坯 tɕyɛ̃^{33}pʰe^{33}
瓦片碎 uɑ^{53}pʰiɛ̃^{24}sue^{24} 碎瓦
金 tɕin^{33}
银 n̡in^{31} ～ in^{31}
铜 tʰoŋ^{31}
铁 tʰieʔ^{5}
锡 ɕieʔ^{5}
铝 ly^{53}
汽油 tɕʰi^{24}iɯ^{31}
石灰 ɕieʔ^{2}xue^{33}
玉石 yɔʔ^{2}ɕieʔ^{2}
金子 tɕin^{33}tsɿʔ^{5}
银子 in^{31}tsɿʔ^{5}
锈 ɕiɯ^{24}
生锈 sen^{33}ɕiɯ^{24}
洋红 iaŋ^{31}xoŋ^{31} 一种红色染料，常用来将花生、鸡蛋等染红，以示吉利
玻璃 po^{33}li^{31}
橡胶 tɕiaŋ^{31}tɕiɑo^{33}
洋漆 iaŋ^{31}tɕʰieʔ^{5} 桶装漆
油漆 iɯ^{31}tɕʰieʔ^{5} 油漆师傅自制的，旧时用桐油配颜料
粉末 fen^{53}maʔ^{2}
泡 pʰɑo^{24} 泡儿
佛 ⁼faʔ^{2} 沫儿
影 in^{53} 影子
声音 ɕin^{33}in^{33}
城墙 tɕʰin^{31}tɕʰiaŋ^{31}
壕沟 xɑo^{31}kəɯ^{33}
护城河 u^{13}tɕʰin^{31}xo^{31}
城里头 tɕʰin^{31}li^{53}tʰəɯ^{31}
城外头 tɕʰin^{31}uai^{13}tʰəɯ^{31}
城门 tɕʰin^{31}men^{31}
老家 lɑo^{53}tɕiɑ^{33} 家乡
墟 ɕy^{33} 集市：赶～
大路 tɑ^{13}lu^{313}
小路仔 ɕiɑo^{53}lu^{31}tsai^{53} 小路
山路 saŋ^{33}lu^{313}
老街 lɑo^{53}tɕiai^{33}
*水口 sue^{53}kʰəɯ^{53}

三　时令　时间

春天 tɕʰyen^{33}tʰiɛ̃^{33}
六月天 lɔʔ^{2}yɔʔ^{2}tʰiɛ̃^{33} 夏天
秋天 tɕʰiɯ^{33}tʰiɛ̃^{33}
冬底 toŋ^{33}ti^{53} 冬天
立春 lieʔ^{2}tɕʰyen^{33}
雨水 y^{53}sue^{53}
惊蛰 tɕin^{33}tɕieʔ^{2}
春分 tɕʰyen^{33}fen^{33}
谷雨 kɔʔ^{5}y^{53}
立夏 lieʔ^{2}ɕiɑ^{313}
小满 ɕiɑo^{53}maŋ^{53}
芒种 maŋ^{31}tsoŋ^{24}
夏至 ɕiɑ^{31}tsɿ^{24}

小暑 ɕiao^{53}ɕy^{53}

大暑 tɑ^{31}ɕy^{53}

立秋 lieʔ^{2}tɕʰiɯ^{33}

处暑 tɕʰy^{24}ɕy^{53}

白露 paʔ^{2}lu^{313}

秋分 tɕʰiɯ^{33}fen^{33}

寒露 xɑŋ^{31}lu^{313}

霜降 suɑŋ^{33}kɑŋ^{24}

立冬 lieʔ^{2}toŋ^{33}

小雪 ɕiao^{53}ɕyɔʔ^{5}

大雪 tɑ^{31}ɕyɔʔ^{5}

小寒 ɕiao^{53}xɑŋ^{31}

大寒 tɑ^{13}xɑŋ^{31}

以前 i^{53}tɕʰiɛ̃^{31} 从前

先 ɕiɛ̃^{33} 刚才：他～还在

*扫尘 sao^{53}tɕʰin^{31}

*送灶司公上天 soŋ^{24}tsao^{24}sɿ^{33}koŋ^{33}ɕiɑŋ^{31}tʰiɛ̃^{33}

*春联 tɕʰyen^{33}liɛ̃^{31}

*画纸 xuɑ^{31}tsɿ^{53}

三十年夜 sɑŋ^{33}ɕieʔ^{2}ȵiɛ̃^{31}ie^{313} 除夕

*谢年 ɕie^{24}ȵiɛ̃^{31}

祖公大人 tsu^{53}koŋ^{33}tɑ^{13}in^{31} 祖宗

*捏年饭 ȵiaʔ^{5}ȵiɛ̃^{31}fɑŋ^{313}

*烧纸 ɕiao^{33}tsɿ^{53}

*年夜饭 ȵiɛ̃^{31}ie^{13}fɑŋ^{313}

*压岁钱 iaʔ^{2}sue^{24}tɕʰiɛ̃^{31}

*守岁 ɕiɯ^{53}sue^{24}

*开大门 kʰai^{33}tɑ^{13}men^{31}

拜年 pai^{24}ȵiɛ̃^{31}

*上新年坟 ɕiɑŋ^{31}ɕin^{33}ȵiɛ̃^{31}fen^{31}

接春 tɕiaʔ^{5}tɕyen^{33} 立春时，当地要在桌子上放豆腐、生青菜叶，泡三杯茶，燃香烛，烧纸祭拜

香包 ɕiɑŋ^{33}pao^{33} 端午节时，当地人用绸布或花布缝制成鸡心状的小包，内装艾叶、艾秆、雄黄粉、甘草、香粉等

挂香包 kuɑ^{24}ɕiɑŋ^{33}pao^{33} 用丝带将“香包”挂在小孩胸前，据说可以辟邪

雄黄酒 ɕioŋ^{31}xuɑŋ^{31}tɕiɯ^{53} 端午节当天，大人要喝雄黄粉泡制的酒，据说可以辟邪

挂菖蒲 kuɑ^{24}tɕʰiɑŋ^{33}pʰu^{31} 端午节当天，家家户户都要在门框上插菖蒲，据说可以辟邪

挂艾 kuɑ^{24}ŋai^{313} 端午节当天，家家户户都要在门框上插艾枝，据说可以辟邪

包粽子 pao^{33}tsoŋ^{24}tsɿʔ^{0}

粽叶 tsoŋ^{24}ieʔ^{2} 箬竹的叶子，用以包粽子

棕批⁼tsoŋ^{33}pʰi^{33} 棕榈叶制成的绳子，用来捆扎粽子

七月七 tɕʰieʔ^{2}yɔʔ^{2}tɕʰieʔ^{5} 七夕，农历七月初七的晚上

重阳 tsʰoŋ^{31}iɑŋ^{31} 重阳节，农历九月初九

大前年 tɑ^{13}tɕʰiɛ̃^{31}ȵiɛ̃^{31}

大后年 tɑ^{31}xəɯ^{13}ȵiɛ̃^{31}

年年 ȵiɛ̃^{31}ȵiɛ̃^{31} 每年

上半年 ɕiɑŋ^{31}pɑŋ^{24}ȵiɛ̃^{31}

下半年 ɕia^{31}pɑŋ^{24}ȵiɛ̃^{31}

一年到头 ieʔ^{5}ȵiɛ̃^{31}tao^{24}tʰəɯ^{31} 整年

整年 tɕin^{53}ȵiɛ̃^{31}

闰月 yen^{13}yɔʔ^{2}

月头 yɔʔ^{2}tʰəɯ^{31} 月初，上旬

月中 yɔʔ^{2}tsoŋ^{33} 月半，中旬

月尾 yɔʔ^{2}ue^{53} 月底，下旬

月底 yɔʔ^{2}ti^{53}
整个月 tɕin^{53}kəʔ^{0}yɔʔ^{2} 一个月
头个月 tʰəɯ^{31}kəʔ^{0}yɔʔ^{2} 上个月
这个月 tɕieʔ^{2}kəʔ^{5}yɔʔ^{2}
下个月 ɕiɑ^{31}kəʔ^{5}yɔʔ^{2}
月月 yɔʔ^{2}yɔʔ^{2} 每月
大月 tɑ^{13}yɔʔ^{2} 公历31天的月份
小月 ɕiɑo^{53}yɔʔ^{2} 公历不到31天的月份
第二天 ti^{31}ai^{13}tʰiɛ̃^{33}
前几天 tɕʰiɛ̃^{31}tɕi^{53}tʰiɛ̃^{33}
一个星期 ieʔ^{2}kəʔ^{5}ɕin^{33}tɕʰi^{31}
整个星期 tɕin^{53}kəʔ^{5}ɕin^{33}tɕʰi^{31}
十几天 ɕieʔ^{2}tɕi^{53}tʰiɛ̃^{0}
半天 pɑŋ^{24}tʰiɛ̃^{33}
大半天 tɑ^{31}pɑŋ^{24}tʰiɛ̃^{33}
天亮边 tʰiɛ̃^{33}liɑŋ^{31}piɛ̃^{33} 凌晨，天快亮的时候，比“天早”更早
上半夜 ɕiɑŋ^{31}pɑŋ^{24}ie^{313}
下半夜 ɕiɑ^{31}pɑŋ^{24}ie^{313}
一夜 ieʔ^{5}ie^{313} 整夜
天天夜晚 tʰiɛ̃^{33}tʰiɛ̃^{33}ie^{31}uɑŋ^{53} 每天晚上
夜了 ie^{31}ləʔ^{0} 天黑了
年份 ȵiɛ̃^{31}fen^{313}
月份 yɔʔ^{2}fen^{313}
日子 ieʔ^{2}tsɿʔ^{5}

四　农事　农业

春耕 tɕʰyen^{33}ken^{33}
收冬 ɕiɯ^{33}toŋ^{33} 秋收
犁田 li^{31}tʰiɛ̃^{31} 耕田
*耖田 tsʰɑo^{24}tʰiɛ̃^{31}
*耙田 pɑ^{13}tʰiɛ̃^{31}
挖田 uɑ^{33}tʰiɛ̃^{31} 用锄头翻耕，并把泥土弄平整，准备插秧
做秧田 tso^{24}iɑŋ^{33}tʰiɛ̃^{31} 平整秧田，用来培植秧苗
撒谷种 suɑ^{53}kɔʔ^{5}tsoŋ^{53} 播撒稻种。用温水浸泡稻种，催生出芽头，然后把稻种均匀地撒在秧田里的土畦上，再用草灰或泥灰覆盖
扯秧 tɕʰie^{53}iɑŋ^{33} 拔秧
挑秧 tʰiɑo^{33}iɑŋ^{33} 挑稻秧
作⁼水 tsɔʔ^{5}sue^{53} 灌水，使水入地
放水 fɑŋ^{24}sue^{53} 排水，使水出地
车水 tɕʰie^{33}sue^{53} 用水车提水
打稻子 tɑ^{53}tɑo^{31}tsɿʔ^{5}
捆稻草 kʰuen^{53}tɑo^{31}tsʰɑo^{53} 捆扎稻草。脱粒后的稻草扎成把晒干，供冬天烧火或喂牛用
晒稻子 sai^{24}tɑo^{31}tsɿʔ^{5} 晒稻谷
挖地 uɑ^{33}ti^{313} 用锄头松土，准备种菜
铲草 tsʰɑŋ^{53}tsʰɑo^{53} 锄地
铲一下 tsʰɑŋ^{53}ieʔ^{0}ɕiɑ^{0} 松一下（土）
扯草 tɕʰie^{53}tsʰɑo^{53} 薅草
治虫 tsʰɿ^{31}tsʰoŋ^{31} 给庄稼、蔬菜等打药
挑担 tʰiɑo^{33}tɑŋ^{24}
挑水 tʰiɑo^{33}sue^{53}
浇菜 tɕiɑo^{33}tsʰai^{24}
浇花 tɕiɑo^{33}xuɑ^{33}
撒猪栏粪 suɑ^{53}tɕy^{33}lɑŋ^{31}fen^{24} 耕田以前，把厩肥挑到田里，抛洒均匀，踩到泥土中，用以肥田
撒肥料 suɑ^{53}fe^{31}liɑo^{313} 施肥
撒灰 suɑ^{53}xue^{33} 撒草木灰，以增加土壤肥力

浇大粪tɕiɑo^{33}tɑ^{31}fen^{24}浇粪

捡猪屎tɕiɛ̃^{53}tɕy^{33}sɿ^{53}拾猪粪，旧时常见，今无

捡狗屎tɕiɛ̃^{53}kəɯ^{53}sɿ^{53}拾狗粪，旧时常见，今无

宣$^{=}$ɕxɛ̃^{33}拔萝卜苗等，指拔掉多余的、不好的苗

扯萝卜tɕʰie^{53}lɔʔ^{2}pɔʔ^{2}拔萝卜

讨$^{=}$青豆tʰɑo^{53}tɕʰin^{33}təɯ^{313}摘毛豆

割麦子kaʔ^{5}maʔ^{2}tsɿʔ^{5}

打麦子tɑ^{53}maʔ^{2}tsɿʔ^{5}

稻谷櫼tɑo^{31}kɔʔ^{5}tɕiɑo^{53}稻穗

晒场sai^{24}tɕʰiɑŋ^{31}场院

猪栏$^{=}$粪tɕy^{33}lɑŋ^{31}fen^{24}厩肥，指猪圈里的

牛栏$^{=}$粪ȵiɯ^{31}lɑŋ^{31}fen^{24}厩肥，指牛栏里的

鸡屎tɕi^{33}sɿ^{53}

鸭屎iaʔ^{5}sɿ^{53}

鹅屎ŋo^{31}sɿ^{53}

化肥xuɑ^{24}fe^{31}统称

复合肥fɔʔ^{5}xaʔ^{2}fe^{31}

尿素ȵiɑo^{31}su^{24}一种常见化肥

碳胺tʰɑŋ^{24}ɑŋ^{33}一种常见化肥

过磷酸钙ko^{24}len^{31}suɑŋ^{33}kai^{24}一种常见化肥

氯化钾lɔʔ^{2}xuɑ^{24}tɕiaʔ^{5}一种常见化肥

水井sue^{53}tɕin^{53}

吊水tiɑo^{24}sue^{53}从井里汲水

水桶sue^{53}tʰoŋ^{53}汲水用的木桶

水钩担sue^{53}kəɯ^{33}tɑŋ^{33}木制或者竹制，两头有铁钩，可用来挑水桶或簸箕等

*水车sue^{53}tɕʰie^{33}

*大水车tɑ^{31}sue^{53}tɕʰie^{33}

*小水车ɕiɑo^{53}sue^{53}tɕʰie^{33}

*水车槽sue^{53}tɕʰie^{33}tsʰɑo^{31}

*水车架sue^{53}tɕʰie^{33}tɕiɑ^{24}

*车鼓tɕʰie^{33}ku^{53}

*页板ieʔ^{2}pɑŋ^{53}

*龙骨loŋ^{31}kuaʔ^{5}

*横档xuen^{31}tɑŋ^{24}

牛轭ȵiɯ^{31}iaʔ^{5}

牛嘴络ȵiɯ^{31}tsue^{53}lɔʔ^{5}牛笼嘴，用来防止牛偷吃庄稼

牛鼻销ȵiɯ^{31}pieʔ^{2}ɕiɑo^{33}穿在牛鼻子里的木棍儿或铁环

犁头li^{31}tʰəɯ^{31}犁铧

犁壁li^{31}pieʔ^{5}犁镜，安装在犁上，用来翻土的铁片

犁担li^{31}tɑŋ^{24}犁上呈弯曲形的木头

犁把手li^{31}pɑ^{53}ɕiɯ^{53}犁把，扶犁的地方

*耖tsʰɑo^{24}

*铁耖tʰieʔ^{2}tsʰɑo^{24}

*木耖mɔʔ^{2}tsʰɑo^{24}

*耙pɑ^{313}

栽田绳子tsai^{33}tʰiɛ̃^{31}tɕʰin^{31}tsɿʔ^{5}插秧时用来取直的绳子

塘$^{=}$簸tʰɑŋ^{31}po^{24}一种圆形竹器，用来簸东西或晒东西

田耙tʰiɛ̃^{31}pʰɑ^{31}耘田用的农具

大拚箕tɑ^{31}pen^{24}tɕi^{33}簸箕，一种农具，梁较高

拚箕仔pen^{24}tɕi^{33}tsai^{53}簸箕，一种农具，梁较矮

*舂槌tsʰoŋ^{33}tsʰue^{31}

舂槌把tsʰoŋ^{33}tsʰue^{31}pɑ^{53}“舂槌”上装的木柄，方便手持

黄⁼桶 uɑŋ^{31}tʰoŋ^{53} 稻麦等农作物脱粒用的木桶

围簟仔 ue^{31}tiɛ̃^{31}tsai^{53} 打稻时围在稻桶上的席子，用以防止谷粒溅出

打稻机 tɑ^{53}tɑo^{31}tɕi^{33} 脱粒用的机器

簟皮 tiɛ̃^{13}pʰi^{31} 晒粮食用的长方形大竹席

*仓 tsʰuɑŋ^{33}

风扇 foŋ^{33}ɕiɛ̃^{24} 扇车，使米粒跟谷壳分离的农具

*砻 loŋ^{31}

*砻钩担 loŋ^{31}kəɯ^{33}tɑŋ^{33}

*砻糠 loŋ^{31}kʰɑŋ^{33}

*糙米 tsʰɑo^{24}mi^{53}

大磨 tɑ^{13}mo^{313} 较大的石磨

小磨 ɕiɑo^{53}mo^{31} 较小的石磨

小磨仔 ɕiɑo^{53}mo^{31}tsai^{53} 比“小磨”更小的石磨，可一人用手操作

磨手 mo^{31}ɕiɯ^{53} 磨把儿

磨窟窿 mo^{31}kʰɔʔ^{5}loŋ^{53} 磨脐儿，磨扇中心的铁轴

磨钩担 mo^{31}kəɯ^{33}tɑŋ^{33} 拉磨用的转柄，木制。插入上爿磨的侧孔中，使用人力或畜力拉磨

谷筛 kɔʔ^{5}sai^{33} 筛稻子的器具

豆筛 təɯ^{31}sai^{33} 筛豆子的器具

米筛 mi^{53}sai^{33} 筛米的器具

粉筛 fen^{53}sai^{33} 筛粉末状细物用的器具

谷耙 kɔʔ^{5}pʰɑ^{31} 木制，由一块长方形木板和一长柄组成，在晒谷场上聚拢谷物用

连章⁼ liɛ̃^{31}tɕiɑŋ^{33} 连枷

碓头 tue^{24}tʰəɯ^{31} 碓杵，水碓上用

气筒 tɕʰi^{24}tʰoŋ^{31} ①喷雾器；②打气筒

稻草人 tɑo^{31}tsʰɑo^{53}in^{31} 稻田里的稻子成熟了，农民用稻秆、树枝等扎成人形，披上衣服，戴斗篷，以惊吓鸟雀

锄头仔 tsʰu^{31}tʰəɯ^{31}tsai^{53} 小锄头

耙拿⁼ pʰɑ^{31}nɑ^{31} 耙子，统称

铁耙 tʰieʔ^{5}pʰɑ^{31} 铁制耙子

木耙 mɔʔ^{2}pʰɑ^{31} 木制耙子

两齿钳 liɑŋ^{53}tsʰʅ^{53}tɕʰiɛ̃^{31} 两齿的铁耙子

洋镐 iɑŋ^{31}kɑo^{33} 镐，刨硬地用，一头尖形，一头扁小

铡刀 tsaʔ^{2}tɑo^{33}

柴刀 tsʰai^{31}tɑo^{33} 用来劈开或剁断木柴的刀

刀扎 tɑo^{33}tsaʔ^{5} 插柴刀的工具，木制，中间空心，把柴刀插进去，系在腰后，便于劳作

洋铲 iɑŋ^{31}tsʰɑŋ^{53} 铁锹

箩盖 lo^{31}kai^{24} 箩筐的盖子

包萝篓 pɑo^{33}lo^{31}ləɯ^{53} 收玉米的竹篓

打底叉 tɑ^{53}ti^{53}tsʰɑ^{33} 挑担时放在肩膀上、扁担下的一根木棍，与肩齐高，用来帮助挑担

捆柴火绳子 kʰuen^{53}tsʰai^{31}xo^{53}tɕʰin^{31}tsʅʔ^{5} 捆扎柴火、稻草等的绳子，较粗

枪⁼担 tɕʰiɑŋ^{33}tɑŋ^{33} 一种很长的尖头扁担，用来挑柴火、稻草等，一般竹制

尿桶 ȵiɑo^{31}tʰoŋ^{53} 粪桶，也是农具

尿瓢 ȵiɑo^{13}pʰiɑo^{31} 粪瓢

芒花 moŋ^{31}xuɑ^{33} 芒，多年生草本植物，可用来扎制笤帚或刷子

芒花笤帚 moŋ^{31}xuɑ^{33}tʰiɑo^{31}tɕiɯ^{53} 用芒扎制的笤帚

*扫尘笤帚 sɑo^{53}tɕʰin^{31}tʰiɑo^{31}tɕiɯ^{53}

芒花刷moŋ^{31}xuɑ^{33}ɕyɔʔ^{5}用芒扎制的刷子

棕刷tsoŋ^{33}ɕyɔʔ^{5}用棕编制的刷子

五　植物

粮食liɑŋ^{31}ɕieʔ^{2}

麦子maʔ^{2}tsɿʔ^{5}

花⁼麦xuɑ^{33}maʔ^{2}荞麦

早稻tsɑo^{53}tɑo^{313}

晚稻uɑŋ^{33}tɑo^{313}

米mi^{53}大米

糯米no^{31}mi^{53}

早米tsɑo^{53}mi^{53}籼米，米粒长而细，黏性小

杂交米tsaʔ^{2}tɕiɑo^{33}mi^{31}晚米

麦麸maʔ^{2}fu^{33}麸子

糠kʰɑŋ^{33}

稗子pɑ^{31}tsɿʔ^{5}

石⁼燕⁼ɕieʔ^{2}iɛ̃^{24}秕子，空的或不饱满的籽粒

　瘪谷pieʔ^{5}kɔʔ^{5}

麦蔸maʔ^{2}təɯ^{33}麦茬儿

禾蔸o^{31}təɯ^{33}稻茬儿

麻mɑ^{31}苎麻

麻秆mɑ^{31}kɑŋ^{53}苎麻秆

油麻秆iɯ^{31}mɑ^{31}kɑŋ^{53}芝麻秆

葵瓜子kʰue^{31}kuɑ^{33}tsɿ^{53}指果实

花生米xuɑ^{33}sen^{33}mi^{53}

花生衣xuɑ^{33}sen^{33}i^{33}花生皮

菜籽tsʰai^{24}tsɿ^{53}油菜籽，榨油用

茶籽tʰɑ^{31}tsɿ^{53}

黑豆xaʔ^{5}təɯ^{313}

赤豆仔tɕʰieʔ^{5}təɯ^{31}tsai^{53}红小豆

白豆扣⁼paʔ^{2}təɯ^{31}kʰəɯ^{24}扁豆，白色，手指头大小

豆免⁼təɯ^{31}miɛ̃^{53}豆荚

小白菜ɕiɑo^{53}paʔ^{2}tsʰai^{24}

*土白菜tʰu^{53}paʔ^{2}tsʰai^{24}

莴笋叶o^{33}ɕyen^{53}ieʔ^{2}

莙荙菜tɕin^{33}taʔ^{2}tsʰai^{24}

菊花菜tɕyɔʔ^{5}xuɑ^{33}tsʰai^{24}蒿子秆儿

空心kʰoŋ^{33}ɕin^{33}（萝卜）糠

萝卜菜lɔʔ^{2}pɔʔ^{2}tsʰai^{24}萝卜苗

萝卜缨lɔʔ^{2}pɔʔ^{2}in^{33}

萝卜丁lɔʔ^{2}pɔʔ^{2}ten^{33}萝卜干儿，指半干的

萝卜片lɔʔ^{2}pɔʔ^{2}pʰiɛ̃^{24}萝卜切成片状晒干

萝卜干lɔʔ^{2}pɔʔ^{2}kɑŋ^{33}萝卜干儿，指干的

油冬儿iɯ^{31}toŋ^{33}ai^{53}油菜，一种蔬菜

菜心tsʰai^{24}ɕin^{33}油菜薹

水芹菜sue^{53}tɕʰin^{31}tsʰai^{24}本地野生芹菜，较矮，多生长在水边

苋菜ɕiɛ̃^{24}tsʰai^{24}～ɕiɛ̃^{24}tsʰai^{0}统称

红苋xoŋ^{31}ɕiɛ̃^{24}苋菜的一种，炒后汤汁呈红色

青苋tɕʰin^{33}ɕiɛ̃^{24}苋菜的一种，炒后汤汁不呈红色

空心菜kʰoŋ^{33}ɕin^{33}tsʰai^{24}

菜秆tsʰai^{24}kɑŋ^{53}菜梗

老姜lɑo^{53}tɕiɑo^{33}

大蒜匏tɑ^{31}suɑŋ^{13}pʰu^{31}蒜头

大蒜芯tɑ^{31}suɑŋ^{24}ɕin^{33}蒜苗

大蒜酱tɑ^{31}suɑŋ^{24}tɕiɑŋ^{24}蒜泥

菜椒tsʰai^{24}tɕiɑo^{33}柿子椒

胡椒xu^{31}tɕiɑo^{33}

黄金瓜uɑŋ^{31}tɕin^{33}kuɑ^{33}菜瓜，圆形，皮黄色，可当菜

苦瓜kʰu^{53}kuɑ^{33}

冬瓜 toŋ^{33}kuɑ^{33}

葫芦 xu^{31}lu^{31}

白匏 paʔ^{2}pʰu^{31} 瓠子，圆筒形，皮淡绿色，果肉白色

茭笋 kɑo^{33}ɕyen^{53} 茭白

莲子 liɛ̃^{31}tsɿ^{53}

莲子匏 liɛ̃^{31}tsɿ^{53}pʰu^{31} 莲蓬

地木耳 ti^{13}mɔʔ^{2}ai^{53} 地衣，生长在潮湿地带的菌类植物，可做菜

石木耳 ɕieʔ^{2}mɔʔ^{2}ai^{53}

树苗 ɕy^{13}miɑo^{31}

树杆 ɕy^{31}kɑŋ^{53} 树干

树尾巴 ɕy^{31}ue^{53}pɑ^{33} 树梢

树根 ɕy^{31}ken^{33}

树须 ɕy^{31}ɕiɯ^{33} 树根上发出来的细根，像胡须

树叶 ɕy^{13}ieʔ^{2}

树丫枝 ɕy^{31}iɑ^{33}tsɿ^{33} 树枝

栽树 tsai^{33}ɕy^{313}

砍树 kʰɑŋ^{53}ɕy^{313}

松毛椏 tsʰoŋ^{31}mɑo^{31}iɑ^{33} 松针

松毛蛋 tsʰoŋ^{31}mɑo^{31}tɑŋ^{313} 松球

松香 soŋ^{33}ɕiɑŋ^{33}

杉木刺 sɑŋ^{33}mɔʔ^{2}tsʰɿ^{24} 杉针

水杉 sue^{53}sɑŋ^{33}

红豆杉 xoŋ^{31}təɯ^{31}sɑŋ^{33}

扁柏 piɛ̃^{53}paʔ^{5} 一种柏树，叶子扁形

圆柏 yɛ̃^{31}paʔ^{5} 一种柏树，叶子圆形，不常见

桑树 suɑŋ^{33}ɕy^{313}

桑枣 suɑŋ^{33}tsɑo^{53} 桑葚儿

桑叶 suɑŋ^{33}ieʔ^{2}

白杨树 paʔ^{2}iɑŋ^{31}ɕy^{313} 杨树

黄金柴 uɑŋ^{31}tɕin^{33}tsʰai^{31} 荆条

腊籽树 laʔ^{2}tsɿ^{53}ɕy^{313} 乌桕树

桐子树 tʰoŋ^{31}tsɿ^{53}ɕy^{313} 桐油树

桐子 tʰoŋ^{31}tsɿ^{53}

桐油 tʰoŋ^{31}iɯ^{31}

苦楝树 kʰu^{53}liɛ̃^{31}ɕy^{313}

冬笋 toŋ^{33}ɕyen^{53} 立春前长出的笋

春笋 tɕʰyen^{33}ɕyen^{53} 立春后长出的笋

笋壳 ɕyen^{53}kʰɔʔ^{5}

挖笋 uɑ^{33}ɕyen^{53}

毛竹山 mɑo^{31}tsɔʔ^{5}sɑŋ^{33} 长毛竹的山

毛竹竿 mɑo^{31}tsɔʔ^{5}kɑŋ^{53} 竹竿

毛竹叶 mɑo^{31}tsɔʔ^{5}ieʔ^{2} 竹叶

篾片 mieʔ^{2}pʰiɛ̃^{24} 竹子劈成的薄片

篾黄 mieʔ^{2}uɑŋ^{31} 竹子最里面一层

篾青 mieʔ^{2}tɕʰin^{33} 竹子第一层

芽 iɑ^{31}

杆 kɑŋ^{53}

秆 kɑŋ^{53}

根 ken^{33}

皮 pʰi^{31}

大秆茛萁 tɑ^{31}kɑŋ^{53}lɑŋ^{31}i^{33} 蕨，可食用

大叶茛萁 tɑ^{13}ieʔ^{2}lɑŋ^{31}i^{33}

茛萁柴 lɑŋ^{31}i^{33}tsʰai^{31} 蕨，烧火用，不能食用

西瓜 ɕi^{33}kuɑ^{33}

西瓜子 ɕi^{33}kuɑ^{33}tsɿ^{53}

甜瓜 tʰiɛ̃^{31}kuɑ^{33}

木瓜 mɔʔ^{2}kuɑ^{33} 本地无

香蕉 ɕiɑŋ^{33}tɕiɑo^{33}

橘络 tɕieʔ^{5}lɔʔ^{5} 橘瓣上的丝儿

金蛋子 tɕin^{33}tɑŋ^{31}tsɿ^{53} 金橘

金橘 tɕin^{33}tɕyɔʔ^{5}

脐橙 tɕʰi^{31}tɕʰin^{31} 橙子

圆远= yɛ̃^{31}yɛ̃^{53} 桂圆

圆远=肉 yɛ̃^{31}yɛ̃^{53}yɔʔ^{2} 桂圆肉

荔枝 li^{31}tsɿ^{33}

芒果 maŋ^{31}ko^{53}

菠萝 po^{33}lo^{31}

枇杷 pʰi^{31}pʰɑ^{31}

胡柚 xu^{31}iɯ^{33}

柿子干 sɿ^{31}tsɿ^{53}kaŋ^{33} 柿饼，老的说法

柿饼 sɿ^{31}pen^{53} 新的说法

桃仁 tʰɑo^{31}in^{31}

杏仁 ɕin^{13}in^{31}

葡萄 pʰu^{31}tʰɑo^{31}

樱桃 in^{33}tʰɑo^{31} 本地无

橄榄 kaŋ^{33}laŋ^{53} 本地无

苦追= kʰu^{53}tsue^{33} 榛子，野生的

骨头 kuaʔ^{5}tʰəɯ^{31} ①核儿；②骨头；③尸首

桂花 kue^{24}xuɑ^{33}

菊花 tɕyɔʔ^{5}xuɑ^{33}

指甲花 tsɿ^{53}tɕiaʔ^{5}xuɑ^{33} 凤仙花

水仙花 sue^{53}ɕiɛ̃^{33}xuɑ^{33}

茉莉花 mɔʔ^{5}li^{31}xuɑ^{33}

山鸡花 saŋ^{33}tɕi^{33}xuɑ^{33} 杜鹃花

打破碗碗花 tɑ^{53}pʰo^{24}uaŋ^{53}uaŋ^{53}xuɑ^{33} 牵牛花

芙蓉花 fu^{33}ioŋ^{31}xuɑ^{33}

杏花 ɕin^{53}xuɑ^{33}

桃花 tʰɑo^{31}xuɑ^{33}

月月红 yɔʔ^{2}yɔʔ^{2}xoŋ^{31} 月季

花草籽 xuɑ^{33}tsʰɑo^{53}tsɿ^{53} 紫云英。可喂猪，也是一种肥田作物，翻耕到泥土中去，腐烂后可做基肥

花心 xuɑ^{33}ɕin^{33} 花蕊

*艾 ŋai^{313}

*鼠曲 tɕʰieʔ^{2}tɕʰyɔʔ^{5}

光明草 kuaŋ^{33}men^{31}tsʰɑo^{53} 含羞草

茅干= mɑo^{31}kaŋ^{33} 一种茅草，叶子有锯齿，可喂牛。晒干后可用来盖茅屋

万年青 uaŋ^{13}ȵiɛ̃^{31}tɕʰin^{33} 一种常绿植物，常用于婚礼

仙人掌 ɕiɛ̃^{33}in^{31}tɕiaŋ^{53}

芦苇 lu^{31}xue^{53}

荷叶 xo^{31}ieʔ^{2}

青苔 tɕʰin^{33}tʰai^{31}

薸 pʰiɑo^{31} 浮萍，统称

青薸仔 tɕʰin^{33}pʰiɑo^{31}tsai^{53} 青色的浮萍，较小，可做鸭饲料

红薸 xoŋ^{31}pʰiɑo^{31} 淡红色的浮萍，较大，可做猪饲料

六 动物

头牲 tʰəɯ^{31}sen^{33} 牲口

马牯 mɑ^{53}ku^{53} 公马

马母 mɑ^{53}mu^{53} 母马

马仔 mɑ^{53}tsai^{53} 小马

騬牛牯 tuen^{33}ȵiɯ^{31}ku^{53} 阉过的公牛

黄牛 uaŋ^{31}ȵiɯ^{31}

水牛 sue^{53}ȵiɯ^{31}

牛仔 ȵiɯ^{31}tsai^{53} 牛犊，统称

牛牯仔 ȵiɯ^{31}ku^{53}tsai^{53} 小公牛

牛散=仔 ȵiɯ^{31}saŋ^{24}tsai^{53} 小母牛

角 kɔʔ^{5} 牛角

脚蹄 tɕyɔʔ^{5}tʰi^{31} 蹄子

驴牯 ly^{31}ku^{53} 公驴

驴母 ly^{31}mu^{53} 母驴

骆驼 lɔʔ2tʰo31

绵羊 miɛ̃31iɑŋ31

山羊 sɑŋ33iɑŋ31

羊牯 iɑŋ31ku53 公羊

羊母 iɑŋ31mu53 母羊

羊仔 iɑŋ31tsai53 羊羔

狗仔 kəɯ53tsai53 小狗儿，脱奶后的幼犬

哈巴狗 xɑ33pɑ33kəɯ53

赖⁼菢鸡母 lai31pɑo31tɕi33mu53 抱窝鸡，正在孵蛋的母鸡

鸡仔 tɕi33tsai53 小鸡儿

鸡公仔 tɕi33koŋ33tsai53 鸡角，未成年的小公鸡

鸡散⁼仔 tɕi33sɑŋ24tsai53 鸡娘，未成年的小母鸡

鸡冠 tɕi33kuɑŋ33

鸡脚爪 tɕi33tɕyɔʔ5tsuɑ53 鸡爪子

鸡归⁼ tɕi33kue33 鸡嗉子

蛋 tɑŋ313

生蛋 sen33tɑŋ313 鸡下蛋

鸭公 iaʔ5koŋ33 公鸭

鸭母 iaʔ5mu53 母鸭

鸭仔 iaʔ5tsai53 小鸭子

水鸭 sue53iaʔ5

草鸭 tsʰɑo53iaʔ5 麻鸭

番鸭 fɑŋ33iaʔ5 洋鸭，纯白或黑白相间，体形较大

鸭蛋 iaʔ5tɑŋ313

鹅仔 ŋo31tsai53 小鹅儿

野兽 ie53ɕiɯ24

老虎母 lɑo53xu53mu53 母老虎

狮子 sɿ33tsɿʔ5

熊 ɕioŋ31

豹 pɑo24

狼 lɑŋ31

鹿 lɔʔ2

狐狸 xu31li31

黄鼠狼 uɑŋ31tɕʰy53lɑŋ31

山鱼⁼鳅 sɑŋ33y31tɕʰiɯ33 蜥蜴，统称

四脚蛇 sɿ24tɕyɔʔ5ɕie31 山上的蜥蜴

闹⁼ nɑo313 用毒药毒死

大雁 tɑ31iɛ̃24 雁

燕子 iɛ̃24tsɿʔ5

斑鸠 pɑŋ33kəɯ33

鹌鹑 ɑŋ33tɕʰyen31

蒲⁼菇⁼ pʰu31ku33 鹧鸪，本地无

布谷鸟 pu24kɔʔ5ȵiɑo53

啄木鸟 tsɔʔ5mɔʔ2ȵiɑo53

猫头鹰 mɑo33tʰəɯ31in33

夜鸦 ie31iɑ33 比乌鸦略大，黑色，一般在夜晚啼叫。当地迷信认为，这种鸟一叫，就意味着要死人了

鹦鹉 in33u53

八干⁼ paʔ5kɑŋ33 八哥儿

白鹤 paʔ2ŋɔʔ2 鹤

老鹰 lɑo53in33

山鸡 sɑŋ33tɕi33 野鸡

野鸭 ie53iaʔ5

鸬鹚 lu31tsʰɿ31

白鹭 paʔ2lu313 鹭鸶

鸟窠 ȵiɑo53kʰo33 鸟窝

嘴甲 tsue53tɕiaʔ5 鸟类之嘴

肫 tɕyen33 鸟类的胃

马蜂 mɑ53foŋ33 体形较大，身体呈黑色，毒

性强，多见于野外

长脚蜂tɕʰiɑŋ^{31}tɕyɔʔ^{5}foŋ^{33}体形较小，身体呈黄色，毒性较弱，多见于住宅附近

蜂窠foŋ^{33}kʰo^{33}蜂窝

叮人ten^{33}in^{31}蜇人

八脚蟢paʔ^{2}tɕyɔʔ^{5}ɕi^{53}蜘蛛，指不会结网的

批⁼丝网pʰi^{33}sɿ^{33}uɑŋ^{53}蜘蛛网

蜈蚣y^{31}koŋ^{33}

贼虫tsaʔ^{2}tsʰoŋ^{31}蟑螂

蚊子虫uen^{31}tsɿʔ^{5}tsʰoŋ^{31}孑孓，蚊子的幼虫

虱母蛋saʔ^{5}mu^{53}tɑŋ^{313}虮，虱子的卵

蚕茧tsʰɑŋ^{31}tɕiɛ̃^{53}蚕蛹

蚕屎tsʰɑŋ^{31}sɿ^{53}蚕沙，家蚕的屎

土狗崽tʰu^{53}kəɯ^{53}tsai^{53}蝼蛄

地鳖虫ti^{31}pieʔ^{5}tsʰoŋ^{31}土鳖，可入药

螺蛳仔lo^{31}sɿ^{33}tsai^{53}蜗牛

拉屎虫lɑ^{33}sɿ^{53}tsʰoŋ^{31}蜣螂

牛屎虫ȵiɯ^{31}sɿ^{53}tsʰoŋ^{31}

蝎子ɕieʔ^{5}tsɿʔ^{0}

壁虎pieʔ^{5}xu^{53}

毛辣⁼虫mɑo^{31}laʔ^{2}tsʰoŋ^{31}毛虫

米虫mi^{53}tsʰoŋ^{31}米里的米色虫

釉虫iɯ^{13}tsʰoŋ^{31}蚜虫的一种，使菜叶等生釉

臭虫tɕʰiɯ^{24}tsʰoŋ^{31}

牛苍蝇ȵiɯ^{31}tsʰuɑŋ^{33}in^{33}牛虻

山⁼吉⁼□sɑŋ^{33}tɕieʔ^{5}len^{33}蟋蟀

灶鸡仔tsɑo^{24}tɕi^{33}tsai^{53}灶蟋蟀，状似蟋蟀，常出没于厨房

赤⁼蜢tɕʰieʔ^{5}mɑŋ^{53}蝗虫

头发虫tʰəɯ^{31}faʔ^{5}tsʰoŋ^{31}螳螂

火萤虫xo^{53}in^{33}tsʰoŋ^{31}萤火虫

臭屁虫tɕʰiɯ^{24}pi^{33}tsʰoŋ^{31}臭大姐

飞蛾fi^{33}ŋo^{31}灯蛾

瓢虫pʰiɑo^{31}tsʰoŋ^{31}

子tsɿ^{53}卵：虫～

草鱼tsʰɑo^{53}y^{31}

青鱼tɕʰin^{33}y^{31}

鳊鱼piɛ̃^{53}y^{31}

黄鱼仔uɑŋ^{31}y^{31}tsai^{53}黄鱼

鳗鱼mɑŋ^{31}y^{31}

带鱼tai^{24}y^{31}

鲈鱼lu^{31}y^{31}

鲇鱼鳅ȵiɛ̃^{31}y^{31}tɕʰiɯ^{33}鲇鱼

白鲦鱼paʔ^{2}tʰiɑo^{31}y^{31}

白鱼仔paʔ^{2}y^{31}tsai^{53}小的白鲦鱼

乌青u^{33}tɕʰin^{33}黑鱼

墨鱼maʔ^{2}y^{31}

墨鱼仔maʔ^{2}y^{31}tsai^{53}小的墨鱼

鱿鱼iɯ^{33}y^{31}

大头鳙tɑ^{13}tʰəɯ^{31}tsʰoŋ^{31}胖头鱼

金鱼tɕin^{33}y^{31}

鱼鳅y^{31}tɕʰiɯ^{33}泥鳅

鱼干y^{31}kɑŋ^{33}鲞，剖开晒干的鱼

鱼仔干y^{31}tsai^{53}kɑŋ^{33}小鱼干

鱼刺y^{31}tsʰɿ^{24}

鱼泡y^{31}pʰɑo^{24}鱼鳔

鳍tɕʰi^{31}

鱼鳃y^{31}sai^{33}

鱼子y^{31}tsɿ^{53}鱼的卵

鱼苗y^{31}miɑo^{31}

虾仁ɕiɑ^{33}in^{31}

虾皮仔ɕiɑ^{33}pʰi^{31}tsai^{53}虾皮

虾子酱ɕiɑ^{33}tsɿ^{53}tɕiɑŋ^{24}虾子干制后用作调味品

乌龟u^{33}kue^{33} 龟

蟹黄ɕiai^{53}uɑŋ^{31}

蛤蜊仔kaʔ^{5}li^{31}tsai^{53} 蛤蜊

螺蛳lo^{31}sɿ^{33}

蚌壳pɑŋ^{31}k^{h}ɔʔ^{5} 蚌

蚌壳仔pɑŋ^{31}k^{h}ɔʔ^{5}tsai^{53} 小的蚌

蚂蟥mɑ^{53}uɑŋ^{31} 水蛭

长$^{=}$蟆锤$^{=}$tɕ^{h}iɑŋ^{31}mɑ^{31}ts^{h}ue^{31} 蝌蚪

七　房舍

围墙ue^{31}tɕ^{h}iɑŋ^{31} 院墙

外间uai^{31}tɕiẽ^{33}

里间li^{53}tɕiẽ^{33}

*横厢xuen^{31}ɕiɑŋ^{33}

*堂前t^{h}ɑŋ^{31}tɕ^{h}iẽ^{31}

*香火ɕiɑŋ^{33}xo^{53}

*后堂前xəɯ^{13}t^{h}ɑŋ^{31}tɕ^{h}iẽ^{31} 里面一进的堂屋

*下厅ɕiɑ^{31}t^{h}en^{33}

*后厅xəɯ^{31}t^{h}en^{33}

*叶$^{=}$屋ieʔ^{2}uɔʔ^{5}

*柴间ts^{h}ai^{31}tɕiẽ^{33}

客厅k^{h}aʔ^{5}t^{h}en^{33}

平房p^{h}en^{31}fɑŋ^{31}

楼房ləɯ^{31}fɑŋ^{31}

洋房iɑŋ^{31}fɑŋ^{31}

老房子lɑo^{53}fɑŋ^{31}tsɿʔ^{5}

楼上ləɯ^{31}ɕiɑŋ^{313}

楼下ləɯ^{31}ɕiɑ^{313}

板梯pɑŋ^{53}t^{h}i^{33} 楼梯，指固定的

阳台iɑŋ^{31}t^{h}ai^{31}

*天井t^{h}iẽ^{33}tɕin^{53}

匾piẽ^{53}

墙头tɕ^{h}iɑŋ^{31}t^{h}əɯ^{31} 墙

*封火墙foŋ^{33}xo^{53}tɕ^{h}iɑŋ^{31}

　*马头墙mɑ^{53}t^{h}əɯ^{31}tɕ^{h}iɑŋ^{31}

*泥墙ȵi^{31}tɕ^{h}iɑŋ^{31}

*墙夹tɕ^{h}iɑŋ^{31}tɕiaʔ^{5}

*舂墙头ts^{h}oŋ^{33}tɕ^{h}iɑŋ^{31}t^{h}əɯ^{31}

粉墙头fen^{53}tɕ^{h}iɑŋ^{31}t^{h}əɯ^{31} 刷墙

石块墙ɕieʔ^{2}k^{h}uai^{24}tɕ^{h}iɑŋ^{31} 鹅卵石砌的墙

墙角石tɕ^{h}iɑŋ^{31}kɔʔ^{5}ɕieʔ^{2} 竖立在墙角的条石，用来加固墙体，防止人们路过时擦落墙体

*门亭men^{31}t^{h}en^{31}

　*门楼men^{31}ləɯ^{31}

*开砖k^{h}ai^{33}tɕyẽ^{33}

土瓦t^{h}u^{53}uɑ^{53} 一种本地出产、旧时普遍使用的瓦，拱形，黑色

洋瓦iɑŋ^{31}uɑ^{53} 几十年前出现的新式瓦，与“土瓦”相对，长方形，上有沟槽，多为红色。但现在已很少用

明瓦men^{31}uɑ^{53} 房顶上用来透光的瓦，一般为玻璃制

屋栋uɔʔ^{5}toŋ^{24} 房脊

房瓦背fɑŋ^{31}uɑ^{53}pe^{24} 房顶

窑$^{=}$檐头iɑo^{31}iẽ^{31}t^{h}əɯ^{31} 房檐儿

中梁tsoŋ^{33}liɑŋ^{31} 屋脊下的梁

椽子tɕ^{h}yẽ^{31}tsɿʔ^{5}

衬腿ts^{h}en^{24}t^{h}ue^{53} 梁托。多雕刻有花草、福禄寿喜、麒麟、送子等

石磉ɕieʔ^{2}suɑŋ^{53} 柱下石，柱础

磉垫suɑŋ^{53}tiẽ^{313} 垫在“石磉”下的石头

　石磉垫ɕieʔ^{2}suɑŋ^{53}tiẽ^{313}

踏步taʔ^{2}pu^{313} 台阶

天花板 tʰiɛ̃^{33}xuɑ^{33}pɑŋ^{53}

门 men^{31}

外大门 uai^{31}tɑ^{13}men^{31} 房屋最外面的大门，类似院门

里大门 li^{53}tɑ^{13}men^{31} 外面一进房子的大门

大门弄 tɑ^{13}men^{31}loŋ^{33}“里大门”和“外大门”之间的过道

弄堂 loŋ^{33}tʰɑŋ^{31} 室内的过道

后门 xəɯ^{13}men^{31}

小门 ɕiɑo^{53}men^{31}

边门 piɛ̃^{33}men^{31}

门后 men^{31}xəɯ^{313} 门扇的后面

门闩 men^{31}ɕyɛ̃^{33}

闩 ɕyɛ̃^{33} 插上“门闩”

铜锁 tʰoŋ^{31}so^{53} 老式挂锁，钥匙从锁侧面的锁孔插入

锁匙 so^{53}sɿ^{31} 钥匙

店门 tiɛ̃^{24}men^{31} 临街商铺门往往由一排门组成，每扇门宽40—50厘米，可拆卸

石狮子 ɕieʔ^{2}sɿ^{33}tsɿʔ^{5}

狗洞 kəɯ^{53}toŋ^{313} 大门下方的拱形小洞，供猫、狗出入

窗台 tsʰuɑŋ^{33}tʰai^{31} 过去无

窗格 tsʰuɑŋ^{33}kaʔ^{5} 窗户的木格子

走廊 tsəɯ^{53}lɑŋ^{31}

楼道 ləɯ^{31}tɑo^{313} 二楼以上楼层的走廊

楼板 ləɯ^{31}pɑŋ^{53}

栏杆 lɑŋ^{31}kɑŋ^{33}

三合土 sɑŋ^{33}xaʔ^{2}tʰu^{53} 石灰与黄泥、沙子搅拌后形成的建筑材料

地锣⁼砖 ti^{13}lo^{31}tɕyɛ̃^{33} 用“三合土”打的地面

角落头 kɔʔ^{5}lɔʔ^{5}tʰəɯ^{31} 角落

灶肚膛 tsɑo^{24}tu^{13}tʰɑŋ^{31} 灶膛

灶肚门 tsɑo^{24}tu^{13}men^{31} 灶膛口

烟囱 iɛ̃^{33}tsʰoŋ^{33}

茅司窟 mɑo^{31}sɿ^{33}kʰuaʔ^{5} 粪池，粪坑

茅司桶 mɑo^{31}sɿ^{33}tʰoŋ^{53} 室外蓄粪便的桶

茅司缸 mɑo^{31}sɿ^{33}kɑŋ^{33} 室外蓄粪便的缸

牛栏 ȵiɯ^{31}lɑŋ^{31} 牛圈

羊栏 iɑŋ^{31}lɑŋ^{31}

狗窠 kəɯ^{53}kʰo^{33} 狗窝

鸡窠 tɕi^{33}kʰo^{33} 鸡窝

鸡笼 tɕi^{33}loŋ^{31} 鸡窝，竹制

鸡橱 tɕi^{33}tɕʰy^{31} 鸡窝，木制

鸡□ tɕi^{33}kʰen^{31} 鸡罩，竹子编制，用于把自己家的鸡和鸡食罩起来，防止其他家的鸡来吃

柴火堆 tsʰai^{31}xo^{53}tue^{33} 柴草垛

鱼塘 y^{31}tʰɑŋ^{31} 池塘

*桥廊 tɕʰiɑo^{31}lɑŋ^{31}

*桥亭 tɕʰiɑo^{31}tʰen^{31}

凉亭 liɑŋ^{31}tʰen^{31} 过路凉亭，旧时五里建有一个凉亭

过街亭 ko^{24}tɕiai^{33}tʰen^{31} 街心亭

牌楼 pʰai^{31}ləɯ^{31} 牌坊

贞节坊 tɕin^{33}tɕieʔ^{5}fɑŋ^{33} 贞节牌坊

丁⁼踏步 ten^{33}taʔ^{2}pu^{313} 把石头按一步左右的间距排放在溪水里，供人们过河用。多见于山区或半山区的小溪里

水笕 sue^{53}tɕiɛ̃^{53} 引水用的竹管

砖窑 tɕyɛ̃^{33}iɑo^{31}

瓦窑 uɑ^{53}iɑo^{31} 烧瓦的窑

砖瓦窑 tɕyɛ̃^{33}uɑ^{53}iɑo^{31} 同时烧砖、瓦的窑

石灰窑 ɕieʔ^{2}xue^{33}iɑo^{31}

*进房子 tɕin^{24}fɑŋ^{31}tsɿʔ^{5}

*拣日子 tɕiɛ̃^{53}ieʔ^{2}tsɿʔ^{5}

*请香火 tɕʰin^{53}ɕiɑŋ^{33}xo^{53}

上梁 ɕiɑŋ^{13}liɑŋ^{31} 新房落成后的上梁仪式

抛梁 pʰɑo^{33}liɑŋ^{31} 上梁时，木匠和泥水匠坐在梁上往下抛糖果、花生、小粽子、小馒头等，人们则在下面争抢

八　器具　用品

台子仔 tʰai^{31}tsɿʔ^{5}tsai^{53} 小桌子

四方台子 sɿ^{24}fɑŋ^{33}tʰai^{31}tsɿʔ^{5} 方桌

四方台子仔 sɿ^{24}fɑŋ^{33}tʰai^{31}tsɿʔ^{5}tsai^{53} 小四方桌，比八仙桌小

马鞍桌 mɑ^{53}ɑŋ^{33}tsɔʔ^{5} 一种半方桌，半张八仙桌大小。中间高两边低，形似马鞍

圆台子 yɛ̃^{31}tʰai^{31}tsɿʔ^{5} 圆桌

办公台子 pɑŋ^{31}koŋ^{33}tʰai^{31}tsɿʔ^{5} 办公桌

吃饭台子 tɕʰieʔ^{2}fɑŋ^{13}tʰai^{31}tsɿʔ^{5} 饭桌

台子布 tʰai^{31}tsɿʔ^{5}pu^{24} ①台布，老的说法；②抹布

台布 tʰai^{31}pu^{24} 新的说法

上横头 ɕiɑŋ^{13}xuen^{31}tʰəɯ^{31} ～ ɕiɑŋ^{13}uen^{31}tʰəɯ^{31} 八仙桌的座位中面对着大门的两个座位，即上座

下横头 ɕiɑ^{13}xuen^{31}tʰəɯ^{31} ～ ɕiɑ^{13}uen^{31}tʰəɯ^{31} 八仙桌的座位中背对着大门的两个座位，与“上横头”相对，是最末的座位

躺椅 tʰɑŋ^{53}y^{53}

靠背凳 kʰɑo^{24}pe^{24}ten^{24} 椅子，指木制或铁制的

交椅仔 kɑo^{33}y^{53}tsai^{53} 小椅子

靠背 kʰɑo^{24}pe^{24} 椅子背儿

档 tɑŋ^{24} 椅子掌儿

长板凳 tɕʰiɑŋ^{31}pɑŋ^{53}ten^{24} 板凳，长条形

四方板凳 sɿ^{24}fɑŋ^{33}pɑŋ^{53}ten^{24} 方凳

板凳仔 pɑŋ^{53}ten^{24}tsai^{53} 小板凳

骨牌凳 kɔʔ^{5}pʰai^{31}ten^{24} 方凳，木制，凳面长一尺左右，宽八寸左右，多置于堂前八仙桌旁

圆板凳 yɛ̃^{31}pɑŋ^{53}ten^{24} 圆凳

高板凳 kɑo^{33}pɑŋ^{53}ten^{24} 高凳子

烧火板凳 ɕiɑo^{33}xo^{53}pɑŋ^{53}ten^{24} 灶前烧火坐的矮凳

稻草箩⁼ tɑo^{31}tsʰɑo^{53}lo^{31} 稻草编制的蒲团

蒲团 pʰu^{31}tʰuɑŋ^{31} 布或丝绸做的蒲团，多见于寺庙

木箱 mɔʔ^{2}ɕiɑŋ^{33} 木制箱子

箱橱仔 ɕiɑŋ^{33}tɕʰy^{31}tsai^{53} 木制家具，用来放衣服等

大橱 tɑ^{13}tɕʰy^{31} 木制，两层，上下层各四扇门，上下两层间有四个抽屉，上下层有的可以分开，多用来放置衣物

钱柜 tɕʰiɛ̃^{31}kue^{313} 木制家具，旧时用来存放铜钱等

菜篮 tsʰai^{24}lɑŋ^{31} 篮子

馃子盒 ko^{53}tsɿ^{53}xaʔ^{2} 竹篮的一种，两层，带盖子，做工精致，多在走亲戚时盛放礼物用

情⁼盆 tɕʰin^{31}pʰen^{31} 带梁的木盆，用来盛放鸡鸭鱼肉，多用于祭拜祖先或上坟

托盘 tʰɔʔ^{5}pʰɑŋ^{31} 木制托盘，用于上菜

棕络 tsoŋ^{33}lɔʔ^{5} 棕丝编制，呈网兜状，用于挑酒

麻篮 $\text{ma}^{31}\text{laŋ}^{31}$ 小笸篮，竹篾编制，一般用于放置针线等

*烘篮 $\text{xoŋ}^{33}\text{laŋ}^{31}$

*火囱 $\text{xo}^{53}\text{ts}^{h}\text{oŋ}^{33}$

*火弄⁼ $\text{xo}^{53}\text{loŋ}^{33}$

*火囱盖 $\text{xo}^{53}\text{ts}^{h}\text{oŋ}^{33}\text{kai}^{24}$

*火筷 $\text{xo}^{53}\text{k}^{h}\text{uai}^{24}$

笐竿 $\text{xaŋ}^{31}\text{kaŋ}^{33}$ 晒衣服用的竹竿

笐竿杈 $\text{xaŋ}^{31}\text{kaŋ}^{33}\text{ts}^{h}\text{a}^{33}$ 晒衣服用的杈子，用来架"笐竿"

轿篮 $\text{tɕiao}^{13}\text{laŋ}^{31}$ 小孩儿坐具，木制

*站桶 $\text{tsaŋ}^{31}\text{t}^{h}\text{oŋ}^{53}$

大梁床 $\text{ta}^{13}\text{liaŋ}^{31}\text{ts}^{h}\text{uaŋ}^{31}$ 架子床，有顶，做工精细者常雕花

蚊子钩 $\text{uen}^{31}\text{tsɿʔ}^{5}\text{kəɯ}^{33}$ 蚊帐钩

踏板 $\text{taʔ}^{2}\text{paŋ}^{53}$ 放在床前的长条形矮凳，帮助上下床

床铺板 $\text{ts}^{h}\text{uaŋ}^{31}\text{p}^{h}\text{u}^{33}\text{paŋ}^{53}$ 用来拼搭床铺的木板

*棕板床 $\text{tsoŋ}^{33}\text{paŋ}^{53}\text{ts}^{h}\text{uaŋ}^{31}$

毛竹床 $\text{mao}^{33}\text{tsɔʔ}^{5}\text{ts}^{h}\text{uaŋ}^{31}$ 竹床

毯子 $\text{t}^{h}\text{aŋ}^{53}\text{tsɿʔ}^{0}$

被里 $\text{pe}^{31}\text{li}^{53}$

被面 $\text{pe}^{13}\text{miɛ̃}^{313}$ 被子的面子，一般为丝绸材质

被单 $\text{pe}^{31}\text{taŋ}^{33}$ 过去用来包裹被子的棉布，作用类似现在的被套

棉花被 $\text{miɛ̃}^{31}\text{xua}^{33}\text{pe}^{313}$ 棉花胎，棉被的胎

枕头套 $\text{tɕin}^{53}\text{t}^{h}\text{əɯ}^{31}\text{t}^{h}\text{ao}^{24}$ 枕套儿

镜子 $\text{tɕin}^{24}\text{tsɿʔ}^{5}$

手提箱 $\text{ɕiɯ}^{53}\text{t}^{h}\text{i}^{31}\text{ɕiaŋ}^{33}$

衣裳架 $\text{i}^{33}\text{ɕiaŋ}^{31}\text{tɕia}^{24}$ 衣架

尿壶 $\text{ȵiao}^{13}\text{xu}^{31}$

尿盆 $\text{ȵiao}^{13}\text{p}^{h}\text{en}^{31}$ 女用尿壶

火盆 $\text{xo}^{53}\text{p}^{h}\text{en}^{31}$

汤壶 $\text{t}^{h}\text{aŋ}^{33}\text{xu}^{31}$ 铜制，盛热水后放在被窝中取暖用

火炉窟 $\text{xo}^{53}\text{lu}^{31}\text{k}^{h}\text{uaʔ}^{5}$ 灶下用来盛灰的地方，用石板或砖头砌成

碗橱 $\text{uaŋ}^{53}\text{tɕ}^{h}\text{y}^{31}$

饭甑 $\text{faŋ}^{31}\text{tsen}^{24}$ 甑子

风箱 $\text{foŋ}^{33}\text{ɕiaŋ}^{33}$

火筒 $\text{xo}^{53}\text{t}^{h}\text{oŋ}^{31}$ 竹筒，灶膛里火不旺时，用以吹气助燃

吹火筒 $\text{ts}^{h}\text{ue}^{33}\text{xo}^{53}\text{t}^{h}\text{oŋ}^{31}$

铁条 $\text{t}^{h}\text{ieʔ}^{5}\text{t}^{h}\text{iao}^{31}$ 通条，通炉子用

火钳 $\text{xo}^{53}\text{tɕ}^{h}\text{iɛ̃}^{31}$

火铲 $\text{xo}^{53}\text{ts}^{h}\text{aŋ}^{53}$ 铲炉灰用的

火煤坛 $\text{xo}^{53}\text{me}^{31}\text{t}^{h}\text{aŋ}^{31}$ 炭坛

高粱秆 $\text{kao}^{33}\text{liaŋ}^{31}\text{kaŋ}^{53}$ 高粱秆儿

豆秆 $\text{təɯ}^{31}\text{kaŋ}^{53}$ 豆秸

锯灰 $\text{tɕy}^{24}\text{xue}^{33}$ 锯末

刨花 $\text{p}^{h}\text{ao}^{31}\text{xua}^{33}$

乌烟灰 $\text{u}^{33}\text{iɛ̃}^{33}\text{xue}^{33}$ 锅烟子

钢精锅 $\text{kaŋ}^{33}\text{tɕin}^{33}\text{ko}^{33}$ 铝锅

铜锅 $\text{t}^{h}\text{oŋ}^{31}\text{ko}^{33}$ 嵌在灶里的铜制水罐，利用做饭时的余热烧水

木瓢罐 $\text{mɔʔ}^{2}\text{p}^{h}\text{iao}^{31}\text{kuaŋ}^{24}$ 药罐

砂锅 $\text{sa}^{33}\text{ko}^{33}$ 一种陶罐，圆口，高八寸余，有两耳便于提起

风炉 $\text{foŋ}^{33}\text{lu}^{31}$

*风炉仔 $\text{foŋ}^{33}\text{lu}^{31}\text{tsai}^{53}$

*泥锅 $\text{ȵi}^{31}\text{ko}^{33}$

泥锅仔 $\text{ȵi}^{31}\text{ko}^{33}\text{tsai}^{53}$ 小"泥锅"

里锅 li^{53}ko^{33} 较大，过节时蒸糕、煮粽子用

外锅 uai^{31}ko^{33} 平时炒菜、做饭用

大锅头 tɑ^{31}ko^{33}tʰəɯ^{31} 大锅

锅头仔 ko^{33}tʰəɯ^{31}tsai^{53} 小锅

锅盖 ko^{33}kai^{24}

锅铲 ko^{33}tsʰɑŋ^{53}

钢精壶 kɑŋ^{33}tɕin^{33}xu^{31} 水壶，烧开水用

金刚碗 tɕin^{33}kɑŋ^{33}uɑŋ^{53} 海碗

茶杯 tsʰɑ^{31}pe^{33}

碟子 tieʔ^{2}tsɿʔ^{5}

饭瓢 fɑŋ^{13}pʰiɑo^{31} 饭勺

筷子筒 kʰuai^{24}tsɿʔ^{5}tʰoŋ^{31} 筷笼，放筷子用。过去多竹制，今多塑料制

茶托盘 tsʰɑ^{31}tʰɔʔ^{5}pʰɑŋ^{31} 茶托

盘子 pʰɑŋ^{31}tsɿʔ^{5}

酒杯 tɕiɯ^{53}pe^{33}

酒壶 tɕiɯ^{53}xu^{31} 锡制酒壶

茶壶 tsʰɑ^{31}xu^{31} 陶制，今少见

笊篼 tsɑ^{53}təɯ^{33} 捞饭用的笊篱，竹制

筲箕 sɑo^{33}tɕi^{33} 淘米洗菜等用的竹器，形状像簸箕

筲箕篮 sɑo^{33}tɕi^{33}lɑŋ^{31} 有梁的“筲箕”

沥米箩 lieʔ^{2}mi^{53}lo^{31} 淘米用的箩筐，比“筲箕”大

酒糟篮 tɕiɯ^{53}tsɑo^{33}lɑŋ^{31} 沥酒用的器具，竹编

瓶盖 pʰen^{31}kai^{24}

萝卜丝刨 lɔʔ^{2}pɔʔ^{2}sɿ^{33}pʰɑo^{31} 礤床

刀砧板 tɑo^{33}tsen^{33}pɑŋ^{53} 砧板

勾桶仔 kəɯ^{33}tʰoŋ^{53}tsai^{53} 手提桶，木制，较小，有一手柄，便于拎提。多用于喂猪，也用来拎水

擀面棍 kɑŋ^{53}miɛ̃^{31}kuen^{24} 擀面杖

擀面槌 kɑŋ^{53}miɛ̃^{31}tsʰue^{31} 木制圆棍，中间粗大，两头细小。用来擀馄饨皮和饺子皮等

舂臼仔 tsʰoŋ^{33}tɕiɯ^{31}tsai^{53} 小石臼，可用于捣蒜泥、核桃仁等用

饭篮 fɑŋ^{13}lɑŋ^{31} 盛饭用的篮子

蒸笼 tɕin^{33}loŋ^{31}

馃⿱⺮流 ko^{53}lieʔ^{2} 箅子，竹制

篷盖 pʰoŋ^{31}kai^{24} 菜罩，多竹编，上尖下圆

菜盖 tsʰai^{24}kai^{24} 菜罩，上部是平的或圆的，过去多竹编，今多铝制或塑料制

水缸 sue^{53}kɑŋ^{33}

千斤缸 tɕʰiɛ̃^{33}tɕin^{33}kɑŋ^{33} 大水缸，据说能盛一千斤水，以前酒坊或酱坊多用。此外，祠堂等大宅的天井里也往往设有“千斤缸”，用以储水防火

潲水缸 sɑo^{24}sue^{53}kɑŋ^{33} 泔水缸

米泔水 mi^{53}kɑŋ^{33}sue^{53} 泔水

洗锅头水 ɕi^{53}ko^{33}tʰəɯ^{31}sue^{53} 刷锅水

拖把 tʰo^{33}pɑ^{53}

筅帚 ɕyɛ̃^{53}tɕiɯ^{53} 炊帚

天萝壳 tʰiɛ̃^{33}lo^{31}kʰɔʔ^{5} 丝瓜络，可用于清洗碗碟，还可入药

清明馃印 tɕʰin^{33}men^{31}ko^{53}in^{24} 做“清明馃”的模子，木制，雕刻有不同的图案和花纹

馃子盘 ko^{53}tsɿ^{53}pʰɑŋ^{31} 点心盒，用于盛放瓜子、糖果

米桶 mi^{53}tʰoŋ^{53} 木制盛米器具

米缸 mi^{53}kɑŋ^{33}

米筒 mi^{53}tʰoŋ^{31} 木制量米器具

盐罐 iɛ̃^{31}kuaŋ^{24}陶制，有两层，上层放盐，下层可接收盐受潮后滴下的盐卤

钵头 pɔʔ^{5}tʰəɯ^{31}钵子，陶制

篦子 pi^{31}tsɿʔ^{5}一种梳头用具，竹制，齿比一般梳子密

大手巾 ta^{31}ɕiɯ^{53}tɕin^{33}汤布，约二尺宽的长条布，男人外出劳动时用来擦汗等。本地人一般不用

*脸盆架 liɛ̃^{53}pʰen^{31}tɕia^{24}

香肥皂 ɕiaŋ^{33}pʰi^{31}tsao^{313}香皂

洗衣粉 ɕi^{53}i^{33}fen^{53}

大脚盆 ta^{31}tɕyɔʔ^{5}pʰen^{31}澡盆

小脚盆 ɕiao^{53}tɕyɔʔ^{5}pʰen^{31}脚盆

洗脚盆 ɕi^{53}tɕyɔʔ^{5}pʰen^{31}

脚盆 tɕyɔʔ^{5}pʰen^{31}

缴$^{=}$脚布 tɕiao^{53}tɕyɔʔ^{5}pu^{24}擦脚布

气灯 tɕʰi^{24}ten^{33}

洋油灯 iaŋ^{31}iɯ^{31}ten^{33}煤油灯，有玻璃罩的

灯罩 ten^{33}tsao^{24}

灯盏 ten^{33}tsaŋ^{53}

灯草 ten^{33}tsʰao^{53}

灯油 ten^{33}iɯ^{31}

灯笼 ten^{33}loŋ^{31}

电灯 tiɛ̃^{31}ten^{33}

皮夹子 pʰi^{31}tɕiaʔ^{5}tsɿʔ^{0}钱包

私章 sɿ^{33}tɕiaŋ^{33}图章，私人用的

公章 koŋ^{33}tɕiaŋ^{33}

望眼镜 uaŋ^{31}iɛ̃^{53}tɕin^{24}望远镜。疑为"望远镜"之讹

自鸣钟 tsɿ^{13}men^{31}tsoŋ^{33}

糊 kʰu^{31}自制的糨糊

抵针 ti^{53}tɕin^{33}顶针儿

枚针屁股 me^{31}tɕin^{33}pʰi^{24}ku^{53}针鼻儿，针上引线的孔

枚针头 me^{31}tɕin^{33}tʰəɯ^{31}针尖

针脚 tɕin^{33}tɕyɔʔ^{5}

穿枚针 tɕʰyɛ̃^{33}me^{31}tɕin^{33}穿针

雷$^{=}$钻 lue^{31}tsuaŋ^{24}锥子

耳朵耙 ai^{53}to^{53}pʰa^{31}耳挖子

衣裳板 i^{33}ɕiaŋ^{31}paŋ^{53}洗衣板儿

芒槌 moŋ^{31}tsʰue^{31}棒槌，洗衣服用

鸡毛刷 tɕi^{33}mao^{31}ɕyɔʔ^{5}鸡毛掸子

扇子 ɕiɛ̃^{24}tsɿʔ^{0}

麦秆扇 maʔ^{2}kaŋ^{53}ɕiɛ̃^{24}麦秆编制的扇子，有竹柄，扇心往往绣花

拐杖 kuai^{53}tɕiaŋ^{313}包括中式的和西式的

缴$^{=}$屁股纸 tɕiao^{53}pʰi^{24}ku^{53}tsɿ^{53}手纸

箱子 ɕiaŋ^{33}tsɿʔ^{5}

皮箱 pʰi^{31}ɕiaŋ^{33}

窗帘 tsʰuaŋ^{33}liɛ̃^{31}

杯子 pe^{33}tsɿʔ^{5}

牙刷 ia^{31}ɕyɔʔ^{5}

牙膏 ia^{31}kao^{33}

痰盂 tʰaŋ^{31}y^{33}

磨石 mo^{31}ɕieʔ^{2}磨刀石

九 称谓

老货 lao^{53}xo^{24}老头子或老太婆，带贬义

老头子 lao^{53}tʰəɯ^{31}tsɿʔ^{5}

老太婆 lao^{53}tʰai^{24}pʰo^{31}

后生仔 xəɯ^{31}sen^{33}tsai^{53}小伙子

城里人 tɕʰin^{31}li^{53}in^{31}

乡巴佬 ɕiaŋ^{33}pa^{33}lao^{53}

乡下人 ɕiaŋ^{33}ɕia^{13}in^{31}

一家人 ieʔ^{5}tɕiɑ^{33}in^{31} 一家子，指同宗同姓的

*家主 tɕiɑ^{33}tɕy^{53}

外地人 uai^{31}ti^{13}in^{31}

本地人 pen^{53}ti^{13}in^{31}

外国人 uai^{31}kuaʔ^{5}in^{31}

自己人 tsɿ^{31}tɕi^{53}in^{31}

外人 uai^{13}in^{31}

同年 tʰoŋ^{31}ȵiẽ^{31} 同庚

内行 lue^{13}xɑŋ^{31}

外行 uai^{13}xɑŋ^{31}

半瓶醋 pɑŋ^{24}pʰen^{31}tsʰu^{24}

介绍人 tɕiai^{24}ɕiɑo^{13}in^{31}

媳妇仔 ɕieʔ^{2}fu^{31}tsai^{53} 童养媳

二婚 ai^{31}xuen^{33}

寡妇 kuɑ^{53}fu^{313} ～ kuɑ^{53}fu^{0}

姘头 pʰen^{24}tʰəɯ^{31}

私生子 sɿ^{33}sen^{33}tsɿ^{53}

劳改犯 lɑo^{31}kai^{53}fɑŋ^{313}

暴发户 pɑo^{31}faʔ^{5}xu^{0}

小气鬼 ɕiɑo^{53}tɕʰi^{24}kue^{53} 吝啬鬼

草包 tsʰɑo^{53}pɑo^{33} 无用的人

败家子 pai^{31}tɕiɑ^{33}tsɿʔ^{5}

在外头打溜的 tsai^{13}uai^{13}tʰəɯ^{31}tɑ^{53}liɯ^{33}tieʔ^{0} 走江湖的

走江湖的 tsəɯ^{53}tɕiɑŋ^{33}xu^{31}tieʔ^{0}

骗子 pʰiẽ^{24}tsɿʔ^{5}

人贩子 in^{31}fɑŋ^{24}tsɿʔ^{5}

土匪 tʰu^{53}fi^{53}

强盗 tɕʰiɑŋ^{31}tɑo^{313}

扒楼$^{=}$手 pʰɑ^{31}ləɯ^{31}ɕiɯ^{53} 扒手

工人 koŋ^{33}in^{31} ～ koŋ^{33}in^{0}

雇工 ku^{24}koŋ^{33}

打零工 tɑ^{53}len^{31}koŋ^{33} 做零工

老板 lɑo^{53}pɑŋ^{53}

东家 toŋ^{33}tɕiɑ^{33}

老板娘 lɑo^{53}pɑŋ^{53}ȵiɑŋ^{31}

伙计 xo^{53}tɕi^{24}

做小生意的 tso^{24}ɕiɑo^{53}sen^{33}i^{24}tieʔ^{0} 小贩

摆摊的 pai^{53}tʰɑŋ^{33}tieʔ^{0} 摊贩

教书先生 tɕiɑo^{33}ɕy^{33}ɕiẽ^{33}sen^{33}

老师 lɑo^{53}sɿ^{33}

学生 ɕyɔʔ^{2}sen^{33}

同学 tʰoŋ^{31}ɕyɔʔ^{2}

当兵的 tɑŋ^{33}pen^{33}tieʔ^{0}

警察 tɕin^{24}tsʰaʔ^{5}

医生 i^{33}sen^{33}

先生 ɕiẽ^{33}sen^{33} 旧时称中医

司机 sɿ^{33}tɕi^{33}

打锡师父 tɑ^{53}ɕieʔ^{5}sɿ^{33}fu^{313} 锡匠

打铜师父 tɑ^{53}tʰoŋ^{31}sɿ^{33}fu^{313} 铜匠

打铁师父 tɑ^{53}tʰieʔ^{5}sɿ^{33}fu^{313} 铁匠

补锅头师父 pu^{53}ko^{33}tʰəɯ^{31}sɿ^{33}fu^{313} 补锅的

宰猪师父 tsai^{53}tɕy^{33}sɿ^{33}fu^{313} 屠户

*穿棕衣师父 tɕʰyẽ^{33}tsoŋ^{33}i^{33}sɿ^{33}fu^{313}

挑担的 tʰiɑo^{33}tɑŋ^{24}tieʔ^{0} 挑夫，老的说法

挑夫 tʰiɑo^{33}fu^{33} 新的说法

抬轿的 tʰai^{31}tɕiɑo^{31}tieʔ^{0} 轿夫

撑船的 tsʰen^{33}tɕʰyẽ^{31}tieʔ^{0} 艄公

拿鱼的人 nɑ^{31}y^{31}tieʔ^{5}in^{31} 渔民

管家 kuɑŋ^{53}tɕiɑ^{33}

合伙的人 xaʔ^{2}xo^{53}tieʔ^{0}in^{31} 合伙人

奶娘 nai^{33}ȵiɑŋ^{31} 奶妈

奶爷 nai^{33}ie^{31} 奶妈之夫

奴才 nu^{31}tsʰai^{31} 仆人

女奴才 ȵy^{53}nu^{31}tsʰai^{31} 女仆

丫头 iɑ^{33}tʰəɯ^{31}

接生娘 tɕiaʔ^{5}sen^{33}ȵiɑŋ^{31} 接生婆

十　亲属

太公 tʰai^{24}koŋ^{33} 曾祖父，面称

太婆 tʰai^{24}pʰo^{31} 曾祖母，面称

老爷 lɑo^{53}ie^{31} 干爹

老娘 lɑo^{53}ȵiɑŋ^{31} 干妈

长辈 tɕiɑŋ^{53}pe^{24}

娘婆 ȵiɑŋ^{33}pʰo^{31} 姑奶奶，父之姑妈

姑夫公 ku^{33}fu^{33}koŋ^{33} 父之姑夫

姨妈婆 i^{31}mɑ^{53}pʰo^{31} 姨奶奶，父母之姨妈

姨夫公 i^{31}fu^{33}koŋ^{33} 父母之姨夫

同辈 tʰoŋ^{31}pe^{24} 平辈

小老婆 ɕiɑo^{53}lɑo^{53}pʰo^{31}

伯爷 paʔ^{5}ie^{31} 大伯子，夫之兄，背称

哥 ko^{33} 面称

叔子 sɔʔ^{2}tsɿʔ^{5} 小叔子，夫之弟，背称

大娘 tɑ^{13}ȵiɑŋ^{33} 大姑子，夫之姐

小娘 ɕiɑo^{53}ȵiɑŋ^{33} ～ ɕiɑo^{53}ȵiɑŋ^{0} 小姑子，夫之妹

舅子 tɕiɯ^{31}tsɿʔ^{5} 内兄弟，妻之兄弟，按大小可分为“大舅子”“小舅子”等

大舅子 tɑ^{13}tɕiɯ^{31}tsɿʔ^{5} 妻之兄弟中年长者

小舅子 ɕiɑo^{53}tɕiɯ^{31}tsɿʔ^{5} 妻之兄弟中年幼者

大妈娘 tɑ^{13}mɑ^{53}ȵiɑŋ^{31} 大姨子

小妈娘 ɕiɑo^{53}mɑ^{53}ȵiɑŋ^{31} 小姨子

哥子 ko^{33}tsɿʔ^{5} 哥哥，叙称

姐子 tɕie^{53}tsɿʔ^{0} 姐姐，叙称

叔伯哥子 sɔʔ^{2}paʔ^{5}ko^{33}tsɿʔ^{5} 堂兄

叔伯姐妹 sɔʔ^{2}paʔ^{5}tɕie^{53}me^{313} 堂姊妹

叔伯姐子 sɔʔ^{2}paʔ^{5}tɕie^{53}tsɿʔ^{0} 堂姐

叔伯妹子 sɔʔ^{2}paʔ^{5}me^{31}tsɿʔ^{5} 堂妹

表哥 piɑo^{53}ko^{33} 表兄

表嫂 piɑo^{53}sɑo^{53}

表弟 piɑo^{53}ti^{313}

表姐妹 piɑo^{53}tɕie^{53}me^{313} 表姊妹

表姐 piɑo^{53}tɕie^{53}

表妹 piɑo^{53}me^{313}

小辈 ɕiɑo^{53}pe^{24} 晚辈

儿女 ai^{31}ȵy^{53} 子女

小鬼 ɕiɑo^{53}kue^{53} 儿子的戏谑说法

大儿子 tɑ^{13}ai^{31}tsɿʔ^{5}

小儿子 ɕiɑo^{53}ai^{31}tsɿʔ^{5}

孙媳妇 suen^{33}ɕieʔ^{2}fu^{313}

女孙 ȵy^{53}suen^{33} 孙女

女孙婿 ȵy^{53}suen^{33}ɕi^{24} 孙女婿

玄女孙 yɛ̃^{31}ȵy^{53}suen^{33} ～ ɕyɛ̃^{31}ȵy^{53}suen^{33} 重孙女

外甥女 uai^{31}sen^{33}ȵy^{53} ①外甥女；②外孙女

侄女 tɕieʔ^{2}ȵy^{53}

亲家 tɕʰin^{33}tɕiɑ^{33}

亲家婆 tɕʰin^{33}tɕiɑ^{33}pʰo^{31} 亲家母

亲家公 tɕʰin^{33}tɕiɑ^{33}koŋ^{33}

带来的 tai^{24}lai^{31}tieʔ^{0} 妇女改嫁带来的儿女

老儿子 lɑo^{53}ai^{31}tsɿʔ^{5} 干儿子，有时也指妇女改嫁带来的儿子

娘家 ȵiɑŋ^{31}tɕiɑ^{33}

婆家 pʰo^{31}tɕiɑ^{33}

男人家 nɑŋ^{33}in^{31}tɕiɑ^{33} 婚姻关系中的男方

女人家 ȵy^{53}in^{31}tɕiɑ^{33} 婚姻关系中的女方

外婆家 uai^{13}pʰo^{31}tɕiɑ^{33} 姥姥家

丈人家 tɕiɑŋ^{13}in^{31}tɕiɑ^{33}

十一　身体

体格 tʰi^{53}kaʔ^{5} 身体，老的说法

身体 ɕin^{33}tʰi^{53} 新的说法

锄⁼额头 tsʰu^{31}ŋaʔ^{2}tʰəɯ^{31} 奔儿头，前额生得向前突。“锄⁼”有“啄”义

头背 tʰəɯ^{31}pe^{24} 头顶

脑壳后 nɑo^{53}kʰɔʔ^{5}xəɯ^{313} 后脑勺子

肚颈后 tu^{31}tɕin^{53}xəɯ^{313} 后脑窝子，指颈后凹处

少年白 ɕiɑo^{53}ȵiɛ̃^{31}paʔ^{2} 少白头

料⁼头发 liɑo^{13}tʰəɯ^{31}faʔ^{5} 掉头发

囟 ɕin^{24} 囟门

鬓 pen^{33} 鬓角

头发节⁼ tʰəɯ^{31}faʔ^{5}tɕieʔ^{5} 中老年盘在脑后的髻

披发仔 pʰi^{33}faʔ^{5}tsai^{53} 刘海儿

脸巴 liɛ̃^{53}pɑ^{33} 脸蛋儿

脸巴骨 liɛ̃^{53}pɑ^{33}kuaʔ^{5} 颧骨

酒窟 tɕiɯ^{53}kʰuaʔ^{5} 酒窝

人中 in^{31}tsoŋ^{33} ① 人中；② 扁桃体

脸盘骨 liɛ̃^{53}pʰɑŋ^{31}kuaʔ^{5} 腮帮子

眼眶 iɛ̃^{53}kʰuɑŋ^{33}

白仁 paʔ^{2}in^{31} 白眼珠儿

黑仁 xaʔ^{5}in^{31} 黑眼珠儿

瞳人 tʰoŋ^{31}in^{31}

眼角 iɛ̃^{53}kɔʔ^{5}

眼圈 iɛ̃^{53}tɕʰyɛ̃^{33}

眼□ iɛ̃^{53}ŋe^{24} 眼屎

眼屎 iɛ̃^{53}sɿ^{53}

眼皮 iɛ̃^{53}pʰi^{31}

单眼皮 tɑŋ^{33}iɛ̃^{53}pʰi^{31}

双眼皮 suɑŋ^{33}iɛ̃^{53}pʰi^{31}

眼睛子毛 iɛ̃^{53}tɕin^{33}tsɿ^{53}mɑo^{31} 眼睫毛

皱额头 tsəɯ^{24}ŋaʔ^{2}tʰəɯ^{31} 皱眉头

鼻□ pieʔ^{2}ŋe^{24} 干鼻涕，鼻垢

鼻子窟窿 pieʔ^{2}tsɿʔ^{5}kʰɔʔ^{5}loŋ^{53} 鼻孔

鼻子毛 pieʔ^{2}tsɿʔ^{5}mɑo^{31} 鼻毛

鼻子尖 pieʔ^{2}tsɿʔ^{5}tɕiɛ̃^{33} 指鼻子顶端

鼻子灵 pieʔ^{2}tsɿʔ^{5}len^{31} 指嗅觉灵敏

鼻梁 pieʔ^{2}liɑŋ^{31}

鼻线 pieʔ^{2}ɕiɛ̃^{24} 鼻翅儿

口馋 kʰəɯ^{53}tsʰɑŋ^{31} 唾沫

口馋水 kʰəɯ^{53}tsʰɑŋ^{31}sue^{53} 涎水

舌苔 ɕieʔ^{2}tʰai^{33}

当⁼门牙 tɑŋ^{33}men^{31}iɑ^{31} 门牙

大牙 tɑ^{13}iɑ^{31}

犬牙 tɕʰyɛ̃^{53}iɑ^{31} 虎牙

牙齿屎 iɑ^{31}tsʰɿ^{53}sɿ^{53} 牙垢

牙槽肉 iɑ^{31}tsʰɑo^{31}yɔʔ^{2} 牙床

蛀牙 tɕy^{24}iɑ^{31} 虫牙

耳朵窟窿 ai^{53}to^{53}kʰɔʔ^{5}loŋ^{53} 耳朵眼儿

耳朵□ ai^{53}to^{53}ŋe^{24} 耳屎

耳朵屎 ai^{53}to^{53}sɿ^{53}

喉结 xəɯ^{31}tɕiaʔ^{5}

络骚⁼胡子 lɑo^{53}sɑo^{33}xu^{31}tsɿʔ^{5} 络腮胡子

八字胡 paʔ^{2}tsɿʔ^{5}xu^{31}

塌肩头 tʰaʔ^{5}tɕʰiɛ̃^{33}tʰəɯ^{31} 溜肩膀儿

手膊肚 ɕiɯ^{53}pɔʔ^{5}tu^{53} 前臂

手臂 ɕiɯ^{53}pieʔ^{5}

手砧头 ɕiɯ^{53}tsen^{33}tʰəɯ^{31} 胳膊肘儿

□落⁼底 kɔʔ^{2}lɔʔ^{2}ti^{53} 腋下

手腕 ɕiɯ^{53}uɑŋ^{24}

手指头缝 ɕiɯ^{53}tsɿ^{53}tʰəɯ^{31}foŋ^{313}

指甲根 tsɿ^{53}tɕiaʔ^{5}ken^{33} 指甲心儿，甲盖和指尖肌肉连接处

手指头肚 ɕiɯ^{53}tsʅ^{53}tʰəɯ^{31}tu^{313} 指手指和手掌的连接处

巴掌 pɑ^{33}tɕiɑŋ^{53} ①手掌；②巴掌：蓑⁼so^{33}一～打一巴掌

手板心 ɕiɯ^{53}pɑŋ^{53}ɕin^{33} 手心

手背 ɕiɯ^{53}pe^{24}

大腿 tɑ^{31}tʰue^{53}

大腿岔⁼ tɑ^{31}tʰue^{53}tsʰɑ^{24} 大腿根儿

脚膊肚 tɕyɔʔ^{5}pɔʔ^{5}tu^{53} 腿肚子

脚梁骨 tɕyɔʔ^{2}liɑŋ^{31}kuaʔ^{5} 胫骨

大腿膀骨 tɑ^{31}tʰue^{53}pʰɑŋ^{31}kuaʔ^{5} 胯骨

脚□底 tɕyɔʔ^{2}kɑŋ^{31}ti^{53} 裆，两条腿的中间

屁股沟 pʰi^{24}ku^{53}kəɯ^{33}

卵脬 luɑŋ^{53}pʰɑo^{33} 阴囊

卵子 luɑŋ^{53}tsʅʔ^{0} 睾丸

鸡巴仔 tɕi^{33}pɑ^{33}tsai^{53} 男阴，指男孩儿的

屄屄仔 pi^{33}pi^{33}tsai^{53} 女阴，指女孩儿的

入屄 ɕyɔʔ^{2}pi^{33} 性交，动宾结构

脚腕 tɕyɔʔ^{2}uɑŋ^{24}

螺蛳骨 lo^{31}sʅ^{33}kuaʔ^{5} 踝子骨

打赤脚 tɑ^{53}tɕʰieʔ^{2}tɕyɔʔ^{5} 赤脚

脚背 tɕyɔʔ^{5}pe^{24}

脚掌 tɕyɔʔ^{5}tɕiɑŋ^{53}

脚尖 tɕyɔʔ^{5}tɕiɛ̃^{33}

脚趾头 tɕyɔʔ^{5}tsʅ^{53}tʰəɯ^{31}

脚指甲 tɕyɔʔ^{5}tsʅ^{53}tɕiaʔ^{5}

脚后砧 tɕyɔʔ^{5}xəɯ^{31}tsen^{33} 脚跟儿

脚迹 tɕyɔʔ^{2}tɕieʔ^{5} 脚印儿

鸡眼 tɕi^{33}iɛ̃^{53}

心口 ɕin^{33}kʰəɯ^{53}

胸脯前 ɕioŋ^{33}pʰu^{31}tɕʰiɛ̃^{31} 胸脯

　心脯前 ɕin^{33}pʰu^{31}tɕʰiɛ̃^{31}

排⁼沙⁼骨 pʰai^{31}sɑ^{33}kuaʔ^{5} 肋骨

小肚子 ɕiɑo^{53}tu^{31}tsʅʔ^{5}

腰 iɑo^{33} ①腰部；②肾

水蛇腰 sue^{53}ɕie^{31}iɑo^{33}

背脊梁骨 pe^{24}tsʅʔ^{5}liɑŋ^{31}kuaʔ^{5} 脊梁骨

两个旋 liɑŋ^{53}kəʔ^{0}tɕyɛ̃^{313} 双旋儿

手指纹 ɕiɯ^{53}tsʅ^{53}fen^{31} 指纹

腡 lo^{31} 斗，圆形的指纹

箕 tɕi^{33} 簸箕形的指纹

趼 tɕiɛ̃^{53} 趼子，老趼

手指头趼 ɕiɯ^{53}tsʅ^{53}tʰəɯ^{31}tɕiɛ̃^{53} 手趼

寒毛 xɑŋ^{31}mɑo^{31}

寒毛孔 xɑŋ^{31}mɑo^{31}kʰoŋ^{53}

筋 tɕin^{33}

血 ɕyɔʔ^{5}

血管 ɕyɔʔ^{5}kuɑŋ^{53}

脉息 maʔ^{2}ɕieʔ^{5} 脉搏

五脏 u^{53}tsuɑŋ^{313}

心 ɕin^{33}

肝 kɑŋ^{33}

肺 fi^{24}

胆 tɑŋ^{53}

盐⁼铁⁼ iɛ̃^{31}tʰieʔ^{5} 脾

肚 tu^{53} 胃

　胃 ue^{313}

肠 tɕʰiɑŋ^{31}

大肠 tɑ^{13}tɕʰiɑŋ^{31}

小肠 ɕiɑo^{53}tɕʰiɑŋ^{31}

十二　疾病　医疗

疖子 tɕiaʔ^{5}tsʅʔ^{0}

吃中药 tɕʰieʔ^{5}tsoŋ^{33}yɔʔ^{2}

小毛病 ɕiɑo^{53}mɑo^{31}pen^{313} 小病

大病 tɑ^{13}pen^{313} 重病

病好了 pen^{31}xɑo^{53}ləʔ^{0}

请医生 tɕʰin^{53}i^{33}sen^{33}

　请先生 tɕʰin^{53}ɕiɛ̃^{33}sen^{33} 旧时说法

医病 i^{33}pen^{313} 治病

开方 kʰai^{33}fɑŋ^{33} 开药方子

偏方 pʰiɛ̃^{33}fɑŋ^{33}

撮药 tsʰaʔ^{5}yɔʔ^{2} 抓药，指中药

买药 mai^{53}yɔʔ^{2} 买西药

药房 yɔʔ^{2}fɑŋ^{31} 西药房

药引 yɔʔ^{2}in^{53}

药罐 yɔʔ^{2}kuɑŋ^{24}

煎药 tɕiɛ̃^{33}yɔʔ^{2}

药膏 yɔʔ^{2}kɑo^{33}

膏药 kɑo^{33}yɔʔ^{2}

药粉 yɔʔ^{2}fen^{53}

搽药膏 tsʰɑ^{31}yɔʔ^{2}kɑo^{33}

用药 ioŋ^{13}yɔʔ^{2} 上药

发表 faʔ^{5}piɑo^{53} 发汗

出汗 tɕʰyɔʔ^{5}xɑŋ^{313}

去风气 tɕʰy^{24}foŋ^{33}tɕʰi^{24} 中医指去风

去火 tɕʰy^{24}xo^{53}

去风湿 tɕʰy^{24}foŋ^{33}ɕieʔ^{5} 中医指去湿

解毒 tɕiai^{53}tɔʔ^{2} 去毒

消食 ɕiɑo^{33}ɕieʔ^{2}

拔火罐 paʔ^{2}xo^{53}kuɑŋ^{24}

发冷 faʔ^{5}len^{53}

寒毛管竖起了 xɑŋ^{31}mɑo^{31}kuɑŋ^{53}ɕy^{31}tɕʰi^{53}ləʔ^{0}

　寒毛直竖

气紧 tɕʰi^{24}tɕin^{53} 气喘

气管炎 tɕʰi^{24}kuɑŋ^{53}iɛ̃^{31}

上火 ɕiɑŋ^{31}xo^{53}

积食 tɕieʔ^{5}ɕieʔ^{2} 积滞

心头窟疼 ɕin^{33}tʰəɯ^{31}kʰuaʔ^{5}tʰen^{31} 胸口疼

头昏 tʰəɯ^{31}xuen^{33}

晕车 yen^{31}tɕʰie^{33}

晕船 yen^{13}tɕʰyɛ̃^{31}

头疼 tʰəɯ^{31}tʰen^{31}

肚里翻翻转 tu^{31}lieʔ^{0}fɑŋ^{33}fɑŋ^{33}tɕyɛ̃^{53} 恶心，要呕吐

吐了 tʰu^{24}ləʔ^{0}

小肠气 ɕiɑo^{53}tɕʰiɑŋ^{31}tɕʰi^{24} 疝气

料⁼大肠头 liɑo^{31}tɑ^{13}tɕʰiɑŋ^{31}tʰəɯ^{31} 脱肛

料⁼生袋 liɑo^{31}sen^{33}tai^{313} 子宫脱垂

霍乱 xɔʔ^{2}luɑŋ^{313}

出麻 tɕʰyɔʔ^{5}mɑ^{31} 出麻疹

出痘 tɕʰyɔʔ^{5}təɯ^{313} 出水痘

发天花 faʔ^{5}tʰiɛ̃^{33}xuɑ^{33} 出天花

种痘 tsoŋ^{24}təɯ^{313}

伤寒 ɕiɑŋ^{33}xɑŋ^{31}

黄疸 uɑŋ^{31}tɑŋ^{53}

肝炎 kɑŋ^{33}iɛ̃^{31}

肺炎 fi^{24}iɛ̃^{31}

阑尾炎 lɑŋ^{31}ue^{53}iɛ̃^{31} 盲肠炎

胃病 ue^{13}pen^{313}

痨病 lɑo^{31}pen^{313} 中医指结核病，老的说法

　肺结核 fi^{24}tɕiaʔ^{5}xaʔ^{2} 新的说法

跌伤 tieʔ^{5}ɕiɑŋ^{33}

碰伤 pʰoŋ^{24}ɕiɑŋ^{33}

碰破皮 pʰoŋ^{24}pʰo^{24}pʰi^{31} 蹭破皮儿

割了个口 kaʔ^{5}ləʔ^{0}kəʔ^{0}kʰəɯ^{53} 拉个口子

出血 tɕʰyɔʔ^{2}ɕyɔʔ^{5}

瘀血 y^{33}ɕyɔʔ^{5}

红肿 xoŋ^{31}tsoŋ^{53}

厣 iɛ̃^{53} 痂

结厣 tçiaʔ^{5}iɛ̃^{53} 结痂

猪头酱 $^{=}$tçy^{33}tʰəɯ^{31}tçiaŋ^{24} 腮腺炎

生疮 sen^{33}tsʰuaŋ^{33} 长疮

生疔疮 sen^{33}ten^{33}tsʰuaŋ^{33} 长疔疮

痔疮 tsɿ^{13}tsʰuaŋ^{33}

疮 tsʰuaŋ^{33} 疖疮

肉痱 yɔʔ^{2}fi^{24} 痱子

老鼠奶 lao^{53}tçʰy^{53}nai^{33} 瘊子

麻雀斑 ma^{31}tçʰyɔʔ^{5}paŋ^{33} 雀斑

粉刺 fen^{53}tsʰɿ^{24}

嘴巴臭 tsue^{53}pa^{33}tçʰiɯ^{24} 口臭

大肚颈 ta^{13}tu^{31}tçin^{53} 甲状腺肿大，俗称大脖子

鼻子不灵 pieʔ^{2}tsɿʔ^{5}pɔʔ^{5}len^{31} 嗅觉不灵

鼻子闭 pieʔ^{2}tsɿʔ^{5}pi^{24} 齉鼻儿，指鼻不通气，发音不清

酒糟鼻 tçiɯ^{53}tsao^{33}pieʔ^{2}

耳朵聋 ai^{53}to^{53}loŋ^{31}

喉咙心哑 xɔʔ^{2}loŋ^{31}çin^{33}ia^{53} 嗓子哑

独眼龙 tɔʔ^{2}iɛ̃^{53}loŋ^{31}

近视眼 tçin^{13}sɿ^{31}iɛ̃^{53}

老花眼 lao^{53}xua^{33}iɛ̃^{53}

鱼泡眼 y^{31}pʰao^{24}iɛ̃^{53} 鼓眼泡儿

斗鸡眼 təɯ^{24}tçi^{33}iɛ̃^{53}

发痰晕 faʔ^{5}tʰaŋ^{31}yen^{313} 癫痫

惊风 tçin^{33}foŋ^{33}

抽筋 tçʰiɯ^{33}tçin^{33}

中风 tsoŋ^{33}foŋ^{33}

偏瘫 pʰiɛ̃^{33}tʰaŋ^{33}

瘫痪 tʰaŋ^{33}xuaŋ^{53}

驼背佬 tʰo^{31}pe^{24}lao^{53} 罗锅儿

大舌佬 ta^{13}çieʔ^{2}lao^{53} 结巴

撇手 pʰieʔ^{5}çiɯ^{53} 手不灵便

僵手 tçiaŋ^{33}çiɯ^{53} 手不能动

光瘌头 kuaŋ^{33}li^{31}tʰəɯ^{31} 光头：剃个～

秃顶 tʰɔʔ^{5}ten^{53}

癞瘌头 laʔ^{5}li^{31}tʰəɯ^{31} 头上长黄癣的人

麻子 ma^{31}tsɿʔ^{5} ①人出天花后留下的疤痕；②脸上有麻子的人

缺嘴 tçʰiaʔ^{5}tsue^{53} 豁唇子

塌牙狗 tʰaʔ^{5}ia^{31}kəɯ^{53} 豁牙子，指门牙掉了

六指头 lɔʔ^{2}tsɿ^{53}tʰəɯ^{31} 六指儿

反手撇 paŋ^{53}çiɯ^{53}pʰieʔ^{5} 左撇子

打冷俊 $^{=}$ta^{53}len^{33}tçyen^{24} 打冷战

抓痒 tsua^{33}iaŋ^{53} 挠痒

擤鼻涕 xen^{53}pieʔ^{2}tʰi^{24}

十三　衣服　穿戴

穿戴 tçʰyɛ̃^{33}tai^{24}

打扮 ta^{33}paŋ^{24}

制服 tsɿ^{24}fɔʔ^{2}

中山装 tsoŋ^{33}saŋ^{33}tsuaŋ^{33}

西装 çi^{33}tsuaŋ^{33}

长衫 tçʰiaŋ^{31}saŋ^{33}

马褂 ma^{53}kua^{24}

旗袍 tçʰi^{31}pʰao^{31}

皮袄 pʰi^{31}ao^{53}

大衣 ta^{31}i^{33}

短大衣 tuaŋ^{53}ta^{31}i^{33}

外套 uai^{31}tʰao^{24}

内衣 lue^{31}i^{33}

领子 len^{53}tsɿʔ^{0}

大襟 ta^{31}tçin^{33}

小襟 ɕiɑo^{53}tɕin^{33}

便衣 piẽ^{31}i^{33} 旧时的大襟便衣和对襟便衣

下摆 ɕiɑ^{31}pai^{53}

长手袖 tɕ^{h}iaŋ^{31}ɕiɯ^{53}tɕiɯ^{313} 长袖

短手袖 tuaŋ^{53}ɕiɯ^{53}tɕiɯ^{313} 短袖

裙子 tɕ^{h}yen^{31}tsɿʔ^{5}

单裤 tɑŋ^{33}k^{h}u^{24}

长短裤 tɕ^{h}iaŋ^{31}tuaŋ^{53}k^{h}u^{24} 短裤，外穿的

短裤 tuaŋ^{53}k^{h}u^{24} 裤衩儿，指贴身穿的，老的说法

三角裤 sɑŋ^{33}kɔʔ^{2}k^{h}u^{24} 新的说法

连脚裤 liẽ^{31}tɕyɔʔ^{5}k^{h}u^{24}

开叉裤 k^{h}ai^{33}ts^{h}ɑ^{33}k^{h}u^{24} 开裆裤

圆裆裤 yẽ^{31}tɑŋ^{33}k^{h}u^{24} 死裆裤，与“开叉裤”相对

裤裆 k^{h}u^{24}tɑŋ^{33}

裤腰 k^{h}u^{24}iɑo^{33}

裤带 k^{h}u^{24}tai^{24} 裤腰带，旧时用布做

皮带 p^{h}i^{31}tai^{24}

骑马片 tɕ^{h}i^{31}mɑ^{53}p^{h}iẽ^{24} 月经带

捏扣 ȵiaʔ^{2}k^{h}əɯ^{24} 纽扣，指中式的按扣

布扣 pu^{24}k^{h}əɯ^{24}

布扣襻 pu^{24}k^{h}əɯ^{24}p^{h}ɑŋ^{24} 扣襻，指中式的

扣子洞 k^{h}əɯ^{24}tsɿʔ^{5}toŋ^{313} 扣眼儿，指西式的

皮帽 p^{h}i^{31}mɑo^{313}

礼帽 li^{53}mɑo^{313}

西瓜帽 ɕi^{33}kuɑ^{33}mɑo^{313} 瓜皮帽

军帽 tɕyen^{33}mɑo^{313}

草帽 ts^{h}ɑo^{53}mɑo^{313}

斗篷 təɯ^{53}p^{h}oŋ^{31} 斗笠，当地一般为尖顶

大斗篷 tɑ^{31}təɯ^{53}p^{h}oŋ^{31} 大斗笠

老虎帽 lɑo^{53}xu^{53}mɑo^{313} 男童帽，帽子前沿绣成老虎形状

帽子檐 mɑo^{31}tsɿʔ^{5}iẽ^{31} 帽檐儿

拖鞋 t^{h}o^{33}ɕiai^{31}

棉鞋 miẽ^{31}ɕiai^{31}

皮鞋 p^{h}i^{31}ɕiai^{31}

布鞋 pu^{24}ɕiai^{31}

松紧鞋 soŋ^{33}tɕin^{53}ɕiai^{31} 手工做的单布鞋，鞋帮上缝有松紧带

解放鞋 tɕiai^{53}fɑŋ^{24}ɕiai^{31} 一种胶底布鞋，因原为解放军所穿而得名，20世纪五六十年代最为流行，现在一些老人还经常穿

鞋底 ɕiai^{31}ti^{53}

鞋帮 ɕiai^{31}pɑŋ^{33}

鞋楦 ɕiai^{31}ɕyẽ^{24} 鞋楦子

鞋拔 ɕiai^{31}paʔ^{2} 鞋拔子

套鞋 t^{h}ɑo^{24}ɕiai^{31} 雨鞋

板鞋 pɑŋ^{53}ɕiai^{31} 木屐，旧时有

鞋带 ɕiai^{31}tai^{24}

长筒袜 tɕ^{h}iaŋ^{31}t^{h}oŋ^{53}uaʔ^{2}

短袜 tuaŋ^{53}uaʔ^{2}

袜带 uaʔ^{2}tai^{24} 穿“长筒袜”时用，旧时有

裹脚布 ko^{53}tɕyɔʔ^{2}pu^{24} 旧时妇女裹脚的布

裹腿 ko^{53}t^{h}ue^{53} 绑腿，可防止裤腿晃荡或虫子钻入

绑腿 pɑŋ^{53}t^{h}ue^{53}

袜底 uaʔ^{2}ti^{53} 鞋垫

别针 pieʔ^{2}tɕin^{33}

扁簪 piẽ^{53}tsuaŋ^{33} 簪子

银簪 ȵin^{31}tsuaŋ^{33} 银制的簪子

耳坠 ai^{53}tsue^{313} 包括耳环、耳坠

胭脂 iẽ^{33}tsɿ^{33}

馋兜 tsʰɑŋ^{31}təɯ^{33} 围嘴儿

首饰 ɕiɯ^{53}ɕieʔ^{5}

项链 ɕiɑŋ^{13}liɛ̃^{313}

项圈 ɕiɑŋ^{31}tɕʰyɛ̃^{33}

百家锁 pɑʔ^{5}tɕiɑ^{33}so^{53} 小儿佩戴的，一般银制或金制

长命锁 tɕʰiɑŋ^{31}men^{31}so^{53}

手套 ɕiɯ^{53}tʰɑo^{24}

眼镜 iɛ̃^{53}tɕin^{24}

布伞 pu^{24}sɑŋ^{53} 旧时用洋布做的伞

纸伞 tsɿ^{53}sɑŋ^{53} 旧时用油纸做的伞

棕衣 tsoŋ^{33}i^{33} 蓑衣，老的说法

　蓑衣 so^{33}i^{33} 新的说法

雨衣 y^{53}i^{33}

包头巾 pɑo^{33}tʰəɯ^{31}tɕin^{33}

手表 ɕiɯ^{53}piɑo^{53}

上衣 ɕiɑŋ^{31}i^{33}

汗衣 xɑŋ^{31}i^{33} 汗衫，有袖

夹袄 tɕiɑʔ^{5}ɑo^{53}

靴子 ɕye^{33}tsɿʔ^{5}

面子 miɛ̃^{31}tsɿʔ^{5}

里子 li^{53}tsɿʔ^{0}

十四　饮食

装饭 tsuɑŋ^{33}fɑŋ^{313} 盛饭

现饭 ɕiɛ̃^{13}fɑŋ^{313} 上一顿剩下的饭

熝 ɑo^{33} 煮：～粽子，～猪肉

泡饭 pʰɑo^{24}fɑŋ^{313} 加水重煮的比较稀的米饭，不放菜

粉干 fen^{53}kɑŋ^{33} 粉条儿，米粉制，较粗，当主食

炒粉干 tsʰɑo^{53}fen^{53}kɑŋ^{33}

粉丝 fen^{53}sɿ^{33} 番薯粉、绿豆粉、米粉等制成，比“粉干”细，当菜

炒米 tsʰɑo^{53}mi^{53} 当地一种食品，早米或糯米浸泡数日，沥干或晒干，再炒熟食用

麻糍 mɑ^{31}tsʰɿ^{31} 糍粑，糯米做的

*早米粉 tsɑo^{53}mi^{53}fen^{53}

剩饭 ɕin^{13}fɑŋ^{313} 吃剩下的饭

锅巴 ko^{33}pɑ^{33}

饭汤 fɑŋ^{31}tʰɑŋ^{33} 米汤，指煮饭时滗出来的

米糊 mi^{53}kʰu^{31} 用米粉做的糊状食物

糯米饭 no^{31}mi^{53}fɑŋ^{313}

粉皮 fen^{53}pʰi^{31}

凉粉 liɑŋ^{31}fen^{53} 一种夏季食品，用野生植物的淀粉制成

番薯粉 fɑŋ^{33}ɕy^{31}fen^{53} 番薯淀粉

洗番薯粉 ɕi^{53}fɑŋ^{33}ɕy^{31}fen^{53} 制番薯粉

藕粉 ŋəɯ^{53}fen^{53}

葛蔸 kɔʔ^{5}təɯ^{33} 葛藤的块状根，用来制葛粉

葛粉 kɔʔ^{5}fen^{53} 葛根粉

山粉 sɑŋ^{33}fen^{53} 芡粉，蕨根粉制

炒面 tsʰɑo^{53}miɛ̃^{313}

水面 sue^{53}miɛ̃^{313} 现做现卖、未经晾晒的面条

烫碗面 tʰɑŋ^{24}uɑŋ^{53}miɛ̃^{313} 汤面，指带汤的面条

麦馃 mɑʔ^{2}ko^{53} 当地做的疙瘩汤

麦饼 mɑʔ^{2}pen^{53} 一种面食，面饼卷上菜食用

烧饼 ɕiɑo^{33}pen^{53} 一种面食，贴在炉内壁烤熟，圆形，无馅儿

花卷 xuɑ^{33}tɕyɛ̃^{53}

酵娘 tɕiɑo^{24}ȵiɑŋ^{31} 酵子，指发酵用的面团

荤菜 xuen^{33}ts^{h}ai^{24}

素菜 su^{24}ts^{h}ai^{24}

猪肉 tɕy^{33}yɔʔ^{2}

肉片 yɔʔ^{2}p^{h}iɛ̃^{24}

肉丝 yɔʔ^{2}sɿ^{33}

膀蹄 p^{h}ɑŋ^{53}t^{h}i^{31} 肘子

猪脚蹄 tɕy^{33}tɕyɔʔ^{5}t^{h}i^{31} 猪蹄儿

里肉 li^{53}yɔʔ^{2} 里脊

肉酱 yɔʔ^{2}tɕiɑŋ^{24} 臊子，指肉末

猪肺 tɕy^{33}fi^{24}

猪肠 tɕy^{33}tɕ^{h}iɑŋ^{31}

筒$^{=}$骨 t^{h}oŋ^{31}kuaʔ^{5} 猪的大腿骨

排骨 p^{h}ai^{31}kuaʔ^{5}

红烧肉 xoŋ^{31}ɕiɑo^{33}yɔʔ^{2}

肉圆 yɔʔ^{2}yɛ̃^{31} 猪肉剁碎，和入番薯粉、佐料，蒸熟食用，是当地过年或办喜事必备的一道菜

干菜猪肉 kɑŋ^{33}ts^{h}ai^{24}tɕy^{33}yɔʔ^{2} 霉干菜炒肉

猪腰 tɕy^{33}iɑo^{33}

猪炒$^{=}$篓$^{=}$ tɕy^{33}ts^{h}ɑo^{53}ləɯ^{53} 杀猪后请亲朋吃的猪内脏、猪肉、猪血等

*风肉 foŋ^{33}yɔʔ^{2}

香肠 ɕiɑŋ^{33}tɕ^{h}iɑŋ^{31}

火腿 xo^{53}t^{h}ue^{53}

牛筋 ȵiɯ^{31}tɕin^{33} 蹄筋

牛舌头 ȵiɯ^{31}ɕieʔ^{2}t^{h}əɯ^{31}

百叶肚 paʔ^{5}ieʔ^{2}tu^{53} 牛肚儿，指带毛状物的那种

牛肚 ȵiɯ^{31}tu^{53} 牛肚儿，指光滑的那种

羊炒$^{=}$篓$^{=}$ iɑŋ^{31}ts^{h}ɑo^{53}ləɯ^{53} 宰羊后请亲朋吃的羊杂碎、羊肉、羊血等

鸡肫 tɕi^{33}tɕyen^{33}

鸡血 tɕi^{33}ɕyɔʔ^{5}

炒蛋 ts^{h}ɑo^{53}tɑŋ^{313} 炒鸡蛋

荷包蛋 xo^{31}pɑo^{33}tɑŋ^{313}

煮蛋 tɕy^{53}tɑŋ^{313} 水煮荷包蛋，要放糖或葱、味精等调味品，一般用来招待贵宾

煠蛋 saʔ^{2}tɑŋ^{313} 带壳煮鸡蛋

蛋糟 tɑŋ^{31}tsɑo^{33} 鸡蛋羹

咸蛋 ɕiɛ̃^{31}tɑŋ^{313} 咸鸭蛋

海参 xai^{53}sen^{33}

海带 xai^{53}tai^{24}

海蜇皮 xai^{53}tɕieʔ^{5}p^{h}i^{31} 海蜇

豆腐皮 təɯ^{31}fu^{13}p^{h}i^{31} 油皮，豆浆结膜而成

豆腐棍 təɯ^{31}fu^{31}kuen^{24} 腐竹

千张 tɕ^{h}iɛ̃^{33}tɕiɑŋ^{33} 薄的豆腐干片

豆腐干 təɯ^{31}fu^{31}kɑŋ^{33}

豆腐泡 təɯ^{31}fu^{31}p^{h}ɑo^{24}

豆腐乳 təɯ^{31}fu^{31}y^{53}

臭豆腐 tɕ^{h}iɯ^{24}təɯ^{31}fu^{313}

豆腐渣 təɯ^{31}fu^{31}tsɑ^{33}

*冬白菜 toŋ^{33}paʔ^{2}ts^{h}ai^{24}

*冬萝卜 toŋ^{33}lɔʔ^{2}pɔʔ^{2}

白木耳 paʔ^{2}mɔʔ^{2}ai^{53} 银耳

金针菜 tɕin^{33}tɕin^{33}ts^{h}ai^{24} 金针

黄花菜 uɑŋ^{31}xuɑ^{33}ts^{h}ai^{24}

笋片 ɕyen^{53}p^{h}iɛ̃^{24} 笋干切成的薄片

笋干 ɕyen^{53}kɑŋ^{33}

豇豆干 kɑŋ^{33}təɯ^{31}kɑŋ^{33}

酱 tɕiɑŋ^{24} 统称

豆酱 təɯ^{31}tɕiɑŋ^{24} 豆瓣酱

豆豉 təɯ^{13}sɿ^{313}

番椒酱 fɑŋ^{33}tɕiɑo^{33}tɕiɑŋ^{24} 辣椒酱

荤油 xuen^{33}iɯ^{31} 指猪油

花油 xuɑ^{33}iɯ^{31} 猪肠、猪肚外表上的脂肪

素油 sɯ^{24}iɯ^{31} 指植物油，如“茶油”“菜油”等

茶油 ts^{h}ɑ^{31}iɯ^{31} 茶籽油

菜油 ts^{h}ai^{24}iɯ^{31} 菜籽油

花生油 xuɑ^{33}sen^{33}iɯ^{31}

糖 t^{h}ɑŋ^{31}

红糖 xoŋ^{31}t^{h}ɑŋ^{31}

散白糖 sɑŋ^{53}paʔ^{2}t^{h}ɑŋ^{31} 白糖，老的说法

　白砂糖 paʔ^{2}sɑ^{33}t^{h}ɑŋ^{31} 新的说法

冰糖 pen^{33}t^{h}ɑŋ^{31}

花生糖 xuɑ^{33}sen^{33}t^{h}ɑŋ^{31}

麦芽糖 maʔ^{2}iɑ^{31}t^{h}ɑŋ^{31}

配料 p^{h}e^{24}liɑo^{313} 作料

八角茴 paʔ^{2}kɔʔ^{5}xue^{31} 八角

桂皮 kue^{24}p^{h}i^{31}

花椒 xuɑ^{33}tɕiɑo^{33}

胡椒粉 xu^{31}tɕiɑo^{33}fen^{53}

烟叶 iɛ̃^{33}ieʔ^{2}

水烟袋 sue^{53}iɛ̃^{33}tai^{313} 铜制的

旱烟袋 xɑŋ^{31}iɛ̃^{33}tai^{313} 细竹竿做的烟具

烟荷包 iɛ̃^{33}xo^{31}pɑo^{33} 烟袋，一般布制

烟盒 iɛ̃^{33}xaʔ^{2} 装香烟的金属盒，有的还带打火机

烟油 iɛ̃^{33}iɯ^{31} 烟油子，指烟袋里结的油垢，据说有消肿的功用

烟灰 iɛ̃^{33}xue^{33}

纸媒 tsɿ^{53}me^{31} 旧时把草纸搓成细长状，抽水烟、旱烟的人引火用

茶 ts^{h}ɑ^{31} 茶水，指放茶叶的

泡茶 p^{h}ɑo^{24}ts^{h}ɑ^{31} 沏茶

汤 t^{h}ɑŋ^{33}

酒 tɕiɯ^{53}

米酒 mi^{53}tɕiɯ^{53} 家酿糯米酒，白色

酒糟 tɕiɯ^{53}tsɑo^{33}

馃子 ko^{53}tsɿ^{53} 茶点

* 铜锣糕 t^{h}oŋ^{31}lo^{31}ko^{33}

零碎 len^{31}sue^{24} 零食，老的说法

　零食 len^{31}ɕieʔ^{2} 新的说法

夜宵 ie^{31}ɕiɑo^{33} 过去无

馃 ko^{53} 年糕类食品的统称

* 立夏馃 lieʔ^{2}ɕiɑ^{31}ko^{53}

* 清明馃 tɕ^{h}in^{33}men^{31}ko^{53}

* 圆清明馃 yɛ̃^{31}tɕ^{h}in^{33}men^{31}ko^{53}

* 长清明馃 tɕ^{h}iɑŋ^{31}tɕ^{h}in^{33}men^{31}ko^{53}

月饼 yɔʔ^{2}pen^{53}

蛋糕 tɑŋ^{31}kɑo^{33}

饼干 pen^{53}kɑŋ^{33}

油尖$^{=}$枣 iɯ^{31}tɕiɛ̃^{33}tsɑo^{53} 当地的一种传统糕点，主要原料为糯米粉、细白糖、麦芽糖、“茶油”等

麻球 mɑ^{31}tɕ^{h}iɯ^{31}

寸金糖 ts^{h}uen^{24}tɕin^{33}t^{h}ɑŋ^{31} 当地的一种传统糕点。制作原料包括面粉、芝麻粉、麦芽糖、细白糖、“茶油”、熟芝麻等

米焦$^{=}$ mi^{53}tɕiɑo^{33} 冻米糖

包芦籽花 pɑo^{33}lu^{31}tsɿ^{53}xuɑ^{33} 爆米花

霉 me^{31} 发霉

白醭 paʔ^{2}p^{h}u^{53} 酱油、醋、米酒等表面生成的白色的霉

焦倒了 tɕiɑo^{33}tɑo^{0}ləʔ^{0}（饭）煳了

馊倒了 səɯ^{33}tɑo^{0}ləʔ^{0} 馊了

十五　红白大事

亲事 tɕ^{h}in^{33}sɿ^{313}

年纪 ȵiɛ̃^{31}tɕi^{53} 年龄

聘礼 pʰen^{24}li^{53} 定礼

* 接新娘 tɕiaʔ^{5}ɕin^{33}ȵiaŋ^{31}

* 恰⁼轿腿 tɕʰiaʔ^{5}tɕiɑo^{31}tʰue^{53}

* 鼓手 ku^{53}ɕiɯ^{53}

* 送嫁妆 soŋ^{24}tɕiɑ^{24}tsuɑŋ^{33}

* 杠 kɑŋ^{24}

嫁女儿 tɕiɑ^{24}ȵy^{53}ai^{31}

* 花轿 xuɑ^{33}tɕiɑo^{313}

* 客轿 kʰaʔ^{5}tɕiɑo^{313}

* 利市公 li^{31}sɿ^{31}koŋ^{33}

* 利市婆 li^{31}sɿ^{13}pʰo^{31}

新娘房间 ɕin^{33}ȵiaŋ^{31}fɑŋ^{31}tɕiɛ̃^{33} 新房

祝贺 tsɔʔ^{5}xo^{313}

发彩 faʔ^{5}tsʰai^{53} 说吉利话

喜酒 ɕi^{53}tɕiɯ^{53}

* 吃交杯酒 tɕʰieʔ^{5}tɕiɑo^{33}pe^{33}tɕiɯ^{53}

* 坐床 tso^{13}tsʰuɑŋ^{31}

* 新娘糖 ɕin^{33}ȵiaŋ^{31}tʰɑŋ^{31}

洞房 toŋ^{13}fɑŋ^{31}

* 闹洞房 nɑo^{31}toŋ^{13}fɑŋ^{31}

* 偷新娘房 tʰəɯ^{33}ɕin^{33}ȵiaŋ^{31}fɑŋ^{31}

* 请贼酒 tɕʰin^{53}tsaʔ^{2}tɕiɯ^{53}

回门 xue^{31}men^{31} 结婚习俗，婚后第二天，男女双方一起回娘家看望父母

改嫁 kai^{53}tɕiɑ^{24} 再醮，指寡妇再嫁

讨后老婆 tʰɑo^{53}xəɯ^{31}lɑo^{53}pʰo^{31} 续弦

填房 tʰiɛ̃^{31}fɑŋ^{31}

招亲 tɕiɑo^{33}tɕʰin^{33} 招赘，招男子来家结婚落户，说得多

招赘 tɕiɑo^{33}tsue^{313} 说得少

上门女婿 ɕiɑŋ^{13}men^{31}ȵy^{53}ɕi^{24}

接生 tɕiaʔ^{5}sen^{33}

胞衣 pɑo^{33}i^{33} 胎盘

头胎 tʰəɯ^{31}tʰai^{33}

打胎 tɑ^{53}tʰai^{33}

带胎来的 tai^{24}tʰai^{33}lai^{31}tieʔ^{0} 遗腹子，指父亲去世母亲改嫁后出生的

奶头 nai^{33}tʰəɯ^{31}

拉尿床 lɑ^{33}ȵiɑo^{13}tsʰuɑŋ^{31} 尿床

满月圆 mɑŋ^{53}yɔʔ^{2}yɛ̃^{31} 婴儿满月时，由娘家所送的一种特色食品。做法是将糯米粉和粳米粉按一定比例混合，蒸熟，再搓成小圆球，用于招待来道贺的宾客

满月酒 mɑŋ^{53}yɔʔ^{2}tɕiɯ^{53}

剃满月头 tʰi^{24}mɑŋ^{53}yɔʔ^{2}tʰəɯ^{31} 婴儿满月时要剃头，实际上是剃胎毛

摸周 mo^{33}tɕiɯ^{33} 抓周。婴儿周岁时，摆放各种物品任其抓取，当地人认为可以用来预测婴儿将来的志向、爱好等

过生日 ko^{24}sen^{33}ieʔ^{2}

寿星佬 ɕiɯ^{31}ɕin^{33}lɑo^{53} 寿星

老寿星 lɑo^{53}ɕiɯ^{31}ɕin^{33}

遭倒了 tsɑo^{33}tɑo^{0}ləʔ^{0} 夭折了

* 白喜事 paʔ^{2}ɕi^{53}sɿ^{0}

* 讲信 kɑŋ^{53}ɕin^{24}

* 报信 pɑo^{24}ɕin^{24}

饭馃 fɑŋ^{31}ko^{53} 家里有人快去世时，家属制作的一种“馃 ko^{53}”，迷信认为吃了可为死者开路

* 烧床草 ɕiɑo^{33}tsʰuɑŋ^{31}tsʰɑo^{53}

* 香纸 ɕiɑŋ^{33}tsɿ^{53}

* 盖被 kai^{24}pe^{313}

寿材 ɕiɯ^{13}tsʰai^{31} 生前备好的棺材

风箱仔 foŋ^{33}ɕiaŋ^{33}tsai^{53} 小孩夭折所用的棺材，一般比较简陋

灵堂 len^{31}tʰaŋ^{31}

佛堂 fɔʔ^{2}tʰaŋ^{31}

守夜 ɕiɯ^{53}ie^{313} 守灵

* 七星灯 tɕʰieʔ^{5}ɕin^{33}ten^{33}

* 送葬 soŋ^{24}tsuaŋ^{24}

* 开路锣 kʰai^{33}lu^{13}lo^{31}

* 魂幡 xuen^{31}faŋ^{33} ～ fen^{31}faŋ^{33}

插魂幡 tsʰaʔ^{5}xuen^{31}faŋ^{33} ～ tsʰaʔ^{5}fen^{31}faŋ^{33} 竹竿制的引魂幡，出殡当天插在坟头上

花圈 xua^{33}tɕʰyɛ̃^{33}

吃埋坟饭 tɕʰieʔ^{5}mai^{31}fen^{31}faŋ^{313} 吃丧宴

吃送葬饭 tɕʰieʔ^{5}soŋ^{24}tsuaŋ^{24}faŋ^{313}

吃斋饭 tɕʰieʔ^{5}tsai^{33}faŋ^{313}

埋 mai^{31} 葬

坟地 fen^{31}ti^{313}

* 暖洞 nuaŋ^{53}toŋ^{313}

* 坟洞 fen^{31}toŋ^{313}

* 登位 ten^{33}ue^{313}

* 封门 foŋ^{33}men^{31}

* 五谷 u^{53}kɔʔ^{5}

* 撒五谷 sua^{53}u^{53}kɔʔ^{5}

* 五谷袋 u^{53}kɔʔ^{5}tai^{313}

* 送火种 soŋ^{24}xo^{53}tsoŋ^{53}

* 洒净水 sai^{53}tɕin^{31}sue^{53}

* 解魇 tɕiai^{53}iɛ̃^{24}

做七 tso^{24}tɕʰieʔ^{5}

头七 tʰəɯ^{31}tɕʰieʔ^{5} 从逝者去世当日算，到第七日谓“头七”

守孝 ɕiɯ^{53}ɕiao^{24}

戴孝 tai^{24}ɕiao^{24}

* 孝帽 ɕiao^{24}mao^{313}

* 巾 tɕin^{33}

孝子 ɕiao^{24}tsɿ^{53}

孝孙 ɕiao^{24}suen^{33}

座 tso^{313} 纸扎的人、马、房子等，出殡当天或周年纪念日拿到坟前烧

寿衣店 ɕiɯ^{31}i^{33}tiɛ̃^{24}

腰⁼纸 iao^{33}tsɿ^{53} 指在坟头和周边树上挂纸条，清明用白纸条，正月用红纸条

问衣⁼梦 uen^{31}i^{33}moŋ^{313} 问巫婆，问仙姑，一种迷信活动

取吓 tɕʰy^{53}ɕiaʔ^{5} 为受惊吓的小孩儿招魂

收半天 ɕiɯ^{33}paŋ^{24}tʰiɛ̃^{33} 更正式，多请道士进行

碑 pe^{33} ①碑；②特指墓碑

做阴寿 tso^{24}in^{33}ɕiɯ^{313} 请道士给死者做寿

跳河 tʰiao^{24}xo^{31} 投水自尽

上吊 ɕiaŋ^{31}tiao^{24}

拜菩萨 pai^{24}pʰu^{31}saʔ^{5}

灶司婆 tsao^{24}sɿ^{33}pʰo^{31} “灶司公”的配偶

土地庙 tʰu^{53}ti^{13}miao^{313}

关王庙 kuaŋ^{33}uaŋ^{31}miao^{313} 关帝庙

关公 kuaŋ^{33}koŋ^{33}

城隍庙 tɕʰin^{31}uaŋ^{31}miao^{313}

尼姑庙 n̥i^{31}ku^{33}miao^{313}

谱 pʰu^{53} 族谱

阎王 n̥iɛ̃^{31}uaŋ^{31}

佛龛 fɔʔ^{2}kʰaŋ^{24}

* 三牲 saŋ^{33}sen^{33}

蜡烛台 laʔ^{2}tsɔʔ^{5}tʰai^{31} 烛台

香 ɕiaŋ^{33} 敬神的线香

*香炉碗 ɕiaŋ^{33}lu^{31}uaŋ^{53}

香炉 ɕiaŋ^{33}lu^{31} 指寺庙里的

点香 tiɛ̃^{53}ɕiaŋ^{33} 烧香，指在家里进行的

　烧香 ɕiao^{33}ɕiaŋ^{33} 指在寺庙里进行的

抽签 tɕʰiɯ^{33}tɕʰiɛ̃^{33} 求签

罗盘 lo^{31}pʰaŋ^{31}

珓杯 tɕiao^{24}pe^{33} 珓，占卜用，通常用一正一反两片竹片制成。考究点的用羊角磨制

丢珓杯 tɘɯ^{33}tɕiao^{24}pe^{33} 用掷“珓杯”的办法占卜

阴珓 in^{33}tɕiao^{24} 珓的两面都朝下，主不吉

阳珓 iaŋ^{31}tɕiao^{24} 珓的两面都朝上，主吉

圣珓 ɕin^{24}tɕiao^{24} 珓的两面一正一反，主大吉

赶庙会 kaŋ^{53}miao^{13}xue^{313}

请道士 tɕʰin^{53}tao^{13}sɿ^{313} 请道士（做道场）

念经 ȵiɛ̃^{31}tɕin^{33}

测字 tsʰaʔ^{5}tsɿ^{313}

看风水 kʰaŋ^{24}foŋ^{33}sue^{53}

地理先生 ti^{31}li^{53}ɕiɛ̃^{33}sen^{33} 风水先生

算命先生 suaŋ^{24}men^{31}ɕiɛ̃^{33}sen^{33}

看相先生 kʰaŋ^{24}ɕiaŋ^{24}ɕiɛ̃^{33}sen^{33}

问衣⁼梦的 uen^{31}i^{33}moŋ^{31}tieʔ^{0} 巫婆

干⁼同⁼子 kaŋ^{24}tʰoŋ^{31}tsɿ^{53} 跳大神

许愿 ɕy^{53}ȵyɛ̃^{313}

还愿 xuaŋ^{31}ȵyɛ̃^{313}

十六　日常生活

穿衣裳 tɕʰyɛ̃^{33}i^{33}ɕiaŋ^{31} 穿衣服

除衣裳 tɕʰy^{31}i^{33}ɕiaŋ^{31} 脱衣服

除鞋子 tɕʰy^{31}ɕiai^{31}tsɿʔ^{5} 脱鞋

洗衣裳 ɕi^{53}i^{33}ɕiaŋ^{31} 洗衣服

汗斑 xaŋ^{31}paŋ^{33} 衣服上的汗渍

洗一回 ɕi^{53}ieʔ^{5}xue^{31} 洗一次

纺⁼ faŋ^{53} 投，用清水漂洗

　摆 pai^{53}

晒衣裳 sai^{24}i^{33}ɕiaŋ^{31} 晒衣服

晾衣裳 laŋ^{31}i^{33}ɕiaŋ^{31} 晾衣服

烫衣裳 tʰaŋ^{24}i^{33}ɕiaŋ^{31} 熨衣服

烧火 ɕiao^{33}xo^{53} 生火

洗米 ɕi^{53}mi^{53} 淘米

搓面 tsʰo^{33}miɛ̃^{313} 揉面

蒸馒头 tɕin^{33}maŋ^{31}tʰɘɯ^{31}

拣菜 tɕiɛ̃^{53}tsʰai^{24} 择菜

烧汤 ɕiao^{33}tʰaŋ^{33} 做汤

　午⁼汤 u^{53}tʰaŋ^{33}

饭好了 faŋ^{313}xao^{53}lɘʔ^{0} 饭菜做好了

钳菜 tɕʰiɛ̃^{31}tsʰai^{24} 搛菜

出⁼汤 tɕʰyɔʔ^{5}tʰaŋ^{33} 舀汤

吃零食 tɕʰieʔ^{5}len^{31}ɕieʔ^{2}

吃草烟 tɕʰieʔ^{5}tsʰao^{53}iɛ̃^{33} 抽旱烟

　吃旱烟 tɕʰieʔ^{5}xaŋ^{31}iɛ̃^{33}

用筷子 ioŋ^{31}kʰuai^{24}tsɿʔ^{5}

没燻烂 me^{53}ao^{33}laŋ^{313} 没煮烂

嚼不烂 tɕyɔʔ^{2}pɔʔ^{2}laŋ^{313} 嚼不动

哽倒了 ken^{53}tao^{0}lɘʔ^{0}（吃饭）噎住了

　哽着了 ken^{53}tɕyɔʔ^{0}lɘʔ^{0}

打□ ta^{53}aʔ^{5} 打嗝儿

吃太饱了 tɕʰieʔ^{5}tʰai^{24}pao^{53}lɘʔ^{0}

嘴巴没味道 tsue^{53}pa^{33}me^{53}ue^{13}tao^{313}

洗手 ɕi^{53}ɕiɯ^{53}

洗脸 ɕi^{53}liɛ̃^{53}

荡嘴巴 taŋ^{31}tsue^{53}pa^{33} 漱口

打辫子 ta^{53}piɛ̃^{31}tsɿʔ^{5} 梳辫子

打节= ta^{53}tɕieʔ^{5} 梳髻

剪指甲 tɕiɛ̃^{53}tsɿ^{53}tɕiaʔ^{5}

掭耳朵 t^{h}iɛ̃^{24}ai^{53}to^{53} 掏耳朵

搓背脊 ts^{h}o^{33}pe^{24}tɕieʔ^{5} 搓背

乘凉 tɕ^{h}in^{31}liɑŋ^{31}

晒太阳 sai^{24}t^{h}ai^{24}iɑŋ^{31}

烘火 xoŋ^{33}xo^{53} 烤火，取暖

点灯 tiɛ̃^{53}ten^{33}

关灯 kuɑŋ^{33}ten^{33} 熄灯

歇一下 ɕiaʔ^{5}ieʔ^{2}ɕiɑ^{313}

打瞌铳 tɑ^{53}k^{h}aʔ^{2}ts^{h}oŋ^{24} 打盹儿

想睡了 ɕiɑŋ^{53}sue^{31}ləʔ^{0} 困了

铺床铺 p^{h}u^{33}ts^{h}uɑŋ^{31}p^{h}u^{33} 铺床

睡觉 sue^{31}tɕiɑo^{24}

睡倒 sue^{31}tɑo^{53} 躺下

睡着了 sue^{13}tɕyɔʔ^{0}ləʔ^{0}

睡不着 sue^{31}pɔʔ^{5}tɕyɔʔ^{2}

午睡 u^{53}sue^{313}

向天睡 ɕiɑŋ^{24}t^{h}iɛ̃^{33}sue^{313} 仰面睡

格=辣=侧睡 kaʔ^{2}laʔ^{2}tsaʔ^{5}sue^{313} 侧着睡

覆倒睡 p^{h}ɔʔ^{5}tɑo^{53}sue^{313} 趴着睡

肚颈骨原=着了 tu^{31}tɕin^{53}kuaʔ^{5}ȵyɛ̃^{31}tɕyɔʔ^{0}ləʔ^{0} 落枕

讲梦话 tɕiɑŋ^{53}moŋ^{13}xuɑ^{313} 说梦话

发梦癫 faʔ^{5}moŋ^{31}tiɛ̃^{33} 因梦见可怕的事情而害怕

熬夜 ŋɑo^{31}ie^{313}

加夜班 tɕia^{33}ie^{31}pɑŋ^{33} 开夜车

出工 tɕ^{h}yɔʔ^{5}koŋ^{33} 上工

收工 ɕiɯ^{33}koŋ^{33}

出去了 tɕ^{h}yɔʔ^{2}tɕ^{h}y^{24}ləʔ^{0}

回来了 xue^{31}lai^{31}ləʔ^{0} 回家了

荡街路 tɑŋ^{31}tɕiai^{33}lu^{313} 逛街

走一下 tsəɯ^{53}ieʔ^{0}ɕiɑ^{0} 散步

十七　讼事

告状 kɑo^{24}tsuɑŋ^{313}

原告 ȵyɛ̃^{31}kɑo^{24}

被告 pe^{31}kɑo^{24}

状子 tsuɑŋ^{31}tsɿʔ^{5}

升堂 ɕin^{33}t^{h}ɑŋ^{31} 坐堂

退堂 t^{h}ue^{24}t^{h}ɑŋ^{31}

审案 ɕin^{53}ɑŋ^{24}

过堂 ko^{24}t^{h}ɑŋ^{31}

证人 tɕin^{24}in^{31}

人证 in^{31}tɕin^{24}

物证 fɔʔ^{2}tɕin^{24}

对质 tue^{24}tɕieʔ^{5}

刑事 ɕin^{31}sɿ^{313}

民事 men^{31}sɿ^{313}

律师 lieʔ^{2}sɿ^{33}

代笔 tai^{31}pieʔ^{5} 代书，代人写状子的

服 fɔʔ^{2}

不服 pɔʔ^{5}fɔʔ^{2}

上诉 ɕiɑŋ^{31}su^{24}

宣判 ɕyɛ̃^{33}p^{h}ɑŋ^{24}

招供 tɕiɑo^{33}koŋ^{24} 招认

招 tɕiɑo^{33}

同伙 t^{h}oŋ^{31}xo^{53}

犯法 fɑŋ^{31}faʔ^{5}

犯罪 fɑŋ^{13}tsue^{313}

诬告 u^{33}kɑo^{24}

牵连 tɕ^{h}iɛ̃^{33}liɛ̃^{31}

保 pɑo^{53} 保释

取保tɕ^{h}y^{53}pɑo^{53}

□倒kuai^{31}tɑo^{53}逮捕。“□kuai^{313}”即“抓、捉”

押送iaʔ^{5}soŋ^{24}押解

青天老爷tɕ^{h}in^{33}t^{h}iɛ̃^{33}lɑo^{53}ie^{31}

贪官t^{h}ɑŋ^{33}kuɑŋ^{33}

受贿ɕiɯ^{31}xue^{53}

行贿ɕin^{31}xue^{53}

罚款faʔ^{2}k^{h}uɑŋ^{53}

砍头k^{h}ɑŋ^{53}t^{h}əɯ^{31}

枪毙tɕ^{h}iɑŋ^{33}pi^{313}

斩牌tsɑŋ^{53}p^{h}ai^{31}斩条，旧时插在死囚背后验明正身的木条

打板子tɑ^{53}pɑŋ^{53}tsɿʔ^{0}打板，旧时刑罚

上枷ɕiɑŋ^{31}tɕiɑ^{33}

手铐ɕiɯ^{53}k^{h}ɑo^{24}

脚镣tɕyɔʔ^{5}liɑo^{31}

捆起来k^{h}uen^{53}tɕ^{h}ieʔ^{0}lai^{0}

关起来kuɑŋ^{33}tɕ^{h}ieʔ^{0}lai^{0}

坐牢tso^{13}lɑo^{31}

探监t^{h}ɑŋ^{24}tɕiɛ̃^{33}

逃走t^{h}ɑo^{31}tsəɯ^{53}逃跑，越狱

写字条ɕie^{53}tsɿ^{13}t^{h}iɑo^{31}立字据

签字tɕ^{h}iɛ̃^{33}tsɿ^{313}画押

揿手印k^{h}en^{24}ɕiɯ^{53}in^{24}按手印

捐钱tɕyɛ̃^{33}tɕ^{h}iɛ̃^{31}

地租ti^{31}tsu^{33}

地契ti^{31}tɕ^{h}i^{24}

交税tɕiɑo^{33}sue^{24}纳税

执照tɕieʔ^{2}tɕiɑo^{24}

告示kɑo^{24}sɿ^{313}

通知t^{h}oŋ^{33}tsɿ^{33}

路条lu^{13}t^{h}iɑo^{31}

命令men^{13}len^{313}

官印kuɑŋ^{33}in^{24}官方图章

私下察访sɿ^{33}ɕiɑ^{313}ts^{h}aʔ^{5}fɑŋ^{53}私访

交代tɕiɑo^{33}tai^{313}把经手的事务移交给接替的人

上任ɕiɑŋ^{13}in^{313}

罢倒pɑ^{13}tɑo^{0}罢免

案宗ɑŋ^{24}tsoŋ^{33}案卷

传票tɕ^{h}yɛ̃^{31}p^{h}iɑo^{24}

十八　交际

应付in^{24}fu^{24}应酬

来往lai^{31}uɑŋ^{53}

看一下k^{h}ɑŋ^{24}ieʔ^{0}ɕiɑ^{0}看望一下

回访xue^{31}fɑŋ^{53}回拜

请客tɕ^{h}in^{53}k^{h}aʔ^{5}

接待tɕiaʔ^{5}tai^{313}招待

男客nɑŋ^{31}k^{h}aʔ^{5}

女客ȵy^{53}k^{h}aʔ^{5}

送礼soŋ^{24}li^{53}

礼物li^{53}fɔʔ^{2}

人情in^{31}tɕ^{h}in^{31}

做客tso^{24}k^{h}aʔ^{5}

待客tai^{31}k^{h}aʔ^{5}

陪客p^{h}e^{31}k^{h}aʔ^{5}陪客人

送客soŋ^{24}k^{h}aʔ^{5}

不送了pɔʔ^{5}soŋ^{24}ləʔ^{0}主人说的客气话

覅客气piɑo^{31}k^{h}aʔ^{5}tɕ^{h}i^{0}不客气

请酒tɕ^{h}in^{53}tɕiɯ^{53}摆酒席

一台子酒ieʔ^{5}t^{h}ai^{31}tsɿʔ^{5}tɕiɯ^{53}一桌酒席

请帖tɕ^{h}in^{53}t^{h}ieʔ^{5}

送请帖soŋ^{24}tɕ^{h}in^{53}t^{h}ieʔ^{5}下请帖

坐倒tso^{31}tɑo^{53} 入席

开菜kʰai^{33}tsʰai^{24} 上菜

倒水tɑo^{53}sue^{53}

劝酒tɕʰyɛ̃^{24}tɕiɯ^{53}

干杯kɑŋ^{33}pe^{33}

关系不好kuɑŋ^{33}ɕi^{24}pɔʔ^{5}xɑo^{53} 不和

冤家yɛ̃^{33}tɕiɑ^{33}

不平pɔʔ^{5}pʰen^{31} 路见～

冤枉yɛ̃^{33}uɑŋ^{53}

插嘴tsʰaʔ^{5}tsue^{53}

尿⁼作ȵiɑo^{31}tsɔʔ^{5} 做作

摆架子pai^{53}tɕiɑ^{24}tsɿʔ^{0}

做假傻tso^{24}tɕiɑ^{53}sɑ^{33} 装傻

出洋相tɕʰyɔʔ^{2}iɑŋ^{31}ɕiɑŋ^{24}

丢面子təɯ^{33}miɛ̃^{31}tsɿʔ^{5} 丢人

巴结pɑ^{33}tɕiaʔ^{5}

看得起kʰɑŋ^{24}təʔ^{0}tɕʰi^{0}

看不起kʰɑŋ^{24}pɔʔ^{0}tɕʰi^{0}

□股tʰen^{24}ku^{53} 合伙

答应taʔ^{2}in^{24}

不答应pɔʔ^{5}taʔ^{0}in^{0}

赶出去kɑŋ^{53}tɕʰyɔʔ^{0}tɕʰy^{0} 撵出去

笑ɕiɑo^{24}

发火faʔ^{5}xo^{53} 发脾气

讨写⁼tʰɑo^{53}ɕie^{53} 求饶

劝tɕʰyɛ̃^{24}

对天讲tue^{24}tʰiɛ̃^{33}tɕiɑŋ^{53} 发誓

十九　商业　交通　手工业等

店号tiɛ̃^{24}xɑo^{313} 字号

招牌tɕiɑo^{33}pʰai^{31}

广告kuɑŋ^{53}kɑo^{24}

开店kʰai^{33}tiɛ̃^{24} 开铺子

店面tiɛ̃^{24}miɛ̃^{313} 铺面，商店的门面

摆摊pai^{53}tʰɑŋ^{33}

布店pu^{24}tiɛ̃^{24}

百货店paʔ^{2}xo^{24}tiɛ̃^{24}

杂货店tsaʔ^{2}xo^{24}tiɛ̃^{24}

米店mi^{53}tiɛ̃^{24} 粮店

粮站liɑŋ^{31}tsɑŋ^{313}

粮管所liɑŋ^{31}kuɑŋ^{53}so^{53}

卖碗店mai^{31}uɑŋ^{53}tiɛ̃^{24} 瓷器店

茶店tsʰɑ^{31}tiɛ̃^{24} 茶馆儿

中药店tsoŋ^{33}yɔʔ^{2}tiɛ̃^{24}

剃头店tʰi^{24}tʰəɯ^{31}tiɛ̃^{24} 理发店

剃脸tʰi^{24}liɛ̃^{53} 刮脸

猪肉店tɕy^{33}yɔʔ^{2}tiɛ̃^{24} 猪肉铺

砍猪肉kʰɑŋ^{53}tɕy^{33}yɔʔ^{2} 买肉

买米mai^{53}mi^{53}

剪布tɕiɛ̃^{53}pu^{24} 买布

倒油tɑo^{53}iɯ^{31} 买油

当铺tɑŋ^{24}pʰu^{24}

租房子tsu^{33}fɑŋ^{31}tsɿʔ^{5}

当房子tɑŋ^{24}fɑŋ^{31}tsɿʔ^{5} 典房子

煤球店me^{31}tɕʰiɯ^{31}tiɛ̃^{24} 煤铺

　卖煤店mai^{13}me^{31}tiɛ̃^{24}

煤球me^{31}tɕʰiɯ^{31} 蜂窝煤

开业kʰai^{33}ȵieʔ^{2}

关门kuɑŋ^{33}men^{31} 停业

盘店底pʰɑŋ^{31}tiɛ̃^{24}ti^{53} 盘点

柜台kue^{13}tʰai^{31}

开价kʰai^{33}tɕiɑ^{24}

还价xuɑŋ^{31}tɕiɑ^{24}

公平koŋ^{33}pʰen^{31}（价钱）公道

扫堂sɑo^{53}tʰɑŋ^{31}包圆儿，把剩下的全部买了

生意好sen^{33}i^{24}xɑo^{53}

生意不好sen^{33}i^{24}pɔʔ^{5}xɑo^{53}

保本pɑo^{53}pen^{53}

赚钱tsuɑŋ^{13}tɕʰiɛ̃^{31}

利息li^{31}ɕieʔ^{5}

借钱tɕie^{24}tɕʰiɛ̃^{31}

赔钱pʰe^{31}tɕʰiɛ̃^{31}

赊ɕie^{33}

省钱sen^{53}tɕʰiɛ̃^{31}

节约tɕieʔ^{5}yɔʔ^{5}

浪费lɑŋ^{31}fi^{24}

运气好yen^{31}tɕʰi^{24}xɑo^{53}

少ɕiɑo^{53}差：～五角十元

押金iaʔ^{5}tɕin^{33}

账房tɕiɑŋ^{24}fɑŋ^{31}

开支kʰai^{33}tsɿ^{33}

记账tɕi^{24}tɕiɑŋ^{24}

欠账tɕʰiɛ̃^{24}tɕiɑŋ^{24}

取账tɕʰy^{53}tɕiɑŋ^{24}要账

烂账lɑŋ^{31}tɕiɑŋ^{24}要不来的账

发票faʔ^{2}pʰiɑo^{24}～faʔ^{5}pʰiɑo^{24}

收条ɕiɯ^{33}tʰiɑo^{31}收据，说得多

收据ɕiɯ^{33}tɕy^{24}说得少

存款tsʰuen^{31}kʰuɑŋ^{53}

整钱tɕin^{53}tɕʰiɛ̃^{31}

铜板tʰoŋ^{31}pɑŋ^{53}

银圆ȵin^{31}yɛ̃^{31}

袁大头yɛ̃^{31}tɑ^{13}tʰəɯ^{31}

鹰洋in^{33}iɑŋ^{31}更早的说法

分fen^{33}一～钱

天平秤tʰiɛ̃^{33}pʰen^{31}tɕʰin^{24}天平

厘戥li^{31}tuen^{53}戥子，多见于中药房

磅秤pɑŋ^{53}tɕʰin^{24}

秤盘tɕʰin^{24}pʰɑŋ^{31}

手秤ɕiɯ^{53}tɕʰin^{24}杆秤

盘秤pʰɑŋ^{31}tɕʰin^{24}带圆盘的杆秤

秤杆tɕʰin^{24}kɑŋ^{53}

秤钩tɕʰin^{24}kəɯ^{33}

秤砣tɕʰin^{24}tʰo^{31}秤锤

秤花tɕʰin^{24}xuɑ^{33}秤星儿

秤纽tɕʰin^{24}ȵiɯ^{53}秤毫

秤尾翘tɕʰin^{24}ue^{53}tɕʰiɑo^{24}（称物时）秤尾高

秤尾矮tɕʰin^{24}ue^{53}iai^{53}（称物时）秤尾低

涝⁼子lɑo^{31}tsɿʔ^{5}大的杆秤。一般用来称四五十斤以上的物品

涝⁼砣lɑo^{13}tʰo^{31}“涝⁼子”所用的秤砣

酒提tɕiɯ^{53}tʰi^{31}舀酒器，过去一般用竹筒制作，带细长柄，可提着放入酒坛打酒

刮尺kuaʔ^{5}tɕʰieʔ^{5}刮板，平斗斛的竹片

铁路tʰieʔ^{2}lu^{313}

铁轨tʰieʔ^{5}kue^{33}

火车xo^{53}tɕʰie^{33}

火车站xo^{53}tɕʰie^{33}tsɑŋ^{313}

马路mɑ^{53}lu^{313}公路

汽车tɕʰi^{24}tɕʰie^{33}

客车kʰaʔ^{5}tɕʰie^{33}

货车xo^{24}tɕʰie^{33}

公交车koŋ^{33}tɕiɑo^{33}tɕʰie^{33}

小车ɕiɑo^{53}tɕʰie^{33}小轿车

摩托车mɔʔ^{2}tʰɔʔ^{5}tɕʰie^{33}

三轮车sɑŋ^{33}luen^{31}tɕʰie^{33}载人的

平板车pʰen^{31}pɑŋ^{53}tɕʰie^{33}平板三轮车，拉货的

船tɕʰyɛ̃^{31}

帆 fɑŋ^{33}

篷 pʰoŋ^{31}

桅杆 kʰue^{31}kɑŋ^{53}

舵 tʰo^{31}

橹 lu^{31}

船桨 tɕʰyɛ̃^{31}tɕiɑŋ^{53} 桨

撑篙 tsʰen^{33}kɑo^{33} 篙

　撑竿 tsʰen^{33}kɑŋ^{53}

跳板 tʰiɑo^{24}pɑŋ^{53} 上下船用的木板

帆船 fɑŋ^{33}tɕʰyɛ̃^{31}

渔船 y^{31}tɕʰyɛ̃^{31}

渡船 tu^{13}tɕʰyɛ̃^{31}

轮船 luen^{31}tɕʰyɛ̃^{31}

撑渡 tsʰen^{33}tu^{313} 摆渡

渡口 tu^{31}kʰəɯ^{53}

邮电局 iɯ^{31}tiɛ̃^{13}tɕyɔʔ^{2}

邮电所 iɯ^{31}tiɛ̃^{31}so^{53} 邮电局或邮电支局的派出机构

邮票 iɯ^{31}pʰiɑo^{24}

信壳 ɕin^{24}kʰɔʔ^{5} 信封

信纸 ɕin^{24}tsɿ^{53}

车站 tɕʰie^{33}tsɑŋ^{313}

码头 mɑ^{53}tʰəɯ^{31}

黄包车 uɑŋ^{31}pɑo^{33}tɕʰie^{33} 人力车

汽艇 tɕʰi^{24}tʰen^{53}

船仔 tɕʰyɛ̃^{31}tsai^{53} 小船

飞机 fi^{33}tɕi^{33}

人行道 in^{31}ɕin^{31}tɑo^{313}

桥 tɕʰiɑo^{31}

桥墩 tɕʰiɑo^{31}tuen^{53}

开车 kʰai^{33}tɕʰie^{33}

划船 xuɑ^{31}tɕʰyɛ̃^{31}

划桨 xuɑ^{31}tɕiɑŋ^{53}

*油车 iɯ^{31}tɕʰie^{33}

*油筒 iɯ^{31}tʰoŋ^{31}

*撞子 tsuɑŋ^{31}tsɿʔ^{5}

*菜饼 tsʰai^{24}pen^{53}

*茶饼 tsʰɑ^{31}pen^{53}

*穿棕衣 tɕʰyɛ̃^{33}tsoŋ^{33}i^{33}

*弹棉花 tʰɑŋ^{31}miɛ̃^{31}xuɑ^{33}

　弹棉被 tʰɑŋ^{31}miɛ̃^{31}pe^{313}

腰带 iɑo^{33}tai^{24} 弹棉花所用的工具，牛皮制作，非常牢固

弹弓 tʰɑŋ^{31}koŋ^{33} 弹棉花的弓子，硬木制作，有一人多长

压筛 iɑʔ^{5}sai^{33} 压棉花的筛子

磨板 mo^{31}pɑŋ^{53} 压棉花用的磨盘

弹棉花槌 tʰɑŋ^{31}miɛ̃^{31}xuɑ^{33}tsʰue^{31} 弹棉花所用的木槌

做篾 tso^{24}mieʔ^{2} 篾匠活儿的统称

篾刀 mieʔ^{2}tɑo^{33} 篾匠砍毛竹、削毛竹片用的刀

刮刀 kuɑʔ^{5}tɑo^{33} 篾匠用来刮窄篾片的工具，铁制

作⁼篓 tsɔʔ^{5}ləɯ^{53} 篾匠用的竹筐，用来放置所用工具

剑门 tɕiɛ̃^{24}men^{31} 篾匠所用工具，铁制，边上有刃。使用时，将两片剑门钉在板凳上，使刀刃相向，可用于去薄竹篾

竹尺 tsɔʔ^{2}tɕʰieʔ^{5} 篾匠所用工具，用于丈量尺寸

铲刨 tsʰɑŋ^{53}pʰɑo^{31} 篾匠所用工具，铁制，木柄，有凹槽，可将篾片去薄

雕花 tiɑo^{33}xuɑ^{33}

锯子 tɕy^{24}tsɿʔ^{0}

凿子 tsɔʔ^{2}tsɿʔ^{5}

尺 tɕʰieʔ^{5}

角尺 kɔʔ^{2}tɕʰieʔ^{5} 曲尺

折尺 tɕieʔ^{5}tɕʰieʔ^{5}

卷尺 tɕyɛ̃^{53}tɕʰieʔ^{5}

墨斗 maʔ^{2}təɯ^{53}

墨斗线 maʔ^{2}təɯ^{53}ɕiɛ̃^{24}

刨子 pʰɑo^{31}tsɿʔ^{5}

挖斧 uɑ^{33}fu^{53} 木匠用的工具，可用来掏空木头

头发剪 tʰəɯ^{31}faʔ^{5}tɕiɛ̃^{53} 剃头师傅所用的剪刀

洋剪 iɑŋ^{31}tɕiɛ̃^{53} 旧时理发用的推子

电剪 tiɛ̃^{31}tɕiɛ̃^{53} 电推子

剃刀 tʰi^{24}tɑo^{33} 剃头师傅为顾客刮脸、刮胡子等所用的工具

鐾刀布 pi^{31}tɑo^{33}pu^{24}

剃头凳 tʰi^{24}tʰəɯ^{31}ten^{24} 剃头店所用的凳子，可调整方向和高度

量衣裳 liɑŋ^{31}i^{33}ɕiɑŋ^{31} 量衣服

做衣裳 tso^{24}i^{33}ɕiɑŋ^{31} 做衣服

镶边 ɕiɑŋ^{33}piɛ̃^{33} 缝在衣服里子边上的窄条

缲边 tɕʰiɑo^{33}piɛ̃^{33}

打鞋底 tɑ^{53}ɕiai^{31}ti^{53} 纳鞋底子

垫鞋底 tiɛ̃^{13}ɕiai^{31}ti^{53} 用糨糊把一层一层的布粘在一起，做成布鞋底

皮刀 pʰi^{31}tɑo^{33} 切削鞋底所用的铁制小弯刀，有一木柄

绱鞋子 ɕiɑŋ^{13}ɕiai^{31}tsɿʔ^{5} 鞋底、鞋帮分别做好后，把两者连接起来的工序

草鞋耙 tsʰɑo^{53}ɕiai^{31}pʰɑ^{31} 做草鞋的工具，木制

钉扣子 ten^{24}kʰəɯ^{24}tsɿʔ^{5}

绣花 ɕiɯ^{24}xuɑ^{33}

补衣裳 pu^{53}i^{33}ɕiɑŋ^{31} 补衣服

包被窝 pɑo^{33}pe^{31}o^{33} 做被子

浆衣裳 tɕiɑŋ^{33}i^{33}ɕiɑŋ^{31} 浆洗衣服。旧时要把刚做好的衣服放入米汤或淘米水中浸泡，洗出的衣服更清洁、干净

打毛线衣 tɑ^{53}mɑo^{31}ɕiɛ̃^{24}i^{33} 手工织毛衣

打铁 tɑ^{53}tʰieʔ^{5}

铁墩 tʰieʔ^{5}tuen^{53} 砧子，打铁时垫铁块用

扎筲帚 tsaʔ^{5}tʰiɑo^{31}tɕiɯ^{53}

毛竹桠扫⁼ mɑo^{31}tsɔʔ^{5}iɑ^{33}sɑo^{53} 竹枝，用来扎筲帚

磨铰剪 mo^{31}kɑo^{33}tɕiɛ̃^{53} 磨剪刀，一般由外地人从事

两头乌 liɑŋ^{53}tʰəɯ^{31}u^{33} 一种特殊品种的猪，原产于金华一带，头和尾部呈黑色，适合制作金华火腿

金华两头乌 tɕin^{33}xuɑ^{31}liɑŋ^{53}tʰəɯ^{31}u^{33}

猪草 tɕy^{33}tsʰɑo^{53} 喂猪的草

讨⁼猪草 tʰɑo^{53}tɕy^{33}tsʰɑo^{53} 割猪草

猪槽 tɕy^{33}tsʰɑo^{31}

宰猪凳 tsai^{53}tɕy^{33}ten^{24} 杀猪用的板凳，较宽

大板凳 tɑ^{31}paŋ^{53}ten^{24}

猪仔笼 tɕy^{33}tsai^{53}loŋ^{31} 猪笼，竹篾编制，农户到市场上卖小猪时用

兔子笼 tʰu^{24}tsɿʔ^{5}loŋ^{31}

捞薸 lɑo^{33}pʰiɑo^{31} 捞浮萍，用于喂猪、鸭等

蜂桶 foŋ^{33}tʰoŋ^{53} 养土蜂用的木桶

讨⁼茶叶 tʰɑo^{53}tsʰɑ^{31}ieʔ^{2} 摘茶叶

老虎钳 lɑo^{53}xu^{53}tɕʰiɛ̃^{31}

镊子 ȵieʔ^{2}tsɿʔ^{5}

油⁼皮 iɯ^{31}pʰi^{31} 合页

砖刀 tɕyɛ̃^{33}tɑo^{33} 瓦刀

泥隔$^{=}$ȵi^{31}kaʔ^{5}抹子，木制或铁制

麻丝mɑ^{31}sɿ^{33}抹墙用的碎麻，放在泥灰中增加凝聚力

泥桶ȵi^{31}tʰoŋ^{53}灰兜子，泥水匠用的桶

线锤ɕiɛ̃^{24}tsʰue^{31}用来检验物体垂直度的工具，泥水匠常用

裁缝机tsʰai^{31}foŋ^{31}tɕi^{33}缝纫机

烫斗tʰɑŋ^{24}təɯ^{53}熨斗

烙铁lɔʔ^{2}tʰieʔ^{5}

老鼠仔lɑo^{53}tɕʰy^{53}tsai^{53}织布用的梭子

锉tsʰo^{24}

钩kəɯ^{33}

药刀yɔʔ^{2}tɑo^{33}

切药刀tɕʰiaʔ^{5}yɔʔ^{2}tɑo^{33}

研槽ȵiɛ̃^{53}tsʰɑo^{31}研船，研药材用具，铁制，船形

豆腐布təɯ^{31}fu^{31}pu^{24}做豆腐用的布，棉质

豆腐刀təɯ^{31}fu^{31}tɑo^{33}切豆腐的刀

车钻tɕʰie^{33}tsuɑŋ^{24}木匠、篾匠等钻洞用的工具。木制，钻头铁制，用于在木头或毛竹片上钻孔等

木马mɔʔ^{2}mɑ^{53}木制三足，为劈制木料的底垫

三角马sɑŋ^{33}kɔʔ^{5}mɑ^{53}木制三脚支架，锯木料时起固定作用

钓鱼tiɑo^{24}y^{31}

鱼竿y^{31}kɑŋ^{33}

鱼钩y^{31}kəɯ^{33}

鱼篓y^{31}ləɯ^{53}

渔网y^{31}uɑŋ^{53}

鱼叉y^{31}tsʰɑ^{33}

捞晞lɑo^{33}xai^{33}捞鱼的网兜

　捞网lɑo^{33}uɑŋ^{53}网兜

二十　文化教育

躲赖学to^{53}lai^{13}ɕyɔʔ^{2}逃学

幼儿院iɯ^{33}ai^{31}yɛ̃^{313}幼儿园

托儿所tʰɔʔ^{5}ai^{31}so^{53}

私塾sɿ^{33}sɔʔ^{2}旧时有

学费ɕyɔʔ^{2}fi^{24}

放假fɑŋ^{24}tɕiɑ^{24}

暑假ɕy^{53}tɕiɑ^{24}

寒假xɑŋ^{31}tɕiɑ^{24}

请假tɕʰin^{53}tɕiɑ^{24}

上课ɕiɑŋ^{31}kʰo^{24}

下课ɕiɑ^{31}kʰo^{24}

讲台tɕiɑŋ^{53}tʰai^{31}

黑板xaʔ^{5}pɑŋ^{53}

粉笔fen^{53}pieʔ^{5}

黑板揩xaʔ^{5}pɑŋ^{53}kʰai^{33}板擦儿

点名册tiɛ̃^{53}men^{31}tsʰaʔ^{5}

戒尺tɕiai^{24}tɕʰieʔ^{5}

画xuɑ^{313}画儿

书ɕy^{33}

橡皮tɕiɑŋ^{13}pʰi^{31}

铅笔刀tɕʰiɛ̃^{33}pieʔ^{5}tɑo^{33}

圆规yɛ̃^{31}kue^{33}

三角板sɑŋ^{33}kɔʔ^{5}pɑŋ^{53}

作文簿tsɔʔ^{5}fen^{31}pu^{313}作文本

大开簿tɑ^{31}kʰai^{33}pu^{313}大字本

描红簿miɑo^{31}xoŋ^{31}pu^{313}红模子

笔套pieʔ^{2}tʰɑo^{24}笔帽，保护毛笔头的

笔筒pieʔ^{5}tʰoŋ^{31}

磨墨 mo^{31}maʔ^{2} 研墨

墨汁 maʔ^{2}tɕieʔ^{5}

鐾 pi^{313} 掭（笔、刀等）

墨水 maʔ^{2}sue^{53}

读书人 tɔʔ^{2}ɕy^{33}in^{31}

认得倒字的 in^{31}təʔ^{5}tɑo^{53}tsɿ^{31}təʔ^{0} 识字的

认不倒字的 in^{31}pɔʔ^{5}tɑo^{53}tsɿ^{31}təʔ^{0} 不识字的

复习 fɔʔ^{5}tɕieʔ^{2}

背书 pe^{31}ɕy^{33}

报考 pɑo^{24}k^{h}ɑo^{53}

考场 k^{h}ɑo^{53}tɕ^{h}iɑŋ^{31}

进场 tɕin^{24}tɕ^{h}iɑŋ^{31} 入场

卷子 tɕyẽ^{24}tsɿ^{53} 考卷

满分 mɑŋ^{53}fen^{33}

零分 len^{31}fen^{33}

第一名 ti^{31}ieʔ^{5}men^{31}

老巴尾名 lɑo^{53}pɑ^{33}ue^{53}men^{31} 末名

毕业 pieʔ^{5}ȵieʔ^{2}

肄业 i^{31}ȵieʔ^{2}

文凭 fen^{31}p^{h}en^{31}

正楷 tɕin^{24}k^{h}ai^{53} 楷书

草体 ts^{h}ɑo^{53}t^{h}i^{53} 草书

字帖 tsɿ^{31}t^{h}ieʔ^{5}

描红 miɑo^{31}xoŋ^{31} 用一张薄纸盖在字帖上临摹

描红本 miɑo^{31}xoŋ^{31}pen^{53} 用于“描红”的字帖，一般把字印成红色

写别字 ɕie^{53}pieʔ^{2}tsɿ^{313}

丢字 təɯ^{33}tsɿ^{313} 掉字

草稿 ts^{h}ɑo^{53}kɑo^{53}

打草稿 tɑ^{53}ts^{h}ɑo^{53}kɑo^{53}

抄 ts^{h}ɑo^{33} 誊抄

点 tiẽ^{53} 笔画

横 xuen^{31} 笔画

竖 ɕy^{313} 笔画

撇 p^{h}ieʔ^{5} 笔画

捺 naʔ^{2} 笔画

勾 kəɯ^{33} 笔画

提 t^{h}i^{31} 笔画

划 xuaʔ^{2} 一～一画

偏旁 p^{h}iẽ^{33}p^{h}ɑŋ^{31}

单人旁 tɑŋ^{33}in^{31}p^{h}ɑŋ^{31}

双人旁 suɑŋ^{33}in^{31}p^{h}ɑŋ^{31}

弯弓张 uɑŋ^{33}koŋ^{33}tɕiɑŋ^{33}

立早章 lieʔ^{2}tsɑo^{53}tɕiɑŋ^{33}

禾旁程 xo^{31}p^{h}ɑŋ^{31}tɕ^{h}in^{31}

全包围 tɕ^{h}yẽ^{31}pɑo^{33}ue^{31}

宝盖头 pɑo^{53}kai^{24}t^{h}əɯ^{31}

秃宝盖 t^{h}ɔʔ^{5}pɑo^{53}kai^{24}

竖心旁 ɕy^{31}ɕin^{33}p^{h}ɑŋ^{31}

反犬旁 fɑŋ^{53}tɕ^{h}yẽ^{53}p^{h}ɑŋ^{31}

单挂耳 tɑŋ^{33}kuɑ^{24}ai^{53} 单耳刀儿

双挂耳 suɑŋ^{33}kuɑ^{24}ai^{53} 双耳刀儿

反文旁 fɑŋ^{53}fen^{31}p^{h}ɑŋ^{31}

斜王旁 tɕ^{h}ie^{31}uɑŋ^{31}p^{h}ɑŋ^{31}

提土旁 t^{h}i^{31}t^{h}u^{53}p^{h}ɑŋ^{31}

竹字头 tsɔʔ^{5}tsɿ^{13}t^{h}əɯ^{31}

火字旁 xo^{53}tsɿ^{0}p^{h}ɑŋ^{31}

四点水 sɿ^{24}tiẽ^{53}sue^{53} 四点

三点水 sɑŋ^{33}tiẽ^{53}sue^{0}

两点水 liɑŋ^{53}tiẽ^{0}sue^{0}

病字框 pen^{13}tsɿ^{31}k^{h}uɑŋ^{33}

走之旁 tsəɯ^{53}tsɿ^{33}p^{h}ɑŋ^{31}

绞丝旁 tɕiɑo^{53}sɿ^{33}p^{h}ɑŋ^{31}

提手旁t^{h}i^{31}ɕiɯ^{53}p^{h}ɑŋ^{31}

草字头ts^{h}ɑo^{53}tsɿ^{13}t^{h}əɯ^{31}

二十一　文体活动

瞎子摸鱼ɕiaʔ^{5}tsɿʔ^{0}mo^{33}y^{31} 儿童游戏，一人眼睛捂上，去抓人

抢羊仔tɕ^{h}iɑŋ^{53}iɑŋ^{31}tsai^{53} 老鹰捉小鸡，儿童游戏

*玩龙灯uɑŋ^{31}loŋ^{31}ten^{33}

唱莲花tɕ^{h}iɑŋ^{24}liɛ̃^{31}xuɑ^{33} 唱莲花落

踢毽子t^{h}ieʔ^{5}tɕiɛ̃^{24}tsɿʔ^{0}

捡子tɕiɛ̃^{53}tsɿ^{53} 抓子儿，儿童游戏，用几个小沙包或石子儿，扔起其一，做规定动作后再接住

滚弹珠kuen^{53}tɑŋ^{31}tɕy^{33} 弹球儿

打水漂tɑ^{53}sue^{53}p^{h}iɑo^{33}

打雪仗tɑ^{53}ɕyɔʔ^{5}tɕiɑŋ^{313}

丢沙包təɯ^{33}sɑ^{33}pɑo^{33}

造房子tsɑo^{13}fɑŋ^{31}tsɿʔ^{5} 跳房子

风车foŋ^{33}tɕ^{h}ie^{33} 纸风车

纸飞机tsɿ^{53}fi^{33}tɕi^{33}

翻茅司窟fɑŋ^{33}mɑo^{31}sɿ^{33}k^{h}uaʔ^{5} 翻绳，两人轮换翻动手指头上的细绳，变出各种花样

谜mi^{313} 谜语

出谜tɕ^{h}yɔʔ^{5}mi^{313} 出谜语

不倒翁pɔʔ^{5}tɑo^{53}oŋ^{33}

胡牌xu^{31}p^{h}ai^{31} 当地一种长条形的纸牌，打法与麻将有点类似，一般为四人一起玩，当地老人比较喜欢打

麻将mɑ^{31}tɕiɑŋ^{24}

丢骨子təɯ^{33}kuaʔ^{5}tsɿʔ^{0} 掷色子

押宝iaʔ^{5}pɑo^{53}

*放火炮fɑŋ^{24}xo^{53}p^{h}ɑo^{24}

大火炮tɑ^{31}xo^{53}p^{h}ɑo^{24} 二踢脚

火炮仔xo^{53}p^{h}ɑo^{24}tsai^{53} 小鞭炮

条炮t^{h}iɑo^{31}p^{h}ɑo^{24} 成串的鞭炮

烟花iɛ̃^{33}xuɑ^{33} 烟火

放烟花fɑŋ^{24}iɛ̃^{33}xuɑ^{33} 放烟火

象棋tɕiɑŋ^{13}tɕ^{h}i^{31}

将tɕiɑŋ^{24} 象棋里的棋子

帅ɕyai^{24} 象棋里的棋子

士sɿ^{313} 象棋里的棋子

象tɕiɑŋ^{313} 象棋里的棋子

相ɕiɑŋ^{24} 象棋里的棋子

车tɕy^{33} 象棋里的棋子

马mɑ^{53} 象棋里的棋子

炮p^{h}ɑo^{24} 象棋里的棋子

兵pen^{33} 象棋里的棋子

卒tsɔʔ^{5} 象棋里的棋子

拱卒koŋ^{53}tsɔʔ^{5}

撑$^{=}$士ts^{h}en^{33}sɿ^{313} 上士，士走上去

落士lɔʔ^{2}sɿ^{313} 士走下来

飞象fi^{33}tɕiɑŋ^{313}

落象lɔʔ^{2}tɕiɑŋ^{313}

将军tɕiɑŋ^{33}tɕyen^{33}

围棋ue^{31}tɕ^{h}i^{31}

黑子xaʔ^{5}tsɿ^{53}

白子paʔ^{2}tsɿ^{53}

和棋xo^{31}tɕ^{h}i^{31}

军棋tɕyen^{33}tɕ^{h}i^{31}

司令si^{33}len^{313} 军棋里的棋子

军长tɕyen^{33}tɕiɑŋ^{53} 军棋里的棋子

师长sɿ^{33}tɕiɑŋ^{53} 军棋里的棋子

旅长 ly^{53}tɕiaŋ^{53} 军棋里的棋子

团长 t^{h}uaŋ^{31}tɕiaŋ^{53} 军棋里的棋子

营长 yen^{31}tɕiaŋ^{53} 军棋里的棋子

连长 liɛ̃^{31}tɕiaŋ^{53} 军棋里的棋子

排长 p^{h}ai^{31}tɕiaŋ^{53} 军棋里的棋子

班长 paŋ^{33}tɕiaŋ^{53} 军棋里的棋子

工兵 koŋ^{33}pen^{33} 军棋里的棋子

炸弹 tsa^{24}taŋ^{313} 军棋里的棋子

拔河 paʔ^{2}xo^{31}

划水 xua^{31}sue^{53} 游泳

向天划 ɕiaŋ^{24}t^{h}iɛ̃^{33}xua^{31} 仰泳

闷水 men^{31}sue^{53} 潜水

打球 ta^{53}tɕ^{h}iɯ^{31}

乒乓球 p^{h}en^{33}p^{h}aŋ^{33}tɕ^{h}iɯ^{31}

篮球 laŋ^{31}tɕ^{h}iɯ^{31}

排球 p^{h}ai^{31}tɕ^{h}iɯ^{31}

足球 tsɔʔ^{5}tɕ^{h}iɯ^{31}

羽毛球 y^{53}mao^{31}tɕ^{h}iɯ^{31}

跳远 t^{h}iao^{24}yɛ̃^{53}

跳高 t^{h}iao^{24}kao^{33}

翻砖斗 faŋ^{33}tɕyɛ̃^{33}təɯ^{53} 翻跟头

打翻车 ta^{53}faŋ^{33}tɕ^{h}ie^{33} 打车轮子，连续翻好几个跟头

丁⁼到⁼头 ten^{33}tao^{24}t^{h}əɯ^{31} 倒立

划旱船 xua^{31}xaŋ^{13}tɕ^{h}yɛ̃^{31} 跑旱船

高脚 kao^{33}tɕyɔʔ^{5} 高跷：踩～

玩刀 uaŋ^{31}tao^{33} 耍刀

玩枪 uaŋ^{31}tɕ^{h}iaŋ^{33} 耍枪

扭秧歌 ȵiɯ^{33}iaŋ^{33}ko^{33} 旧时有

打腰鼓 ta^{53}iao^{33}ku^{53} 旧时有

跳舞 t^{h}iao^{24}u^{53}

壳⁼里⁼仔戏 k^{h}ɔʔ^{5}li^{53}tsai^{53}ɕi^{24} 木偶戏

大型戏 ta^{13}in^{31}ɕi^{24} 大戏，角色多、乐器多、演唱内容复杂

越剧 yɔʔ^{2}tɕieʔ^{2}

京剧 tɕin^{33}tɕieʔ^{2}

话剧 xua^{13}tɕieʔ^{2}

戏院 ɕi^{24}yɛ̃^{313}

戏台 ɕi^{24}t^{h}ai^{31}

演员 iɛ̃^{53}yɛ̃^{31} 新的说法

戏子 ɕi^{24}tsɿ^{53} 老的说法

讲大书 tɕiaŋ^{53}ta^{31}ɕy^{33} 说书

大花脸 ta^{31}xua^{33}liɛ̃^{53} 花脸

小丑 ɕiao^{53}tɕ^{h}iɯ^{53}

老生 lao^{53}sen^{33}

小生 ɕiao^{53}sen^{33}

武生 u^{53}sen^{33}

刀马旦 tao^{33}ma^{53}taŋ^{24}

老旦 lao^{53}taŋ^{24}

花旦 xua^{33}taŋ^{24}

小旦 ɕiao^{53}taŋ^{24}

行头 ɕin^{31}t^{h}əɯ^{31}

恰⁼□ tɕ^{h}iaʔ^{5}poŋ^{24} 铙钹

答答鼓 taʔ^{5}taʔ^{5}ku^{53} 板鼓

大鼓 ta^{31}ku^{53}

喇叭 la^{31}pa^{33}

萧 ɕiao^{33} 当地笛、萧一般不分，都叫“萧”

哨子 sao^{24}tsɿʔ^{0}

教 tɕiao^{33}

学 ɕyɔʔ^{2}

照相 tɕiao^{24}ɕiaŋ^{24}

秋千 tɕ^{h}iɯ^{33}tɕ^{h}iɛ̃^{33}

荡秋千 taŋ^{31}tɕ^{h}iɯ^{33}tɕ^{h}iɛ̃^{33}

赢 in^{31}

输 ɕy^{33}

纸 tsɿ^{53}

橡皮箍 tɕiaŋ^{13}pʰi^{31}kʰu^{33} 橡皮筋

徽章 xue^{33}tɕiaŋ^{33}

相片 ɕiaŋ^{24}pʰiɛ̃^{24}

电影 tiɛ̃^{31}in^{53}

故事 ku^{53}sɿ^{313}

球 tɕʰiɯ^{31}

二十二　动作

衔 kʰaŋ^{31}（嘴）含，叼

锯 tɕy^{24} ～木头

讲话 tɕiaŋ^{53}xua^{313} 说话：两个人在～

摇头 iao^{31}tʰəɯ^{31}

督⁼头 tɔʔ^{5}tʰəɯ^{31} 点头

昂头 ŋaŋ^{13}tʰəɯ^{31} 抬头

低头 ti^{33}tʰəɯ^{31}

车⁼转 tɕʰie^{33}tɕyɛ̃^{53} 脸转过去

车⁼转头 tɕʰie^{33}tɕyɛ̃^{53}tʰəɯ^{31} 回头

□眼 nen^{31}iɛ̃^{53} 瞪眼

　瞪眼 ten^{33}iɛ̃^{53}

䀹眼 tɕiaʔ^{5}iɛ̃^{53} 闭眼

碰倒 pʰoŋ^{24}tao^{53} 遇见

流眼泪 ləɯ^{31}iɛ̃^{53}lue^{313}

翘嘴巴 tɕʰiao^{24}tsue^{53}pa^{33} 噘嘴

举手 tɕy^{53}ɕiɯ^{53}

摇摇手 iao^{31}iao^{31}ɕiɯ^{53} 摆手

甩手 sai^{53}ɕiɯ^{53}

伸手 ɕin^{33}ɕiɯ^{53}

动手 toŋ^{31}ɕiɯ^{53}

拍手 pʰaʔ^{5}ɕiɯ^{53}

反着手 paŋ^{53}tɕyɔʔ^{0}ɕiɯ^{53} 背着手

姑⁼手 ku^{33}ɕiɯ^{53} 叉着手儿，两手交叉在胸前

笼着手 loŋ^{53}tɕyɔʔ^{0}ɕiɯ^{53} 双手交叉伸到袖筒里

□ pe^{53} 拨（灯芯）

□住 men^{33}tɕy^{0} 捂住

托 tʰɔʔ^{5} ～起来

□□ poŋ^{53}ŋe^{24} 给小孩儿把尿

　□尿 poŋ^{53}sɿ^{53}

□尿 poŋ^{53}ȵiao^{313} 给小孩儿把尿

弹指头 tʰaŋ^{31}tsɿ^{53}tʰəɯ^{31}

捏紧拳头 ȵiaʔ^{5}tɕin^{53}tɕʰyɛ̃^{31}tʰəɯ^{31} 攥紧拳头

顿脚 tuen^{24}tɕyɔʔ^{5} 跺脚

□脚 nen^{24}tɕyɔʔ^{5} 踮脚

□脚 kɔʔ^{2}tɕyɔʔ^{5} 跷二郎腿

踢 tʰieʔ^{5} ～一脚

勾 kəɯ^{33} ①蜷腿；②弯腰：～倒

弓背 koŋ^{33}pe^{24} 弯腰

圈⁼腰 tɕʰyɛ̃^{33}iao^{33} 伸腰，活动腰部

翘 tɕʰiao^{24} 撅（屁股）

捶背脊 tsʰue^{31}pe^{24}tɕieʔ^{5} 捶背

吸 ɕieʔ^{5} ～鼻涕

嫌 ɕiɛ̃^{31} 嫌弃

不讲话 pɔʔ^{5}tɕiaŋ^{53}xua^{313} 不说话，不言语

勿怎么样 pe^{13}tsəʔ^{2}məʔ^{2}iaŋ^{313} 没关系，不要紧

　没事 me^{53}sɿ^{313}

缴⁼倒 tɕiao^{53}tao^{0} 擦掉

□起 kuai^{31}tɕʰieʔ^{0} 提起

捡起来 tɕiɛ̃^{53}tɕʰieʔ^{0}lai^{0}

寻倒了 tɕʰin^{31}tao^{53}ləʔ^{0} 找着了

叠起来 tieʔ^{2}tɕʰieʔ^{0}lai^{0} 码起来

懂了 toŋ^{53}ləʔ^{0}

会了 xue^{31}ləʔ^{0}

认得倒字 in^{31}təʔ^{5}tɑo^{53}tsɿ^{313} 识字

认不倒字 in^{31}pɔʔ^{5}tɑo^{53}tsɿ^{313} 不识字

估计 ku^{53}tɕi^{24} 估量

忖主意 tsʰuen^{53}tɕy^{53}i^{24} 想主意

猜 tsʰai^{33} 猜想

疑心 ȵi^{31}ɕin^{33} 怀疑

吓着了 ɕiaʔ^{5}tɕyɔʔ^{0}ləʔ^{0}

急 tɕieʔ^{5} 着急

牵挂 tɕʰiẽ^{33}kuɑ^{24} 挂念

放心 fɑŋ^{24}ɕin^{33}

希望 ɕi^{33}uɑŋ^{313} 盼望

巴不得 pɑ^{53}pɔʔ^{2}təʔ^{5}

眼浅 ⁼iẽ^{53}tɕʰiẽ^{53} 眼红，嫉妒

恨 xen^{313}

偏心 pʰiẽ^{33}ɕin^{33}

赌气 tu^{53}tɕʰi^{24}

埋怨 mai^{31}yẽ^{313} 抱怨

闭气 pi^{24}tɕʰi^{24} 憋气

容 ioŋ^{31} 宠爱

容坏了 ioŋ^{31}xuai^{31}ləʔ^{0} 惯坏了

依 i^{33} 迁就

搭话 taʔ^{5}xuɑ^{313} 搭茬儿

不做声 pɔʔ^{2}tso^{24}ɕin^{33} 不作声

抬杠 tʰai^{31}kɑŋ^{24}

顶嘴 ten^{53}tsue^{53}

挨骂 ŋai^{31}mɑ^{313}

吩咐 fen^{33}fu^{24} 嘱咐

挨批 ŋai^{31}pʰi^{33} 挨说，挨批评

啰啰唆唆 lo^{33}lo^{33}so^{33}so^{33} 唠叨

捏 ȵiaʔ^{5} ～住，～倒

搓 tsʰo^{33} ～绳子

捧 pʰoŋ^{53} ～起来

搬 pʰɑŋ^{31} ～家

掌 tsʰen^{24} 支撑

拖 tʰo^{33} ～地

摸 mo^{33} ～着墙头扶着墙

打门 tɑ^{53}men^{31} 敲门

打锣鼓 tɑ^{53}lo^{31}ku^{53} 敲锣打鼓

掭 tʰiẽ^{24} ①拨（灶膛）：～一下，～空；②掏：～耳朵

弹 tʰɑŋ^{31}（球）～起来

钻 tsuɑŋ^{24} ～个洞

爬 pʰɑ^{31}（从桌子底下）～过去钻过去

挤 tɕi^{53} ～过去

戴 tai^{24} ～帽子

刷 ɕyɔʔ^{5} ～鞋子

染 ȵiẽ^{53} ～头发

剪 tɕiẽ^{53} ～纸

裁 tsʰai^{31} ～布

切 tɕʰiaʔ^{5} ～菜

割 kaʔ^{5} ～断

破 pʰo^{24} 劈：～柴火

泼 pʰieʔ^{5} ～水

洒 sai^{53} ～水

吹 tsʰue^{33} ～气，～灯

开 kʰai^{33} ～灯，～锅盖

关 kuɑŋ^{33} ～灯

封 foŋ^{33} 信壳～好

闭 pi^{24} 堵（洞）指较大的

塞 saʔ^{5} 堵（洞）指较小的

罩 tsɑo^{24} 罩（菜）

套 tʰɑo^{24} 套（衣服）

卷 tɕyẽ^{53} 卷（纸）

包 pɑo^{33} 包（粽子、馄饨）

裹 ko^{53} 棉袄～起来

摊 tʰaŋ^{33} 平铺：～开

敨 tʰəɯ^{53} 展开：～开

铺 pʰu^{33} ～床铺

装 tsuaŋ^{33} ～进麻袋

挖 ua^{33} ～洞

填 tʰiɛ̃^{31} ～塘

篓 ⁼ləɯ^{53} 搅，老的说法

　拌 paŋ^{313} 新的说法

吐火 tʰu^{24}xo^{53} 喷火

二十三　位置

地下 ti^{13}ɕia^{313} 地上：睡在～

天上 tʰiɛ̃^{33}ɕiaŋ^{313}

山上 saŋ^{33}ɕiaŋ^{313}

路上 lu^{13}ɕiaŋ^{313}

街路上 tɕiai^{33}lu^{13}ɕiaŋ^{0} 街上

墙头上 tɕʰiaŋ^{31}tʰəɯ^{31}ɕiaŋ^{313} 墙上

门上 men^{31}ɕiaŋ^{313}

台子上 tʰai^{31}tsɿʔ^{5}ɕiaŋ^{0} 桌上

交椅上 kao^{33}y^{53}ɕiaŋ^{0} 椅子上

边上 piɛ̃^{33}ɕiaŋ^{0}

手里 ɕiɯ^{53}lieʔ^{0}

心里 ɕin^{33}lieʔ^{0}

大门外 ta^{13}men^{31}uai^{313}

　大门外头 ta^{13}men^{31}uai^{13}tʰəɯ^{31}

门外 men^{31}uai^{313}

　门外头 men^{31}uai^{13}tʰəɯ^{31}

墙头外 tɕʰiaŋ^{31}tʰəɯ^{31}uai^{313} 墙外

　墙头外头 tɕʰiaŋ^{31}tʰəɯ^{31}uai^{13}tʰəɯ^{31}

窗户外 tsʰuaŋ^{31}xu^{31}uai^{313} 窗外

　窗户外头 tsʰuaŋ^{31}xu^{31}uai^{13}tʰəɯ^{31}

车上 tɕʰie^{33}ɕiaŋ^{0}

车外 tɕʰie^{33}uai^{313}

　车外头 tɕʰie^{33}uai^{13}tʰəɯ^{31}

车前头 tɕʰie^{33}tɕʰiɛ̃^{31}tʰəɯ^{31}

车后头 tɕʰie^{33}xəɯ^{13}tʰəɯ^{31}

山前头 saŋ^{33}tɕʰiɛ̃^{31}tʰəɯ^{31}

山后头 saŋ^{33}xəɯ^{13}tʰəɯ^{31}

房子后头 faŋ^{31}tsɿʔ^{5}xəɯ^{13}tʰəɯ^{31}

过后 ko^{24}xəɯ^{313} 后来，指过去某事之后

东 toŋ^{33}

西 ɕi^{33}

南 naŋ^{31}

北 paʔ^{5}

东南 toŋ^{33}naŋ^{31}

东北 toŋ^{33}paʔ^{5}

西南 ɕi^{33}naŋ^{31}

西北 ɕi^{31}paʔ^{5}

路边 lu^{31}piɛ̃^{33}

床铺底 tsʰuaŋ^{31}pʰu^{33}ti^{53} 床底下

楼底 ləɯ^{31}ti^{53} 楼底下

脚底 tɕyɔʔ^{5}ti^{53} 脚底下

碗底 uaŋ^{53}ti^{53}

锅头底 ko^{33}tʰəɯ^{31}ti^{53} 锅底儿

缸底 kaŋ^{33}ti^{53}

往里走 uaŋ^{53}li^{53}tsəɯ^{53}

往外走 uaŋ^{53}uai^{31}tsəɯ^{53}

往东走 uaŋ^{53}toŋ^{33}tsəɯ^{53}

往西走 uaŋ^{53}ɕi^{33}tsəɯ^{53}

往回走 uaŋ^{53}xue^{31}tsəɯ^{53}

往前走 uaŋ^{53}tɕʰiɛ̃^{31}tsəɯ^{53}

以东 i^{53}toŋ^{33}……以东

以西 i^{53}ɕi^{33}……以西

以南 i^{53}nɑŋ^{31}……以南

以北 i^{53}paʔ^{5}……以北

以内 i^{53}lue^{313}……以内

以外 i^{53}uai^{313}……以外

以来 i^{53}lai^{31}……以来

以后 i^{53}xəɯ^{313}……之后

以前 i^{53}tɕ^{h}iɛ̃^{31}……之前

之间 tsɿ^{33}tɕiɛ̃^{33}……之间

以上 i^{53}ɕiɑŋ^{313}

以下 i^{53}ɕia^{313}

二十四　代词等

这多 tɕi^{24}to^{33} 这些

那多 nɑ^{31}to^{33} 那些

哪多 nɑ^{53}to^{33} 哪些

那 nɑ^{313} 那么：～高，～做

几 tɕi^{53} 多：～高，～大，～重

我们两人 ŋo^{53}men^{0}liɑŋ^{53}in^{31} ①我们俩；②咱们俩

他们两人 t^{h}ɑ^{33}men^{0}liɑŋ^{53}in^{31} 他们俩

老公老婆两人 lɑo^{53}koŋ^{33}lɑo^{53}p^{h}o^{31}liɑŋ^{53}in^{31} 夫妻俩

娘亲儿子两人 ȵiɑŋ^{31}tɕ^{h}in^{33}ai^{31}tsɿʔ^{5}liɑŋ^{53}in^{31} 娘儿俩，母亲和子女

娘亲女儿两人 ȵiɑŋ^{31}tɕ^{h}in^{33}ȵy^{53}ai^{31}liɑŋ^{53}in^{31}

老子儿子两人 lɑo^{53}tsɿʔ^{5}ai^{31}tsɿʔ^{5}liɑŋ^{53}in^{31} 爷儿俩，父亲和子女

老子女儿两人 lɑo^{53}tsɿʔ^{5}ȵy^{53}ai^{31}liɑŋ^{53}in^{31}

公□孙子两人 koŋ^{33}tai^{53}suen^{33}tsɿʔ^{5}liɑŋ^{53}in^{31} 爷孙俩

叔伯姆两人 sɔʔ^{2}paʔ^{2}mu^{53}liɑŋ^{53}in^{31} 妯娌俩

姑娘嫂两人 ku^{33}ȵiɑŋ^{31}sɑo^{53}liɑŋ^{53}in^{31} 姑嫂俩

婆婆媳妇两人 p^{h}o^{31}p^{h}o^{31}ɕieʔ^{2}fu^{313}liɑŋ^{53}in^{31} 婆媳俩

哥弟两人 ko^{33}ti^{313}liɑŋ^{53}in^{31} 兄弟俩

姐妹两人 tɕie^{53}me^{313}liɑŋ^{53}in^{31} 姐妹俩

哥子妹子两人 ko^{33}tsɿʔ^{5}me^{31}tsɿʔ^{5}liɑŋ^{53}in^{31} 兄妹俩

姐弟两人 tɕie^{53}ti^{313}liɑŋ^{53}in^{31} 姐弟俩

舅爷外甥两人 tɕiɯ^{13}ie^{31}uai^{31}sen^{33}liɑŋ^{53}in^{31} 舅甥俩

娘娘侄儿两人 ȵiɑŋ^{33}ȵiɑŋ^{33}tɕieʔ^{2}ai^{31}liɑŋ^{53}in^{31} 姑侄俩

叔侄两人 sɔʔ^{5}tɕieʔ^{2}liɑŋ^{53}in^{31} 叔侄俩

师父徒弟两人 sɿ^{33}fu^{313}t^{h}u^{31}ti^{313}liɑŋ^{53}in^{31} 师徒俩

老师学生 lɑo^{53}sɿ^{33}ɕyɔʔ^{2}sen^{33}

这多道理 tɕi^{24}to^{33}tɑo^{31}li^{53} 这些理儿

那多事情 nɑ^{13}to^{33}sɿ^{13}tɕ^{h}in^{31} 那些事儿

我的 ŋo^{53}tieʔ^{0}

你的 ȵi^{53}tieʔ^{0}

他的 t^{h}ɑ^{33}tieʔ^{0}

我们的 ŋo^{53}men^{0}tieʔ^{0}

你们的 ȵi^{53}men^{0}tieʔ^{0}

他们的 t^{h}ɑ^{33}men^{0}tieʔ^{0}

别个人的 pieʔ^{2}kəʔ^{0}in^{31}tieʔ^{0} 别人的

人家 in^{31}tɕia^{33}

别样 pieʔ^{2}iɑŋ^{313} 别的物件

那边 nɑ^{31}piɛ̃^{33}

那歇$^{=}$ nɑ^{31}ɕiaʔ^{5} 那会儿

怎么五$^{=}$ tsəʔ^{2}məʔ^{2}u^{53} 怎么办

二十五　形容词

朱红 tɕy^{33}xoŋ^{31}

粉红 fen^{53}xoŋ^{31}

深红 ɕin^{33}xoŋ^{31}

淡红 tɑŋ^{13}xoŋ^{31} 浅红

淡蓝 tɑŋ^{13}lɑŋ^{31} 浅蓝

深蓝 ɕin^{33}lɑŋ^{31}

天蓝 tʰiɛ̃^{33}lɑŋ^{31}

草绿 tsʰɑo^{33}lɔʔ^{2}

淡绿 tɑŋ^{13}lɔʔ^{2} 浅绿

灰白 xue^{33}paʔ^{2}

苍白 tsʰɑŋ^{33}paʔ^{2}

深黄 ɕin^{33}uɑŋ^{31}

淡黄 tɑŋ^{13}uɑŋ^{31} 浅黄

青 tɕʰin^{33}

藏青 tsʰuɑŋ^{31}tɕʰin^{33}

淡灰 tɑŋ^{13}xue^{33} 浅灰

古铜色 ku^{53}tʰoŋ^{31}saʔ^{5}

褪色 tʰue^{24}səʔ^{5}

端正 tuɑŋ^{33}tɕin^{24} 坐～

斜 tɕʰie^{31} ～了

难为情 nɑŋ^{31}ue^{31}tɕʰin^{31} 不好意思

真能干 tɕin^{33}nen^{31}kɑŋ^{24}（这小伙子）真行

不当行 pɔʔ^{2}tɑŋ^{24}ɕin^{31}（那个家伙）不行

缺德 tɕʰyɔʔ^{5}taʔ^{5}

灵光⁼ len^{31}kuɑŋ^{24} 机灵

灵巧 len^{31}tɕʰiɑo^{53}

糊涂 xu^{31}tʰu^{31}

死板眼 sɿ^{33}pɑŋ^{53}iɛ̃^{53} 死心眼儿

整个 tɕin^{53}kəʔ^{5}

凸 tɔʔ^{2}

塌 tʰaʔ^{5} 凹

活络 xuaʔ^{2}lɔʔ^{5}

正宗 tɕin^{24}tsoŋ^{33}

整齐 tɕin^{53}tɕʰi^{31}

满意 mɑŋ^{53}i^{24}

合意 xaʔ^{2}i^{24}

合适 xaʔ^{2}ɕieʔ^{5}

蛮好 mɑŋ^{33}xɑo^{53} 不错，颇好

差不多 tsʰɑ^{33}pɔʔ^{2}to^{33}

不怎么好 pɔʔ^{5}tsəʔ^{2}məʔ^{2}xɑo^{53} 不怎么样

没用 me^{53}ioŋ^{313} 不顶事

不好 pɔʔ^{5}xɑo^{53}

不当好 pɔʔ^{5}tɑŋ^{24}xɑo^{53} 不太好

推扳 tʰue^{33}pɑŋ^{53}（质量）差

要紧 iɑo^{24}tɕin^{53}

牢 lɑo^{31} 坚固

　牢固 lɑo^{31}ku^{24}

还好 xaʔ^{2}xɑo^{53} 幸亏：～你来了

　好得 xɑo^{53}təʔ^{5}

反 pɑŋ^{53} ～面

潮湿 tɕʰiɑo^{31}ɕieʔ^{5} 潮

浓 ȵioŋ^{31} 酽

老 lɑo^{53} 不嫩

嫩 nuen^{313}

生 sen^{33} 不熟

破 pʰo^{24}

冷静 len^{53}tɕin^{313} 清静

静 tɕin^{313} 安静，背静

清楚 tɕʰin^{33}tsʰu^{53}

古怪 ku^{53}kuai^{24} 奇怪

笔直 pieʔ^{5}tɕieʔ^{2}

涩嘴 saʔ^{5}tsue^{53} 涩

饱 pɑo^{53}

瞌睡 kʰaʔ^{2}sue^{313}

横⁼班⁼ xuen^{31}pɑŋ^{33} 强壮

聪明 tsʰoŋ^{33}men^{31}

能干 nen^{31}kɑŋ^{24}

滑头滑脑 xuaʔ^{2}t^{h}əɯ^{31}xuaʔ^{2}nɑo^{53} 滑头

得人精 taʔ^{5}in^{31}tɕin^{33} 可爱

倒灶 tɑo^{53}tsɑo^{24} 倒霉

倒霉 tɑo^{53}me^{31}

二十六　副词　介词等

光 kuɑŋ^{33} 净：～吃米，不吃面

刚刚好 k^{h}ɑŋ^{33}k^{h}ɑŋ^{33}xɑo^{53} 刚好：～十块钱

刚好 k^{h}ɑŋ^{33}xɑo^{53} 刚巧：～我在那里

有点 iɯ^{53}tiɛ̃^{53} 天～冷

一定 ieʔ^{2}ten^{313}

等歇⁼ten^{53}ɕiaʔ^{0} 马上：～就来

早点 tsɑo^{53}tiɛ̃^{53} ～走

迟点 ts^{h}ɿ^{31}tiɛ̃^{53} ～来

快要 k^{h}uai^{24}iɑo^{313} ～到期了

当脸 tɑŋ^{33}liɛ̃^{53} 当面：有话～讲

顺便 ɕyen^{13}piɛ̃^{313}

到底 tɑo^{24}ti^{53} 你～去不去

一点都 ieʔ^{2}tiɛ̃^{53}to^{33} 压根儿：他～不欢喜

当真 tɑŋ^{24}tɕin^{33} 实在：他～没钱

白 paʔ^{2} 不要钱：～吃

还是 xaʔ^{5}sɿʔ^{5} 仍然

就是 tɕiɯ^{31}sɿʔ^{5} 偏：我～要去

乱 luɑŋ^{313} ～讲

先 ɕiɛ̃^{33}①先：你～去；②原先：他～[不晓]得

一贯 ieʔ^{5}kuɑŋ^{24} 一向

事先 sɿ^{31}ɕiɛ̃^{33} 预先

已经 i^{53}tɕin^{33}

尽⁼管 tɕin^{53}kuɑŋ^{53} 常常

快点 k^{h}uai^{24}tiɛ̃^{53} 赶快

稍微 sɑo^{33}ue^{33}

另外 len^{13}uai^{313} ～还有一个人

从 ts^{h}oŋ^{31} ～今日以后

帮 pɑŋ^{33} 把：～衣服收回来

帮我 pɑŋ^{33}ŋo^{53} 给我，虚用，加重语气：这碗饭你～吃干净！

帮……叫 pɑŋ^{33}…tɕiɑo^{24} 管……叫：有星⁼场面帮太阳叫日头

帮……当 pɑŋ^{33}…tɑŋ^{24} 拿……当：我们帮他当自己人

等 ten^{53} 被：～贼偷走了

用 ioŋ^{313} ～毛笔写字

比 pi^{53} 他～我高

自从 tsɿ^{13}ts^{h}oŋ^{31} ～他走后我一直不放心

沿 iɛ̃^{31} ～这根路一直走

了 ləʔ^{5} 语气词，用于句末或分句句尾，表示各种语气，并有成句作用：他来～，天亮～，看过～

倒 tɑo^{53}①助词，表示动作持续：坐～吃比站～吃好；②助词，表示动作结果：帽子等风吹～了，鞋子破～了

的 tieʔ^{5} ～ təʔ^{5}①助词，表示领属：我～书，他做～点心；②语气词，表示强调：这本书是我～

得 tieʔ^{5} ～ təʔ^{5}①助词，构成补语：拿～动，讲～好；②介词，表示给予：拿本书～我，拿～我一本书

把 pɑ^{53} 个～，千～个

二十七　量词

把 pɑ^{53}①把：一～交椅，一～韭菜；②列：一～火车；③架：一～飞机

班 pɑŋ^{33} 趟：一～车

块k^{h}uai^{24} ①枚：一～奖章；②锭：一～墨；③条一～手巾；④处：一～场面；⑤元：一～钱

本pen^{53}一～书

笔pieʔ^{5}一～钱

个kəʔ^{5} ①颗，粒：一～豆子；②只：一～手；③口：一～人；④间：一～房间；⑤尊：一～菩萨；⑥瓶：一～罐头

封foŋ^{33}一～信

样iɑŋ^{313} ①味：一～药；②种：一～东西

条t^{h}iɑo^{31} ①道：一～河；②口：一～猪；③挂：一～火炮；④床：一～被窝；⑤只：一～船

顶ten^{53}一～帽子

根ken^{33} ①子儿：一～香；②只：一～手；③根：一～头发；④支：一～烟；⑤枚：一～针

盏tsɑŋ^{53}一～灯

台子t^{h}ai^{31}tsɿʔ^{5}桌：一～酒

场tɕ^{h}iɑŋ^{31} ①场：一～雨；②出：一～戏；③门：一～亲事；④次，回：闹一～

身ɕin^{33}一～衣裳，一～泥

家tɕiɑ^{33} ①个，家：一～店；②户：一～人家

层ts^{h}en^{31}一～砖

件tɕiɛ̃^{313}一～衣裳

篇p^{h}iɛ̃^{33}一～文章

张tɕiɑŋ^{33} ①一～纸，一～钞票；②页：一～书

段tuɑŋ^{313}一～文章

片p^{h}iɛ̃^{24} ①片：一～好心；②瓣：一～花瓣

块仔k^{h}uai^{24}tsai^{53}片儿：一～肉

面miɛ̃^{313}一～旗

回xue^{31} ①盘：一～棋；②次，场：见一～，劝一～

刀tɑo^{33}沓：一～纸

缸kɑŋ^{33}一～水，一～鱼

碗uɑŋ^{53}一～饭

杯pe^{33}一～茶，一～烧酒

抓tsuɑ^{33}把：一～米

包pɑo^{33}一～花生，一～糖

卷tɕyɛ̃^{53}一～纸

担tɑŋ^{24}一～米，一～水

排p^{h}ai^{31}排，列：一～谷子，一～板凳

句tɕy^{24}一～话

对tue^{24}一～花瓶，一～蜡烛，一～枕头

套t^{h}ɑo^{24}①组，系列：一～书；②身：一～衣裳

种tsoŋ^{53}一～虫子

伙xo^{53}一～人

帮pɑŋ^{33}一～人

批p^{h}i^{33}一～人，一～货

窠k^{h}o^{33}窝：一～蜂

挂kuɑ^{24}串：一～葡萄

串tɕ^{h}yɛ̃^{24}

脸liɛ̃^{53}一～泥

肚子tu^{31}tsɿʔ^{5}一～气

眼iɛ̃^{53}看一～

口k^{h}əɯ^{53}一～水，吃一～

扇ɕiɛ̃^{24}一～门

幅fɔʔ^{5}一～画

堆tue^{33}一～沙子

嘴tsue^{53}一～牙

撮ts^{h}aʔ^{5}一～头发

届 tɕiai^{24} 十三～

任 in^{313} 做一～官

滴 tieʔ^{5} 一～水

盒 xaʔ^{2} 一～洋火，一～饼干

箱 ɕiaŋ^{33} 一～衣裳

抽屉 tɕ^{h}iɯ^{33}t^{h}i^{24} 一～文件

箩 lo^{31} 一～稻子

篮 laŋ^{31} 一～菜

篓 ləɯ^{53} 一～煤炭

袋 tai^{313} 一～米

池 ts^{h}ʅ^{31} 一～水

坛 t^{h}ɑŋ^{31} 一～酒

桶 t^{h}oŋ^{53} 一～汽油

盆 p^{h}en^{31} 一～水

壶 xu^{31} 一～茶

锅 ko^{33} 一～饭

笼 loŋ^{31} 一～包子

盘 p^{h}ɑŋ^{31} 一～水果

碟 tieʔ^{2} 一～花生米

瓢 p^{h}iɑo^{31} 一～汤，一～酱油

错$^{=}$ts^{h}o^{24} 截：一～甘蔗

瓶 p^{h}en^{31} 一～酒

遍 piɛ̃^{24} 看一～

岔$^{=}$ts^{h}ɑ^{24} 大拇指与食指或中指张开的长度：一～

庹 t^{h}ɔʔ^{5} 两臂向左右伸张的长度：一～

指 tsʅ^{53} 一～长

成 tɕ^{h}in^{31} 十分之一：一～

点点仔 tiɛ̃^{53}tiɛ̃^{53}tsai^{53} 一点点：一～

分 fen^{33} 十分之一

个把两个 ko^{24}pɑ^{53}liɑŋ^{53}kəʔ^{0} 一两个

百把个 paʔ^{5}pɑ^{53}kəʔ^{0} 一百个左右

千把个 tɕ^{h}iɛ̃^{33}pɑ^{53}kəʔ^{0} 一千个左右

万把块 uɑŋ^{31}pɑ^{53}k^{h}uai^{24}ts^{h}ɑo^{53}p^{h}iɑo^{24} 一万块左右：～钞票

里把路 li^{53}pɑ^{53}lu^{313} 不到一里

一两里路 ieʔ^{5}liɑŋ^{53}li^{0}lu^{313}

里把两里路 li^{53}pɑ^{0}liɑŋ^{53}li^{53}lu^{313}

一两亩 ieʔ^{5}liɑŋ^{53}me^{53}

亩把两亩 me^{53}pɑ^{0}liɑŋ^{53}me^{53}

二十八　附加成分等

得很 təʔ^{0}xen^{53} 热～

要死 iɑo^{31}sʅ^{53} 热得～

死了 sʅ^{53}ləʔ^{0} 热～

傻不愣登 sɑ^{33}pɔʔ^{5}len^{33}ten^{33}

吃头 tɕ^{h}ieʔ^{5}t^{h}əɯ^{31} 值得吃：这个菜没～，那个酒没～

看头 k^{h}ɑŋ^{24}t^{h}əɯ^{31} 值得看：这个电影没～

做头 tso^{24}t^{h}əɯ^{31} 值得做：这个事没～

嬉头 ɕi^{33}t^{h}əɯ^{31} 值得玩儿

苦头 k^{h}u^{53}t^{h}əɯ^{31} 苦头儿

甜头 t^{h}iɛ̃^{31}t^{h}əɯ^{31} 甜头儿

笔 pieʔ^{5} 加在形容词之前，构成形容词的生动形式，表示程度加深：～直，～挺

滚 kuen^{53} 加在形容词之前，构成形容词的生动形式，表示程度加深：～烫，～圆

喷 p^{h}oŋ^{24} 加在形容词之前，构成形容词的生动形式，表示程度加深：～香

碧 pieʔ^{5} 加在形容词之前，构成形容词的生动形式，表示程度加深：～绿

刷$^{=}$ɕyɔʔ^{5} 加在形容词之前，构成形容词的

生动形式，表示程度加深：～绿，～清

刮=kuaʔ^{5}加在形容词之前，构成形容词的生动形式，表示程度加深：～重，～厚

稀çi^{33}加在形容词之前，构成形容词的生动形式，表示程度加深：～臭，～苦，～酸

撒=suɑ^{53}加在形容词之前，构成形容词的生动形式，表示程度加深：～亮

宣=çyẽ^{33}加在形容词之前，构成形容词的生动形式，表示程度加深：～红，～甜

二十九　数字

一号 ieʔ^{2}xɑo^{313}

二号 ai^{13}xɑo^{313}

三号 sɑŋ^{33}xɑo^{313}

四号 sɿ^{24}xɑo^{313}

五号 u^{53}xɑo^{313}

六号 lɔʔ^{2}xɑo^{313}

七号 tɕʰieʔ^{2}xɑo^{313}

八号 paʔ^{2}xɑo^{313}

九号 tɕiɯ^{53}xɑo^{313}

十号 çieʔ^{2}xɑo^{313}

初一 tsʰu^{33}ieʔ^{5}

初二 tsʰu^{33}ai^{313}

初三 tsʰu^{33}sɑŋ^{33}

初四 tsʰu^{33}sɿ^{24}

初五 tsʰu^{33}u^{53}

初六 tsʰu^{33}lɔʔ^{2}

初七 tsʰu^{33}tɕʰieʔ^{5}

初八 tsʰu^{33}paʔ^{5}

初九 tsʰu^{33}tɕiɯ^{53}

初十 tsʰu^{33}çieʔ^{2}

老大 lɑo^{53}tɑ^{313}

老二 lɑo^{53}ai^{313}

老三 lɑo^{53}sɑŋ^{33}

老四 lɑo^{53}sɿ^{24}

老五 lɑo^{53}u^{53}

老六 lɑo^{53}lɔʔ^{2}

老七 lɑo^{53}tɕʰieʔ^{5}

老八 lɑo^{53}paʔ^{5}

老九 lɑo^{53}tɕiɯ^{53}

老十 lɑo^{53}çieʔ^{2}

大哥 tɑ^{31}ko^{33}

二哥 ai^{31}ko^{33}

一个 ieʔ^{2}kəʔ^{5}

两个 liɑŋ^{53}kəʔ^{0}

三个 sɑŋ^{33}kəʔ^{5}

四个 sɿ^{24}kəʔ^{0}

五个 u^{53}kəʔ^{0}

六个 lɔʔ^{2}kəʔ^{5}

七个 tɕʰieʔ^{2}kəʔ^{5}

八个 paʔ^{2}kəʔ^{5}

九个 tɕiɯ^{53}kəʔ^{0}

十个 çieʔ^{2}kəʔ^{5}

第三 ti^{31}sɑŋ^{33}

第四 ti^{31}sɿ^{24}

第五 ti^{31}u^{53}

第六 ti^{31}lɔʔ^{2}

第七 ti^{31}tɕʰie^{5}

第八 ti^{31}paʔ^{5}

第九 ti^{31}tɕiɯ^{53}

第十 ti^{31}ɕieʔ^{2}

第一个 ti^{31}ieʔ^{2}kəʔ^{5}

第二个 ti^{31}ai^{31}kəʔ^{5}

第三个 ti^{31}saŋ^{33}kəʔ^{5}

第四个 ti^{31}sɿ^{24}kəʔ^{0}

第五个 ti^{31}u^{53}kəʔ^{0}

第六个 ti^{31}lɔʔ^{2}kəʔ^{5}

第七个 ti^{31}tɕ^{h}ieʔ^{2}kəʔ^{5}

第八个 ti^{31}paʔ^{2}kəʔ^{5}

第九个 ti^{31}tɕiɯ^{53}kəʔ^{0}

第十个 ti^{31}ɕieʔ^{2}kəʔ^{5}

十一 ɕieʔ^{2}ieʔ^{5}

二十一 ai^{13}ɕieʔ^{2}ieʔ^{5}

三十一 saŋ^{33}ɕieʔ^{2}ieʔ^{5}

四十 sɿ^{24}ɕieʔ^{2}

四十一 sɿ^{24}ɕieʔ^{2}ieʔ^{5}

五十 u^{53}ɕieʔ^{2}

五十一 u^{53}ɕieʔ^{2}ieʔ^{5}

六十 lɔʔ^{2}ɕieʔ^{2}

六十一 lɔʔ^{2}ɕieʔ^{2}ieʔ^{5}

七十 tɕ^{h}ieʔ^{2}ɕieʔ^{2}

七十一 tɕ^{h}ieʔ^{2}ɕieʔ^{2}ieʔ^{5}

八十 paʔ^{5}ɕieʔ^{2}

八十一 paʔ^{5}ɕieʔ^{2}ieʔ^{5}

九十 tɕiɯ^{53}ɕieʔ^{2}

九十一 tɕiɯ^{53}ɕieʔ^{2}ieʔ^{5}

一百一 ieʔ^{2}paʔ^{2}ieʔ^{5} 一百一十

一百一十 ieʔ^{2}paʔ^{5}ieʔ^{5}ɕieʔ^{2}

一百一十个 ieʔ^{2}paʔ^{5}ieʔ^{5}ɕieʔ^{2}kəʔ^{5}

一百一十一 ieʔ^{2}paʔ^{5}ieʔ^{5}ɕieʔ^{2}ieʔ^{5}

一百一十二 ieʔ^{2}paʔ^{5}ieʔ^{5}ɕieʔ^{2}ai^{313}

一百二 ieʔ^{2}paʔ^{2}ai^{313} 一百二十

一百二十 ieʔ^{2}paʔ^{5}ai^{13}ɕieʔ^{2}

一百三 ieʔ^{2}paʔ^{5}saŋ^{33} 一百三十

一百三十 ieʔ^{2}paʔ^{5}saŋ^{33}ɕieʔ^{2}

一百五十个 ieʔ^{2}paʔ^{5}u^{53}ɕieʔ^{2}kəʔ^{5}

两百五 liaŋ^{53}paʔ^{5}u^{53} 二百五十

两百五十 liaŋ^{53}paʔ^{5}u^{53}ɕieʔ^{2}

二百五 ai^{31}paʔ^{5}u^{53} 指傻子

两百五十个 liaŋ^{53}paʔ^{5}u^{53}ɕieʔ^{2}kəʔ^{5} 二百五十个

三百一 saŋ^{33}paʔ^{2}ieʔ^{5} 三百一十

三百一十 saŋ^{33}paʔ^{5}ieʔ^{5}ɕieʔ^{2}

三百三 saŋ^{33}paʔ^{2}saŋ^{33} 三百三十

三百三十 saŋ^{33}paʔ^{2}saŋ^{33}ɕieʔ^{2}

三百六 saŋ^{33}paʔ^{5}lɔʔ^{2} 三百六十

三百六十 saŋ^{33}paʔ^{5}lɔʔ^{2}ɕieʔ^{2}

三百八 saŋ^{33}paʔ^{2}paʔ^{5} 三百八十

三百八十 saŋ^{33}paʔ^{5}paʔ^{5}ɕieʔ^{2}

一千一 ieʔ^{5}tɕ^{h}iɛ̃^{33}ieʔ^{5} 一千一百

一千一百 ieʔ^{5}tɕ^{h}iɛ̃^{33}ieʔ^{2}paʔ^{5}

一千一百个 ieʔ^{5}tɕ^{h}iɛ̃^{33}ieʔ^{2}paʔ^{2}kəʔ^{5}

一千九 ieʔ^{5}tɕ^{h}iɛ̃^{33}tɕiɯ^{53} 一千九百

一千九百 ieʔ^{5}tɕ^{h}iɛ̃^{33}tɕiɯ^{53}paʔ^{0}

一千九百个 ieʔ^{5}tɕ^{h}iɛ̃^{33}tɕiɯ^{53}paʔ^{0}kəʔ^{0}

三千 saŋ^{33}tɕ^{h}iɛ̃^{33}

五千 u^{53}tɕ^{h}iɛ̃^{0}

八千 paʔ^{5}tɕ^{h}iɛ̃^{0}

一万二 ieʔ^{2}uaŋ^{13}ai^{313} 一万二千

一万两千 ieʔ^{2}uaŋ^{31}liaŋ^{53}tɕ^{h}iɛ̃^{33}

三万五 saŋ^{33}uaŋ^{31}u^{53} 三万五千

三万五千 saŋ^{33}uaŋ^{31}u^{53}tɕ^{h}iɛ̃^{33}

三万五千个 saŋ^{33}uaŋ^{31}u^{53}tɕ^{h}iɛ̃^{33}kəʔ^{5}

零 len^{31}

两斤 liaŋ^{53}tɕin^{0} 二斤

两钱 liaŋ^{53}tɕʰiɛ̃^{31} 二钱

两分 liaŋ^{53}fen^{33} 二分

两厘 liaŋ^{53}li^{31} 二厘

两丈 liaŋ^{53}tɕiaŋ^{313}

两尺 liaŋ^{53}tɕʰieʔ^{5} 二尺

两寸 liaŋ^{53}tsʰuen^{24} 二寸

两里 liaŋ^{53}li^{53} 二里

两担 liaŋ^{53}taŋ^{24}

两斗 liaŋ^{53}təɯ^{53} 二斗

两升 liaŋ^{53}ɕin^{33} 二升

两样 liaŋ^{53}iaŋ^{313} 两项

两亩 liaŋ^{53}me^{53}

好几个 xɑo^{53}tɕi^{53}kəʔ^{0} 好多个

好点 xɑo^{53}tiɛ̃^{0} 好一些

大点 tɑ^{31}tiɛ̃^{53} 大一些

一点点仔 ieʔ^{5}tiɛ̃^{53}tiɛ̃^{53}tsai^{53} 一点点

十几个 ɕieʔ^{2}tɕi^{53}kəʔ^{0} 十多个

十来个 ɕieʔ^{2}lai^{31}kəʔ^{5}

一百多个 ieʔ^{2}paʔ^{5}to^{33}kəʔ^{5}

半个 paŋ^{24}kəʔ^{0}

一半 ieʔ^{2}paŋ^{24}

两半 liaŋ^{53}paŋ^{0}

一大半 ieʔ^{2}tɑ^{31}paŋ^{24}

一个半 ieʔ^{2}kəʔ^{5}paŋ^{24}

上下 ɕiaŋ^{13}ɕiɑ^{313}…… 上下

左右 tso^{53}iɯ^{313}…… 左右

一来二去 ieʔ^{5}lai^{31}ai^{31}tɕʰy^{24}

一清二白 ieʔ^{5}tɕʰin^{33}ai^{13}paʔ^{2}

一清二楚 ieʔ^{5}tɕʰin^{33}ai^{31}tsʰu^{53}

一干二净 ieʔ^{5}kaŋ^{33}ai^{31}tɕin^{313}

一刀两断 ieʔ^{5}tɑo^{33}liaŋ^{53}tuaŋ^{313}

一举两得 ieʔ^{5}tɕy^{53}liaŋ^{53}təʔ^{5}

三番五次 saŋ^{33}faŋ^{33}u^{53}tsʰɿ^{24}

三番两次 saŋ^{33}faŋ^{33}liaŋ^{53}tsʰɿ^{24}

三年五载 saŋ^{33}n̠iɛ̃^{31}u^{53}tsai^{24}

三天两头 saŋ^{33}tʰiɛ̃^{33}liaŋ^{53}tʰəɯ^{31}

三天两夜 saŋ^{33}tʰiɛ̃^{33}liaŋ^{53}ie^{313}

三长两短 saŋ^{33}tɕʰiaŋ^{31}liaŋ^{53}tuaŋ^{53}

三言两语 saŋ^{33}n̠iɛ̃^{31}liaŋ^{53}n̠y^{53}

三心两意 saŋ^{33}ɕin^{33}liaŋ^{53}i^{24}

三三两两 saŋ^{33}saŋ^{33}liaŋ^{53}liaŋ^{53}

四平八稳 sɿ^{24}pʰen^{31}paʔ^{5}uen^{53}

四通八达 sɿ^{24}tʰoŋ^{33}paʔ^{5}taʔ^{2}

四面八方 sɿ^{24}miɛ̃^{31}paʔ^{5}faŋ^{33}

四时八节 sɿ^{24}sɿ^{31}paʔ^{2}tɕieʔ^{5}

五零四散 u^{53}len^{31}sɿ^{24}saŋ^{24}

五湖四海 u^{53}xu^{31}sɿ^{24}xai^{53}

五花八门 u^{53}xuɑ^{33}paʔ^{5}men^{31}

七上八下 tɕʰieʔ^{5}ɕiaŋ^{313}paʔ^{5}ɕiɑ^{313}

上七下八 ɕiaŋ^{31}tɕʰieʔ^{5}ɕiɑ^{31}paʔ^{5} 不相上下

七颠八倒 tɕʰieʔ^{5}tiɛ̃^{33}paʔ^{5}tɑo^{53}

乱七八糟 luaŋ^{31}tɕʰieʔ^{5}paʔ^{5}tsɑo^{33}

乌七八糟 u^{33}tɕʰieʔ^{5}paʔ^{5}tsɑo^{33}

七长八短 tɕʰieʔ^{5}tɕʰiaŋ^{31}paʔ^{5}tuaŋ^{53} 事情不好办

七拼八凑 tɕʰieʔ^{5}pʰen^{33}paʔ^{2}tsʰəɯ^{24}

七手八脚 tɕʰieʔ^{5}ɕiɯ^{53}paʔ^{5}tɕyɔʔ^{5}

七嘴八舌 tɕʰieʔ^{5}tsue^{53}paʔ^{5}ɕieʔ^{2}

千辛万苦 tɕʰiɛ̃^{33}ɕin^{33}uaŋ^{31}kʰu^{53}

千真万确 tɕʰiɛ̃^{33}tɕin^{33}uaŋ^{31}kʰɔʔ^{5}

千军万马 tɕʰiɛ̃^{33}tɕyen^{33}uaŋ^{31}ma^{53}

千变万化 tɕ^{h}iɛ̃^{33}piɛ̃^{24}uɑŋ^{31}xuɑ^{24}

千家万户 tɕ^{h}iɛ̃^{33}tɕiɑ^{33}uɑŋ^{31}u^{313}

千言万语 tɕ^{h}iɛ̃^{33}ȵiɛ̃^{31}uɑŋ^{31}ȵy^{53}

甲 tɕiaʔ^{5}

乙 ieʔ^{5}

丙 pen^{53}

丁 ten^{33}

戊 u^{53}

己 tɕi^{53}

庚 ken^{33}

辛 ɕin^{33}

壬 in^{31}

癸 k^{h}ue^{31}

子 tsɿ^{53}

丑 tɕ^{h}iɯ^{53}

寅 in^{31}

卯 mɑo^{53}

辰 ɕin^{31}

巳 tsɿ^{313}

午 u^{53}

未 ue^{313}

申 ɕin^{33}

酉 iɯ^{31}

戌 ɕyɔʔ^{5}

亥 xai^{313}

第六章 语法

第一节

词法①

一 指称动物性别的特征语素

在廿八都话中，用以指称动物性别的词素有“牯”“公”和“母”三种。“牯”用以指称雄性畜类动物，如“牛牯、猪牯、狗牯”等；“公”用以指称雄性禽类动物，如“鸡公、鸭公”等；“母”用以指称雌性动物（不论畜类还是禽类），如“牛母、猪母、狗母、猫母、鸡母、鸭母”等。

在词序上，“牯”“公”“母”都采用后附式结构。例如：

牛牯公牛ȵiɯ^{31}ku^{53}｜牛母母牛ȵiɯ^{31}mu^{53}｜猪牯种公猪tɕy^{33}ku^{53}｜猪母母猪tɕy^{33}mu^{53}｜猫牯公猫mɑo^{33}ku^{53}｜猫母母猫mɑo^{33}mu^{53}｜狗牯公狗kəɯ^{53}ku^{53}｜狗母母狗kəɯ^{53}mu^{53}｜鸡公公鸡tɕi^{33}koŋ^{33}｜鸡母母鸡tɕi^{33}mu^{53}｜老虎母母老虎lɑo^{53}xu^{53}mu^{53}

这一特点与客、粤、赣、湘以及部分南部吴语等诸多方言相同，但与普通话则相反。

个别词中，“公”“母”所黏附的名词难以区分性别，例如“虾公”[ɕiɑ^{33}koŋ^{33}]虾、“虱母”[saʔ^{5}mu^{53}]虱子。显示“公”“母”有虚化为词缀的趋势。

二 词缀

（一）前缀

前缀主要有“老”“第”“初”等，用法与普通话相同。例如：

---

① 本章主要介绍本方言中比较特殊的语法现象，不一定面面俱到。“体貌系统”和“动词的后置成分”由于主要与动词相关，本书归入“词法”一节。本章参考了赵日新、邓楠（2019）和庄初升、丁沾沾（2019）书稿的写法，特致谢忱！

老-：老虎lɑo^{53}xu^{53}｜老鼠lɑo^{53}tɕ^{h}y^{53}｜老鸦乌鸦lɑo^{53}iɑ^{33}｜老公丈夫lɑo^{53}koŋ^{33}｜老婆妻子lɑo^{53}p^{h}o^{31}｜老大lɑo^{53}tɑ^{313}｜老二lɑo^{53}ai^{313}

第-：第一ti^{31}ieʔ^{5}｜第一名ti^{31}ieʔ^{5}men^{31}｜第二天ti^{31}ai^{13}t^{h}iẽ^{33}｜第三ti^{31}sɑŋ^{33}｜第四ti^{31}sɿ^{24}

初-：初一ts^{h}u^{33}ieʔ^{5}｜初二ts^{h}u^{33}ai^{313}｜初三ts^{h}u^{33}sɑŋ^{33}｜初四ts^{h}u^{33}sɿ^{24}｜初五ts^{h}u^{33}u^{53}

（二）后缀

1. 仔[tsai^{53}]

廿八都话有丰富的“仔”尾词，这是该方言的一个显著特征。“仔”可以直接加在名词性语素后面，具有表小称的功能。如果是加在表示人或动物的名词性语素后面，“仔”的意义往往没有完全虚化，有时仍具有“幼仔”的意思。例如：

鸟仔鸟儿ȵiɑo^{53}tsai^{53}｜麻雀仔麻雀mɑ^{31}tɕ^{h}yɔʔ^{5}tsai^{53}｜尾巴仔末尾ue^{53}pɑ^{33}tsai^{53}｜猪仔猪崽tɕy^{33}tsai^{53}｜娃子仔小孩儿，统称uɑ^{31}tsɿʔ^{0}tsai^{53}｜妹仔小孩儿，统称me^{31}tsai^{53}｜窟窿仔小的窟窿，比“窟窿”小k^{h}ɔʔ^{5}loŋ^{53}tsai^{53}

虽然“仔”尾词一般都表小，但也有个别例外。例如，“蚂蚁”[mɑ^{53}ȵi^{33}]指室内的蚂蚁，体形较小；“蚁仔”[ŋai^{53}tsai^{53}]则指野外的蚂蚁，体形较大。

2. 子[tsɿʔ^{5} ～ tsɿʔ^{0} ～ tsɿ^{53}]

廿八都话“子”尾词也非常丰富。“子”可以直接加在名词性、动词性、形容词性成分后面，构成新的名词。“子”大多读[tsɿʔ^{5}]，少数读[tsɿʔ^{0}]，个别读[tsɿ^{53}]。例如：

名词性＋子：龙雹子冰雹loŋ^{31}pɔʔ^{2}tsɿ^{53}｜沙子sɑ^{33}tsɿʔ^{5}｜叶子ieʔ^{2}tsɿʔ^{5}｜桃子t^{h}ɑo^{31}tsɿʔ^{5}｜柑子橘子kɑŋ^{33}tsɿʔ^{5}｜柿子sɿ^{31}tsɿ^{53}｜稻子tɑo^{31}tsɿʔ^{5}｜猴子xəɯ^{31}tsɿʔ^{5}｜鸽子kaʔ^{5}tsɿʔ^{0}｜蚊子uen^{31}tsɿʔ^{5}｜孙子suen^{33}tsɿʔ^{5}

动词性＋子：盖子kai^{24}tsɿʔ^{0}｜扣子k^{h}əɯ^{24}tsɿʔ^{0}｜起子螺丝刀tɕ^{h}i^{53}tsɿʔ^{0}

形容词性＋子：瞎子ɕiaʔ^{5}tsɿʔ^{0}｜哑子iɑ^{53}tsɿʔ^{0}｜傻癫子疯子sɑ^{33}tiẽ^{33}tsɿʔ^{5}｜老子父亲lɑo^{53}tsɿʔ^{0}

其中以“名词性＋子”的居多。

3. 头[t^{h}əɯ^{31} ～ t^{h}əɯ^{0}]

廿八都话后缀“头”的构词能力较强，可加在名词性、动词性、形容词性、方位词性、数量词性等成分后面构成名词。例如：

名词性＋头：木头mɔʔ^{2}t^{h}əɯ^{31}｜洋芋头马铃薯iɑŋ^{31}y^{13}t^{h}əɯ^{31}｜灶头灶tsɑo^{24}t^{h}əɯ^{31}｜锅头锅ko^{33}t^{h}əɯ^{31}｜墙头墙tɕ^{h}iɑŋ^{31}t^{h}əɯ^{31}｜柱头柱子tɕy^{13}t^{h}əɯ^{31}｜角落头角落kɔʔ^{5}lɔʔ^{5}t^{h}əɯ^{31}｜枕头tɕin^{53}t^{h}əɯ^{31}｜手镯头手镯ɕiɯ^{53}tsɔʔ^{2}t^{h}əɯ^{31}｜馒头mɑŋ^{31}t^{h}əɯ^{31}｜额头ŋaʔ^{2}t^{h}əɯ^{31}｜舌头ɕieʔ^{2}t^{h}əɯ^{31}｜肩头肩膀tɕiẽ^{33}t^{h}əɯ^{31}｜脚膝头膝盖tɕyɔʔ^{2}ɕieʔ^{2}t^{h}əɯ^{31}｜傻子头傻子sɑ^{33}tsɿʔ^{5}t^{h}əɯ^{31}

动词性＋头：吃头tɕ^{h}ieʔ^{5}t^{h}əɯ^{0}｜看头k^{h}ɑŋ^{24}t^{h}əɯ^{31}｜嬉头ɕi^{33}t^{h}əɯ^{31}｜做头tso^{24}t^{h}əɯ^{31}

形容词性＋头：苦头 kʰu^{53}tʰəɯ^{31} ｜甜头 tʰiẽ^{31}tʰəɯ^{31}

方位词性＋头：上头 ɕiɑŋ^{13}tʰəɯ^{31} ｜下头 ɕiɑ^{13}tʰəɯ^{31} ｜前头 tɕʰiẽ^{31}tʰəɯ^{31} ｜后头 xəɯ^{13}tʰəɯ^{31} ｜里头 li^{53}tʰəɯ^{31} ｜外头 uai^{13}tʰəɯ^{31}

数量词性＋头：十块头面额十元的纸币 ɕieʔ^{2}kʰuai^{24}tʰəɯ^{31} ｜五毛头面额五角的纸币 u^{53}mɑo^{31}tʰəɯ^{31} ｜一百块头面额一百元的纸币 ieʔ^{2}paʔ^{2}kʰuai^{24}tʰəɯ^{31}

其中，以“名词性＋头”的居多，其他几类数量都很有限。“数量词性＋头”仅用于表示纸币。

“动词性＋头”表示“价值”的意义，多用于否定句中，例如：

这个电影没看头这个电影不值得看。tɕieʔ^{2}kəʔ^{5}tiẽ^{31}in^{53}me^{53}kʰɑŋ^{24}tʰəɯ^{31}.

这个菜没吃头这个菜不好吃。tɕieʔ^{2}kəʔ^{5}tsʰai^{24}me^{53}tɕʰieʔ^{5}tʰəɯ^{31}.

这里没嬉头这里不好玩儿。tɕieʔ^{2}lieʔ^{5}me^{53}ɕi^{33}tʰəɯ^{31}.

这个事没做头这个事情不值得做。tɕieʔ^{2}kəʔ^{5}sɿ^{313}me^{53}tso^{24}tʰəɯ^{31}.

4. 佬 [lɑo^{53}]

后缀“佬”附在名词性成分后，构成指人名词，或略带瞧不起或不喜欢的感情色彩。例如：乡巴佬 ɕiɑŋ^{33}pɑ^{33}lɑo^{53} ｜大舌佬大舌头，口齿不清的人 tɑ^{13}ɕieʔ^{2}lɑo^{53} ｜驼背佬罗锅儿 tʰo^{31}pe^{24}lɑo^{53} ｜寿星佬寿星 ɕiɯ^{31}ɕin^{33}lɑo^{53} ｜丈人佬 tɕiɑŋ^{13}in^{31}lɑo^{53}。

三　重叠

（一）量词重叠

1. AA式

单音节量词以AA式重叠表示遍指，意为“每一”，多与范围副词“都”配合使用，主要做主语、定语和状语。例如：

个个都来了。ko^{24}ko^{24}to^{33}lai^{31}ləʔ^{0}.

样样家具都搬走了。iɑŋ^{31}iɑŋ^{13}tɕiɑ^{33}tɕy^{313}to^{33}phɑŋ^{31}tsəɯ^{53}ləʔ^{0}.

她回回都拿好多东西。tʰɑ^{33}xue^{31}xue^{31}to^{33}nɑ^{31}xɑo^{53}to^{33}toŋ^{33}ɕi^{0}.

2. “一AA”式

这种重叠式不发达。① “一AA”做主语和定语时表示“每一个”，例如：

一个个都来了。ieʔ^{2}ko^{24}ko^{24}to^{33}lai^{31}ləʔ^{0}.

一个个朋友都来看他。ieʔ^{2}ko^{24}ko^{24}pʰen^{31}iɯ^{53}to^{33}lai^{31}kʰɑŋ^{24}tʰɑ^{33}.

“一个个”做状语时，表示逐一，例如：

① 廿八都话中还有“一点点仔”[ieʔ^{5}tiẽ^{53}tiẽ^{53}tsai^{53}]，表示“一点点”。其中“仔”不能省略。

你们一个个进去。ȵi^{53}men^{0}ieʔ^{2}ko^{24}ko^{24}tɕin^{31}tɕ^{h}y^{24}.

3.“一A一A”式

这种形式比较丰富，几乎所有的量词均有这种重叠式。语法意义与“一AA”式相同。做状语时，后面可出现助词“地”[tieʔ^{0}]，也可直接跟谓语。例如：

家具要一样一样（地）搬。tɕiɑ^{33}tɕy^{313}iɑo^{31}ieʔ^{5}iɑŋ^{313}ieʔ^{5}iɑŋ^{313}(tieʔ^{0})p^{h}ɑŋ^{31}.

饭要一口一口（地）吃。fɑŋ^{13}iɑo^{313}ieʔ^{5}k^{h}əɯ^{53}ieʔ^{5}k^{h}əɯ^{53}(tieʔ^{5})tɕ^{h}ieʔ^{5}.

需要指出的是，廿八都话中，量词重叠只能做主语、定语和补语，不能做谓语、宾语或补语。例如，不能说“她喜欢个个”，只能说“她个个都欢喜 t^{h}ɑ^{33}ko^{24}ko^{24}to^{33}xuɑŋ^{33}ɕi^{53}”。

（二）动词重叠

廿八都话动词重叠形式主要有如下几种：

1. AA式

由单音节动词A重叠构成。大部分单音节动词（非持续性动词、判断动词、能愿动词除外）都可以构成AA式，后面多加“看[k^{h}ɑŋ^{24}]”。例如：吃吃看 tɕ^{h}ieʔ^{5}tɕ^{h}ieʔ^{5}k^{h}ɑŋ^{24}｜忖忖看想想看 ts^{h}uen^{53}ts^{h}uen^{53}k^{h}ɑŋ^{24}｜试试看 sɿ^{24}sɿ^{24}k^{h}ɑŋ^{24}｜听听看 t^{h}en^{33}t^{h}en^{33}k^{h}ɑŋ^{24}。

但廿八都话不能说“看看看”。

2. AAB式

由双音节动词或动词性结构AB重叠A部分构成，AB为动宾结构，如“唱唱歌、跳跳舞、看看书”等。

3. ABAB式

并列式双音节动词AB可以重叠为ABAB式，例如“商量商量、研究研究”。这是一种后起的比较文的重叠式。

在廿八都话中，上述动词重叠形式均表示动作的时量短或动量小，与“A一下”相当。见本节下文“尝试体”。

需要指出的是：廿八都话中不存在“A一A”的重叠式。不能说“看一看、走一走、讲一讲”等，而只能用AA、“AA看”或“A一下”等形式。

四　数量词

（一）系位组合

廿八都话系数词有：零[len^{31}]、一[ieʔ^{5}]、二[ai^{313}]、三[sɑŋ^{33}]、四[sɿ^{24}]、五[u^{53}]、六[lɔʔ^{2}]、七[tɕ^{h}ieʔ^{5}]、八[paʔ^{5}]、九[tɕiɯ^{53}]。常用的位数词是：十[ɕieʔ^{2}]、百[paʔ^{5}]、千[tɕ^{h}iɛ̃^{33}]、万[uɑŋ^{313}]。

连续的系位组合的末一项的位数往往省略不说。例如：三百八（十）sɑŋ^{33}paʔ^{5}paʔ^{5}

（ɕieʔ^{2}）| 一千九（百）ieʔ^{5}tɕ^{h}iɛ̃^{33}tɕiɯ^{53}(paʔ^{5}) | 一万三（千）ieʔ^{2}uɑŋ^{31}sɑŋ^{33}(tɕ^{h}iɛ̃^{33})。

（二）概数表示法

廿八都话表示概数的方法主要有以下形式：

1. 数词后加“几、来、左右”等。例如：十几个多于10个ɕieʔ^{2}tɕi^{53}kəʔ^{5} | 十来个10个左右ɕieʔ^{2}lai^{31}kəʔ^{5} | （一）百来个100个左右（ieʔ^{2}）paʔ^{5}lai^{31}kəʔ^{5}。

2. 相邻数词连用表示约数。例如：一两里路ieʔ^{5}liɑŋ^{53}li^{0}lu^{313} | 一两亩ieʔ^{5}liɑŋ^{53}me^{53} | 八九十斤paʔ^{5}tɕiɯ^{53}ɕieʔ^{2}tɕin^{33}。

3. 助词“把”与数词（只限于位数词“百、千、万”）或量词组合表示概数，有以下两种形式：

（1）数/量+把（+名词）。例如：百把个100个左右paʔ^{5}pɑ^{53}kəʔ^{0} | 千把个1000个左右tɕ^{h}iɛ̃^{33}pɑ^{53}kəʔ^{0} | 万把块钞票uɑŋ^{31}pɑ^{53}k^{h}uai^{24}ts^{h}ɑo^{53}p^{h}iɑo^{24} | 里把路li^{53}pɑ^{53}lu^{313}。

（2）数/量+把+两+数/量（+名词）。例如：个把两个一两个ko^{24}pɑ^{53}liɑŋ^{53}kəʔ^{0} | 亩把两亩一两亩me^{53}pɑ^{0}liɑŋ^{53}me^{53} | 里把两里路一两里路li^{53}pɑ^{0}liɑŋ^{53}li^{53}lu^{313}。

五　代词

（一）人称代词

廿八都话人称代词单数形式分别是“我、你、他”，复数标记用“们”。第一人称代词复数无包括式和排除式之别；第二人称无尊称。人称代词在句中一般做主语、宾语和定语。如表6-1所示：

表6-1　廿八都话人称代词表

	单数	复数	主语		宾语		领属	
			单数	复数	单数	复数	单数	复数
第一身	我	我们	我	我们	我	我们	我的	我们的
第二身	你	你们	你	你们	你	你们	你的	你们的
第三身	他	他们	他	他们	他	他们	他的	他们的

表示领属关系时，一般要后加助词“的”[tieʔ^{0}]。例如：我的钱ŋo^{53}tieʔ^{0}tɕ^{h}iɛ̃^{31} | 你的书ȵi^{53}tieʔ^{0}ɕy^{33} | 他们的单位t^{h}ɑ^{33}men^{0}tieʔ^{0}tɑŋ^{33}ue^{313}。

当被领属的是“家”或指人称谓时，则一般不加“的”。例如：我家ŋo^{53}tɕiɑ^{33} | 我爸我爸爸ŋo^{53}pɑ^{33} | 你哥子你哥哥ȵi^{53}ko^{33}tsɿʔ^{5} | 他爸他爸爸t^{h}ɑ^{33}pɑ^{33} | 我老师ŋo^{53}lɑo^{53}sɿ^{33} | 我们老师ŋo^{53}men^{0}lɑo^{53}sɿ^{33}。

（二）指示代词

廿八都话不区分中指和远指，近指用“这”，远指用“那”。指示代词的形式和用法见表6–2：

表6–2 廿八都话指示代词表

	近指	远指
个体、名物	这 tɕi^{24}～tɕieʔ^{2}	那 na^{313}
	这个 tɕieʔ^{2}kəʔ^{5}	那个 na^{31}kəʔ^{5}
程度	［这样］tɕiaŋ^{24}	那 na^{313}
方式、性状	［这样］tɕiaŋ^{24}	那 na^{313}
处所	这里 tɕieʔ^{2}lieʔ^{5}	那里 na^{31}lieʔ^{5}
时间	这歇$^{=}$这个时候 tɕi^{24}ɕiaʔ^{5}	那歇$^{=}$那个时候 na^{31}ɕiaʔ^{5}
数量	这多这些 tɕi^{24}to^{33}	那多那些 na^{31}to^{33}

（三）疑问代词

廿八都话中的人称代词和指示代词与普通话有些差异，但差别不大，而疑问代词却与普通话存在较大差异。廿八都话疑问代词主要有“怎–”“哪–”“几–”三组，具体见表6–3：

表6–3 廿八都话疑问代词表

疑问内容	廿八都话	普通话
事物的类属	怎么西 tsəʔ^{2}məʔ^{2}ɕi^{33} 怎么 tsəʔ^{2}məʔ^{2}	什么
人	哪个 na^{53}kəʔ^{0}	谁
事物	哪个 na^{53}kəʔ^{0}	哪一个
处所	哪里 na^{53}lieʔ^{5} ～ na^{53}lieʔ^{0}	哪儿、哪里
时间	哪把间 na^{53}pa^{53}tɕiẽ^{33} 哪把时 na^{53}pa^{53}sɿ^{31}	什么时候
性质、状态、方式	怎么样 tsəʔ^{2}məʔ^{2}iaŋ^{313} 怎么 tsəʔ^{2}məʔ^{2}	怎样 怎么
程度	怎么样 tsəʔ^{2}məʔ^{2}iaŋ^{313}	多
数量	几多 tɕi^{53}to^{33} 几 tɕi^{53}	多少 多
原因、目的	怎么 tsəʔ^{2}məʔ^{2} 做怎么西 tso^{24}tsəʔ^{2}məʔ^{2}ɕi^{33}	为什么 干什么

下面就几个常用的疑问代词进行说明。

1. 哪个 [nɑ^{53}kəʔ^{5}]

“哪个”既可用于问人也可用于问事物，可以看成是“哪一个”的省略。“哪个”可以做主语、宾语、定语。例如：

哪个？我是老三。nɑ^{53}kəʔ^{0}? ŋo^{53}sɿ^{313}lɑo^{53}sɑŋ^{33}.

你要寻哪［个啊］你找谁？ ȵi^{53}iɑo^{31}tɕ^{h}in^{31}nɑ^{53}[kɑ^{33}]?

哪个的书袋谁的书包？ nɑ^{53}kəʔ^{0}tieʔ^{0}ɕy^{33}tai^{313}?

2. 怎么 [tsəʔ^{2}məʔ^{2}]

“怎么”既相当于普通话的“什么”，又相当于普通话的“怎么”。即廿八都话“什么”“怎么”不分。[①] 例如：

这个怎么（东）西啊这是什么？ tɕieʔ^{2}kəʔ^{5}tsəʔ^{2}məʔ^{2}(toŋ^{33})ɕi^{33}ɑ^{0}?

这个怎么字这个是什么字？ tɕieʔ^{2}kəʔ^{5}tsəʔ^{2}məʔ^{2}tsɿ^{313}?

这个字怎么写这个字怎么写？ tɕieʔ^{2}kəʔ^{5}tsɿ^{313}tsəʔ^{2}məʔ^{2}ɕie^{53}?

3. 几 [tɕi^{53}]、几多 [tɕi^{53}to^{33}]

“几”和“几多”一般只用于问数量或程度。问数量时做定语，修饰量词或名词，用法同于普通话的“几”；问程度时，“几”做状语，修饰表性状程度的形容词，相当于普通话的“多”。例如：

几多人去的？就他自己。tɕi^{53}to^{33}in^{31}tɕ^{h}y^{24}tieʔ^{0}? tɕiɯ^{31}t^{h}ɑ^{33}tsɿ^{31}tɕi^{53}.

你今年几岁啊问小孩、青壮年？ ȵi^{53}tɕin^{33}ȵiɛ̃^{31}tɕi^{53}sue^{24}ɑ^{0}?

你今年几多年纪啊问老人？ ȵi^{53}tɕin^{33}ȵiɛ̃^{31}tɕi^{53}to^{33}ȵiɛ̃^{31}tɕi^{24}ɑ^{0}?

这棵树有几高这棵树多高？ tɕi^{24}k^{h}o^{33}ɕy^{313}iɯ^{53}tɕi^{53}kɑo^{33}?

疑问代词都有任指和虚指的用法。例如：

不管怎么忙，也要好好读书。pəʔ^{5}kuaŋ^{53}tsəʔ^{2}məʔ^{2}mɑŋ^{31}, iaʔ^{5}iɑo^{31}xɑo^{53}xɑo^{53}təʔ^{2}ɕy^{33}.

我讲得没怎么好。ŋo^{53}tɕiɑŋ^{53}təʔ^{0}me^{53}tsəʔ^{2}məʔ^{2}xɑo^{53}.

哪个都讲不过这个人。nɑ^{53}kəʔ^{5}to^{33}tɕiɑŋ^{53}pəʔ^{2}ko^{24}tɕieʔ^{2}kəʔ^{5}in^{31}.

哪个帮这块石块搬走，我就拿等他十块钱。nɑ^{53}kəʔ^{0}pɑŋ^{33}tɕi^{24}k^{h}uai^{24}ɕieʔ^{2}k^{h}uai^{24}p^{h}ɑŋ^{31}tsəɯ^{53}, ŋo^{53}tɕiɯ^{24}nɑ^{31}ten^{53}tɑ^{33}ɕieʔ^{2}k^{h}uai^{24}tɕ^{h}iɛ̃^{31}.

这个人我见过好几回。tɕieʔ^{2}kəʔ^{5}in^{31}ŋo^{53}tɕiɛ̃^{24}ko^{0}xɑo^{53}tɕi^{53}xue^{31}.

都几点了，怎么还没吃好？ to^{33}tɕi^{53}tiɛ̃^{53}ləʔ^{0}, tsəʔ^{2}məʔ^{2}xaʔ^{2}me^{53}tɕ^{h}ieʔ^{2}xɑo^{53}?

---

① 陶寰（2007）认为，这是因为说吴语的人在学习官话的过程中产生了混淆，说明廿八都话的底层应是吴语。

六 性状与程度

（一）蛮[mɑŋ^{33}]

程度副词，放在形容词之前，相当于普通话的“很”。例如：

今日蛮热今天很热。tɕin^{33}ieʔ^{5}mɑŋ^{33}iaʔ^{2}.

他讲得蛮好。t^{h}ɑ^{33}tɕiɑŋ^{53}tieʔ^{0}mɑŋ^{33}xɑo^{53}.

她蛮聪明。t^{h}ɑ^{33}mɑŋ^{33}ts^{h}oŋ^{33}men^{31}.

随着普通话的不断影响，年轻人口中，“蛮”正越来越多地被“很”[xen^{53}]取代。

（二）当真[tɑŋ^{24}tɕin^{33}]、实在[ɕieʔ^{2}tsai^{313}]

“当真”和“实在”都是程度副词，放在形容词之前，程度高于“蛮A”。例如：

今日当真热今天真热。tɕin^{33}ieʔ^{5}tɑŋ^{24}tɕin^{33}iaʔ^{2}.

他讲得当真好。t^{h}ɑ^{33}tɕiɑŋ^{53}tieʔ^{0}tɑŋ^{24}tɕin^{33}xɑo^{53}.

她实在聪明。t^{h}ɑ^{33}ɕieʔ^{2}tsai^{313}ts^{h}oŋ^{33}men^{31}.

（三）程度补语

“A得很”[təʔ^{0}xen^{53}]、“A得险”[təʔ^{0}ɕiɛ̃^{53}]、“A死了”[sɿ^{53}ləʔ^{0}]、“A到家”[tɑo^{24}tɕiɑ^{33}]等程度补语也常用来表示程度高，语气强于“蛮A”，与“当真A”相当。见下文“动补句”。

（四）形容词的生动形式

1. 前加式

廿八都话中有非常丰富的前加式形容词。由单音形容词前加修饰性语素而成。例如“笔直、笔挺、冰冷、雪白、漆黑、滚烫、滚圆、喷香、碧绿、刷⁼[ɕyɔʔ^{5}]绿、刮⁼[kuaʔ^{5}]重、稀酸、稀臭、撒⁼[suɑ^{53}]亮、宣⁼[ɕyɛ̃^{33}]红”等。

2. 重叠式

廿八都话中，单音节形容词无法重叠，即无AA式。双音节形容词主要有AAB、ABAB两种重叠形式。例如：

基式	AAB式	ABAB式
雪白 ɕyɔʔ^{5}paʔ^{2}	雪雪白 ɕyɔʔ^{5}ɕyɔʔ^{5}paʔ^{2}	雪白雪白 ɕyɔʔ^{5}paʔ^{2}ɕyɔʔ^{5}paʔ^{2}
滚圆 kuen^{53}yɛ̃^{31}	滚滚圆 kuen^{53}kuen^{53}yɛ̃^{31}	滚圆滚圆 kuen^{53}yɛ̃^{31}kuen^{53}yɛ̃^{31}
喷香 p^{h}oŋ^{24}ɕiɑŋ^{33}	喷喷香 p^{h}oŋ^{24}p^{h}oŋ^{24}ɕiɑŋ^{33}	喷香喷香 p^{h}oŋ^{24}ɕiɑŋ^{33}p^{h}oŋ^{24}ɕiɑŋ^{33}
冰冷 pen^{33}len^{53}	冰冰冷 pen^{33}pen^{33}len^{53}	冰冷冰冷 pen^{33}len^{53}pen^{33}len^{53}

语意程度从弱到强排列为：基式＜AAB式＜ABAB式。

此外，还有个别BAA、AABB、A里AB等形式的重叠词，例如“圆滚滚”[yɛ̃^{31}kuen^{53}kuen^{53}]、“干干净净”[kɑŋ^{33}kɑŋ^{33}tɕin^{31}tɕin^{313}]、“清清楚楚”[tɕ^{h}in^{33}tɕ^{h}in^{33}ts^{h}u^{53}ts^{h}u^{53}]、

“啰啰唆唆”[lo^{33}lo^{33}so^{33}so^{33}]、“糊里糊涂”[xu^{31}li^{53}xu^{31}t^{h}u^{31}]，可能是受普通话影响产生的。

廿八都话中，上述形容词的生动形式均无法前加“蛮”“很”等程度副词。

七　介引与关联

（一）介词

廿八都话的介词系统见表6-4：

表6-4　廿八都话介词系统

分类		介词	用　例
时间处所	1. 所在	在 放$^{=}$[faŋ^{24}] 得	在车站买的tsai^{31}tɕ^{h}ie^{33}tsɛ̃^{313}mai^{53}tieʔ^{0} 他住放$^{=}$廿八都t^{h}ɑ^{33}tɕy^{31}faŋ^{24}ȵiɛ̃^{31}paʔ^{5}to^{33} 他坐得交椅上t^{h}ɑ^{33}tso^{31}təʔ^{0}kao^{33}y^{53}ɕiaŋ^{0}
	2. 起点	从	从哪里来ts^{h}oŋ^{31}nɑ^{53}lieʔ^{0}lai^{31}
	3. 方向	往、向	往北走uaŋ^{53}paʔ^{5}tsəɯ^{53}（往uaŋ^{53}～ɕiaŋ^{24}）
	4. 终点	到	到北京去tao^{24}paʔ^{5}tɕin^{33}tɕ^{h}y^{24}
	5. 经由	走	去城里要走那里过tɕ^{h}y^{24}tɕ^{h}in^{31}li^{53}iao^{313}tsəɯ^{53}nɑ^{31}lieʔ^{5}ko^{24}
施受关系	6. 被动	等	等他打伤ten^{53}t^{h}ɑ^{33}tɑ^{53}ɕiaŋ^{33}
	7. 处置	帮	帮门关起来paŋ^{33}men^{31}kuaŋ^{33}tɕ^{h}i^{53}lai^{0}
与事关系	8. 言语对象	跟	我跟他讲ŋo^{53}ken^{33}t^{h}ɑ^{33}tɕiaŋ^{53}
	9. 替代	帮	帮他写信paŋ^{33}t^{h}ɑ^{33}ɕie^{53}ɕin^{24}
	10. 伴随	跟	我明日跟他一堆去钓鱼ŋo^{53}men^{31}ieʔ^{5}ken^{33}t^{h}ɑ^{33}ieʔ^{5}tue^{33}tɕ^{h}y^{24} tiao^{24}y^{31}
	11. 索取对象	跟、问	我跟借一百块钱ŋo^{53}ken^{33}t^{h}ɑ^{33}tɕie^{24}ieʔ^{2}paʔ^{5}k^{h}uai^{24}tɕ^{h}iɛ̃^{31} （跟ken^{33}～问uen^{313}）
	12. 动作方向	跟、对	我跟他招手ŋo^{53}ken^{33}t^{h}ɑ^{33}tɕiao^{33}ɕiɯ^{53} 大家对我都蛮好tɑ^{31}tɕiɑ^{33}tue^{24}ŋo^{53}to^{33}maŋ^{33}xao^{53}
	13. 比较	比	你比我高点ȵi^{53}pi^{53}ŋo^{53}kao^{33}tiɛ̃^{53}
方式手段	14. 材料工具	用	用毛笔写字ioŋ^{13}mao^{31}pieʔ^{5}ɕie^{53}tsɿ^{313}
	15. 方式依据	按	按他的要求做aŋ^{24}t^{h}ɑ^{33}tieʔ^{0}iao^{31}tɕ^{h}iɯ^{31}tso^{24}
原因	16. 原因	为	为［这样］事ue^{31}tɕiaŋ^{24}sɿ^{313}

（二）连词

1. 跟 [ken^{33}]

廿八都话最主要的连词是“跟”。例如：

我跟他都姓王。ŋo^{53}ken^{33}t^{h}ɑ^{33}to^{33}ɕin^{24}uɑŋ^{31}.

老王跟老张一样高。lɑo^{53}uɑŋ^{31}ken^{33}lɑo^{53}tɕiɑŋ^{33}ieʔ^{2}iɑŋ^{31}kɑo^{33}.

杨老师跟我是本家。iɑŋ^{31}lɑo^{53}sɿ^{33}ken^{33}ŋo^{53}sɿ^{31}pen^{53}tɕiɑ^{33}.

2. 还是 [xaʔ^{2}sɿʔ^{5}]

“还是”用于选择。例如：

你是吃烟还是吃茶？ȵi^{53}sɿ^{31}tɕ^{h}ieʔ^{5}iɛ̃^{33}xaʔ^{2}sɿʔ^{5}tɕ^{h}ieʔ^{5}ts^{h}ɑ^{31}?

坐倒吃好，还是站倒吃好坐着吃好还是站着吃好？tso^{31}tɑo^{53}tɕ^{h}ieʔ^{5}xɑo^{53}, xaʔ^{2}sɿʔ^{5}tsɑŋ^{31}tɑo^{53} tɕ^{h}ieʔ^{5}xɑo^{53}?

3. 要是 [iɑo^{31}sɿʔ^{5}]

“要是”相当于“如果”。例如：

要是老张明日去城里，你就喊他帮你买5斤白菜。iɑo^{31}sɿʔ^{5}lɑo^{53}tɕiɑŋ^{33}men^{31}ieʔ^{5}tɕ^{h}y^{24} tɕ^{h}in^{31}li^{53}, ȵi^{53}tɕiɯ^{31}xɑŋ^{53}t^{h}ɑ^{33}pɑŋ^{33}ȵi^{53}mai^{53}u^{53}tɕin^{33}paʔ^{2}ts^{h}ai^{24}.

你要是忙，就嫑来了。ȵi^{53}iɑo^{31}sɿʔ^{5}mɑŋ^{31}, tɕiɯ^{31}piɑo^{13}lai^{31}ləʔ^{0}.

4. 不管 [pɔʔ^{5}kuɑŋ^{53}]

“不管”连接条件复句，例如：

不管你要去不，我是要去的。pɔʔ^{5}kuɑŋ^{53}ȵi^{53}iɑo^{31}tɕ^{h}y^{24}pɔʔ^{5}, ŋo^{53}sɿ^{31}iɑo^{31}tɕ^{h}y^{24}tieʔ^{5}.

不管怎么忙，也要好好读书。pɔʔ^{5}kuɑŋ^{53}tsəʔ^{2}məʔ^{2}mɑŋ^{31}, iaʔ^{5}iɑo^{31}xɑo^{53}xɑo^{53}təʔ^{2}ɕy^{33}.

八　动词的体

（一）完成体

完成体表示动作或事态变化的完成。廿八都话完成体主要用“V＋了＋O”的形式表示，其中的“了”相当于普通话的“了$_{1}$”。例如：

我买了一个碗。ŋo^{53}mai^{53}ləʔ^{0}ieʔ^{2}kəʔ^{5}uɑŋ^{53}.

老张昨日买了两斤青菜。lɑo^{53}tɕiɑŋ^{33}ts^{h}ɔʔ^{2}ieʔ^{2}mai^{53}ləʔ^{0}liɑŋ^{53}tɕin^{33}tɕ^{h}in^{33}ts^{h}ai^{24}.

她买了三件衣裳。t^{h}ɑ^{44}mai^{53}ləʔ^{0}sɑŋ^{33}tɕiɛ̃^{13}i^{33}ɕiɑŋ^{31}.

王平昨日写了一篇文章。uɑŋ^{31}p^{h}en^{31}ts^{h}ɔʔ^{2}ieʔ^{2}ɕie^{53}ləʔ^{0}ieʔ^{5}p^{h}iɛ̃^{33}uen^{31}tɕiɑŋ^{33}.

（二）进行体

表示动作正在进行，用“在”[tsai^{313}]表示。例如：

她在做作业，你一个人去嬉。t^{h}ɑ^{33}tsai^{31}tso^{24}tsɔʔ^{5}ȵieʔ^{2}, ȵi^{53}ieʔ^{2}kəʔ^{5}in^{31}tɕ^{h}y^{24}ɕi^{33}.

他在跟一个朋友讲话。tʰɑ^{33}tsai^{31}ken^{33}ieʔ^{2}kəʔ^{5}pʰoŋ^{31}iɯ^{53}tɕiaŋ^{53}xuɑ^{313}.

你在唱怎么西你在唱什么？ n̠i^{53}tsai^{31}tɕʰiaŋ^{24}tsəʔ^{2}məʔ^{2}ɕi^{33}?

（三）持续体

表示动作、状态处于持续之中，主要有以下几种形式：

1. V＋了（＋O）

用动词加“了”[ləʔ^{0}]表示，后面也常常带宾语。例如：

墙头上贴了一张地图墙上贴着一张地图。tɕʰiaŋ^{31}tʰəɯ^{31}ɕiaŋ^{313}tʰieʔ^{5}ləʔ^{0}ieʔ^{5}tɕiaŋ^{33}ti^{13}tʰu^{31}.

路上停了一把车路上停着一辆车。lu^{13}ɕiaŋ^{31}tʰen^{31}ləʔ^{0}ieʔ^{5}pɑ^{53}tɕʰie^{33}.

他戴了一顶帽子他戴着一顶帽子。tʰɑ^{33}tai^{24}ləʔ^{0}ieʔ^{2}ten^{53}mɑo^{31}tsɿʔ^{5}.

他家门锁了，窗户也关了，一个人都没他家门锁着，窗户也关着，一个人都没有。tʰɑ^{33}tɕiɑ^{33}men^{31}so^{53}ləʔ^{0}, tsʰuɑŋ^{33}xu^{31}iaʔ^{5}kuɑŋ^{33}ləʔ^{0}, ieʔ^{2}kəʔ^{5}in^{31}to^{33}me^{53}.

2. V＋放$^{=}$[fɑŋ^{24}] / 得[təʔ^{0}]＋O

动词后跟一个介词和表处所的宾语，能充当这样的介词为“放$^{=}$”[fɑŋ^{24}]和“得”[təʔ^{0}]。例如：

灯亮放$^{=}$那里灯亮着。ten^{33}liɑŋ^{31}fɑŋ^{24}nɑ^{31}lieʔ^{5}.

他住放$^{=}$廿八都住在廿八都。tʰɑ^{33}tɕy^{31}fɑŋ^{24}n̠iɛ̃^{31}paʔ^{5}to^{33}.

他坐得交椅上他坐在椅子上。tʰɑ^{33}tso^{31}təʔ^{0}kɑo^{33}y^{53}ɕiɑŋ^{0}.

3. 用“V倒”表示。例如：

坐倒吃比站倒吃好点坐着吃比站着吃好。tso^{31}tɑo^{53}tɕʰieʔ^{5}pi^{53}tsɑŋ^{31}tɑo^{53}tɕʰieʔ^{5}xɑo^{53}tiɛ̃^{53}.

坐倒，嫑站起来坐着，别站起来。tso^{31}tɑo^{53}, piɑo^{13}tsɑŋ^{31}tɕʰi^{53}lai^{0}.

（四）经历体

经历体表示过去某个时点或时段某个动作或某种变化曾经经历过。廿八都话表经历体主要用“VP过”式。例如：

这场电影她看过了。tɕi^{24}tɕʰiɑŋ^{31}tiɛ̃^{31}in^{53}tʰɑ^{33}kʰɑŋ^{24}ko^{0}ləʔ^{0}.

他没来过北京，连省里都没到过。tʰɑ^{33}me^{53}lai^{31}ko^{24}paʔ^{5}tɕin^{33}, liɛ̃^{31}sen^{53}lieʔ^{5}to^{33}me^{53}tɑo^{24}ko^{0}.

这个人我见过好几回。tɕieʔ^{2}kəʔ^{5}in^{31}ŋo^{53}tɕiɛ̃^{24}ko^{0}xɑo^{53}tɕi^{53}xue^{31}.

我吃过螃蟹，你吃过没啊？ ŋo^{53}tɕʰieʔ^{5}ko^{0}pʰɑŋ^{31}ɕiai^{53}, n̠i^{53}tɕʰieʔ^{5}ko^{0}me^{53}ɑ^{0}?

（五）起始体

起始体表示动作或变化的开始。主要有以下几种形式。

1. VP＋起来

“VP＋起来”表示开始某个动作或状态，VP可以是动词也可以是形容词，例如：

她哭起来了。tʰɑ^{33}kʰɔʔ^{5}tɕʰi^{0}lai^{0}ləʔ^{0}.

他讲讲就笑起来了。t^{h}ɑ^{33}tɕiɑŋ^{53}tɕiɑŋ^{53}tɕiɯ^{31}ɕiɑo^{24}tɕ^{h}i^{53}lai^{0}ləʔ^{0}.

天冷起来了。t^{h}iɛ̃^{33}len^{53}tɕ^{h}i^{0}lai^{0}ləʔ^{0}.

2. VP＋了

下雨了。ɕiɑ^{31}y^{53}ləʔ^{0}.

吃饭了。tɕ^{h}ieʔ^{5}fɑŋ^{31}ləʔ^{0}.

他一高兴就唱歌了。t^{h}ɑ^{33}ieʔ^{5}kɑo^{33}ɕin^{24}tɕiɯ^{31}tɕ^{h}iɑŋ^{24}ko^{33}ləʔ^{0}.

3. VP＋起

“VP起”表示起始，动词前往往有一个起始点。例如：

从明年算起。ts^{h}oŋ^{31}men^{31}ȵiɛ̃^{31}suɑŋ^{24}tɕ^{h}i^{53}.

从明日起，你就覅来了。ts^{h}oŋ^{31}men^{31}ieʔ^{5}tɕ^{h}i^{53}, ȵi^{53}tɕiɯ^{31}piɑo^{13}lai^{31}ləʔ^{0}.

（六）已然体

已然体表示肯定句子所描述的时间是个已然的事实。廿八都话中用“VP＋了”来表示，其中的“了”相当于普通话的“了$_{2}$”。例如：

他来了。t^{h}ɑ^{33}lai^{31}ləʔ^{0}.

天亮了。t^{h}iɛ̃^{33}liɑŋ^{31}ləʔ^{0}.

门关了。men^{31}kuɑŋ^{33}ləʔ^{0}.

我买好了。ŋo^{53}mai^{53}xɑo^{53}ləʔ^{0}.

鞋子破倒了鞋破了。ɕiai^{31}tsɿʔ^{5}p^{h}o^{24}tɑo^{0}ləʔ^{0}.

衣裳湿倒了衣服湿了。i^{33}ɕiɑŋ^{31}ɕieʔ^{5}tɑo^{0}ləʔ^{0}.

鸡死倒了鸡死了。tɕi^{33}sɿ^{53}tɑo^{0}ləʔ^{0}.

（七）将然体

将然体表示即将发生的事实。廿八都话中，将然体与已然体都用“了”表示，但将然体还需有“要、快”等标记。例如：

天快亮了，快点爬起！ t^{h}iɛ̃^{33}k^{h}uai^{24}liɑŋ^{31}ləʔ^{0}, k^{h}uai^{24}tiɛ̃^{53}p^{h}ɑ^{31}tɕ^{h}i^{53}!

要下雨了，你们覅出去。iɑo^{13}ɕiɑ^{31}y^{53}ləʔ^{0}, ȵi^{53}men^{0}piɑo^{31}tɕ^{h}yɔʔ^{2}tɕ^{h}y^{0}.

（八）尝试体

尝试体是指所表示的动作量少时短，包括一般所说的短时体。主要有几种形式：VV、V（一）下、VV看。

1. VV

动词重叠表示尝试，实际包括AA、AAB、ABAB等重叠形式（见本节上文“动词重叠”）。例如：

你去看看。ȵi^{53}tɕ^{h}y^{24}k^{h}ɑŋ^{24}k^{h}ɑŋ^{0}.

你们再商量商量。ȵi^{53}men^{0}tsai^{24}ɕiɑŋ^{33}liɑŋ^{313}ɕiɑŋ^{33}liɑŋ^{313}.

2. VV看

动词重叠后加“看”构成“VV看”，表示尝试。例如：

你去问问看。ȵi^{53}tɕ^{h}y^{24}uen^{31}uen^{31}k^{h}ɑŋ^{24}.

你吃吃看他做的点心再去你尝尝他做的点心再走。ȵi^{53}tɕ^{h}ieʔ^{5}tɕ^{h}ieʔ^{5}k^{h}ɑŋ^{24}t^{h}ɑ^{33}tso^{24}tieʔ^{0}tiẽ^{53}ɕin^{33}tsai^{24}tɕ^{h}y^{24}.

你量量看［这样］高够没啊你量量看这么高够不够？ ȵi^{53}liɑŋ^{31}liɑŋ^{31}k^{h}ɑŋ^{24}tɕiɑŋ^{24}kɑo^{33}kəɯ^{24}me^{53}ɑ^{0}?

3. V（一）下

你去问一下。ȵi^{53}tɕ^{h}y^{24}uen^{13}ieʔ^{5}ɕiɑ^{0}.

你去看一下。ȵi^{53}tɕ^{h}y^{24}k^{h}ɑŋ^{24}ieʔ^{0}ɕiɑ^{0}.

你帮碗洗下你把碗洗一下。ȵi^{53}pɑŋ^{33}uɑŋ^{53}ɕi^{53}ɕiɑ^{0}.

在上述三种形式中，“VV”不如“V（一）下”和“VV看”常用。

九　动词的后置成分

普通话动词的修饰语都放在动词之前，而南方的一些方言则有放在动词之后的情况，廿八都话也存在这种现象。我们将这种放在动词之后的词语称为动词的后置成分。

在廿八都话中，动词主要有如下三类后置成分。

（一）表追加的“凑”[ts^{h}əɯ^{24}]

廿八都话的“凑”跟在动词之后，表示追加、继续，相当于很多南方方言中的“添”。此时“凑”不读轻声。例如：

我们去了，你再坐一下凑我们走了，你再坐一会儿。ŋo^{53}men^{0}tɕ^{h}y^{24}ləʔ^{0}, ȵi^{53}tsai^{24}tso^{31}ieʔ^{5}ɕiɑ^{0}ts^{h}əɯ^{24}.

我先数钱没数对，等我数遍凑我刚才数钱数得不对，让我重新数一遍。ŋo^{53}ɕiẽ^{33}su^{53}tɕ^{h}iẽ^{31}me^{53}su^{53}tue^{24}, ten^{53}ŋo^{53}su^{53}piẽ^{24}ts^{h}əɯ^{24}.

你只吃了一碗饭，再吃碗凑。ȵi^{53}tsʅʔ^{5}tɕ^{h}ieʔ^{5}ləʔ^{0}ieʔ^{5}uɑŋ^{53}fɑŋ^{313}, tsai^{24}tɕ^{h}ieʔ^{5}uɑŋ^{53}ts^{h}əɯ^{24}.

廿八都话中，“再”和“凑”有时共现，其中“再”应为后起的成分，二者实际只出现一个即可。

“凑”除了可表示追加、继续，还可表示剩余，这应该是由前者引申的意义。例如：

还有十里路凑才会到还有十里路就到了。xaʔ^{2}iɯ^{53}ɕieʔ^{2}li^{53}lu^{313}ts^{h}əɯ^{24}ts^{h}ai^{31}xue^{31}tɑo^{24}.

只有一里路凑就到了只剩一里路就到了。tsʅʔ^{5}iɯ^{53}ieʔ^{5}li^{53}lu^{313}ts^{h}əɯ^{24}tɕiɯ^{31}tɑo^{24}ləʔ^{0}.

上述例句中，“凑”也可省略。

（二）表领先或优先的“起”[tɕ^{h}i^{53}]

“起”放在动词之后，相当于普通话的“先”，表示领先或优先。此时“起”不读轻声。

例如：

你先去起，我们等一下仔再去你先去吧，我们一会儿再去。ȵi^{53}ɕiɛ̃^{33}tɕ^{h}y^{24}tɕ^{h}i^{53}, ŋo^{53}men^{0}ten^{53}ieʔ^{2}ɕiɑ^{31}tsai^{53}tsai^{24}tɕ^{h}y^{24}.

你吃起你先吃。ȵi^{53}tɕ^{h}ieʔ^{5}tɕ^{h}i^{53}.

你去问一下起你先去问一下。ȵi^{53}tɕ^{h}y^{24}uen^{31}ieʔ^{5}ɕiɑ^{31}tɕ^{h}i^{53}.

动词前经常可以再加“先”，也可以不加，动词前如果加了“先”，则动词后面的“起”可以省略。“你先去”这个句子，在廿八都话中常有三种说法：“你去起”“你先去起”“你先去”，与上文所说的“凑”情况相似。“你去先”是方言固有说法，“你先去起”是方言与普通话杂交的句式，“你先去”是受普通话影响而产生的最新层次。目前“你先去”已经胜出，当地老人也越来越多地使用“你先去”了。

（三）表重复的“过”[ko^{24}]

“过”放在动词之后，表示重复或重新。此时“过”不读轻声。例如：

我先数钱没数对，等我数过一遍我刚才数钱数得不对，让我重新数一遍。ŋo^{53}ɕiɛ̃^{33}su^{53}tɕ^{h}iɛ̃^{31}me^{53}su^{53}tue^{24}, ten^{53}ŋo^{53}su^{53}ko^{24}ieʔ^{5}piɛ̃^{24}.

我在这里买了一套房子，老张劝我买过一套我在这里买了一套房子，老张劝我再买一套。ŋo^{53}tsai^{313}tɕieʔ^{2}lieʔ^{5}mai^{53}ləʔ^{0}ieʔ^{5}t^{h}ɑo^{24}fɑŋ^{31}tsɿʔ^{5}, lɑo^{53}tɕiɑŋ^{33}tɕ^{h}yɛ̃^{24}ŋo^{53}mai^{53}ko^{24}ieʔ^{5}t^{h}ɑo^{24}.

上述例句也可用“凑”代替，语意差别不大。不过，“过”和“凑”虽然比较接近，但还是有区别的：“过”主要表示重复，而“添”“凑”主要表示追加。参看曹志耘等（2000：433—434）。

总的来看，廿八都话中“过”的这种用法已经式微。

十 语气词

语气词是专门表示各种语气的助词，一般位于句末或句中停顿的地方。廿八都话的语气词主要有如下几个。

（一）啊[ɑ^{0}]

“啊”主要用于疑问句的末尾，表示疑问语气。例如：

当真的啊真的吗？ tɑŋ^{24}tɕin^{33}tieʔ^{5}ɑ^{0}?

你平常吃烟没啊你平常抽烟吗？ ȵi^{53}p^{h}en^{31}tɕ^{h}iɑŋ^{31}tɕ^{h}ieʔ^{5}iɛ̃^{33}me^{53}ɑ^{0}?

你吃饭还是吃馒头啊？ ȵi^{53}tɕ^{h}ieʔ^{2}fɑŋ^{313}xaʔ^{2}sɿʔ^{5}tɕ^{h}ieʔ^{5}mɑŋ^{31}t^{h}əɯ^{31}ɑ^{0}?

蛮香的，是不是啊？ mɑŋ^{33}ɕiɑŋ^{33}tieʔ^{5}, sɿ^{31}pɔʔ^{5}sɿ^{31}ɑ^{0}?

你会不会来啊？ ȵi^{53}xue^{31}pɔʔ^{5}xue^{13}lai^{31}ɑ^{0}?

你去哪里啊？ ȵi^{53}tɕ^{h}y^{24}nɑ^{53}lieʔ^{5}ɑ^{0}?

他咪$^{=}$咪$^{=}$摸$^{=}$摸$^{=}$的，做怎么啊他磨磨蹭蹭的，做什么呢？ t^{h}ɑ^{33}mi^{33}mi^{55}mo^{33}mo^{33}tieʔ^{5}, tso^{24}tsəʔ^{2}məʔ^{2}ɑ^{0}?

“啊”有时也用于句中，表示停顿。例如：

她啊，厉害得很！ t^{h}ɑ^{33}ɑ^{0}, li^{31}xai^{31}təʔ^{5}xen^{53}!

所以唻①，这个鱼$^{=}$蚣啊，就真的昂起来了所以这个蜈蚣呢，真的抬起头。so^{53}i^{53}lai^{0}, tɕieʔ^{2}kəʔ^{2}y^{31}koŋ^{33}ɑ^{0}, tɕiɯ^{31}tɕin^{33}tieʔ^{0}ŋɑŋ^{31}tɕ^{h}i^{53}lai^{0}ləʔ^{0}.

不过，廿八都话多数时候用“咧”[le^{0}]表示停顿。（见下文）

（二）咧[le^{0}]

廿八都话的“咧”可用于疑问句和陈述句，与普通话的“呢”非常接近。

1. 用于疑问句的末尾，表示疑问语气。例如：

我姓王，你咧我姓王，您呢？ ŋo^{53}ɕin^{24}uɑŋ^{31}, ȵi^{53}le^{0}?

你讲得好得很，还会再讲星$^{=}$怎么咧你说得很好，还会说些什么呢？ ȵi^{53}tɕiɑŋ^{53}təʔ^{0}xɑo^{53}təʔ^{5}xen^{53}, xaʔ^{2}xue^{31}tsai^{24}tɕiɑŋ^{53}ɕin^{33}tsəʔ^{2}məʔ^{2}le^{0}?

你要吃柑子不咧你吃橘子吗？ ȵi^{53}iɑo^{31}tɕ^{h}ieʔ^{5}kɑŋ^{33}tsɿʔ^{5}pɔʔ^{0}le^{0}?

你怎么能不帮人当人咧你怎么能不把人当人呢？ ȵi^{53}tsəʔ^{2}məʔ^{2}nen^{31}pɔʔ^{5}pɑŋ^{33}in^{31}tɑŋ^{24}in^{31}le^{0}?

敢！那有怎么不敢的咧敢！那有什么不敢的？ kɑŋ^{53}! nɑ^{31}iɯ^{53}tsəʔ^{2}məʔ^{2}pɔʔ^{5}kɑŋ^{53}tieʔ^{5}le^{0}?

记得倒，怎么会记不倒咧记得，怎么能不记得？ tɕi^{24}təʔ^{0}tɑo^{53}, tsəʔ^{2}məʔ^{2}xue^{313}tɕi^{24}pɔʔ^{5}tɑo^{53}le^{0}?

其中，后面三个例句表示反诘语气。

2. 用于陈述句的末尾，表示确认事实。例如：

他去哪里了？还在家里咧。t^{h}ɑ^{33}tɕ^{h}y^{24}nɑ^{53}lieʔ^{0}ləʔ^{0}? xaʔ^{2}tsai^{31}tɕiɑ^{33}li^{53}le^{0}.

还没咧，再过一下仔就吃好了还没有呢，再有一会儿就吃完了。xaʔ^{2}me^{53}le^{0}，tsai^{24}ko^{24}ieʔ^{2}ɕiɑ^{31}tsai^{53}tɕiɯ^{31}tɕ^{h}ieʔ^{5}xɑo^{53}ləʔ^{0}.

这歇$^{=}$还早咧，过下仔再去这会儿还早呢，过一会儿再去吧。tɕi^{24}ɕiaʔ^{5}xaʔ^{2}tsɑo^{53}le^{0}, ko^{24}ɕiɑ^{31}tsai^{53}tsai^{24}tɕ^{h}y^{24}.

3. 用于句中，表示停顿。例如：

他咧，以前住放$^{=}$浦城他呢，以前住在浦城。t^{h}ɑ^{33}le^{0}, i^{53}tɕ^{h}iẽ^{31}tɕy^{31}fɑŋ^{24}p^{h}u^{53}tɕ^{h}in^{31}.

所以咧，大家都不想去。so^{53}i^{53}le^{0}, tɑ^{31}tɕiɑ^{33}to^{33}pɔʔ^{5}ɕiɑŋ^{53}tɕ^{h}y^{24}.

在这时候咧，有一个人来寻她了。tsai^{31}tɕi^{24}sɿ^{31}xəɯ^{313}le^{0}, iɯ^{53}ieʔ^{2}kəʔ^{0}in^{31}lai^{31}tɕ^{h}in^{31}t^{h}ɑ^{33}ləʔ^{0}.

（三）了[ləʔ^{0}]

“了”主要用于陈述句的末尾，表示事态已经出现或即将出现变化。例如：

下雨了。ɕiɑ^{31}y^{53}ləʔ^{0}.

---

① 谢培旺读作[lai^{0}]，杨舜日读作“咧”[le^{0}]。

雨歇了，天晴了。y^{53}ɕieʔ^{5}ləʔ^{0}, tʰiɛ̃^{33}tɕʰin^{31}ləʔ^{0}.

你快点帮这碗饭吃倒，饭都冷了你快把这碗饭吃了，饭都凉了。ȵi^{53}kʰuai^{24}tiɛ̃^{53}pɑŋ^{33}tɕi^{24}uɑŋ^{53} fɑŋ^{313}tɕʰieʔ^{5}tɑo^{0}, fɑŋ^{313}to^{33}len^{53}ləʔ^{0}.

这多学生坐汽车坐了两天两夜了学生们坐汽车坐了两整天了。tɕi^{24}to^{33}ɕyɔʔ^{2}sen^{33}tso^{31}tɕʰi^{24}tɕʰie^{33} tso^{31}ləʔ^{0}liɑŋ^{53}tʰiɛ̃^{33}liɑŋ^{53}ie^{31}ləʔ^{0}.

他一高兴就唱歌了。tʰɑ^{33}ieʔ^{5}kɑo^{33}ɕin^{24}tɕiɯ^{31}tɕʰiɑŋ^{24}ko^{33}ləʔ^{0}.

（四）的[tieʔ^{0} ～ təʔ^{0}]

“的”用于陈述句的末尾，表示强调语气。例如：

我拿等你的那本书是我教中学的舅爷写的我给你的书是我教中学的舅舅写的。ŋo^{53}nɑ^{31}ten^{53}ȵi^{53}tieʔ^{0} nɑ^{31}pen^{53}ɕy^{33}sɿ^{31}ŋo^{53}tɕiɑo^{33}tsoŋ^{33}ɕyɔʔ^{2}tieʔ^{0}tɕiɯ^{13}ie^{31}ɕie^{53}tieʔ^{0}.

他在我家吃的。tʰɑ^{33}tsai^{31}ŋo^{53}tɕia^{33}tɕʰieʔ^{5}tieʔ^{0}.

他待人蛮好的。tʰɑ^{33}tai^{13}in^{31}mɑŋ^{33}xɑo^{53}tieʔ^{0}.

这个后生仔蛮有力气的这小伙子可有劲着呢。tɕieʔ^{2}kəʔ^{5}xəɯ^{31}sen^{33}tsai^{53}mɑŋ^{33}iɯ^{53}lieʔ^{2}tɕʰi^{24}tieʔ^{0}.

（五）嘛[mɑ^{0}]

“嘛”主要用于陈述句的末尾，表示道理显而易见。例如：

碰巧，他也姓王，本来就是一家嘛。pʰoŋ^{24}tɕʰiɑo^{53}, tʰɑ^{33}iaʔ^{5}ɕin^{24}uɑŋ^{31}, pen^{53}lai^{31}tɕiɯ^{31} sɿʔ^{5}ieʔ^{5}tɕia^{33}mɑ^{0}.

他没来，估计还没到嘛。tʰɑ^{33}me^{53}lai^{31}, ku^{53}tɕi^{24}xaʔ^{2}me^{53}tɑo^{24}mɑ^{0}.

看上去大不了三十几岁嘛。kʰɑŋ^{24}ɕiɑŋ^{31}tɕʰy^{24}tɑ^{31}pɔʔ^{5}liɑo^{53}sɑŋ^{33}ɕieʔ^{2}tɕi^{53}sue^{24}mɑ^{0}.

第二节

句法

一　处置句和被动句

（一）处置句

跟普通话一样，廿八都话一般也是通过介词把受事成分介引到动词之前来表示处置。不同的是，介引受事的介词，廿八都话不用“把”，而用“帮”。我们根据谓语动词是否带宾语的情况，把廿八都话的“帮”字句分为两类：

1. 谓语动词后面不带宾语的“帮”字句，其结构是“S＋帮＋O＋VP”。例如：

你帮门关起来。ȵi^{53}paŋ^{33}men^{31}kuaŋ^{33}tɕʰi^{53}lai^{0}.

帮那个碗拿来。paŋ^{33}na^{31}kəʔ^{5}uaŋ^{53}na^{31}lai^{31}.

你帮地板拖一下。ȵi^{53}paŋ^{33}ti^{31}paŋ^{53}tʰo^{33}ieʔ^{5}ɕia^{0}.

哪个帮那瓶酒吃完了谁把那瓶酒给喝完了？ na^{53}kəʔ^{5}paŋ^{33}na^{31}pʰen^{31}tɕiɯ^{53}tɕʰieʔ^{5}xuaŋ^{31}ləʔ^{0}?

老张帮乡长气坏了。lao^{53}tɕiaŋ^{33}paŋ^{33}ɕiaŋ^{33}tɕiaŋ^{53}tɕʰi^{24}xuai^{31}ləʔ^{0}.

他帮柑子皮剥了他把橘子剥了皮。tʰa^{33}paŋ^{33}kaŋ^{33}tsɿʔ^{5}pʰi^{31}pɔʔ^{5}ləʔ^{0}.

2. 谓语动词后面带宾语的“帮”字句，其结构是“S＋帮＋O_1＋VP＋O_2”。例如：

他们帮每个房间都安了电话。tʰa^{33}men^{0}paŋ^{33}me^{53}kəʔ^{5}faŋ^{31}tɕiɛ̃^{33}to^{33}aŋ^{33}ləʔ^{0}tiɛ̃^{13}xua^{313}.

有星⁼场面帮太阳叫日头有的地方管太阳叫日头。iɯ^{53}ɕin^{33}tɕʰiaŋ^{31}miɛ̃^{313}paŋ^{33}tʰai^{24}iaŋ^{31}tɕiao^{24}ieʔ^{2}tʰəɯ^{31}.

我跟兄弟一贯帮老张当自己的长辈我和弟弟一直把老张当我们自己的长辈。ŋo^{53}ken^{33}ɕioŋ^{33}ti^{313}ieʔ^{5}kuaŋ^{24}paŋ^{33}lao^{53}tɕiaŋ^{33}taŋ^{33}tsɿ^{31}tɕi^{53}tieʔ^{0}tɕiaŋ^{53}pe^{24}.

实际上，有时也可以不用介词，而直接将受事成分放在句子之前，即为话题句。例如：

扣子你钉好没啊你把扣子缝好了吗？ kʰəɯ^{24}tsɿʔ^{5}ȵi^{53}ten^{33}xɑo^{53}me^{53}ɑ^{0}?

这本书我看完了我把这本书看完了。tɕieʔ^{2}pen^{53}ɕy^{33}ŋo^{53}kʰɑŋ^{24}xuɑŋ^{31}ləʔ^{0}.

（二）被动句

跟普通话一样，廿八都话一般也是通过介词来引出施事成分来表示被动。只是普通话用介词“叫、让、被、给”等引进施事，廿八都话用“等”来引进施动者。例如：

老张的草帽等风吹走了老张的草帽被风吹走了。lɑo^{53}tɕiɑŋ^{33}tieʔ^{5}tsʰɑo^{53}mɑo^{313}ten^{53}foŋ^{33}tsʰue^{33}tsəɯ^{53}ləʔ^{0}.

鸡仔等黄鼠狼驮去了小鸡被黄鼠狼给叼走了。tɕi^{33}tsai^{53}ten^{53}uɑŋ^{31}tɕʰy^{53}lɑŋ^{31}tʰo^{31}tɕʰy^{24}ləʔ^{0}.

我等乡长批评了，他等乡长表扬了我被乡长批评了，他被乡长表扬了。ŋo^{53}ten^{53}ɕiɑŋ^{33}tɕiɑŋ^{53}pʰi^{33}pʰen^{31}ləʔ^{0}, tʰɑ^{33}ten^{53}ɕiɑŋ^{33}tɕiɑŋ^{53}piɑo^{53}iɑŋ^{31}ləʔ^{0}.

普通话中，被动标记后有时不出现宾语，可以说“鱼被吃了”或“他被打了”。但廿八都话中不存在这种句式，要么加上施事，要么换用其他句式。例如：

*他等讲哭了。

他等他街⁼讲哭了他被他妈说哭了。tʰɑ^{33}ten^{53}tʰɑ^{33}tɕiai^{33}tɕiɑŋ^{53}kʰuɔʔ^{5}ləʔ^{0}.

*我们都被录取了。

我们都考倒了我们都被录取了。ŋo^{53}men^{33}to^{33}kʰɑo^{53}tɑo^{0}ləʔ^{0}.

*窗户都等震碎了。

窗户都震碎了窗户都被震碎了。tsʰuɑŋ^{33}xu^{31}to^{33}tɕin^{24}sue^{24}ləʔ^{0}.

其中，“窗户都震碎了”的施事和被动标记均未出现，却能表达被动意义。类似的例子还有：

碗打碎了。uɑŋ^{53}tɑ^{53}sue^{24}ləʔ^{0}.

饭吃完了。fɑŋ^{313}tɕʰieʔ^{5}xuɑŋ^{31}ləʔ^{0}.

衣裳浇湿了。i^{33}ɕiɑŋ^{31}tɕiɑo^{33}ɕieʔ^{5}ləʔ^{0}.

二　双宾句

普通话中双宾句的语序是“V＋间接宾语＋直接宾语”。廿八都话双宾句的语序比较复杂，主要有以下几种形式：

1. V＋间接宾语＋直接宾语

这种形式与普通话相同。例如：

他送了我一个手表。tʰɑ^{33}soŋ^{24}ləʔ^{0}ŋo^{53}ieʔ^{2}kəʔ^{5}ɕiɯ^{53}piɑo^{53}.

他抢了我一千块钱。tʰɑ^{33}tɕʰiɑŋ^{53}ləʔ^{0}ŋo^{53}ieʔ^{5}tɕʰiẽ^{33}kʰuai^{24}tɕʰiẽ^{31}.

小张奖了自己一把新车小张奖励了自己一辆新车。ɕiɑo^{53}tɕiɑŋ^{33}tɕiɑŋ^{53}ləʔ^{0}tsɿ^{31}tɕi^{53}ieʔ^{5}pɑ^{53}ɕin^{33}tɕʰie^{33}.

拿我一本书，拿他三本书给我一本书，给他三本书。nɑ^{31}ŋo^{53}ieʔ^{5}pen^{53}ɕy^{33}, nɑ^{31}tʰɑ^{33}sɑŋ^{33}pen^{53}ɕy^{33}.

拿你三天时间做得好没啊给你三天时间做得了做不了？ nɑ^{31}ȵi^{53}sɑŋ^{33}tʰiɛ̃^{33}sɿ^{31}tɕiɛ̃^{33}tso^{24}tieʔ^{0}xɑo^{53}me^{53}ɑ^{0}？

2. V＋等＋间接宾语＋直接宾语

老张拿等老李一千块钱老张给了老李一千块钱。lɑo^{53}tɕiɑŋ^{33}nɑ^{31}ten^{53}lɑo^{53}li^{53}ieʔ^{5}tɕʰiɛ̃^{33}kʰuai^{24}tɕʰiɛ̃^{31}.

老张借等老李一百块钱老张借给老李一百块钱。lɑo^{53}tɕiɑŋ^{33}tɕie^{24}ten^{53}lɑo^{53}li^{53}ieʔ^{2}paʔ^{5}kʰuai^{24}tɕʰiɛ̃^{31}.

老师拿等你一本刮⁼厚的书，是不是啊老师给了你一本很厚的书吧？ lɑo^{53}sɿ^{33}nɑ^{31}ten^{53}ȵi^{53}ieʔ^{5}pen^{53}kuaʔ^{2}xəɯ^{31}tieʔ^{0}ɕy^{33}, sɿ^{31}pɔʔ^{5}sɿ^{31}ɑ^{0}?

我拿等你的那本书是我教中学的舅爷写的我给你的书是我教中学的舅舅写的。ŋo^{53}nɑ^{31}ten^{53}ȵi^{53}tieʔ^{0}nɑ^{31}pen^{53}ɕy^{33}sɿ^{31}ŋo^{53}tɕiɑo^{33}tsoŋ^{33}ɕyɔʔ^{2}tieʔ^{0}tɕiɯ^{13}ie^{31}ɕie^{53}tieʔ^{0}.

3. V＋直接宾语＋等＋间接宾语

他送了一个手表等我他送了我一个手表。tʰɑ^{33}soŋ^{24}ləʔ^{0}ieʔ^{2}kəʔ^{5}ɕiɯ^{53}piɑo^{53}ten^{53}ŋo^{53}.

老张拿一千块钱等老李老张给了老李一千块钱。lɑo^{53}tɕiɑŋ^{33}nɑ^{31}ieʔ^{5}tɕʰiɛ̃^{33}kʰuai^{24}tɕʰiɛ̃^{31}ten^{53}lɑo^{53}li^{53}.

拿本书等我，拿三本书等他给我一本书，给他三本书。nɑ^{31}pen^{53}ɕy^{33}ten^{53}ŋo^{53}, nɑ^{31}sɑŋ^{33}pen^{53}ɕy^{33}ten^{53}tʰɑ^{33}.

4. 帮＋直接宾语＋V＋等＋间接宾语

帮那个东西拿等我把那个东西递给我。pɑŋ^{33}nɑ^{31}kəʔ^{5}toŋ^{33}ɕi^{33}nɑ^{31}ten^{53}ŋo^{53}.

5. V＋直接宾语＋间接宾语

拿本书我给我一本书！ nɑ^{31}pen^{53}ɕy^{33}ŋo^{53}!

不过这种形式非常少见，而且不稳定。

其中，第2、3、4三类中的“等”也可以说“得”[təʔ^{5}]。例如：

老张拿得老李一千块钱老张给了老李一千块钱。lɑo^{53}tɕiɑŋ^{33}nɑ^{31}təʔ^{5}lɑo^{53}li^{53}ieʔ^{5}tɕʰiɛ̃^{33}kʰuai^{24}tɕʰiɛ̃^{31}.

老张拿一千块钱得老李老张给了老李一千块钱。lɑo^{53}tɕiɑŋ^{33}nɑ^{31}ieʔ^{5}tɕʰiɛ̃^{33}kʰuai^{24}tɕʰiɛ̃^{31}təʔ^{5}lɑo^{53}li^{53}.

帮那个东西拿得我把那个东西递给我。pɑŋ^{33}nɑ^{31}kəʔ^{5}toŋ^{33}ɕi^{33}nɑ^{31}təʔ^{5}ŋo^{53}.

不过，上述句子中，“得”不如“等”常见。①

上文涉及了廿八都话的处置句、被动句和双宾句，这里归纳一下廿八都话表示“把”“被”“给”的词，并附上附近两个吴语点的情况，以资比较。（江山、广丰的材料据秋谷裕幸 2001：128）

① 杨舜日的发音中，[təʔ^{5}]有时读作[tieʔ^{5}]，尤其是语速较慢时，更容易出现。个别发音人（如青男的母亲曾彩芳）这三类句式中一律说“得”[təʔ^{5}～ləʔ^{5}]，不说“等”。

表6-5　廿八都话的“把”“被”“给”

	把	被	给
廿八都	帮 paŋ^{33}	等 ten^{53}	拿……等 nɑ^{31}…ten^{53} 拿……得少用 nɑ^{31}…təʔ^{5}
江山	帮 piã^{44}～pã^{44}	得 təʔ^{5}	杯$^{=}$……得$^{=}$ pᴇ^{44}…təʔ^{5}
广丰	帮 piã^{445}	让 ȵiã^{223}～iã^{223}	约$^{=}$ iɐʔ^{5}

从表6-5可见：

（1）三个方言都属于同一类型，即：把≠被≠给。

（2）三个方言处置式标记相同，都用“帮”。

（3）廿八都和江山双宾句都可以用“V + 直接宾语 + 介词 + 间接宾语”的语序，而且其中的介词与被动标记基本一致。[①]

总的来看，廿八都与江山情形更加接近。这也许说明，廿八都话在江山方言的强大影响下，语法层面也不断向其靠拢。

三　比较句

廿八都话比较句主要有两种，一是等比句，二是差比句。比较句通常由比较主体、比较基准、比较标记和比较结果四部分组成。多数比较句采用“比较主体 + 比较标记 + 比较基准 + 比较结果”的形式表示。

（一）等比句

廿八都话的等比句采用“比较主体 + 跟 + 比较基准 + 比较结果”的语序。例如：

老王跟老张一样高。lao^{53}uaŋ^{31}ken^{33}lao^{53}tɕiaŋ^{33}ieʔ^{2}iaŋ^{31}kao^{33}.

老王往回跟老张一样有钱老王从前跟老张一样有钱。lao^{53}uaŋ^{31}uaŋ^{53}xue^{31}ken^{33}lao^{53}tɕiaŋ^{33}ieʔ^{2}iaŋ^{31}iɯ^{53}tɕ^{h}iɛ̃^{31}.

我的头发跟你一样长。ŋo^{53}tieʔ^{0}t^{h}əɯ^{31}faʔ^{5}ken^{33}ȵi^{53}ieʔ^{2}iaŋ^{13}tɕ^{h}iaŋ^{31}.

主谓谓语句在进行等比时，可能有两种说法：“跟 + 比较基准”可能在小主语之后，也可能在大、小主语之间。例如：

她走路跟她爸一样快。t^{h}ɑ^{33}tsəɯ^{53}lu^{313}ken^{33}t^{h}ɑ^{33}pɑ^{33}ieʔ^{2}iaŋ^{31}k^{h}uai^{24}.

她跟她爸走路一样快。t^{h}ɑ^{33}ken^{33}t^{h}ɑ^{33}pɑ^{33}tsəɯ^{53}lu^{313}ieʔ^{2}iaŋ^{31}k^{h}uai^{24}.

（二）差比句

廿八都话的差比句主要有如下几种形式：

① 目前尚未发现“得”做被动标记的用例。

1. 比较主体＋比＋比较基准＋比较结果

你比我高点，他比你还要高。ȵi^{53}pi^{53}ŋo^{53}kɑo^{33}tiẽ^{53}, tʰɑ^{33}pi^{53}ȵi^{53}xaʔ^{2}iɑo^{31}kɑo^{33}.

这个比那个好点。tɕieʔ^{2}kəʔ^{5}pi^{53}nɑ^{31}kəʔ^{5}xɑo^{53}tiẽ^{0}.

实际上这个比那个好多了。ɕieʔ^{2}tɕi^{24}ɕiɑŋ^{0}tɕieʔ^{2}kəʔ^{5}pi^{53}nɑ^{31}kəʔ^{5}xɑo^{53}to^{33}ləʔ^{0}.

昨日（的）天气比今日好多了。tsʰɔʔ^{2}ieʔ^{5}(tieʔ^{5}) tʰiẽ^{33}tɕʰi^{24}pi^{53}tɕin^{33}ieʔ^{5}xɑo^{53}to^{33}ləʔ^{0}.

这种颜色比那种（颜色）淡多了，你都看不出来？ tɕi^{24}tsoŋ^{53}iẽ^{31}saʔ^{5}pi^{53}nɑ^{31}tsoŋ^{53}(iẽ^{31}saʔ^{5}) tɑŋ^{31}to^{33}ləʔ^{0}, ȵi^{53}to^{33}kʰɑŋ^{24}pɔʔ^{5}tɕʰyɔʔ^{5}lai^{31}?

2. 比较主体＋否定性比较标记＋比较基准＋比较结果

否定性比较标记包括“没”[me^{53}]、“比不上”[pi^{53}pɔʔ^{2}ɕiɑŋ^{313}]、“比不过”[pi^{53}pɔʔ^{2}ko^{24}]等。例如：

他没你［这样］高他不比你高。tʰɑ^{33}me^{53}ȵi^{53}tɕiɑŋ^{24}kɑo^{33}.

我没他［这样］聪明我没有他聪明。ŋo^{53}me^{53}tʰɑ^{33}tɕiɑŋ^{24}tsʰoŋ^{33}men^{31}.

这多房子没那多房子好这些房子不如那些房子好。tɕi^{24}to^{33}fɑŋ^{31}tsɿʔ^{5}me^{53}nɑ^{313}to^{33}fɑŋ^{31}tsɿʔ^{5}xɑo^{53}.

她走路没她爸快。tʰɑ^{33}tsəɯ^{53}lu^{313}me^{53}tʰɑ^{33}pɑ^{33}kʰuai^{24}.

我的头发没你的长。ŋo^{53}tieʔ^{0}tʰəɯ^{31}faʔ^{5}me^{53}ȵi^{53}tieʔ^{0}tɕʰiɑŋ^{31}.

我的头发没你［这样］长。ŋo^{53}tieʔ^{0}tʰəɯ^{31}faʔ^{5}me^{53}ȵi^{53}tɕiɑŋ^{24}tɕʰiɑŋ^{31}.

我比不上她。ŋo^{53}pi^{53}pɔʔ^{2}ɕiɑŋ^{31}tʰɑ^{33}.

这多房子比不过那多房子好这些房子不如那些房子好。tɕi^{24}to^{33}fɑŋ^{31}tsɿʔ^{5}pi^{53}pɔʔ^{2}ko^{24}nɑ^{31}to^{33}fɑŋ^{31}tsɿʔ^{5}xɑo^{53}.

3. 无标记的固定句式

除了上述的有标记差比句之外，廿八都话还有一些比较固定的句式表示比较关系。主要有“VP＋得过＋NP”“VP＋不过＋NP”等，例如：

你讲得过他，他讲不过我。ȵi^{53}tɕiɑŋ^{53}təʔ^{0}ko^{24}tʰɑ^{33}, tʰɑ^{33}tɕiɑŋ^{53}pɔʔ^{2}ko^{24}ŋo^{53}.

我嘴巴笨，怎么讲都讲不过他。ŋo^{53}tsue^{53}pɑ^{33}pen^{313}, tsəʔ^{2}məʔ^{2}tɕiɑŋ^{53}to^{33}tɕiɑŋ^{53}pɔʔ^{2}ko^{24}tʰɑ^{33}.

我嘴巴笨，怎么讲都讲他不过。ŋo^{53}tsue^{53}pɑ^{33}pen^{313}, tsəʔ^{2}məʔ^{2}tɕiɑŋ^{53}to^{33}tɕiɑŋ^{53}tʰɑ^{33}pɔʔ^{2}ko^{24}.

四　疑问句

跟普通话一样，廿八都话中也存在是非问、特指问、选择问和反复问四种疑问句。特指问用相应的疑问代词发问（详见上文“疑问代词”），选择问用关联词“（是）……还是”并列选择的项目，和普通话的形式基本一致，不再赘述。下面只谈是非问句和反复问句。

（一）是非问句

是非问句在普通话中非常普遍，但在廿八都话中极少出现，一般都以反复问句的形式出现。例如普通话“你去吗？”和“你去不去？”，廿八都话一般都用“你要去不？”来表示（见下文“反复问句”）。目前仅见个别是非问句的例子，而且也是比较新的用法：

还没讲完啊？喊他快点！ xaʔ^{2}me^{53}tɕiaŋ^{53}xuaŋ^{31}ɑ^{0}? xaŋ^{53}tʰɑ^{33}kʰuai^{24}tiɛ̃^{53}!

你要去了？ ȵi^{53}iɑo^{31}tɕʰy^{24}ləʔ^{0}?

他先头吃酒了？ tʰɑ^{33}ɕiɛ̃^{33}tʰəɯ^{31}tɕʰieʔ^{5}tɕiɯ^{53}ləʔ^{0}?

你姓李的？ ȵi^{53}ɕin^{24}li^{53}təʔ^{0}?

这种句式表示说话人的推测，有了答案，但还不确定。

（二）反复问句

廿八都话中反复问句非常丰富，主要有以下几种形式：

1. VP不

你要去不？ ni^{53}iɑo^{31}tɕʰy^{24}pɔʔ^{0}?

你要吃柑子不你吃橘子吗？ ȵi^{53}iɑo^{31}tɕʰieʔ^{5}kaŋ^{33}tsɿʔ^{5}pɔʔ^{0}?

你要吃柑子不咧你吃橘子吗？ ȵi^{53}iɑo^{31}tɕʰieʔ^{5}kaŋ^{33}tsɿʔ^{5}pɔʔ^{0}le^{0}?

你要吃柑子不的咧你吃橘子吗？ ȵi^{53}iɑo^{31}tɕʰieʔ^{5}kaŋ^{33}tsɿʔ^{5}pɔʔ^{0}tieʔ^{0}le^{0}?

上述各句中的“不”常弱化为[paʔ^{0}]或[pəʔ^{0}]。

2. VP没

你平常吃烟没啊你平时抽烟吗？ ȵi^{53}pʰen^{31}tɕʰiaŋ^{31}tɕʰieʔ^{5}iɛ̃^{33}me^{53}ɑ^{0}?

你跟他讲了这样事没你告诉他这件事情了吗？ ȵi^{53}ken^{33}tʰɑ^{33}tɕiaŋ^{53}ləʔ^{0}tɕi^{24}iaŋ^{13}sɿ^{31}me^{53}?

我吃过兔子肉，你吃过没？ ŋo^{53}tɕʰieʔ^{5}ko^{0}tʰu^{24}tsɿʔ^{5}yɔʔ^{2}, ȵi^{53}tɕʰieʔ^{5}ko^{0}me^{53}?

会讲普通话没啊？ xue^{31}tɕiaŋ^{53}pʰu^{53}tʰoŋ^{33}xuɑ^{31}me^{53}ɑ^{0}?

你还会讲别的地方的话没啊你还会说别的地方的话吗？ ȵi^{53}xaʔ^{2}xue^{31}tɕiaŋ^{53}pieʔ^{2}tieʔ^{5}ti^{31}faŋ^{33}tieʔ^{5}xuɑ^{31}me^{53}ɑ^{0}?

锅里头还有饭没啊锅里还有饭没有？ ko^{33}li^{53}tʰəɯ^{0}xaʔ^{2}iɯ^{53}faŋ^{31}me^{53}ɑ^{0}?

从上述例句可见，廿八都话中“VP没”的使用范围明显广于普通话。“你平常吃烟没啊？”“会讲普通话没啊？”的用法均与普通话不同。（见下文“否定句”）

3. VP不VP

她回去了，是不是？ tʰɑ^{33}xue^{31}tɕʰy^{24}ləʔ^{0}, sɿ^{31}pɔʔ^{5}sɿ^{313}?

老师拿等你一本刮⁼厚的书，是不是啊老师给了你一本很厚的书吧？ lɑo^{53}sɿ^{33}nɑ^{31}ten^{53}ȵi^{53}ieʔ^{5}pen^{53}kuaʔ^{2}xəɯ^{31}tieʔ^{0}ɕy^{33}, sɿ^{31}pɔʔ^{5}sɿ^{31}ɑ^{0}?

你到底答应不答应他？ ȵi^{53}tɑo^{24}ti^{53}taʔ^{2}in^{24}pɔʔ^{5}taʔ^{2}in^{24}tʰɑ^{33}?

你算算看，这点钞票够不够用。ȵi^{53}suaŋ^{24}suaŋ^{0}kʰaŋ^{24}, tɕi^{24}tiɛ̃^{53}tsʰɑo^{53}pʰiɑo^{24}kəɯ^{24}pɔʔ^{5}kəɯ^{24}ioŋ^{313}.

会不会讲普通话？ xue^{31}pɔʔ^{5}xue^{31}tɕiaŋ^{53}p^{h}u^{53}t^{h}oŋ^{33}xuɑ^{31}?

明日王经理会来公司［勜啊］明天王经理会来公司吗？ men^{31}ieʔ^{5}uɑŋ^{31}tɕin^{33}li^{53}xue^{31}lai^{31}koŋ^{33}sɿ^{33}piɑ^{313}?

五　否定句

廿八都话主要有如下几个否定词：

普通话	不~去	不~是	没有，未~去	没有，无~钱	别，不要~去
廿八都	不 pɔʔ^{5}	不 pɔʔ^{5}	没 me^{53}	没 me^{53}	嫑 piɑo^{313}

（一）不[pɔʔ^{5}]

表示对意愿、行为、性状、变化、情况等的一般否定，用在谓词性词语的前面，大体相当于普通话的“不”。例如：

老张平常不看电视。lɑo^{53}tɕiaŋ^{33}p^{h}en^{31}tɕ^{h}iaŋ^{31}pɔʔ^{2}k^{h}ɑŋ^{24}tiẽ^{13}sɿ^{313}.

白菜她不欢喜吃。paʔ^{2}ts^{h}ai^{24}t^{h}ɑ^{33}pɔʔ^{5}xuɑŋ^{33}ɕi^{53}tɕ^{h}ieʔ^{5}.

我菜买好了，今日不去菜市场了。ŋo^{53}ts^{h}ai^{24}mai^{53}xɑo^{53}ləʔ^{0}, tɕin^{33}ieʔ^{5}pɔʔ^{2}tɕ^{h}y^{24}ts^{h}ai^{24}sɿ^{13}tɕ^{h}iaŋ^{31}ləʔ^{0}.

你们要吃［不啊］？ n̥i^{53}men^{0}iɑo^{31}tɕ^{h}ieʔ^{5}puɑ^{0}?

（二）没[me^{53}]

表示对存在的否定，相当于普通话的“没”。例如：

老张昨日没买到白菜。lɑo^{53}tɕiaŋ^{33}ts^{h}ɔʔ^{2}ieʔ^{5}me^{53}mai^{53}tɑo^{24}paʔ^{2}ts^{h}ai^{24}.

你们吃没？ n̥i^{53}men^{0}tɕ^{h}ieʔ^{5}me^{53}?

饭还没熟。fɑŋ^{313}xaʔ^{2}me^{53}sɔʔ^{2}.

他没来，估计还没到嘛。t^{h}ɑ^{33}me^{53}lai^{31}, ku^{53}tɕi^{24}xaʔ^{2}me^{53}tɑo^{24}mɑ^{0}.

“没”有时相当于普通话的“不”。例如：

A：你平常吃烟没啊？ A: n̥i^{53}p^{h}en^{31}tɕ^{h}iaŋ^{31}tɕ^{h}ieʔ^{5}iẽ^{33}me^{53}ɑ^{0}?

B：没，我没吃烟。B: me^{53}, ŋo^{53}me^{53}tɕ^{h}ieʔ^{5}iẽ^{33}.

再如：

A：会讲普通话没啊？ xue^{31}tɕiaŋ^{53}p^{h}u^{53}t^{h}oŋ^{33}xuɑ^{313}me^{53}ɑ^{0}?

B：勜讲，没学过。pe^{31}tɕiaŋ^{53}, me^{53}ɕyɔʔ^{2}ko^{24}.

（三）嫑[piɑo^{313}]

“嫑”既可表示“别，不要”，也可表示“不用”。

1. 表示“别，不要”。例如：

你嫑吃酒。ȵi^{53}piɑo^{31}tɕʰieʔ^{5}tɕiɯ^{53}.

快下雨了，你们嫑出去。kʰuai^{24}ɕiɑ^{31}y^{53}ləʔ^{0}, ȵi^{53}men^{0}piɑo^{13}tɕʰyɔʔ^{2}tɕʰy^{0}.

嫑讲下雨，就是下铁我都要（出）去别说下雨，就是下刀子我也得出去。piɑo^{31}tɕiɑŋ^{53}ɕiɑ^{31}y^{53}, tɕiɯ^{31}sɿʔ^{51}ɕiɑ^{31}tʰieʔ^{5}ŋo^{53}to^{33}iɑo^{31}(tɕʰyɔʔ^{5})tɕʰy^{0}.

2. 表示“不用”。此时“嫑”后可跟一个“得”[təʔ^{5}]。例如：

你嫑（得）客气你不用客气。ȵi^{53}piɑo^{31}(təʔ^{0})kʰaʔ^{5}tɕʰi^{0}.

我跟他讲了，你嫑（得）讲了我告诉他了，你不用再说了。ŋo^{53}ken^{33}tʰɑ^{33}tɕiɑŋ^{53}ləʔ^{0}, ȵi^{53}piɑo^{31}(təʔ^{0})tɕiɑŋ^{53}ləʔ^{0}.

六 可能句

廿八都话的可能句用“得”作为标记，在肯定句、否定句、疑问句中情况分别如下：

（一）肯定句

肯定句中使用“V＋得＋C”的形式。例如：

你讲得过他。ȵi^{53}tɕiɑŋ^{53}təʔ^{0}ko^{24}tʰɑ^{33}.

我拿得动。ŋo^{53}nɑ^{31}təʔ^{0}toŋ^{313}.

这个吃得得这个能吃。tɕieʔ^{2}kəʔ^{5}tɕʰieʔ^{5}tieʔ^{0}təʔ^{0}.

讲得到，做得到，当真好！ tɕiɑŋ^{53}təʔ^{0}tɑo^{24}, tso^{24}təʔ^{0}tɑo^{0}, tɑŋ^{24}tɕin^{33}xɑo^{53}!

（二）否定句

否定句中使用“V＋不＋C”的形式。例如：

他讲不过我。tʰɑ^{33}tɕiɑŋ^{53}pɔʔ^{2}ko^{24}ŋo^{53}.

他拿不动。tʰɑ^{33}nɑ^{31}pɔʔ^{5}toŋ^{313}.

那个吃不得那个不能吃。nɑ^{31}kəʔ^{5}tɕʰieʔ^{5}pɔʔ^{0}təʔ^{0}.

当真重，连我都拿不动了。tɑŋ^{24}tɕin^{33}tsoŋ^{313}, liɛ̃^{31}ŋo^{53}to^{33}nɑ^{31}pɔʔ^{5}toŋ^{31}ləʔ^{0}.

（三）疑问句

疑问句中使用两种形式：

1.“V＋得＋C＋没”式。例如：

这个东西重得很，拿得动没啊？ tɕieʔ^{2}kəʔ^{5}toŋ^{33}ɕi^{33}tsoŋ^{31}təʔ^{0}xen^{53}, nɑ^{31}təʔ^{5}toŋ^{31}me^{53}ɑ^{0}?

拿你三天时间做得好没啊给你三天时间做得了做不了？ nɑ^{31}ȵi^{53}sɑŋ^{33}tʰiɛ̃^{33}sɿ^{31}tɕiɛ̃^{33}tso^{24}tieʔ^{5}xɑo^{53}me^{53}ɑ^{0}?

路［这样］窄，汽车开得过去［没啊］？ lu^{313}tɕiɑŋ^{24}tsaʔ^{5}, tɕʰi^{24}tɕʰie^{33}kʰai^{33}təʔ^{0}ko^{24}tɕʰy^{24}miɑ^{0}?

2.“V＋得＋C＋V＋不＋C”式。例如：

A：你吃得饱吃不饱？ ȵi^{53}tɕʰieʔ^{5}tieʔ^{5}pɑo^{53}tɕʰieʔ^{5}pɔʔ^{5}pɑo^{53}?

B：吃不饱。tɕʰieʔ^{5}pɔʔ^{5}pɑo^{53}.

不过，第（2）种不如第（1）种普遍。

在廿八都话中，还有一种句式常用来表示可能性："有法V"和"没法V"。例如：

这多水果有法吃没法吃这些果子吃得吃不得？ tɕi^{24}to^{33}sue^{53}ko^{53}iɯ^{53}faʔ^{5}tɕʰieʔ^{5}me^{53}faʔ^{5}tɕʰieʔ^{5}?

这个透了，有法吃；那个没透，没法吃这是熟的，吃得；那是生的，吃不得。tɕieʔ^{2}kəʔ^{5}tʰəɯ^{24}ləʔ^{0}, iɯ^{53}faʔ^{5}tɕʰieʔ^{5}; nɑ^{31}kəʔ^{5}me^{53}tʰəɯ^{24}, me^{53}faʔ^{5}tɕʰieʔ^{5}.

你们有法来还是没法来你们来得了来不了？ n̠i^{53}men^{0}iɯ^{53}faʔ^{5}lai^{31}xaʔ^{2}sɿʔ^{5}me^{53}faʔ^{5}lai^{31}?

相比之下，"有法吃、没法吃"比"吃得得、吃不得"更自然，也更普遍。

周围江山、广丰、玉山等方言中也有"有法V""没法V"的用法，因此，廿八都话的这种句式很可能来自周围方言。

七 动补句

廿八都话动词加补语的类型非常多样，有结果补语、趋向补语、可能补语、程度补语、数量补语和状态补语等。可能补语见上文"可能句"，此不赘述。数量补语见下文"宾语和补语的顺序"。

（一）结果补语

廿八都话中，结果补语直接跟在动词后面，中间不需要其他成分。例如：

我算错了。ŋo^{53}suɑŋ^{24}tsʰo^{24}ləʔ^{0}.

家里料理干净了家里收拾干净了。tɕiɑ^{33}lieʔ^{5}liɑo^{31}li^{53}kɑŋ^{33}tɕin^{31}ləʔ^{0}.

洗干净再吃。ɕi^{53}kɑŋ^{33}tɕin^{313}tsai^{24}tɕʰieʔ^{5}.

帽子等风吹倒了帽子被风吹走了。mɑo^{31}tsɿʔ^{5}ten^{53}foŋ^{33}tsʰue^{33}tɑo^{0}ləʔ^{0}.

鞋子破倒了鞋破了。ɕiai^{31}tsɿʔ^{5}pʰo^{24}tɑo^{0}ləʔ^{0}.

衣裳湿倒了衣服湿了。i^{33}ɕiɑŋ^{31}ɕieʔ^{5}tɑo^{0}ləʔ^{0}.

鸡死倒了鸡死了。tɕi^{33}sɿ^{53}tɑo^{0}ləʔ^{0}.

疑问句中采用"V＋C＋没"式。例如：

A：你吃饱没？ n̠i^{53}tɕʰieʔ^{5}pɑo^{53}me^{53}?

B：我吃饱了/我没吃饱。ŋo^{53}tɕʰieʔ^{5}pɑo^{53}ləʔ^{0}/ŋo^{53}me^{53}tɕʰieʔ^{5}pɑo^{53}.

需要指出的是，廿八都话VV式后不能跟补语，这一点与周围很多吴语不同。例如：

*你看看清楚。

你看清楚。n̠i^{53}kʰɑŋ^{24}tɕʰin^{33}tsʰu^{53}.

*帮帽子戴戴正。

帮帽子戴端正把帽子戴正。pɑŋ^{33}mɑo^{31}tsɿʔ^{5}tai^{24}tuɑŋ^{33}tɕin^{24}.

（二）趋向补语

廿八都话中，趋向补语的结构和语义与普通话基本一致。例如：

走开。tsəɯ^{53}kʰai^{33}.

走开点。tsəɯ^{53}kʰai^{33}tiɛ̃^{53}.

带过来。tai^{24}ko^{24}lai^{31}.

送回去。soŋ^{24}xue^{31}tɕʰy^{24}.

帮那个碗拿来。pɑŋ^{33}nɑ^{31}kəʔ^{5}uɑŋ^{53}nɑ^{31}lai^{31}.

他走开了。tʰɑ^{33}tsəɯ^{53}kʰai^{33}ləʔ^{0}.

他拿来一个碗。tʰɑ^{33}nɑ^{31}lai^{31}ieʔ^{5}kəʔ^{5}uɑŋ^{53}.

当趋向补语与宾语同时出现时，廿八都话只能采用“V＋C＋O”式。例如：

*拿出一本书来。

*拿一本书出来。

拿出来一本书。nɑ^{31}tɕʰyɔʔ^{5}lai^{31}ieʔ^{5}pen^{53}ɕy^{33}.

（三）程度补语

廿八都话中程度补语可分为两类：

1.“A＋得＋C”式

也就是带“得”的类型。常见的补语有“A得很”[təʔ^{0}xen^{53}]、“A得险”[təʔ^{0}ɕiɛ̃^{53}]等。例如：

她啊，厉害得很！ tʰɑ^{33}ɑ^{0}, li^{31}xai^{31}təʔ^{0}xen^{53}!

这本书好看得很。tɕi^{24}pen^{53}ɕy^{33}xɑo^{53}kʰɑŋ^{24}təʔ^{0}xen^{53}.

柴米油盐这多东西都多得很柴米油盐什么的，都有的是。tsʰai^{31}mi^{53}iɯ^{31}iɛ̃^{31}tɕi^{24}to^{33}toŋ^{33}ɕi^{33}to^{33} to^{33}təʔ^{0}xen^{53}.

今日热得险今天非常热。tɕin^{33}ieʔ^{5}iaʔ^{2}təʔ^{0}ɕiɛ̃^{53}.

这个女娃子齐整得险这个女孩儿非常漂亮！ tɕieʔ^{2}kəʔ^{5}ȵy^{53}ɑ^{31}tsɿʔ^{5}tɕʰi^{31}tɕin^{53}təʔ^{0}ɕiɛ̃^{53}!

这个房间吵得险这个房间非常吵。tɕieʔ^{2}kəʔ^{5}fɑŋ^{31}tɕiɛ̃^{33}tsʰɑo^{53}təʔ^{0}ɕiɛ̃^{53}.

现在，“A得很”比“A得险”用得普遍。

2.“A＋C”式

也就是不带“得”的类型。常见的补语有“A死了”[sɿ^{53}ləʔ^{0}]、“A到家”[tɑo^{24}tɕiɑ^{33}]等。例如：

今日热死了。tɕin^{33}ieʔ^{5}iaʔ^{2}sɿ^{53}ləʔ^{0}.

老师奖他一本书，他高兴死了。lɑo^{53}sɿ^{33}tɕiɑŋ^{53}tʰɑ^{33}ieʔ^{5}pen^{53}ɕy^{33}, tʰɑ^{33}kɑo^{33}ɕin^{24}sɿ^{53}ləʔ^{0}.

他高兴到家。tʰɑ^{33}kɑo^{33}ɕin^{24}tɑo^{24}tɕiɑ^{33}.

三年没见，她瘦到家。saŋ^{33}ȵiẽ^{31}me^{53}tɕiẽ^{24}, tʰɑ^{33}səɯ^{24}tɑo^{24}tɕiɑ^{33}.

（四）情态补语

廿八都话中情态补语都带“得”。例如：

他的字写得很好看。tʰɑ^{33}təʔ^{5}tsɿ^{313}ɕie^{53}təʔ^{0}xen^{53}xɑo^{53}kʰɑŋ^{24}.

他讲得快不快？ tʰɑ^{33}tɕiɑŋ^{53}təʔ^{0}kʰuai^{24}pɔʔ^{5}kʰuai^{24}?

我讲得不当好我说得不怎么好。ŋo^{53}tɕiɑŋ^{53}təʔ^{0}pɔʔ^{2}tɑŋ^{24}xɑo^{53}.

老张（的）地种得好。lɑo^{53}tɕiɑŋ^{33} (təʔ^{0}) ti^{313}tsoŋ^{24}təʔ^{0}xɑo^{53}.

他手蛮能干，画得好看得很。tʰɑ^{33}ɕiɯ^{53}mɑŋ^{33}nen^{31}kɑŋ^{24}, xuɑ^{31}təʔ^{5}xɑo^{53}kʰɑŋ^{24}təʔ^{5}xen^{53}.

你讲得好得很，还会再讲星$^{=}$怎么咧你说得很好，你还会说些什么呢？ ȵi^{53}tɕiɑŋ^{53}təʔ^{0}xɑo^{53}təʔ^{0}xen^{53}, xaʔ^{2}xue^{31}tsai^{24}tɕiɑŋ^{53}ɕin^{33}tsəʔ^{2}məʔ^{2}le^{0}?

老张气得话也讲不出来。lɑo^{53}tɕiɑŋ^{33}tɕʰi^{24}təʔ^{0}xuɑ^{313}ie^{53}tɕiɑŋ^{53}pɔʔ^{0}tɕʰyɔʔ^{5}lai^{0}.

八　宾语和补语的顺序

（一）数量补语和宾语

廿八都话中，数量补语逢代词宾语，只能放在代词宾语之后；逢其他宾语，则放在宾语前后均可。例如：

*你去喊一下他。

你去喊他一下。ȵi^{53}tɕʰy^{24}xɑŋ^{53}tʰɑ^{33}ieʔ^{5}ɕiɑ^{0}.

我去过三回北京。ŋo^{53}tɕʰy^{24}ko^{0}sɑŋ^{33}xue^{31}paʔ^{5}tɕin^{33}.

我去过北京三回。ŋo^{53}tɕʰy^{24}ko^{0}paʔ^{5}tɕin^{33}sɑŋ^{33}xue^{31}.

（二）宾语和补语的位置都比较灵活

普通话“我打得过他”，廿八都话只有“我打得过他”一种说法；但普通话“我打不过他”，廿八都话则有两种说法：

我打得过他。ŋo^{53}tɑ^{53}təʔ^{0}ko^{24}tʰɑ^{33}.

我打不过他。ŋo^{53}tɑ^{53}pɔʔ^{2}ko^{24}tʰɑ^{33}.

我打他不过。ŋo^{53}tɑ^{53}tʰɑ^{33}pɔʔ^{2}ko^{24}.

第七章　语法例句

本章语法例句均先列调查条目（普通话说法），再列方言说法，按照音标加汉字的方式排列。用字尽可能使用本字、俗字，同音字在该字右上角标“=”。没有合适的字可写的用“□”代替。普通话同一例句在方言中有两种以上说法的，按自然度和常用度降序排列。按方言实际读音标注，不显示变调及其他音变过程。

第一节

《中国语言资源调查手册·汉语方言》

本节50个例句，取自教育部语言文字信息管理司、中国语言资源保护研究中心合编的《中国语言资源调查手册·汉语方言》（商务印书馆，2016）第171—178页。各个例句的调查要点，请参看第162—170页“各例句调查要点”。

01　**小张昨天钓了一条大鱼，我没有钓到鱼。**

ɕiɑo^{33}tɕiɑŋ^{33}ts^{h}ɔʔ^{2}ieʔ^{5}tiɑo^{24}ləʔ^{0}ieʔ^{5}men^{31}tɑ^{13}y^{31}, ŋo^{53}me^{53}tiɑo^{24}tɑo^{53}y^{31}.

小 张 昨 日 钓 了 一 门$^{=}$ 大 鱼，我 没 钓 倒 鱼。

02　a．**你平时抽烟吗？** b．**不，我不抽烟。**

ȵi^{53}p^{h}en^{31}tɕ^{h}iɑŋ^{31}tɕ^{h}ieʔ^{5}iɛ̃^{33}me^{53}ɑ^{0}?

a. 你 平 常 吃 烟 没 啊？

me^{53}, ŋo^{53}me^{53}tɕ^{h}ieʔ^{5}iɛ̃^{33}.

b. 没，我 没 吃 烟。

03　a．**你告诉他这件事情了吗？** b．**是，我告诉他了。**

ȵi^{53}ken^{33}t^{h}ɑ^{33}tɕiɑŋ^{53}tɕi^{24}iɑŋ^{13}sʅ^{31}me^{53}?

a. 你 跟 他 讲 这 样 事 没？

en^{33}, ŋo^{53}ken^{33}t^{h}ɑ^{33}tɕiɑŋ^{53}ləʔ^{0}.

b. 嗯，我 跟 他 讲 了。

04　**你吃米饭还是吃馒头？**

ȵi^{53}tɕ^{h}ieʔ^{2}fɑŋ^{313}xaʔ^{2}sʅʔ^{5}tɕ^{h}ieʔ^{5}mɑŋ^{31}t^{h}əɯ^{31}ɑ^{0}?

你 吃 饭 还 是 吃 馒 头 啊？

05 **你到底答应不答应他？**

ȵi^{53}tao^{24}ti^{53}taʔ^{2}in^{24}pɔʔ^{5}taʔ^{2}in^{24}tʰɑ^{33}?

你 到 底 答 应 不 答 应 他？

06 **a．叫小强一起去电影院看《刘三姐》。**

b．这部电影他看过了。／他这部电影看过了。／他看过这部电影了。

xaŋ^{53}ɕiao^{53}tɕʰiaŋ^{31}ieʔ^{5}tue^{33}tɕʰy^{24}tiẽ^{31}in^{53}yẽ^{313}kʰaŋ^{24}tiẽ^{31}in^{53}ləɯ^{31}saŋ^{33}tɕie^{53}.

a. 喊 小 强 一 堆 去 电 影 院 看 电 影《刘 三 姐》。

tɕieʔ^{2}kəʔ^{5}tiẽ^{31}in^{53}tʰɑ^{33}kʰaŋ^{24}ko^{0}ləʔ^{0}.

b. 这 个 电 影 他 看 过 了。

07 **你把碗洗一下。**

ȵi^{53}paŋ^{33}uaŋ^{53}ɕi^{53}ieʔ^{0}ɕia^{0}.

你 帮 碗 洗 一 下。

08 **他把橘子剥了皮，但是没吃。**

tʰɑ^{33}paŋ^{33}kaŋ^{33}tsɿʔ^{5}pʰi^{31}pɔʔ^{5}ləʔ^{0}, tɕiɯ^{31}sɿʔ^{5}me^{53}tɕʰieʔ^{5}.

他 帮 柑 子 皮 剥 了，就 是 没 吃。

09 **他们把教室都装上了空调。**

tʰɑ^{33}men^{0}paŋ^{33}tɕiao^{24}ɕieʔ^{5}to^{33}aŋ^{33}ləʔ^{0}kʰoŋ^{33}tʰiao^{31}.

他 们 帮 教 室 都 安 了 空 调。

10 **帽子被风吹走了。**

mao^{31}tsɿʔ^{5}ten^{53}foŋ^{33}tsʰue^{33}tao^{0}ləʔ^{0}.

帽 子 等 风 吹 倒 了。

11 **张明被坏人抢走了一个包，人也差点儿被打伤。**

tɕiaŋ^{33}men^{31}ten^{53}xuai^{13}in^{31}tɕʰiaŋ^{53}tɕʰy^{24}ieʔ^{2}kəʔ^{5}pao^{33}, in^{31}tsʰɑ^{33}tiẽ^{53}ten^{53}tʰɑ^{33}ta^{53}ɕiaŋ^{33}.

张 明 等 坏 人 抢 去 一 个 包，人 差 点 等 他 打 伤。

12 **快要下雨了，你们别出去了。**

kʰuai^{24}ɕia^{31}y^{53}ləʔ^{0}, ȵi^{53}men^{0}piao^{31}tɕʰyɔʔ^{2}tɕʰy^{0}ləʔ^{0}.

快 下 雨 了，你 们 嫑 出 去 了。

13 **这块毛巾很脏了，扔了它吧。**

tɕi^{24}kʰuai^{24}liẽ^{53}pu^{24}ɔʔ^{2}tsʰɔʔ^{5}ləʔ^{0}, təɯ^{33}tao^{0}tɕʰy^{0}.

这 块 脸 布 龌 龊 了，丢 倒 去。

14 **我们是在车站买的车票。**

ŋo^{53}men^{0}sɿ^{13}tsai^{313}tɕʰie^{33}tsaŋ^{313}mai^{53}tieʔ^{0}pʰiao^{24}.

我 们 是 在 车 站 买 的 票。

ŋo^{53}men^{0}tieʔ^{0}p^{h}iɑo^{24}sɿ^{13}tsai^{313}tɕ^{h}ie^{33}tsɑŋ^{313}mai^{53}tieʔ^{0}.

我 们 的 票 是 在 车 站 买 的。

15　墙上贴着一张地图。

tɕ^{h}iɑŋ^{31}t^{h}əɯ^{31}ɕiɑŋ^{313}t^{h}ieʔ^{5}ləʔ^{0}ieʔ^{5}tɕiɑŋ^{33}ti^{13}t^{h}u^{31}.

墙 头 上 贴 了 一 张 地 图。

16　床上躺着一个老人。

ts^{h}uɑŋ^{31}p^{h}u^{33}ɕiɑŋ^{0}sue^{31}ləʔ^{0}kəʔ^{5}lɑo^{53}in^{31}tɕiɑ^{33}.

床 铺 上 睡 了 个 老 人 家。

17　河里游着好多小鱼。

xo^{31}t^{h}ɑŋ^{33}lieʔ^{5}iɯ^{53}xɑo^{53}to^{33}y^{31}tsai^{53}tsai^{13}iɯ^{31}.

河 滩 里 有 好 多 鱼 仔 在 游。

18　前面走来了一个胖胖的小男孩。

tɕ^{h}iɛ̃^{31}t^{h}əɯ^{31}tsəɯ^{53}lai^{0}ieʔ^{2}kəʔ^{5}tsuɑŋ^{24}təʔ^{2}təʔ^{5}tieʔ^{0}kue^{53}tsai^{53}.

前 头 走 来 一 个 壮 嘟 嘟 的 鬼 仔。

19　他家一下子死了三头猪。

t^{h}ɑ^{33}tɕiɑ^{33}ieʔ^{5}ɕiɑ^{31}tsai^{53}sɿ^{53}tɑo^{31}sɑŋ^{33}t^{h}iɑo^{31}tɕy^{33}.

他 家 一 下 仔 死 倒 三 条 猪。

20　这辆汽车要开到广州去。/这辆汽车要开去广州。

tɕi^{24}pɑ^{53}tɕ^{h}ie^{33}iɑo^{31}k^{h}ai^{33}tɑo^{53}kuɑŋ^{53}tɕiɯ^{33}tɕ^{h}y^{24}.

这 把 车 要 开 到 广 州 去。

21　学生们坐汽车坐了两整天了。

tɕi^{24}to^{33}ɕyɔʔ^{2}sen^{33}tso^{31}tɕ^{h}i^{24}tɕ^{h}ie^{33}tso^{31}ləʔ^{0}liɑŋ^{53}t^{h}iɛ̃^{33}liɑŋ^{53}ie^{31}ləʔ^{0}.

这 多 学 生 坐 汽 车 坐 了 两 天 两 夜 了。

22　你尝尝他做的点心再走吧。

ȵi^{53}tɕ^{h}ieʔ^{5}tɕ^{h}ieʔ^{5}k^{h}ɑŋ^{24}t^{h}ɑ^{33}tso^{24}tieʔ^{0}tiɛ̃^{53}ɕin^{33}tsai^{24}tɕ^{h}y^{24}.

你 吃 吃 看 他 做 的 点 心 再 去。

23　a．你在唱什么？ b．我没有唱，我放着录音机呢。

ȵi^{53}tsai^{31}tɕ^{h}iɑŋ^{24}tsəʔ^{2}məʔ^{2}ɕi^{33}?　　ŋo^{53}me^{53}tɕ^{h}iɑŋ^{24}, ŋo^{53}tsai^{31}fɑŋ^{24}ləʔ^{2}in^{33}.

a. 你 在 唱 怎 么 西？ b. 我 没 唱， 我 在 放 录 音。

24　a．我吃过兔子肉，你吃过没有？ b．没有，我没吃过。

ŋo^{53}tɕ^{h}ieʔ^{5}ko^{0}t^{h}u^{24}tsɿʔ^{5}yɔʔ^{2}, ȵi^{53}tɕ^{h}ieʔ^{5}ko^{0}me^{53}?　　me^{53}, ŋo^{53}me^{53}tɕ^{h}ieʔ^{5}ko^{0}.

a. 我 吃 过 兔 子 肉， 你 吃 过 没？ b. 没， 我 没 吃 过。

25 **我洗过澡了，今天不打篮球了。**

ŋo^{53}tsɑo^{53}ɕi^{53}tɑo^{31}ləʔ^{0}, tɕin^{33}ieʔ^{5}pɔʔ^{5}tɑ^{53}lɑŋ^{31}tɕ^{h}iɯ^{31}.

我 澡 洗 倒 了，今 日 不 打 篮 球。

26 **我算得太快算错了，让我重新算过。**

ŋo^{53}suɑŋ^{24}ləʔ^{0}t^{h}ai^{24}k^{h}uai^{24}suɑŋ^{24}ts^{h}o^{24}ləʔ^{0}, ten^{53}ŋo^{53}tsai^{24}suɑŋ^{24}ko^{24}ieʔ^{5}piɛ̃^{0}.

我 算 得 太 快 算 错 了，等 我 再 算 过 一 遍。①

27 **他一高兴就唱起歌来了。**

t^{h}ɑ^{33}ieʔ^{5}kɑo^{33}ɕin^{24}tɕiɯ^{31}tɕ^{h}iɑŋ^{24}ko^{33}ləʔ^{0}.

他 一 高 兴 就 唱 歌 了。

28 **谁刚才议论我的老师来着？**

nɑ^{53}kəʔ^{5}k^{h}ɑŋ^{33}k^{h}ɑŋ^{33}xɑo^{53}tɕiɑŋ^{53}ŋo^{53}lɑo^{53}sɿ^{33}?

哪 个 刚 刚 好 讲 我 老 师？

29 **只写了一半，还得写下去。**

tsɿʔ^{5}ɕie^{53}ləʔ^{0}ieʔ^{2}pɑŋ^{24}, xaʔ^{2}iɑo^{313}ɕie^{53}ɕia^{13}tɕ^{h}y^{0}.

只 写 了 一 半， 还 要 写 下 去。

30 **你才吃了一碗米饭，再吃一碗吧。**

ȵi^{53}tsɿʔ^{5}tɕ^{h}ieʔ^{5}ləʔ^{0}ieʔ^{5}uɑŋ^{53}fɑŋ^{313}, tsai^{24}tɕ^{h}ieʔ^{5}uɑŋ^{53}ts^{h}əɯ^{24}.

你 只 吃 了 一 碗 饭， 再 吃 碗 凑。

31 **让孩子们先走，你再把展览仔仔细细地看一遍。**

iɑŋ^{31}uɑ^{31}tsɿʔ^{0}tsai^{53}ɕiɛ̃^{33}tɕ^{h}y^{24}, ȵi^{53}tsai^{24}pɑŋ^{33}tɕiɛ̃^{53}lɑŋ^{53}tsɿ^{53}ɕi^{24}k^{h}ɑŋ^{24}ieʔ^{5}piɛ̃^{0}.

让 娃 子 仔 先 去， 你 再 帮 展 览 仔 细 看 一 遍。

32 **他在电视机前看着看着睡着了。**

t^{h}ɑ^{33}tsai^{31}k^{h}ɑŋ^{24}tiɛ̃^{13}sɿ^{313}, k^{h}ɑŋ^{24}ləʔ^{0}k^{h}ɑŋ^{24}ləʔ^{0}tɕiɯ^{31}k^{h}ɑŋ^{24}sue^{31}tɕyɔʔ^{2}ləʔ^{0}.

他 在 看 电 视，看 了 看 了 就 看 睡 着 了。

33 **你算算看，这点钱够不够用。**

ȵi^{53}suɑŋ^{24}suɑŋ^{0}k^{h}ɑŋ^{24}, tɕi^{24}tiɛ̃^{53}ts^{h}ɑo^{53}p^{h}iɑo^{24}kəɯ^{24}pɔʔ^{5}kəɯ^{24}ioŋ^{313}.

你 算 算 看， 这 点 钞 票 够 不 够 用。

34 **老师给了你一本很厚的书吧？**

lɑo^{53}sɿ^{33}nɑ^{31}ten^{53}ȵi^{53}ieʔ^{5}pen^{53}kuaʔ^{2}xəɯ^{31}tieʔ^{0}ɕy^{33}, sɿ^{31}pɔʔ^{5}sɿ^{31}ɑ^{0}?

老 师 拿 等 你 一 本 刮$^{=}$ 厚 的 书，是 不 是 啊？

---

① 本句中"得"字声母弱化为[ləʔ^{0}]。

35 **那个卖药的骗了他一千块钱。**

nɑ^{31}kəʔ^{5}mai^{13}yɔʔ^{2}tieʔ^{0}pʰiẽ^{24}ləʔ^{0}tʰɑ^{33}ieʔ^{5}tɕʰiẽ^{33}kʰuai^{24}tɕʰiẽ^{31}.

那 个 卖 药 的 骗 了 他 一 千 块 钱。

36 a. **我上个月借了他三百块钱。**借入 b. **我上个月借了他三百块钱。**借出

ŋo^{53}tʰəɯ^{31}kəʔ^{5}yɔʔ^{2}ken^{33}tʰɑ^{33}tɕie^{24}ləʔ^{0}sɑŋ^{33}paʔ^{0}kʰuai^{24}tɕʰiẽ^{31}.

a. 我 头 个 月 跟 他 借 了 三 百 块 钱。

ŋo^{53}tʰəɯ^{31}kəʔ^{5}yɔʔ^{2}tɕie^{24}ten^{53}tʰɑ^{53}sɑŋ^{33}paʔ^{0}kʰuai^{24}tɕʰiẽ^{31}.

b. 我 头 个 月 借 等 他 三 百 块 钱。

37 a. **王先生的刀开得很好。**王先生是医生，施事 b. **王先生的刀开得很好。**王先生是病人，受事

uɑŋ^{31}ɕiẽ^{33}sen^{33}tieʔ^{0}tɑo^{33}kʰai^{33}tieʔ^{0}mɑŋ^{33}xɑo^{53}.

a. 王 先 生 的 刀 开 得 蛮 好。

b. 同a。

38 **我不能怪人家，只能怪自己。**

ŋo^{53}me^{53}faʔ^{0}kuai^{24}pieʔ^{2}ko^{24}, tsɿʔ^{5}xɑo^{53}kuai^{24}tsɿ^{31}tɕi^{53}.

我 没 法 怪 别 个，只 好 怪 自 己。

39 a. **明天王经理会来公司吗？** b. **我看他不会来。**

men^{31}ieʔ^{5}uɑŋ^{31}tɕin^{33}li^{53}xue^{31}lai^{31}koŋ^{33}sɿ^{33}piɑ^{313}? ŋo^{53}kʰɑŋ^{24}tʰɑ^{33}pe^{13}lai^{31}.

a. 明 日 王 经 理 会 来 公 司 [勿啊]？ b. 我 看 他 勿 来。

40 **我们用什么车从南京往这里运家具呢？**

ŋo^{53}men^{0}ioŋ^{31}tsəʔ^{2}məʔ^{2}tɕʰie^{33}tsʰoŋ^{31}nɑŋ^{31}tɕin^{33}uɑŋ^{53}tɕieʔ^{2}lieʔ^{5}yen^{31}tɕiɑ^{33}tɕy^{313}?

我 们 用 怎 么 车 从 南 京 往 这 里 运 家 具？

41 **他像个病人似的靠在沙发上。**

tʰɑ^{33}ken^{33}kəʔ^{5}sen^{33}pen^{13}in^{31}ieʔ^{5}iɑŋ^{0}kʰɑo^{24}tsai^{31}sɑ^{33}faʔ^{5}ɕiɑŋ^{0}.

他 跟 个 生 病 人 一 样 靠 在 沙 发 上。

42 **这么干活连小伙子都会累坏的。**

tɕiɑŋ^{24}tso^{24}sɿ^{313}liẽ^{31}xəɯ^{31}sen^{33}tsai^{53}to^{33}tɕʰie^{33}pɔʔ^{2}tɑo^{53}tieʔ^{0}.

[这样]做 事 连 后 生 仔 都 吃 不 倒 的。

43 **他跳上末班车走了。我迟到一步，只能自己慢慢走回学校了。**请设想几个大学生外出后返校的情形

tʰɑ^{33}tso^{31}ɕiɑŋ^{0}lɑo^{53}pɑ^{33}ue^{53}nɑ^{31}pɑŋ^{33}tɕʰie^{33}tɕʰy^{24}ləʔ^{0}. ŋo^{53}tsʰɿ^{31}tɑo^{24}ieʔ^{5}ɕiɑ^{31}tsai^{53},

他 坐 上 老 巴 尾 那 班 车 去 了。我 迟 到 一 下 仔，

tsɿʔ^{5}xɑo^{53}tsɿ^{31}tɕi^{53}mɑŋ^{31}mɑŋ^{31}tsəɯ^{53}xue^{31}ɕyɔʔ^{2}ɕiɑo^{313}.

只 好 自 己 慢 慢 走 回 学 校。

44 **这是谁写的诗？谁猜出来我就奖励谁十块钱。**

tɕi^{24}sɿ^{313}nɑ^{53}kəʔ^{0}ɕie^{53}tieʔ^{0}sɿ^{33}? nɑ^{53}kəʔ^{0}tsʰai^{33}tɕʰyɔʔ^{5}lai^{31}ŋo^{53}tɕiɯ^{31}tɕiɑŋ^{53}tʰɑ^{33}ɕieʔ^{2}kʰuai^{24}tɕʰiɛ̃^{31}.

这 是 哪 个 写 的 诗？哪 个 猜 出 来 我 就 奖 他 十 块 钱。

45 **我给你的书是我教中学的舅舅写的。**

ŋo^{53}nɑ^{31}ten^{53}ȵi^{53}tieʔ^{0}nɑ^{31}pen^{53}ɕy^{33}sɿ^{31}ŋo^{53}tɕiɑo^{33}tsoŋ^{33}ɕyɔʔ^{2}tieʔ^{0}tɕiɯ^{13}ie^{31}ɕie^{53}tieʔ^{0}.

我 拿 等 你 的 那 本 书 是 我 教 中 学 的 舅 爷 写 的。

46 **你比我高，他比你还要高。**

ȵi^{53}pi^{53}ŋo^{53}kɑo^{33}tiɛ̃^{53}, tʰɑ^{33}pi^{53}ȵi^{53}xaʔ^{2}iɑo^{31}kɑo^{33}.

你 比 我 高 点，他 比 你 还 要 高。

47 **老王跟老张一样高。**

lɑo^{53}uɑŋ^{31}ken^{33}lɑo^{53}tɕiɑŋ^{33}ieʔ^{2}iɑŋ^{31}kɑo^{33}.

老 王 跟 老 张 一样 高。

48 **我走了，你们俩再多坐一会儿。**

ŋo^{53}tɕʰy^{24}tɕʰi^{53}, ȵi^{53}men^{0}liɑŋ^{53}kəʔ^{0}tso^{31}ɕiaʔ^{0}tsʰəɯ^{24}.

我 去 起，你 们 两 个 坐 歇$^{=}$ 凑。

49 **我说不过他，谁都说不过这个家伙。**

ŋo^{53}tɕiɑŋ^{53}pɔʔ^{2}ko^{24}tʰɑ^{33}, nɑ^{53}kəʔ^{0}to^{33}tɕiɑŋ^{53}pɔʔ^{2}ko^{24}tɕieʔ^{2}kəʔ^{5}tɕiɑ^{33}xo^{53}.

我 讲 不 过 他，哪 个 都 讲 不 过 这 个 家 伙。

ŋo^{53}tɕiɑŋ^{53}tʰɑ^{33}pɔʔ^{2}ko^{24}, nɑ^{53}kəʔ^{0}to^{33}tɕiɑŋ^{53}pɔʔ^{2}ko^{24}tɕieʔ^{2}kəʔ^{5}tɕiɑ^{33}xo^{53}.

我 讲 他 不 过，哪 个 都 讲 不 过 这 个 家 伙。

50 **上次只买了一本书，今天要多买几本。**

ɕiɑŋ^{13}xue^{31}tsɿʔ^{5}mai^{53}ləʔ^{0}ieʔ^{5}pen^{53}ɕy^{33}, tɕin^{33}ieʔ^{5}iɑo^{31}to^{33}mai^{53}liɑŋ^{53}pen^{0}.

上 回 只 买 了 一 本 书，今 日 要 多 买 两 本。

第二节

《汉语方言语法调查例句》

本节语法例句共248句，总称为《汉语方言语法调查例句》，可以作为《中国语言资源调查手册·汉语方言》50个语法例句的补充和扩展。这些例句根据以下几个来源综合：（1）中国社会科学院语言研究所方言组《方言调查词汇表》第叁拾壹部分“语法”，参看《方言》1981：201—203；（2）丁声树《方言调查词汇手册》第18部分，参看《方言》1989：91—97；（3）中国社会科学院语言研究所“汉语方言重点调查”（1988—1992）课题组编印的“语法调查例句”（油印本）；（4）中国社会科学院A类重大研究课题“中国濒危语言方言调查研究与新编《中国语言地图集》”（2002—2007）编印的“词汇语法调查条目”（油印本）；（5）根据通行语法著作适当选取的其他一些语法例句。

001　**这句话用廿八都话怎么说？**

tɕi^{24}tɕy^{24}xuɑ^{313}ioŋ^{13}ȵiɛ̃^{31}paʔ^{5}tu^{33}xuɑ^{313}tsəʔ^{2}məʔ^{2}tɕiɑŋ^{53}?

这 句 话　用 廿 八 都 话　怎 么　讲？

002　**你还会说别的地方的话吗？**

ȵi^{53}xaʔ^{2}xue^{31}tɕiɑŋ^{53}pieʔ^{2}tieʔ^{5}ti^{31}fɑŋ^{33}tieʔ^{5}xuɑ^{31}me^{53}ɑ^{0}?

你 还 会　讲　别　的 地 方　的 话　没　啊？

ȵi^{53}xaʔ^{2}xue^{31}tɕiɑŋ^{53}pieʔ^{2}kəʔ^{5}ti^{31}fɑŋ^{33}tieʔ^{5}xuɑ^{31}me^{53}ɑ^{0}?

你 还 会　讲　别　个 地 方　的 话　没　啊？

003　**不会了，我从小就没出过门，只会说廿八都话。**

pe^{31}tɕiɑŋ^{53}, ŋo^{53}ts^{h}oŋ^{31}ɕiɑo^{53}me^{53}tɕ^{h}yɔʔ^{2}ko^{24}men^{31}, tsɿʔ^{5}xue^{31}tɕiɑŋ^{53}ȵiɛ̃^{31}paʔ^{5}tu^{33}xuɑ^{313}.

勿 讲，　我 从　小　没 出　过 门，　只 会　讲　廿　八 都 话。

pe^{31}tɕiɑŋ^{53}, ŋo^{53}tsʰoŋ^{31}ɕiɑo^{53}tɕiɯ^{31}me^{53}tɕʰyɔʔ^{5}men^{31}ko^{24}, tsɿʔ^{5}xue^{31}tɕiɑŋ^{53}n̠iɛ̃^{313}paʔ^{5}tu^{33}xuɑ^{313}.

勠 讲， 我 从 小 就 没 出 门 过，只 会 讲 廿 八 都 话。

004 **会，还会讲江山话、普通话，不过说得不怎么好。**

xue^{313}, ŋo^{53}xaʔ^{2}xue^{31}tɕiɑŋ^{53}tɕiɑŋ^{33}sɑŋ^{33}xuɑ^{313}, pʰu^{53}tʰoŋ^{33}xuɑ^{313}, pɔʔ^{2}ko^{24}tɕiɑŋ^{53}təʔ^{0}pɔʔ^{2}tɑŋ^{24}xɑo^{53}.

会， 我 还 会 讲 江 山 话、 普 通 话， 不 过 讲 得 不 当 好。

xue^{313}, ŋo^{53}xaʔ^{2}xue^{31}tɕiɑŋ^{53}tɕiɑŋ^{33}sɑŋ^{33}xuɑ^{313}, pʰu^{53}tʰoŋ^{33}xuɑ^{313}, pɔʔ^{2}ko^{24}tɕiɑŋ^{53}təʔ^{0}me^{53}tsəʔ^{2}məʔ^{2}xɑo^{53}.

会， 我 还 会 讲 江 山 话、 普 通 话， 不 过 讲 得 没 怎 么 好。

005 **会说普通话吗？**

xue^{31}pɔʔ^{5}xue^{31}tɕiɑŋ^{53}pʰu^{53}tʰoŋ^{33}xuɑ^{313}?

会 不 会 讲 普 通 话？

xue^{31}tɕiɑŋ^{53}pʰu^{53}tʰoŋ^{33}xuɑ^{31}me^{53}ɑ^{0}?

会 讲 普 通 话 没 啊？

006 **不会说，没有学过。**

pe^{31}tɕiɑŋ^{53}, me^{53}ɕyɔʔ^{2}ko^{24}.

勠 讲， 没 学 过。

007 **会说一点儿，不标准就是了。**

xue^{31}tɕiɑŋ^{53}tiɛ̃^{0}, tɕiɯ^{31}sɿʔ^{5}pɔʔ^{2}tɑŋ^{24}piɑo^{33}tɕyen^{53}tɕiɯ^{13}sɿ^{31}ləʔ^{0}.

会 讲 点，就 是 不 当 标 准 就 是 了。

008 **在什么地方学的普通话？**

tsai^{31}nɑ^{53}lieʔ^{0}ɕyɔʔ^{2}tieʔ^{2}pʰu^{53}tʰoŋ^{33}xuɑ^{313}?

在 哪 里 学 的 普 通 话？

009 **上小学中学都学普通话。**

tɔʔ^{2}ɕiɑo^{53}ɕyɔʔ^{2}tsoŋ^{33}ɕyɔʔ^{2}to^{33}tɕiɑŋ^{53}pʰu^{53}tʰoŋ^{33}xuɑ^{313}.

读 小 学 中 学 都 讲 普 通 话。

010 **（有人敲门）谁呀？我是老王。**

nɑ^{53}kəʔ^{5}? ŋo^{53}sɿʔ^{0}lɑo^{53}uɑŋ^{31}.

哪 个？ 我 是 老 王。

011 **您贵姓？我姓王，您呢？**

n̠i^{53}kue^{24}ɕin^{24}? ŋo^{53}ɕin^{24}uɑŋ^{31}, n̠i^{53}le^{0}?

你 贵 姓？ 我 姓 王， 你 咧？

012 **你姓王，我也姓王，咱俩都姓王。**

n̠i^{53}ɕin^{24}uɑŋ^{31}, ŋo^{53}iaʔ^{5}ɕin^{24}uɑŋ^{31}, ŋo^{53}men^{0}liɑŋ^{53}in^{31}to^{33}ɕin^{24}uɑŋ^{31}.

你 姓 王， 我 也 姓 王， 我 们 两 人 都 姓 王。

013 **巧了，他也姓王，本来是一家嘛。**

pʰoŋ^{24}tɕʰiɑo^{53}, tʰɑ^{33}iaʔ^{5}ɕin^{24}uɑŋ^{31}, pen^{53}lai^{31}tɕiɯ^{31}sɿʔ^{5}ieʔ^{5}tɕiɑ^{33}mɑ^{0}.

碰 巧， 他 也 姓 王， 本 来 就 是 一 家 嘛。

（碰巧 pʰoŋ^{24}tɕʰiɑo^{53} ～凑巧 tsʰəɯ^{24}tɕʰiɑo^{51}）

014 **老张来了吗？说好他也来的！**

lɑo^{53}tɕiɑŋ^{33}lai^{31}me^{53}? tɕiɑŋ^{53}xɑo^{53}tʰɑ^{33}iaʔ^{5}iɑo^{13}lai^{31}tieʔ^{5}!

老 张 来 没？ 讲 好 他 也 要 来 的！

015 **他没来，还没到吧。**

tʰɑ^{33}me^{53}lai^{31}, ku^{53}tɕi^{24}xɑʔ^{2}me^{53}tɑo^{24}mɑ^{0}

他 没 来，估 计 还 没 到 嘛。

016 **他上哪儿了？他还在家里呢。**

tʰɑ^{33}tɕʰy^{24}nɑ^{53}lieʔ^{0}ləʔ^{0}? xaʔ^{2}tsai^{31}tɕiɑ^{33}li^{53}le^{0}.

他 去 哪 里 了？还 在 家 里 咧。

017 **在家做什么？在家吃晚饭呢。**

tsai^{31}tɕiɑ^{33}tso^{24}tsəʔ^{2}məʔ^{2}? tsai^{31}tɕiɑ^{33}tɕʰieʔ^{5}fɑŋ^{313}.

在 家 做 怎 么？ 在 家 吃 饭。

018 **都几点了，怎么还没吃完？**

to^{33}tɕi^{53}tiẽ^{53}ləʔ^{0}, tsəʔ^{2}məʔ^{2}xaʔ^{2}me^{53}tɕʰieʔ^{2}xɑo^{53}?

都 几 点 了，怎 么 还 没 吃 好？

019 **还没有呢，再有一会儿就吃完了。**

xaʔ^{2}me^{53}le^{0}, tsai^{24}ko^{24}ieʔ^{2}ɕiɑ^{31}tsai^{53}tɕiɯ^{31}tɕʰieʔ^{5}xɑo^{53}ləʔ^{0}.

还 没 咧，再 过 一 下 仔 就 吃 好 了。

020 **他在哪儿吃的饭？**

tʰɑ^{33}tsai^{31}nɑ^{53}kəʔ^{0}nɑ^{31}lieʔ^{5}tɕʰieʔ^{5}tieʔ^{5}fɑŋ^{313}?

他 在 哪 个 那 里 吃 的 饭？

021 **他是在我家吃的饭。**

tʰɑ^{33}tsai^{31}ŋo^{53}tɕiɑ^{33}tɕʰieʔ^{5}tieʔ^{0}.

他 在 我 家 吃 的。

022 **真的吗？真的，他是在我家吃的饭。**

tɑŋ^{24}tɕin^{33}tieʔ^{5}ɑ^{0}? sɿ^{313}, tʰɑ^{33}sɿ^{13}tsai^{31}ŋo^{53}tɕiɑ^{33}tɕʰieʔ^{5}tieʔ^{0}.

当 真 的 啊？是，他 是 在 我 家 吃 的。

023 **先喝一杯茶再说吧！**

ɕiẽ^{33}tɕʰieʔ^{5}pe^{33}tsʰɑ^{31}tɕʰi^{53}tsai^{24}tɕiɑŋ^{53}!

先 吃 杯 茶 起 再 讲！

024 **说好了就走的，怎么半天了还不走？**

tɕiɑŋ^{53}xɑo^{53}ləʔ^{0}tɕiɯ^{31}tsəɯ^{53}tieʔ^{0}, tsəʔ^{2}məʔ^{2}tɕiɑŋ^{24}tɕʰiɑŋ^{31}sɿ^{31}tɕiẽ^{33}xaʔ^{2}pɔʔ^{5}tsəɯ^{53}ɑ^{0}?

讲 好 了 就 走 的，怎 么 [这样] 长 时 间 还 不 走 啊？

025 **他磨磨蹭蹭的，做什么呢？**

tʰɑ^{33}mi^{33}mi^{55}mo^{33}mo^{33}tieʔ^{5}, tso^{24}tsəʔ^{2}məʔ^{2}ɑ^{0}?

他 咪=咪=摸= 摸= 的，做 怎 么 啊？

（咪=咪=摸=摸=mi^{33}mi^{55}mo^{33}mo^{33} ～挨死样ŋai^{31}sɿ^{53}iɑŋ^{0}）

026 **他正在那儿跟一个朋友说话呢。**

tʰɑ^{33}tsai^{31}nɑ^{31}lieʔ^{5}ken^{33}ieʔ^{2}kəʔ^{5}pʰoŋ^{31}iɯ^{53}tɕiɑŋ^{53}xuɑ^{313}.

他 在 那 里 跟 一 个 朋 友 讲 话。

027 **还没说完啊？催他快点儿！**

xaʔ^{2}me^{53}tɕiɑŋ^{53}xuɑŋ^{31}ɑ^{0}? xɑŋ^{53}tʰɑ^{33}kʰuai^{24}tiẽ^{53}!

还 没 讲 完 啊？喊 他 快 点！

028 **好，好，他就来了。**

ten^{53}ɕiɑ^{31}tsai^{53}, tʰɑ^{33}tɕiɯ^{13}lai^{31}ləʔ^{0}.

等 下 仔，他 就 来 了。

029 **你上哪儿去？我上街去。**

ȵi^{53}tɕʰy^{24}nɑ^{53}lieʔ^{5}ɑ^{0}? ŋo^{53}tɕʰy^{24}tɕiai^{33}lu^{313}.

你 去 哪 里 啊？我 去 街 路。

030 **你多会儿去？我马上就去。**

ȵi^{53}nɑ^{53}pɑ^{53}tɕiẽ^{33}tɕʰy^{24}ɑ^{0}? ŋo^{53}ten^{53}ɕiaʔ^{0}tɕiɯ^{31}tɕʰy^{24}.

你 哪 把 间 去 啊？我 等 歇= 就 去。

031 **做什么去呀？家里来客人了，买点菜去。**

ȵi^{53}tso^{24}tsəʔ^{2}məʔ^{2}tɕʰy^{24}ɑ^{0}? tɕiɑ^{33}li^{53}lai^{31}in^{31}kʰaʔ^{5}ləʔ^{0}, tɕʰy^{24}mai^{53}tiẽ^{53}tsʰai^{24}.

你 做 怎 么 去 啊？家 里 来 人 客 了，去 买 点 菜。

032 **你先去吧，我们一会儿再去。**

ȵi^{53}tɕʰy^{24}tɕʰi^{53}, ŋo^{53}men^{0}ten^{53}ieʔ^{2}ɕiɑ^{31}tsai^{53}tsai^{24}tɕʰy^{24}.

你 去 起，我 们 等 一 下 仔 再 去。

ȵi^{53}tɕ^{h}y^{24}tɕ^{h}i^{53}, ŋo^{53}men^{0}ten^{53}ieʔ^{2}ɕiɑ^{31}tsai^{53}ts^{h}əɯ^{24}tsai^{24}tɕ^{h}y^{24}.

你 去 起，我 们 等 一 下 仔 凑 再 去。

ȵi^{53}ɕiɛ̃^{33}tɕ^{h}y^{24}, ŋo^{53}men^{0}ten^{53}ieʔ^{2}ɕiɑ^{31}tsai^{53}tsai^{24}tɕ^{h}y^{24}.

你 先 去，我 们 等 一 下 仔 再 去。

033 **好好儿走，别跑！小心摔跤了。**

tsəɯ^{53}xɑo^{53}, piɑo^{13}t^{h}ɑo^{31}! piɑo^{31}tieʔ^{5}tɑo^{53}.

走 好，嫑 逃！嫑 跌 倒。

034 **小心点儿！不然的话摔下去爬都爬不起来！**

ɕiɑo^{53}ɕin^{33}tiɛ̃^{53}, tieʔ^{5}ɕiɑ^{31}tɕ^{h}y^{24}p^{h}ɑ^{31}to^{33}p^{h}ɑ^{31}pɔʔ^{5}ɕiɑŋ^{13}lai^{31}.

小 心 点，跌 下 去 爬 都 爬 不 上 来。

ɕiɑo^{53}ɕin^{33}tiɛ̃^{53}, tieʔ^{5}ɕiɑ^{31}tɕ^{h}y^{24}p^{h}ɑ^{31}pɔʔ^{5}ɕiɑŋ^{13}lai^{31}tieʔ^{5}.

小 心 点，跌 下 去 爬 不 上 来 的。

035 **不早了，快去吧。**

sɿ^{31}xəɯ^{31}pɔʔ^{5}tsɑo^{53}ləʔ^{0}, k^{h}uai^{24}tiɛ̃^{53}tɕ^{h}y^{24}.

时 候 不 早 了，快 点 去.

036 **这会儿还早呢，过一会儿再去吧。**

tɕi^{24}ɕiaʔ^{5}xaʔ^{2}tsɑo^{53}le^{0}, ko^{24}ɕiɑ^{31}tsai^{53}tsai^{24}tɕ^{h}y^{24}.

这 歇$^{=}$ 还 早 咧，过 下 仔 再 去。

037 **吃了饭再去好不好？**

tɕ^{h}ieʔ^{5}ləʔ^{0}fɑŋ^{313}tsai^{24}tɕ^{h}y^{24}iɯ^{53}faʔ^{5}me^{53}ɑ^{0}?

吃 了 饭 再 去 有 法 没 啊?

038 **不行，那可就来不及了。**

me^{53}faʔ^{5}, nɑ^{13}tɕiɯ^{13}lai^{31}pɔʔ^{5}tɕieʔ^{2}ləʔ^{0}.

没 法，那 就 来 不 及 了。

039 **不管你去不去，反正我是要去的。**

pɔʔ^{5}kuɑŋ^{53}ȵi^{53}iɑo^{31}tɕ^{h}y^{24}pɔʔ^{5}, ŋo^{53}sɿ^{0}iɑo^{31}tɕ^{h}y^{24}tieʔ^{5}.

不 管 你 要 去 不，我 是 要 去 的。

pɔʔ^{5}kuɑŋ^{53}ȵi^{53}tɕ^{h}y^{24}pɔʔ^{5}tɕ^{h}y^{24}, ŋo^{53}sɿ^{0}iɑo^{31}tɕ^{h}y^{24}tieʔ^{5}.

不 管 你 去 不 去，我 是 要 去 的。

040 **你爱去不去。你爱去就去，不爱去就不去。**

ȵi^{53}iɑo^{31}tɕ^{h}y^{24}pɔʔ^{5}tɕ^{h}y^{24}. ȵi^{53}iɑo^{31}tɕ^{h}y^{24}tɕiɯ^{31}tɕ^{h}y^{24}, pɔʔ^{5}(ɕiɑŋ^{53})tɕ^{h}y^{24}tɕiɯ^{31}piɑo^{31}tɕ^{h}y^{24}.

你 要 去 不 去。你 要 去 就 去，不（想）去 就 嫑 去。

041　**那我非去不可！**

ŋo^{53}ieʔ^{2}ten^{313}iɑo^{31}tɕ^{h}y^{24}!

我　一　定　　要　去！

042　**那个东西不在那儿，也不在这儿。**

nɑ^{31}kəʔ^{5}toŋ^{33}ɕi^{33}me^{53}tsai^{31}nɑ^{31}lieʔ^{5}, iaʔ^{5}me^{53}tsai^{31}tɕieʔ^{2}lieʔ^{5}.

那　个　东　　西　没　在　　那　里，　也　没　在　　这　　里。

043　**那到底在哪儿？**

nɑ^{31}tɑo^{24}ti^{53}tsai^{31}nɑ^{53}lieʔ^{5}ɑ^{0}?

那　到　底　在　哪　里　啊？

044　**那我也说不清楚，你问他去！**

ŋo^{53}iaʔ^{5}tɕiɑŋ^{53}pɔʔ^{5}tɕ^{h}in^{33}ts^{h}u^{53}, ȵi^{53}tɕ^{h}y^{24}uen^{31}t^{h}ɑ^{33}!

我　也　讲　　不　清　　楚，　你　去　　问　　他！

045　**怎么办呢？不是那么办，要这么办才对。**

tsəʔ^{2}məʔ^{2}u^{53}ɑ^{0}?　pɔʔ^{2}sɿ^{13}nɑ^{13}iɑŋ^{31}u^{53}tieʔ^{0}, iɑo^{31}tɕiɑŋ^{24}u^{53}ts^{h}ai^{31}iɯ^{53}faʔ^{5}.

怎　么　五⁼啊？不　是　那　样　五⁼的，要［这样］五⁼才　　有　法。

046　**要多少才够呢？**

iɑo^{31}tɕi^{53}to^{33}ts^{h}ai^{31}iɯ^{53}faʔ^{5}ɑ^{0}?

要　几　多　才　　有　法　啊？

047　**太多了，要不了那么多，只要这么多就够了。**

t^{h}ai^{24}to^{33}ləʔ^{5}, piɑo^{13}nɑ^{31}to^{33}, iɑo^{31}tɕi^{24}to^{33}tɕiɯ^{31}iɯ^{53}ləʔ^{0}.

太　多　了，　嫑　　那　多，　要　　这　多　就　　有　了。

048　**不管怎么忙，也得好好学习。**

pɔʔ^{5}kuɑŋ^{53}tsəʔ^{2}məʔ^{2}mɑŋ^{31}, iaʔ^{5}iɑo^{31}xɑo^{53}xɑo^{53}tɔʔ^{2}ɕy^{33}.

不　管　　怎　么　忙，　也　要　好　　好　　读书。

049　**你闻闻这朵花香不香？**

ȵi^{53}p^{h}oŋ^{33}p^{h}oŋ^{33}k^{h}ɑŋ^{24}tɕi^{24}to^{53}xuɑ^{33}ɕiɑŋ^{33}pɔʔ^{5}ɕiɑŋ^{33}?

你　碰⁼　碰⁼　　看　　这　朵　花　　香　　不　香？

050　**好香呀，是不是？**

mɑŋ^{33}ɕiɑŋ^{33}tieʔ^{5}, sɿ^{31}pɔʔ^{5}sɿ^{31}ɑ^{0}?

蛮　　香　　的，是　不　是　啊？

051　**你是抽烟呢，还是喝茶？**

ȵi^{53}sɿ^{31}tɕ^{h}ieʔ^{5}iẽ^{33}xaʔ^{2}sɿʔ^{5}tɕ^{h}ieʔ^{5}ts^{h}ɑ^{31}?

你　是　吃　　烟　还　是　吃　　茶？

052 **烟也好，茶也好，我都不喜欢。**

iɛ̃^{33}iaʔ^{2}xɑo^{53}, ts^{h}ɑ^{31}iaʔ^{2}xɑo^{53}, ŋo^{53}to^{33}tɕ^{h}ieʔ^{5}pɔʔ^{5}lai^{31}.

烟 也 好， 茶 也 好， 我 都 吃 不 来。

053 **医生叫你多睡一睡，抽烟或者喝茶都不行。**

i^{33}sen^{33}tɕiɑo^{24}ȵi^{53}to^{33}sue^{13}ieʔ^{5}ɕiɑ^{313}, tɕ^{h}ieʔ^{5}iɛ̃^{33}tɕ^{h}ieʔ^{5}ts^{h}ɑ^{31}to^{33}pe^{13}ɕin^{31}.

医生 叫 你 多 睡 一 下， 吃 烟 吃 茶 都 勿 行。

054 **咱们一边走，一边说。**

ŋo^{53}men^{0}tue^{33}tsəɯ^{53}tue^{33}tɕiɑŋ^{53}.

我 们 堆 走 堆 讲。

055 **这个东西好是好，就是太贵了。**

tɕieʔ^{2}kəʔ^{5}toŋ^{33}ɕi^{33}xɑo^{53}sɿ^{0}xɑo^{53}, tɕiɯ^{31}sɿʔ^{5}t^{h}ai^{24}kue^{24}ləʔ^{0}.

这 个 东 西 好 是 好， 就 是 太 贵 了。

056 **这个东西虽说是贵了点儿，不过挺结实的。**

tɕieʔ^{2}kəʔ^{5}toŋ^{33}ɕi^{33}kue^{24}sɿ^{0}kue^{24}ləʔ^{0}tiɛ̃^{0}, pɔʔ^{2}ko^{24}mɑŋ^{33}tsaʔ^{2}ɕieʔ^{2}tieʔ^{5}.

这 个 东 西 贵 是 贵 了 点，不 过 蛮 扎 实 的。

057 **他今年多大了？**

t^{h}ɑ^{33}tɕin^{33}ȵiɛ̃^{31}tɕi^{53}sue^{24}ləʔ^{0}?

他 今 年 几 岁 了？（问小孩、青壮年）

t^{h}ɑ^{33}tɕin^{33}ȵiɛ̃^{31}tɕi^{53}to^{33}ȵiɛ̃^{31}tɕi^{53}ɑ^{0}?

他 今 年 几 多 年 纪 啊？（问老人）

058 **也就是三十来岁吧。**

nɑ^{31}k^{h}ɔʔ^{5}mɔʔ^{5}tɕiɯ^{31}sɿʔ^{5}sɑŋ^{33}ɕieʔ^{2}tɕi^{53}sue^{24}.

那 壳$^{=}$ 木$^{=}$ 就 是 三 十 几 岁。

059 **看上去不过三十多岁的样子。**

k^{h}ɑŋ^{24}ɕiɑŋ^{31}tɕ^{h}y^{24}tɑ^{31}pɔʔ^{5}liɑo^{53}sɑŋ^{33}ɕieʔ^{2}tɕi^{53}sue^{24}mɑ^{0}.

看 上 去 大 不 了 三 十 几 岁 嘛。

060 **这个东西有多重呢？**

tɕieʔ^{2}kəʔ^{5}toŋ^{33}ɕi^{33}iɯ^{53}tɕi^{53}tsoŋ^{31}ɑ^{0}?

这 个 东 西 有 几 重 啊？

061 **怕有五十多斤吧。**

k^{h}ɔʔ^{5}mɔʔ^{5}iɯ^{53}u^{53}ɕieʔ^{2}to^{33}tɕin^{33}.

壳$^{=}$ 木$^{=}$ 有 五 十 多 斤。

062 **我五点半就起来了，你怎么七点半了还不起来？**

ŋo^{53}u^{53}tiɛ̃^{53}paŋ^{24}tɕiɯ^{13}pʰɑ^{31}tɕʰi^{53}ləʔ^{0}, ȵi^{53}tsəʔ^{2}məʔ^{2}tɕʰieʔ^{5}tiɛ̃^{53}tsoŋ^{33}xaʔ^{2}pɔʔ^{5}pʰɑ^{31}tɕʰi^{53}ɑ^{0}?

我 五点 半 就 爬 起 了，你 怎 么 七 点钟 还不爬 起 啊？

063 **三四个人盖一床被。一床被盖三四个人。**

saŋ^{33}sɿ^{24}kəʔ^{0}in^{31}kai^{24}ieʔ^{5}tsʰuaŋ^{31}pe^{31}o^{33}.

三 四个人盖 一床 被窝。

ieʔ^{5}tsʰuaŋ^{31}pe^{31}o^{33}kai^{24}saŋ^{33}sɿ^{24}kəʔ^{0}in^{31}.

一床 被窝盖 三 四个 人。

064 **一个大饼夹一根油条。一根油条外加一个大饼。**

ieʔ^{2}kəʔ^{5}tɑ^{31}pen^{53}tɕiɑʔ^{5}ieʔ^{5}ken^{33}iɯ^{31}tʰiɑo^{31}.

一个大饼 夹 一根 油条。

ieʔ^{5}ken^{33}iɯ^{31}tʰiɑo^{31}tsai^{24}tɕiɑ^{33}ieʔ^{2}kəʔ^{5}tɑ^{31}pen^{53}.

一根 油条 再 加 一个大饼。

065 **两个人坐一张凳子。一张凳子坐了两个人。**

liɑŋ^{53}kəʔ^{0}in^{31}tso^{13}ieʔ^{5}tʰiɑo^{31}paŋ^{53}ten^{24}.

两 个人坐 一条 板 凳。

ieʔ^{5}tʰiɑo^{31}paŋ^{53}ten^{24}tso^{13}liɑŋ^{53}kəʔ^{0}in^{31}.

一条 板 凳 坐 两 个 人。

066 **一辆车装三千斤麦子。三千斤麦子刚好够装一辆车。**

ieʔ^{5}tɕʰie^{33}tsuɑŋ^{33}saŋ^{33}tɕʰiɛ̃^{33}tɕin^{33}maʔ^{2}tsɿʔ^{5}.

一车 装 三 千 斤 麦 子。

saŋ^{33}tɕʰiɛ̃^{33}tɕin^{33}maʔ^{2}tsɿʔ^{5}kʰɑŋ^{33}xɑo^{53}tsuɑŋ^{33}ieʔ^{5}tɕʰie^{33}.

三 千 斤 麦 子刚 好 装 一车。

067 **十个人吃一锅饭。一锅饭够吃十个人。**

ɕieʔ^{2}kəʔ^{5}in^{31}tɕʰieʔ^{5}ieʔ^{5}ko^{33}faŋ^{313}.

十 个 人吃 一锅 饭。

ieʔ^{5}ko^{33}faŋ^{313}ɕieʔ^{2}kəʔ^{5}in^{31}kəɯ^{24}tɕʰieʔ^{5}.

一锅 饭 十 个 人 够 吃。

068 **十个人吃不了这锅饭**饭太多。**这锅饭吃不了十个人**饭不够。

tɕi^{24}ko^{33}faŋ^{313}ɕieʔ^{2}kəʔ^{5}in^{31}tɕʰieʔ^{5}pɔʔ^{5}xuɑŋ^{31}.

这 锅 饭 十 个 人吃 不 完。

tɕi^{24}ko^{33}faŋ^{313}ɕieʔ^{2}kəʔ^{5}in^{31}pɔʔ^{2}kəɯ^{24}tɕʰieʔ^{5}.

这 锅 饭 十 个 人不 够 吃。

069 **这个屋子住不下十个人。**

tɕieʔ^{2}kəʔ^{5}faŋ^{31}tsɿʔ^{5}tɕy^{31}pɔʔ^{5}ɕiɑ^{31}ɕieʔ^{2}kəʔ^{5}in^{31}.

这 个 房 子 住 不 下 十 个 人。

070 **小屋堆东西，大屋住人。**

ɕiɑo^{53}faŋ^{31}tsɿʔ^{5}tue^{33}toŋ^{33}ɕi^{33}, tɑ^{13}faŋ^{31}tsɿʔ^{5}tɕy^{13}in^{31}.

小 房 子 堆 东 西，大 房 子 住 人。

071 **他们几个人正说着话呢。**

tʰɑ^{33}men^{0}tɕi^{53}kəʔ^{0}in^{31}tsai^{31}tɕiɑŋ^{53}xuɑ^{313}.

他 们 几 个 人 在 讲 话。

072 **桌上放着一碗水，小心别碰倒了。**

tʰai^{31}tsɿʔ^{5}ɕiɑŋ^{0}faŋ^{24}ləʔ^{0}uɑŋ^{53}sue^{53}, xue^{13}ɕin^{31}tiɛ̃^{53}piɑo^{31}pʰoŋ^{24}tɑ^{53}ləʔ^{0}.

台 子 上 放 了 碗 水，会 神 点 嫑 碰 打 了。

073 **门口站着一帮人，在说着什么。**

ieʔ^{5}xo^{53}in^{31}tsɑŋ^{13}tsai^{31}men^{31}kʰəɯ^{53}, tsai^{31}tɕiɑŋ^{53}tsəʔ^{2}məʔ^{2}.

一 伙 人 站 在 门 口， 在 讲 怎 么。

074 **坐着吃好，还是站着吃好？**

tso^{31}tɑo^{53}tɕʰieʔ^{5}xɑo^{53}, xaʔ^{2}sɿʔ^{5}tsɑŋ^{31}tɑo^{53}tɕʰieʔ^{5}xɑo^{53}?

坐 倒 吃 好，还 是 站 倒 吃 好？

075 **想着说，不要抢着说。**

ɕiɑŋ^{53}xɑo^{53}tsai^{24}tɕiɑŋ^{53}, piɑo^{31}tɕʰiɑŋ^{53}.

想 好 再 讲， 嫑 抢。

076 **说着说着就笑起来了。**

tɕiɑŋ^{53}tɕiɑŋ^{53}tɕiɯ^{31}ɕiɑo^{24}tɕʰi^{53}lai^{0}ləʔ^{0}.

讲 讲 就 笑 起 来 了。

077 **别怕！你大着胆子说吧。**

piɑo^{31}pʰɑ^{24}! ȵi^{53}tɑ^{31}tɑŋ^{53}tɕiɑŋ^{53}.

嫑 怕！ 你 大 胆 讲。

078 **这个东西重着呢，足有一百来斤。**

tɕieʔ^{2}kəʔ^{5}toŋ^{33}ɕi^{33}mɑŋ^{33}tsoŋ^{31}tieʔ^{5}, tsɔʔ^{5}tsɔʔ^{5}iɯ^{53}ieʔ^{2}paʔ^{5}lai^{31}tɕin^{33}.

这 个 东 西 蛮 重 的，足 足 有 一 百 来 斤。

079 **他对人可好着呢。**

tʰɑ^{33}tai^{13}in^{31}mɑŋ^{33}xɑo^{53}tieʔ^{0}.

他 待 人 蛮 好 的。

080 **这小伙子可有劲着呢。**

tɕieʔ^{2}kəʔ^{5}xəɯ^{31}sen^{33}tsai^{53}mɑŋ^{33}iɯ^{53}lieʔ^{2}tɕ^{h}i^{24}tieʔ^{0}.

这 个 后 生 仔 蛮 有 力 气 的。

081 **别跑，你给我站着。**

piɑo^{13}t^{h}ɑo^{31}, ȵi^{53}pɑŋ^{33}ŋo^{53}tsɑŋ^{31}tɑo^{53}!

嫑 逃，你 帮 我 站 倒！

082 **下雨了，路上小心着。**

ɕiɑ^{31}y^{53}ləʔ^{0}, lu^{13}ɕiɑŋ^{313}xue^{13}ɕin^{31}tiɛ̃^{53}.

下 雨 了，路 上 会 神 点。

083 **点着火了。着凉了。**

xo^{53}tiɛ̃^{53}tɕyɔʔ^{2}ləʔ^{5}. toŋ^{24}tɕyɔʔ^{0}ləʔ^{0}.

火 点 着 了。冻 着 了。

084 **甭着急，慢慢儿来。**

piɑo^{31}tɕieʔ^{5}, mɑŋ^{31}mɑŋ^{13}lai^{31}.

嫑 急，慢 慢 来。

085 **我正在这儿找着你，还没找着。**

ŋo^{53}tsai^{31}tɕieʔ^{2}lieʔ^{5}tɕ^{h}in^{31}ȵi^{53}, xaʔ^{2}me^{53}tɕ^{h}in^{31}tɑo^{53}.

我 在 这 里 寻 你，还 没 寻 倒。

086 **她呀，可厉害着呢！**

t^{h}ɑ^{33}ɑ^{0}, li^{31}xai^{31}təʔ^{5}xen^{53}!

她 啊，厉 害 得 很！

087 **这本书好看着呢。**

tɕi^{24}pen^{53}ɕy^{33}xɑo^{53}k^{h}ɑŋ^{24}təʔ^{0}xen^{53}.

这 本 书 好 看 得 很。

088 **饭好了，快来吃吧。**

fɑŋ^{313}sɔʔ^{2}ləʔ^{0}, k^{h}uai^{24}tiɛ̃^{53}lai^{31}tɕ^{h}ieʔ^{5}.

饭 熟 了，快 点 来 吃。

089 **锅里还有饭没有？你去看一看。**

ko^{33}li^{53}t^{h}əɯ^{0}xaʔ^{2}iɯ^{53}fɑŋ^{31}me^{53}ɑ^{0}? ȵi^{53}tɕ^{h}y^{24}k^{h}ɑŋ^{24}ieʔ^{0}ɕiɑ^{0}.

锅 里 头 还 有 饭 没 啊？你 去 看 一 下。

（看一下 k^{h}ɑŋ^{24}ieʔ^{0}ɕiɑ^{0} ～看看 k^{h}ɑŋ^{24}k^{h}ɑŋ^{0}）

090 **我去看了，没有饭了。**

ŋo^{53}tɕ^{h}y^{24}k^{h}ɑŋ^{24}(ko^{0})ləʔ^{0}, me^{53}fɑŋ^{31}ləʔ^{0}.

我 去 看 （过）了，没 饭 了。

091 **就剩一点儿了，吃了得了。**

tɕiɯ^{31}to^{33}ieʔ^{5}tiɛ̃^{53}, tɕ^{h}ieʔ^{5}tɑo^{0}tɕiɯ^{31}suɑŋ^{24}.

就 多 一 点，吃 倒 就 算。

（就算 tɕiɯ^{31}suɑŋ^{24} ～就好 tɕiɯ^{31}xɑo^{53}）

092 **吃了饭要慢慢儿地走，别跑，小心肚子疼。**

tɕ^{h}ieʔ^{5}ləʔ^{0}fɑŋ^{313}iɑo^{31}mɑŋ^{31}mɑŋ^{31}tsəɯ^{53}, piɑo^{13}t^{h}ɑo^{31}, tu^{31}tsɿʔ^{5}iɑo^{13}t^{h}ɑo^{31}t^{h}en^{31}tieʔ^{5}.

吃 了饭 要 慢 慢 走，嫑 逃，肚 子 要 逃 疼 的。

093 **他吃了饭了，你吃了饭没有呢？**

t^{h}ɑ^{33}tɕ^{h}ieʔ^{5}(ləʔ^{0}fɑŋ^{31})ləʔ^{0}, ȵi^{53}tɕ^{h}ieʔ^{5}fɑŋ^{0}me^{53}ɑ^{0}?

他 吃 （了 饭）了，你 吃 饭 没 啊？

094 **我喝了茶还是渴。**

ŋo^{53}tɕ^{h}ieʔ^{5}ləʔ^{0}ts^{h}ɑ^{31}tsue^{53}pɑ^{33}xɑʔ^{2}sɿʔ^{5}kɑŋ^{33}.

我 吃 了 茶 嘴 巴 还 是 干。

095 **我吃了晚饭，出去溜达了一会儿，回来就睡下了，还做了个梦。**

ŋo^{53}tɕ^{h}ieʔ^{5}ləʔ^{0}ie^{31}fɑŋ^{313}, tɕ^{h}yɔʔ^{5}tɕ^{h}y^{24}ɕi^{33}ləʔ^{0}ieʔ^{2}ɕiɑ^{0}, xue^{31}lai^{31}tɕiɯ^{13}sue^{31}(tɕiɑo^{24})ləʔ^{0}, xɑʔ^{2}

我 吃 了 夜 饭，出 去 嬉 了 一 下，回 来 就 睡 （觉） 了，还

tso^{24}ləʔ^{0}kəʔ^{0}moŋ^{313}.

做 了 个 梦。

096 **吃了这碗饭再说。**

tɕ^{h}ieʔ^{5}ləʔ^{0}tɕi^{24}uɑŋ^{53}fɑŋ^{313}(tɕ^{h}i^{53})tsai^{24}tɕiɑŋ^{53}.

吃 了 这 碗 饭 （起）再 讲。

097 **我昨天照了相了。**

ŋo^{53}ts^{h}ɔʔ^{2}ieʔ^{2}tɕiɑo^{24}ɕiɑŋ^{24}ləʔ^{0}.

我 昨 日 照 相 了。

098 **有了人，什么事都好办。**

iɯ^{53}ləʔ^{0}in^{31}, tsəʔ^{2}məʔ^{2}sɿ^{313}to^{33}xɑo^{53}tso^{24}.

有 了 人，怎 么 事 都 好 做。

099 **不要把茶杯打碎了。**

piɑo^{31}pɑŋ^{33}ts^{h}ɑ^{31}pe^{33}tɑ^{53}tɑo^{0}.

嫑 帮 茶 杯 打 倒。

100 **你快把这碗饭吃了，饭都凉了。**

ȵi^{53}kʰuai^{24}tiẽ^{53}pɑŋ^{33}tɕi^{24}uɑŋ^{53}fɑŋ^{313}tɕʰieʔ^{5}tɑo^{0}, fɑŋ^{313}to^{33}len^{53}ləʔ^{0}.

你 快 点 帮 这 碗 饭 吃 倒，饭 都 冷 了。

101 **下雨了。雨不大了，天晴开了。**

ɕiɑ^{31}y^{53}ləʔ^{0}. y^{53}ɕieʔ^{5}ləʔ^{0}, tʰiẽ^{33}tɕʰin^{31}ləʔ^{0}.

下 雨 了。雨 歇 了，天 晴 了。

102 **打了一下。去了一趟。**

tɑ^{53}ləʔ^{0}ieʔ^{0}ɕiɑ^{0}. tɕʰy^{24}ləʔ^{0}ieʔ^{5}xue^{31}.

打 了 一 下。去 了 一 回。

103 **晚了就不好了，咱们快点儿走吧！**

tsʰɿ^{31}ləʔ^{0}tɕiɯ^{31}pɔʔ^{5}xɑo^{53}ləʔ^{0}, ŋo^{53}men^{0}kʰuai^{24}tiẽ^{53}tsəɯ^{53}.

迟 了 就 不 好 了，我 们 快 点 走！

104 **给你三天时间做得了做不了？**

nɑ^{31}ȵi^{53}sɑŋ^{33}tʰiẽ^{33}sɿ^{31}tɕiẽ^{33}tso^{24}tieʔ^{0}xɑo^{53}me^{53}ɑ^{0}?

拿 你 三 天 时 间 做 得 好 没 啊？

105 **你做得了，我做不了。**

ȵi^{53}tso^{24}təʔ^{0}xɑo^{53}, ŋo^{53}tso^{24}pɔʔ^{5}xɑo^{53}.

你 做 得 好， 我 做 不 好。

106 **你骗不了我。**

ȵi^{53}pʰiẽ^{24}pɔʔ^{5}tɑo^{53}ŋo^{53}.

你 骗 不 倒 我。

107 **了了这桩事情再说。**

liɑo^{53}tuɑŋ^{313}tɕi^{24}iɑŋ^{13}sɿ^{313}tsai^{24}tɕiɑŋ^{53}.

了 断 这 样 事 再 讲。

108 **这间房没住过人。**

tɕieʔ^{2}kəʔ^{5}fɑŋ^{31}tɕiẽ^{33}me^{53}tɕy^{31}ko^{24}in^{31}.

这 个 房 间 没 住 过 人。

109 **这牛拉过车，没骑过人。**

tɕi^{24}tʰiɑo^{31}ȵiɯ^{31}lɑ^{33}ko^{24}tɕʰie^{33}, me^{53}tɕʰi^{31}ko^{24}in^{31}.

这 条 牛 拉 过 车， 没 骑 过 人。

110 **这小马还没骑过人，你小心点儿。**

tɕi^{24}tʰiɑo^{31}mɑ^{53}tsai^{53}xɑʔ^{2}me^{53}tɕʰi^{31}ko^{24}in^{31}, ȵi^{53}xue^{13}ɕin^{31}tiẽ^{53}.

这 条 马 仔 还 没 骑 过 人，你 会 神 点。

111 以前我坐过船，可从来没骑过马。

tsɑo^{53}ŋo^{53}tso^{31}ko^{24}tɕ^{h}yɛ̃^{31}, ts^{h}oŋ^{31}lai^{31}me^{53}tɕ^{h}i^{31}ko^{24}mɑ^{53}.

早 我 坐 过 船， 从 来 没 骑 过 马。

112 丢在街上了。搁在桌上了。

liɑo^{13}tsai^{31}tɕiai^{33}lu^{13}ɕiɑŋ^{0}. fɑŋ^{13}tsai^{31}t^{h}ai^{31}tsɿʔ^{5}ɕiɑŋ^{0}.

料$^{=}$ 在 街 路 上。 放 在 台 子 上。

113 掉到地上了，怎么都没找着。

liɑo^{31}tieʔ^{5}ti^{13}ɕiɑŋ^{0}ləʔ^{0}, tsəʔ^{2}məʔ^{2}tɕ^{h}in^{31}to^{33}me^{53}tɕ^{h}in^{31}tɑo^{53}.

料$^{=}$ 的 地 上 了，怎 么 寻 都 没 寻 倒。

114 今晚别走了，就在我家住下吧。

tɕin^{33}ieʔ^{5}ie^{31}uɑŋ^{53}piɑo^{31}tsəɯ^{53}ləʔ^{0}, tɕiɯ^{13}tsai^{31}ŋo^{53}tɕiɑ^{33}tɕy^{313}.

今 日 夜 晚 嫑 走 了，就 在 我 家 住。

tɕin^{33}ieʔ^{5}ie^{31}uɑŋ^{53}piɑo^{31}tsəɯ^{53}ləʔ^{0}, tɕiɯ^{13}tɕy^{31}ŋo^{53}tɕiɑ^{33}.

今 日 夜 晚 嫑 走 了，就 住 我 家。

115 这些果子吃得吃不得？

tɕi^{24}to^{33}sue^{53}ko^{53}iɯ^{53}faʔ^{5}tɕ^{h}ieʔ^{5}me^{53}faʔ^{5}tɕ^{h}ieʔ^{5}?

这 多 水 果 有 法 吃 没 法 吃？

（这多tɕi^{24}to^{33} ～这星$^{=}$tɕi^{24}ɕin^{33}）

116 这是熟的，吃得；那是生的，吃不得。

tɕieʔ^{2}kəʔ^{5}t^{h}əɯ^{24}ləʔ^{0}, iɯ^{53}faʔ^{5}tɕ^{h}ieʔ^{5}; nɑ^{31}kəʔ^{5}me^{53}t^{h}əɯ^{24}, me^{53}faʔ^{5}tɕ^{h}ieʔ^{5}.

这 个 透 了，有 法 吃； 那 个 没 透， 没 法 吃。

117 你们来得了来不了？

ȵi^{53}men^{0}iɯ^{53}faʔ^{5}lai^{31}xaʔ^{2}sɿʔ^{5}me^{53}faʔ^{5}lai^{31}?

你 们 有 法 来 还 是 没 法 来？

ȵi^{53}men^{0}xue^{31}pəʔ^{5}xue^{13}lai^{31}?

你 们 会 不 会 来？

118 我没事，来得了，他太忙，来不了。

ŋo^{53}me^{53}sɿ^{313}, xue^{13}lai^{31}, t^{h}ɑ^{33}t^{h}ai^{24}mɑŋ^{31}, pe^{13}lai^{31}.

我 没 事， 会 来， 他 太 忙， ⿰会勿 来。

119 这个东西很重，拿得动拿不动？

tɕieʔ^{2}kəʔ^{5}toŋ^{33}ɕi^{33}tsoŋ^{31}təʔ^{0}xen^{53}, nɑ^{31}təʔ^{0}toŋ^{31}me^{53}ɑ^{0}?

这 个 东 西 重 得 很， 拿 得 动 没 啊？

120　**我拿得动，他拿不动。**

ŋo^{53}nɑ^{31}təʔ^{0}toŋ^{313}, t^{h}ɑ^{33}nɑ^{31}pɔʔ^{5}toŋ^{313}.

我 拿 得 动， 他 拿 不 动。

121　**真不轻，重得连我都拿不动了。**

taŋ^{24}tɕin^{33}tsoŋ^{313}, liɛ̃^{31}ŋo^{53}to^{33}nɑ^{31}pɔʔ^{5}toŋ^{31}ləʔ^{0}.

当 真 重， 连 我 都 拿 不 动 了。

122　**他手巧，画得很好看。**

t^{h}ɑ^{33}ɕiɯ^{53}maŋ^{33}nen^{31}kaŋ^{24}, xua^{31}təʔ^{0}xao^{53}k^{h}ɑŋ^{24}təʔ^{0}xen^{53}.

他 手 蛮 能 干， 画 得 好 看 得 很。

123　**他忙得很，忙得连吃过饭没有都忘了。**

t^{h}ɑ^{33}maŋ^{31}təʔ^{0}xen^{53}, liɛ̃^{31}tɕ^{h}ieʔ^{2}ko^{24}fɑŋ^{31}me^{53}to^{33}uɑŋ^{31}tɕi^{24}ləʔ^{0}.

他 忙 得 很， 连 吃 过 饭 没 都 忘 记 了。

124　**你看他急得，急得脸都红了。**

ȵi^{53}k^{h}ɑŋ^{24}t^{h}ɑ^{33}tɕieʔ^{5}təʔ^{0}, liɛ̃^{53}to^{33}tɕieʔ^{5}xoŋ^{31}ləʔ^{0}.

你 看 他 急 得，脸 都 急 红 了。

125　**你说得很好，你还会说些什么呢？**

ȵi^{53}tɕiaŋ^{53}təʔ^{0}xao^{53}təʔ^{5}xen^{53}, xaʔ^{2}xue^{31}tsai^{24}tɕiaŋ^{53}ɕin^{33}tsəʔ^{2}məʔ^{2}le^{0}?

你 讲 得 好 得 很， 还 会 再 讲 星$^{=}$ 怎 么 咧？

126　**说得到，做得了，真棒！**

tɕiaŋ^{53}təʔ^{0}tao^{24}, tso^{24}təʔ^{0}tao^{0}, taŋ^{24}tɕin^{33}xao^{53}!

讲 得 到， 做 得 到， 当 真 好！

127　**这个事情说得说不得呀？**

tɕi^{24}iaŋ^{13}sɿ^{13}tɕ^{h}in^{31}iɯ^{53}faʔ^{5}tɕiaŋ^{53}me^{53}faʔ^{5}tɕiaŋ^{53}ɑ^{0}?

这 样 事 情 有 法 讲 没 法 讲 啊？

tɕi^{24}iaŋ^{13}sɿ^{13}tɕ^{h}in^{31}tɕiaŋ^{53}təʔ^{0}tɕiaŋ^{53}pɔʔ^{0}təʔ^{0}ɑ^{0}?

这 样 事 情 讲 得 讲 不 得 啊？

128　**他说得快不快？听清楚了吗？**

t^{h}ɑ^{33}tɕiaŋ^{53}təʔ^{0}k^{h}uai^{24}pɔʔ^{5}k^{h}uai^{24}? t^{h}en^{33}tɕ^{h}in^{33}ts^{h}u^{53}me^{53}ɑ^{0}?

他 讲 得 快 不 快？ 听 清 楚 没 啊？

129　**他说得快不快？只有五分钟时间了。**

t^{h}ɑ^{33}tɕiaŋ^{53}təʔ^{0}k^{h}uai^{24}pɔʔ^{5}k^{h}uai^{24}? tsɿʔ^{5}iɯ^{53}u^{53}fen^{33}tsoŋ^{33}ləʔ^{0}.

他 讲 得 快 不 快？ 只 有 五 分 钟 了。

130 这是他的书。

tɕi^{24}pen^{53}ɕy^{33}sɿ^{31}tʰɑ^{33}tieʔ^{5}.

这 本 书 是 他 的。

tɕi^{24}pen^{53}sɿ^{31}tʰɑ^{33}tieʔ^{5}ɕy^{33}.

这 本 是 他 的 书。

131 那本书是他哥哥的。

nɑ^{31}pen^{53}ɕy^{33}sɿ^{31}tʰɑ^{33}ko^{33}tsɿʔ^{5}tieʔ^{0}.

那 本 书 是 他 哥 子 的。

132 桌子上的书是谁的？是老王的。

tʰai^{31}tsɿʔ^{5}ɕiɑŋ^{31}tieʔ^{5}ɕy^{33}sɿ^{31}nɑ^{53}kəʔ^{0}təʔ^{0}ɑ^{0}? sɿ^{31}lɑo^{53}uɑŋ^{31}təʔ^{0}.

台 子 上 的 书 是 哪 个 的 啊？是 老 王 的。

133 屋子里坐着很多人，看书的看书，看报的看报，写字的写字。

fɑŋ^{31}tsɿʔ^{5}li^{53}tʰəɯ^{31}tso^{31}ləʔ^{5}xɑo^{53}to^{33}tieʔ^{5}in^{31}, kʰɑŋ^{24}ɕy^{33}tieʔ^{5}kʰɑŋ^{24}ɕy^{33}, kʰɑŋ^{24}pɑo^{24}tieʔ^{5}

房 子 里 头 坐 了 好 多 的 人，看 书 的 看 书，看 报 的

kʰɑŋ^{24}pɑo^{24}, ɕie^{53}tsɿ^{31}tieʔ^{5}ɕie^{53}tsɿ^{313}.

看 报，写 字 的 写 字。

134 要说他的好话，不要说他的坏话。

iɑo^{31}tɕiɑŋ^{53}tʰɑ^{33}tieʔ^{5}xɑo^{53}xuɑ^{313}, piɑo^{31}tɕiɑŋ^{53}tʰɑ^{33}tieʔ^{5}xuai^{13}xuɑ^{313}.

要 讲 他 的 好 话，嫑 讲 他 的 坏 话。

135 上次是谁请的客？是我请的。

ɕiɑŋ^{13}xue^{31}sɿ^{31}nɑ^{53}kəʔ^{5}tɕʰin^{53}tieʔ^{5}kʰaʔ^{5}? sɿ^{31}ŋo^{53}tɕʰin^{53}tieʔ^{0}.

上 回 是 哪 个 请 的 客？是 我 请 的。

136 你是哪年来的？

ȵi^{53}sɿ^{31}nɑ^{53}ȵiɛ̃^{31}lai^{31}tieʔ^{5}?

你 是 哪 年 来 的？

137 我是前年到的北京。

ŋo^{53}sɿ^{31}tɕʰiɛ̃^{31}ȵiɛ̃^{31}tɑo^{24}paʔ^{5}tɕin^{33}tieʔ^{5}.

我 是 前 年 到 北 京 的。

138 你说的是谁？

ȵi^{53}tɕiɑŋ^{53}tieʔ^{0}sɿ^{31}nɑ^{53}kəʔ^{5}ɑ^{0}?

你 讲 的 是 哪 个 啊？

139 **我反正不是说的你。**

ŋo^{53}faŋ^{53}tɕin^{24}me^{53}tɕiaŋ^{53}ȵi^{53}.

我 反 正 没 讲 你。

140 **他那天是见的老张，不是见的老王。**

tʰɑ^{33}nɑ^{31}tʰiɛ̃^{33}tɕiɛ̃^{24}tieʔ^{0}sɿ^{31}lɑo^{53}tɕiaŋ^{33}, pɔʔ^{2}sɿ^{31}lɑo^{53}uaŋ^{31}.

他 那 天 见 的 是 老 张， 不 是 老 王。

141 **只要他肯来，我就没的说了。**

tsɿʔ^{5}iɑo^{31}tʰɑ^{33}kʰen^{53}lai^{31}, ŋo^{53}tɕiɯ^{31}me^{53}xuɑ^{313}tɕiaŋ^{53}ləʔ^{0}.

只 要 他 肯 来，我 就 没 话 讲 了。

142 **以前是有的做，没的吃。**

uaŋ^{53}xue^{31}sɿ^{31}iɯ^{53}təʔ^{5}tso^{24}, me^{53}təʔ^{5}tɕʰieʔ^{5}.

往 回 是 有 的 做， 没 的 吃。

143 **现在是有的做，也有的吃。**

tɕi^{24}ɕiaʔ^{5}sɿ^{31}iɯ^{53}təʔ^{5}tso^{24}, iaʔ^{5}iɯ^{53}təʔ^{5}tɕʰieʔ^{5}.

这 歇⁼ 是 有 的 做， 也 有 的 吃。

144 **上街买个蒜啊葱的，也方便。**

tɕʰy^{24}tɕiai^{33}lu^{313}mai^{53}tiɛ̃^{53}tɑ^{31}suaŋ^{24}mai^{53}tiɛ̃^{53}tsʰoŋ^{33}, maŋ^{33}piɛ̃^{31}taŋ^{24}.

去 街 路 买 点 大 蒜 买 点 葱， 蛮 便 当。

145 **柴米油盐什么的，都有的是。**

tsʰai^{31}mi^{53}iɯ^{31}iɛ̃^{31}tɕi^{24}to^{33}toŋ^{33}ɕi^{33}to^{33}to^{33}təʔ^{0}xen^{53}.

柴 米 油 盐 这 多 东 西 都 多 得 很。

（这多tɕi^{24}to^{33} ～这星⁼tɕi^{24}ɕin^{33}）

146 **写字算账什么的，他都能行。**

ɕie^{53}tsɿ^{313}suaŋ^{24}tɕiaŋ^{24}tɕi^{24}to^{33}sɿ^{313}, tʰɑ^{33}to^{33}xue^{31}tso^{24}.

写 字 算 账 这 多 事，他 都 会 做。

147 **把那个东西递给我。**

paŋ^{33}nɑ^{31}kəʔ^{5}toŋ^{33}ɕi^{33}nɑ^{31}ten^{53}ŋo^{53}.

帮 那 个 东 西 拿 等 我。

（等ten^{53} ～得təʔ^{0}）①

---

① “得”[təʔ^{5}]有时读作[tieʔ^{5}]，尤其是语速较慢时。

148 **是他把那个杯子打碎了。**

sɿ^{31}tʰɑ^{33}pɑŋ^{33}nɑ^{31}kəʔ^{5}pe^{33}tsɿʔ^{5}tɑ^{53}tɑo^{0}tieʔ^{0}.

是 他 帮 那 个 杯 子 打 倒 的。

149 **把人家脑袋都打出血了，你还笑！**

pɑŋ^{33}in^{31}tɕiɑ^{33}tʰəɯ^{31}to^{33}tɑ^{53}tɕʰyɔʔ^{5}ɕyɔʔ^{2}ləʔ^{0}, ȵi^{53}xaʔ^{2}ɕiɑo^{24}!

帮 人 家 头 都 打 出 血 了，你 还 笑！

150 **快去把书还给他。**

kʰuai^{24}tiɛ̃^{53}tɕʰy^{24}pɑŋ^{33}ɕy^{33}nɑ^{31}xuɑŋ^{31}tʰɑ^{33}.

快 点 去 帮 书 拿 还 他。

151 **我真后悔当时没把他留住。**

ŋo^{53}tɕin^{33}xen^{313}tɑŋ^{33}sɿ^{31}me^{53}pɑŋ^{33}tʰɑ^{33}ləɯ^{31}tɑo^{53}.

我 真 恨 当 时 没 帮 他 留 倒。

152 **你怎么能不把人当人呢？**

ȵi^{53}tsəʔ^{2}məʔ^{2}nen^{31}pɔʔ^{5}pɑŋ^{33}in^{31}tɑŋ^{24}in^{31}le^{0}?

你 怎 么 能 不 帮 人 当 人 咧？

153 **有的地方管太阳叫日头。**

iɯ^{53}ɕin^{33}tɕʰiɑŋ^{31}miɛ̃^{313}pɑŋ^{33}tʰai^{24}iɑŋ^{31}tɕiɑo^{24}ieʔ^{2}tʰəɯ^{31}.

有 星⁼场 面 帮 太 阳 叫 日 头。

154 **什么？她管你叫爸爸？**

tsəʔ^{2}məʔ^{2}ɑ^{0}? tʰɑ^{33}tɕiɑo^{24}ȵi^{53}tɕiɑo^{24}pɑ^{33}?

怎 么 啊？她 叫 你 叫 爸？

155 **你拿什么都当真的，我看没必要。**

ȵi^{53}pɑŋ^{33}tsəʔ^{2}məʔ^{2}to^{33}tɑŋ^{24}tɕin^{33}tieʔ^{5}, ŋo^{53}kʰɑŋ^{24}me^{53}iɑo^{24}tɕin^{53}.

你 帮 怎 么 都 当 真 的，我 看 没 要 紧。

156 **真拿他没办法，烦死我了。**

tɕin^{33}nɑ^{31}tʰɑ^{33}me^{53}pɑŋ^{313}faʔ^{5}, fɑŋ^{31}sɿ^{53}ŋo^{53}ləʔ^{0}.

真 拿 他 没 办 法，烦 死 我 了。

157 **看你现在拿什么还人家。**

kʰɑŋ^{24}ȵi^{53}tɕi^{24}ɕiaʔ^{5}nɑ^{31}tsəʔ^{2}məʔ^{2}toŋ^{33}ɕi^{33}xuɑŋ^{31}in^{31}tɕiɑ^{33}.

看 你 这 歇⁼拿 怎 么 东 西 还 人 家。

158 **他被妈妈说哭了。**

tʰɑ^{33}ten^{53}tʰɑ^{33}tɕiai^{33}tɕiɑŋ^{53}kʰuɔʔ^{5}ləʔ^{0}.

他 等 他 街⁼讲 哭 了。

159 **所有的书信都被火烧了，一点儿剩的都没有。**

tɕʰyɛ̃^{31}pu^{31}tieʔ^{5}ɕin^{24}to^{33}ten^{53}xo^{53}ɕiɑo^{33}ləʔ^{5}, ieʔ^{5}tiɛ̃^{53}to^{33}me^{53}ləɯ^{31}tɑo^{53}.

全 部 的 信 都 等 火 烧 了，一 点 都 没 留 倒。

160 **被他缠了一下午，什么都没做成。**

ten^{53}tʰɑ^{33}loŋ^{33}ləʔ^{5}ieʔ^{2}kəʔ^{5}ɕiɑ^{31}u^{53}, ieʔ^{2}iɑŋ^{13}sɿ^{313}to^{33}me^{53}tso^{24}.

等 他 弄 了 一 个 下 午，一 样 事 都 没 做。

161 **让人给打蒙了，一下子没明白过来。**

ten^{53}in^{31}tɕiɑ^{33}tɑ^{53}xuen^{33}ləʔ^{5}, ieʔ^{2}ɕiɑ^{31}tsai^{53}me^{53}xue^{31}ko^{24}ɕin^{31}.

等 人 家 打 昏 了，一 下 仔 没 回 过 神。

162 **给雨淋了个浑身湿透。**

ten^{53}y^{53}tɕiɑo^{33}ləʔ^{0}kəʔ^{0}tɕʰyɛ̃^{31}ɕin^{33}ɕi^{33}ɕieʔ^{5}.

等 雨 浇 了 个 全 身 稀$^{=}$湿。

ten^{53}y^{53}tɕiɑo^{33}ləʔ^{0}kəʔ^{0}tɕʰyɛ̃^{31}ɕin^{33}ɕieʔ^{5}kɑŋ^{33}tɕin^{313}.

等 雨 浇 了 个 全 身 湿 干 净。

163 **给我一本书，给他三本书。**

nɑ^{31}pen^{53}ɕy^{33}ten^{53}ŋo^{53}, nɑ^{31}sɑŋ^{33}pen^{53}ɕy^{33}ten^{53}tʰɑ^{33}.

拿 本 书 等 我，拿 三 本 书 等 他。

nɑ^{31}ŋo^{53}ieʔ^{5}pen^{53}ɕy^{33}, nɑ^{31}tʰɑ^{33}sɑŋ^{33}pen^{53}ɕy^{33}.

拿 我 一 本 书，拿 他 三 本 书。

164 **这里没有书，书在那里。**

tɕieʔ^{2}lieʔ^{2}me^{53}ɕy^{33}, ɕy^{33}tsai^{13}nɑ^{31}lieʔ^{5}.

这 里 没 书，书 在 那 里。

165 **叫他快来找我。**

xɑŋ^{53}tʰɑ^{33}kʰuai^{24}tiɛ̃^{53}lai^{31}tɕʰin^{31}ŋo^{53}.

喊 他 快 点 来 寻 我。

166 **赶快把他请来。**

kʰuai^{24}tiɛ̃^{53}pɑŋ^{33}tʰɑ^{33}tɕʰin^{53}lai^{0}.

快 点 帮 他 请 来。

167 **我写了条子请病假。**

ŋo^{53}ɕie^{53}ləʔ^{0}tɕiɑŋ^{33}tɕʰin^{53}tɕiɑ^{24}tʰiɑo^{31}tɕʰin^{53}pen^{31}tɕiɑ^{24}.

我 写 了 张 请 假 条 请 病 假。

168 我上街买了份报纸看。

ŋo^{53}tɕ^{h}y^{24}tɕiai^{33}lu^{313}mai^{53}ləʔ^{0}fen^{13}pɑo^{24}tsɿ^{53}k^{h}ɑŋ^{24}.

我 去 街 路 买 了 份 报 纸 看。

169 我笑着躲开了他。

ŋo^{53}tue^{33}ɕiɑo^{24}tue^{33}to^{53}k^{h}ai^{33}ləʔ^{5}t^{h}ɑ^{33}.

我 堆 笑 堆 躲 开 了 他。

ŋo^{53}ɕiɑo^{24}tɕyɔʔ^{2}to^{53}k^{h}ai^{33}ləʔ^{0}t^{h}ɑ^{33}.

我 笑 着 躲 开 了 他。

170 我抬起头笑了一下。

ŋo^{53}ŋɑŋ^{31}tɕ^{h}i^{53}t^{h}əɯ^{31}ɕiɑo^{24}ləʔ^{0}ieʔ^{0}ɕiɑ^{0}.

我 昂 起 头 笑 了 一 下。

（昂 ŋɑŋ$^{313-31}$ ～抬 t^{h}ai^{31}）

171 我就是坐着不动，看你能把我怎么着。

ŋo^{53}tɕiɯ^{31}sɿʔ^{5}tso^{13}tsai^{31}tɕieʔ^{2}lieʔ^{5}pɔʔ^{2}toŋ^{313}, k^{h}ɑŋ^{24}ȵi^{53}pɑŋ^{33}ŋo^{53}tsəʔ^{2}məʔ^{2}iɑŋ^{313}.

我 就 是 坐 在 这 里 不 动， 看 你 帮 我 怎 么 样。

172 她照顾病人很细心。

t^{h}ɑ^{33}tɕiɑo^{24}liɑo^{313}pen^{13}in^{31}xen^{53}ɕiɑo^{53}ɕin^{33}.

她 照 料 病 人 很 小 心。

173 他接过苹果咬了一口。

t^{h}ɑ^{33}nɑ^{31}ko^{24}p^{h}en^{31}ko^{53}tɕiɯ^{31}iɑo^{53}ləʔ^{0}ieʔ^{5}k^{h}əɯ^{53}.

他 拿 过 苹 果 就 咬 了 一 口。

174 他的一番话使在场的所有人都流了眼泪。

t^{h}ɑ^{33}tieʔ^{5}ieʔ^{5}tɕ^{h}iɑŋ^{31}xuɑ^{313}iɑŋ^{31}tsai^{13}tɕ^{h}iɑŋ^{31}tieʔ^{5}in^{31}to^{33}liɑo^{31}iɛ̃^{53}lue^{31}ləʔ^{0}.

他 的 一 场 话 让 在 场 的 人 都 料$^{=}$ 眼 泪 了。

175 我们请他唱了一首歌。

ŋo^{53}men^{0}tɕ^{h}in^{53}t^{h}ɑ^{33}tɕ^{h}iɑŋ^{24}ləʔ^{0}ieʔ^{2}kəʔ^{5}ko^{33}.

我 们 请 他 唱 了 一 个 歌。

176 我有几个亲戚在外地做工。

ŋo^{53}iɯ^{53}tɕi^{53}kəʔ^{0}tɕ^{h}in^{33}tɕyɛ̃^{24}tsai^{31}uai^{13}t^{h}əɯ^{31}tso^{24}sɿ^{313}.

我 有 几 个 亲 眷 在 外 头 做 事。

177 他整天都陪着我说话。

t^{h}ɑ^{33}ieʔ^{5}t^{h}iɛ̃^{33}tɑo^{24}ie^{313}to^{33}p^{h}e^{31}ŋo^{53}t^{h}ɑŋ^{31}t^{h}iɛ̃^{33}.

他 一天 到 夜 都 陪 我 谈 天。

178 **我骂他是个大笨蛋，他居然不恼火。**

ŋo^{53}mɑ^{31}tʰɑ^{33}sɿ^{31}kəʔ^{5}tɑ^{31}pen^{31}tɑŋ^{313}, tʰɑ^{33}to^{33}pɔʔ^{2}faʔ^{5}xo^{53}.

我 骂 他 是 个 大 笨 蛋， 他 都 不 发 火。

179 **他把钱一扔，二话不说，转身就走。**

tʰɑ^{33}pɑŋ^{33}tsʰɑo^{53}pʰiɑo^{24}ieʔ^{5}təɯ^{33}, tsəʔ^{2}məʔ^{2}xuɑ^{313}to^{33}pɔʔ^{5}tɕiɑŋ^{53}, tɕʰie^{33}tɕyɛ̃^{53}tɕiɯ^{31}tsəɯ^{53}.

他 帮 钞 票 一丢， 怎 么 话 都不 讲， 车$^{=}$ 转 就 走。

180 **我该不该来呢？**

ŋo^{53}iɯ^{53}faʔ^{5}lai^{31}me^{53}ɑ^{0}?

我 有 法 来 没 啊？

ŋo^{53}kai^{33}pɔʔ^{5}kai^{33}lai^{31}?

我 该 不 该 来？

181 **你来也行，不来也行。**

ȵi^{53}lai^{31}iaʔ^{5}iɯ^{53}faʔ^{5}, pɔʔ^{5}lai^{31}iaʔ^{5}iɯ^{53}faʔ^{5}.

你 来 也 有 法，不 来 也 有 法。

182 **要我说，你就不应该来。**

iɑo^{31}ŋo^{53}tɕiɑŋ^{53}, ȵi^{53}tɕiɯ^{31}pɔʔ^{5}kai^{33}lai^{31}.

要 我 讲， 你 就 不 该 来。

183 **你能不能来？**

ȵi^{53}xue^{31}pɔʔ^{5}xue^{13}lai^{31}ɑ^{0}?

你 会 不 会 来 啊？

ȵi^{53}xue^{13}lai^{31}pe^{31}ɑ^{0}?

你 会 来 覅 啊？

184 **看看吧，现在说不准。**

kʰɑŋ^{24}paʔ^{0}, tɕi^{24}ɕiaʔ^{5}xaʔ^{2}tɕiɑŋ^{53}pɔʔ^{5}tɕʰin^{33}tsʰu^{53}.

看 吧，这 歇$^{=}$ 还 讲 不 清 楚。

185 **能来就来，不能来就不来。**

xue^{13}lai^{31}tɕiɯ^{13}lai^{31}, pɔʔ^{2}xue^{13}lai^{31}tɕiɯ^{31}pɔʔ^{5}lai^{31}.

会 来 就 来，不 会 来 就 不 来。

186 **你打算不打算去？**

ȵi^{53}tɑ^{53}suɑŋ^{24}tɕʰy^{24}pɔʔ^{5}tɕʰy^{24}ɑ^{0}?

你 打 算 去 不 去 啊？

ȵi^{53}tɑ^{53}suɑŋ^{24}tɕ^{h}y^{24}paʔ^{5}?

你 打 算 去 吧？

187 **去呀！谁说我不打算去？**

tɕ^{h}y^{24}! nɑ^{53}kəʔ^{0}tɕiɑŋ^{53}ŋo^{53}pɔʔ^{5}tɑ^{53}suɑŋ^{24}tɕ^{h}y^{24}ɑ^{0}?

去！ 哪 个 讲 我 不 打 算 去 啊？

188 **他一个人敢去吗？**

t^{h}ɑ^{33}ieʔ^{2}kəʔ^{5}in^{31}kɑŋ^{53}tɕ^{h}y^{24}me^{53}ɑ^{0}?

他 一个 人 敢 去 没 啊？

t^{h}ɑ^{33}ieʔ^{2}kəʔ^{5}in^{31}kɑŋ^{53}pɔʔ^{0}kɑŋ^{53}tɕ^{h}y^{24}?

他 一个 人 敢 不 敢 去？

189 **敢！那有什么不敢的？**

kɑŋ^{53}! nɑ^{31}iɯ^{53}tsəʔ^{2}məʔ^{2}pɔʔ^{5}kɑŋ^{53}tieʔ^{5}le^{0}?

敢！ 那 有 怎 么 不 敢 的 咧？

190 **他到底愿不愿意说？**

t^{h}ɑ^{33}tao^{24}ti^{53}ȵyɛ̃^{31}pɔʔ^{5}ȵyɛ̃^{31}tɕiɑŋ^{53}?

他 到 底 愿 不 愿 讲？

191 **谁知道他愿意不愿意说？**

nɑ^{53}kəʔ^{0}ɕiɑo^{53}təʔ^{5}t^{h}ɑ^{33}iɑo^{31}tɕiɑŋ^{53}pɔʔ^{5}tɕiɑŋ^{53}?

哪 个 晓 得 他 要 讲 不 讲？

nɑ^{53}kəʔ^{0}ɕiɑo^{53}təʔ^{5}t^{h}ɑ^{33}ȵyɛ̃^{31}pɔʔ^{5}ȵyɛ̃^{31}tɕiɑŋ^{53}?

哪 个 晓 得 他 愿 不 愿 讲？

192 **愿意说得说，不愿意说也得说。**

ɕiɑŋ^{53}tɕiɑŋ^{53}iaʔ^{5}iɑo^{31}tɕiɑŋ^{53}, pɔʔ^{5}ɕiɑŋ^{53}tɕiɑŋ^{53}iaʔ^{5}iɑo^{31}tɕiɑŋ^{53}.

想 讲 也 要 讲， 不 想 讲 也 要 讲。

193 **反正我得让他说，不说不行。**

ŋo^{53}ieʔ^{2}ten^{31}iɑo^{31}t^{h}ɑ^{33}tɕiɑŋ^{53}, pɔʔ^{5}tɕiɑŋ^{53}pɔʔ^{5}ɕin^{31}.

我 一 定 要 他 讲， 不 讲 不 行。

194 **还有没有饭吃？**

xaʔ^{2}iɯ^{53}fɑŋ^{313}tɕ^{h}ieʔ^{5}me^{53}ɑ^{0}?

还 有 饭 吃 没 啊？

195 有，刚吃呢。

iɯ^{53}, kɑŋ^{33}xɑo^{53}tɕ^{h}ieʔ^{5}.

有，刚 好 吃。

196 没有了，谁叫你不早来！

me^{53}ləʔ^{0}, nɑ^{53}kəʔ^{0}tɕiɑo^{24}n̠i^{53}pɔʔ^{5}tsɑo^{53}tiẽ^{53}lai^{31}!

没 了，哪 个 叫 你 不 早 点 来！

197 你去过北京吗？我没去过。

n̠i^{53}tɕ^{h}y^{24}ko^{0}paʔ^{5}tɕin^{33}me^{53}ɑ^{0}? ŋo^{53}me^{53}tɕ^{h}y^{24}ko^{0}.

你 去 过 北 京 没 啊？我 没 去 过。

198 我十几年前去过，可没怎么玩，都没印象了。

ŋo^{53}ɕieʔ^{2}tɕi^{53}n̠iẽ^{31}tɕ^{h}iẽ^{31}tɕ^{h}y^{24}ko^{0}, me^{53}tsəʔ^{2}məʔ^{2}ɕi^{33}, to^{33}tɕi^{24}pɔʔ^{5}tɑo^{53}ləʔ^{0}.

我 十 几 年 前 去 过，没 怎 么 嬉，都 记 不 倒 了。

199 这件事他知道不知道？

tɕi^{24}iɑŋ^{13}sɿ^{313}t^{h}ɑ^{33}ɕiɑo^{53}təʔ^{5}piɑo^{53} təʔ^{5}ɑ^{0}?

这 样 事 他 晓 得 [不晓]得 啊？

200 这件事他肯定知道。

tɕi^{24}iɑŋ^{0}sɿ^{313}t^{h}ɑ^{33}ieʔ^{2}ten^{313}ɕiɑo^{53}təʔ^{5}.

这 样 事 他 一 定 晓 得。

201 据我了解，他好像不知道。

i^{33}ŋo^{53}k^{h}ɑŋ^{24}, t^{h}ɑ^{33}xɑo^{53}tɕiɑŋ^{313}piɑo^{53}təʔ^{5}.

依我 看， 他 好 像 [不晓]得。

202 这些字，你认得不认得？

tɕi^{24}to^{33}tsɿ^{313}n̠i^{53}in^{31}tieʔ^{0}tɑo^{53}me^{53}ɑ^{0}?

这 多 字 你 认 得 倒 没 啊？

203 我一个大字也不认得。

ŋo^{53}ieʔ^{2}kəʔ^{5}tsɿ^{313}to^{33}in^{31}pɔʔ^{5}tɑo^{53}.

我 一个 字 都 认 不 倒。

204 只有这个字我不认得，其他字都认得。

tsɿʔ^{5}iɯ^{53}tɕi^{24}kəʔ^{0}tsɿ^{313}ŋo^{53}in^{31}pɔʔ^{5}tɑo^{53}, tɕ^{h}i^{31}t^{h}ɑ^{33}tsɿ^{313}ŋo^{53}to^{33}in^{31}təʔ^{0}tɑo^{53}.

只 有 这 个 字 我 认 不 倒，其 他 字 我 都 认 得 倒。

205 你还记得不记得我了？

n̠i^{53}xaʔ^{2}tɕi^{24}təʔ^{0}tɑo^{53}ŋo^{53}me^{0}ɑ^{0}?

你 还 记 得 倒 我 没 啊？

206 **记得，怎么能不记得？**

tɕi^{24}təʔ^{0}tao^{53}, tsəʔ^{2}məʔ^{2}xue^{313}tɕi^{24}pəʔ^{5}tao^{53}le^{0}?

记 得 倒，怎 么 会 记 不 倒 咧？

207 **我忘了，一点都不记得了。**

ŋo^{53}uaŋ^{31}tɕi^{24}ləʔ^{0}, ieʔ^{5}tiɛ̃^{53}to^{33}tɕi^{24}pəʔ^{5}tao^{53}.

我 忘 记 了，一 点 都 记 不 倒。

208 **你在前边走，我在后边走。**

ȵi^{53}tsai^{31}tɕ^{h}iɛ̃^{31}t^{h}əɯ^{31}tsəɯ^{53}, ŋo^{53}tsai^{31}xəɯ^{13}t^{h}əɯ^{31}ken^{33}.

你 在 前 头 走，我 在 后 头 跟。

209 **我告诉他了，你不用再说了。**

ŋo^{53}ken^{33}t^{h}a^{33}tɕiaŋ^{53}ləʔ^{0}, ȵi^{53}piao^{31}təʔ^{0}tɕiaŋ^{53}ləʔ^{0}.

我 跟 他 讲 了，你 嫑 得 讲 了。

210 **这个大，那个小，你看哪个好？**

tɕieʔ^{2}kəʔ^{5}ta^{313}, na^{31}kəʔ^{5}ɕiao^{53}, ȵi^{53}k^{h}aŋ^{24}(k^{h}aŋ^{0})na^{53}kəʔ^{0}xao^{53}?

这 个 大，那 个 小，你 看 （看）哪 个 好？

211 **这个比那个好。**

tɕieʔ^{2}kəʔ^{5}pi^{53}na^{31}kəʔ^{5}xao^{53}tiɛ̃^{0}.

这 个 比 那 个 好 点。

212 **那个没有这个好，差多了。**

na^{31}kəʔ^{5}me^{53}tɕieʔ^{2}kəʔ^{5}xao^{53}, t^{h}ue^{33}paŋ^{53}to^{33}ləʔ^{0}.

那 个 没 这 个 好，推$^{=}$ 板$^{=}$ 多 了。

213 **要我说这两个都好。**

i^{33}ŋo^{53}tɕiaŋ^{53}tɕi^{24}liaŋ^{53}kəʔ^{0}to^{33}xao^{53}.

依我 讲 这 两 个 都 好。

214 **其实这个比那个好多了。**

ɕieʔ^{2}tɕi^{24}ɕiaŋ^{0}tɕieʔ^{2}kəʔ^{5}pi^{53}na^{31}kəʔ^{5}xao^{53}to^{33}ləʔ^{0}.

实 际 上 这 个 比 那 个 好 多 了。

215 **今天的天气没有昨天好。**

tɕin^{33}ieʔ^{5}(tieʔ^{5})t^{h}iɛ̃^{33}tɕ^{h}i^{24}me^{53}ts^{h}ɔʔ^{2}ieʔ^{5}xao^{53}.

今 日（的）天 气 没 昨 日 好。

216 **昨天的天气比今天好多了。**

ts^{h}ɔʔ^{2}ieʔ^{5}(tieʔ^{5})t^{h}iɛ̃^{33}tɕ^{h}i^{24}pi^{53}tɕin^{33}ieʔ^{5}xao^{53}to^{33}ləʔ^{0}.

昨 日（的）天 气 比 今 日 好 多 了。

217 **明天的天气肯定比今天好。**

men^{31}ieʔ^{5}(tieʔ^{5})tʰiẽ^{33}tɕʰi^{24}ieʔ^{2}ten^{313}pi^{53}tɕin^{33}ieʔ^{5}xɑo^{53}.

明 日（的）天 气 一 定 比 今 日 好。

218 **那个房子没有这个房子好。**

nɑ^{31}toŋ^{24}fɑŋ^{31}tsɿʔ^{5}me^{53}tɕi^{24}toŋ^{24}fɑŋ^{31}tsɿʔ^{5}xɑo^{53}.

那 栋 房 子 没 这 栋 房 子 好。

219 **这些房子不如那些房子好。**

tɕi^{24}to^{33}fɑŋ^{31}tsɿʔ^{5}me^{53}nɑ^{313}to^{33}fɑŋ^{31}tsɿʔ^{5}xɑo^{53}.

这 多 房 子 没 那 多 房 子 好。

tɕi^{24}to^{33}fɑŋ^{31}tsɿʔ^{5}pi^{53}pɔʔ^{5}ko^{24}nɑ^{31}to^{33}fɑŋ^{31}tsɿʔ^{5}xɑo^{53}.

这 多 房 子 比 不 过 那 多 房 子 好。

220 **这个有那个大没有？**

tɕieʔ^{2}kəʔ^{5}iɯ^{53}nɑ^{31}kəʔ^{5}tɑ^{31}me^{53}ɑ^{0}?

这 个 有 那 个 大 没 啊？

tɕieʔ^{2}kəʔ^{5} pi^{53}nɑ^{31}kəʔ^{5}tɑ^{31}me^{53}ɑ^{0}?

这 个 比 那 个 大 没 啊？

221 **这个跟那个一般大。**

tɕieʔ^{2}kəʔ^{5}ken^{33}nɑ^{31}kəʔ^{5}ieʔ^{2}iɑŋ^{13}tɑ^{313}.

这 个 跟 那 个 一 样 大。

222 **这个比那个小了一点点，不怎么看得出来。**

tɕieʔ^{2}kəʔ^{5}pi^{53}nɑ^{31}kəʔ^{5}ɕiɑo^{53}ieʔ^{5}tiẽ^{53}(tiẽ^{53})tsai^{53}, kʰɑŋ^{24}pɔʔ^{2}tɑŋ^{24}tɕʰyɔʔ^{5}lai^{31}.

这 个 比 那 个 小 一 点（点）仔， 看 不 当 出 来。

223 **这个大，那个小，两个不一般大。**

tɕieʔ^{2}kəʔ^{5}tɑ^{313}, nɑ^{31}kəʔ^{5}ɕiɑo^{53}, liɑŋ^{53}kəʔ^{0}pɔʔ^{5}ieʔ^{2}iɑŋ^{13}tɑ^{313}.

这 个 大， 那 个 小， 两 个 不 一 样 大。

224 **这个跟那个大小一样，分不出来。**

tɕʰieʔ^{2}kəʔ^{5}ken^{33}nɑ^{31}kəʔ^{5}ieʔ^{2}iɑŋ^{13}tɑ^{31}ɕiɑo^{53}, fen^{33}pɔʔ^{5}tɕyɔʔ^{5}lai^{31}.

这 个 跟 那 个 一 样 大 小， 分 不 出 来。

（一样大小 ieʔ^{2}iɑŋ^{13}tɑ^{31}ɕiɑo^{53} ～大小一样 tɑ^{31}ɕiɑo^{53}ieʔ^{2}iɑŋ^{313}）

225 **这个人比那个人高。**

tɕieʔ^{2}kəʔ^{5}in^{31}pi^{53}nɑ^{31}kəʔ^{5}in^{31}kɑo^{33}tiẽ^{53}.

这 个 人 比 那 个 人 高 点。

226 是高一点儿，可是没有那个人胖。

kɑo^{33}sɿ^{31}kɑo^{33}tiɛ̃^{53}, tɕiɯ^{31}sɿʔ^{5}me^{53}nɑ^{31}kəʔ^{5}in^{31}tsuɑŋ^{24}.

高 是 高 点，就 是 没 那 个 人 壮。

227 他们一般高，我看不出谁高谁矮。

tʰɑ^{33}men^{0}ieʔ^{2}iɑŋ^{13}kɑo^{33}, ŋo^{53}kʰɑŋ^{24}pɔʔ^{5}tɕʰyɔʔ^{5}nɑ^{53}kəʔ^{0}kɑo^{33}nɑ^{53}kəʔ^{0}iai^{53}.

他 们 一 样 高，我 看 不 出 哪 个 高 哪 个 矮。

228 胖的好还是瘦的好？

tsuɑŋ^{24}təʔ^{0}xɑo^{53}xaʔ^{2}sɿʔ^{5}səɯ^{24}təʔ^{0}xɑo^{53}?

壮 的 好 还 是 瘦 的 好？

229 瘦的比胖的好。

səɯ^{24}təʔ^{0}pi^{53}tsuɑŋ^{24}təʔ^{0}xɑo^{53}.

瘦 的 比 壮 的 好。

230 瘦的胖的都不好，不瘦不胖最好。

səɯ^{24}təʔ^{0}tsuɑŋ^{24}təʔ^{0}to^{33}pɔʔ^{5}xɑo^{53}, pɔʔ^{2}səɯ^{24}pɔʔ^{2}tsuɑŋ^{24}ten^{53}xɑo^{53}.

瘦 的 壮 的 都 不 好，不 瘦 不 壮 顶 好。

231 这个东西没有那个东西好用。

tɕieʔ^{2}kəʔ^{5}toŋ^{33}ɕi^{33}me^{53}nɑ^{31}kəʔ^{5}toŋ^{33}ɕi^{33}xɑo^{53}ioŋ^{313}.

这 个 东 西 没 那 个 东 西 好 用。

232 这两种颜色一样吗？

tɕi^{24}liɑŋ^{53}tsoŋ^{53}iɛ̃^{31}saʔ^{5}ieʔ^{2}iɑŋ^{31}me^{53}ɑ^{0}?

这 两 种 颜 色 一 样 没 啊？

233 不一样，一种色淡，一种色浓。

pɔʔ^{5}ieʔ^{2}iɑŋ^{313}, ieʔ^{5}tsoŋ^{53}iɛ̃^{31}saʔ^{5}tɑŋ^{313}, ieʔ^{5}tsoŋ^{53}iɛ̃^{31}saʔ^{5}ȵioŋ^{31}.

不 一 样，一 种 颜 色 淡，一 种 颜 色 浓。

（不一样 pɔʔ^{5}ieʔ^{2}iɑŋ^{313} ～没一样 me^{53}ieʔ^{2}iɑŋ^{313}）

234 这种颜色比那种颜色淡多了，你都看不出来？

tɕi^{24}tsoŋ^{53}iɛ̃^{31}saʔ^{5}pi^{53}nɑ^{31}tsoŋ^{53}(iɛ̃^{31}saʔ^{5})tɑŋ^{31}to^{33}ləʔ^{0}, ȵi^{53}to^{33}kʰɑŋ^{24}pɔʔ^{5}tɕʰyɔʔ^{5}lai^{31}?

这 种 颜 色 比 那 种 （颜色）淡 多 了，你 都 看 不 出 来？

235 你看看现在，现在的日子比过去强多了。

ȵi^{53}kʰɑŋ^{24}kʰɑŋ^{0}tɕi^{24}ɕiaʔ^{5}, tɕi^{24}ɕiaʔ^{5}tieʔ^{0}ieʔ^{2}tsɿʔ^{5}pi^{53}uɑŋ^{53}xue^{31}xɑo^{53}to^{33}ləʔ^{0}.

你 看 看 这 歇$^{=}$，这 歇$^{=}$ 的 日 子 比 往 回 好 多 了。

236 **以后的日子比现在更好。**

ko^{24}ɕiaʔ^{5}tieʔ^{5}ieʔ^{2}tsɿʔ^{5}pi^{53}tɕi^{24}ɕiaʔ^{5}ken^{24}xɑo^{53}.

过 歇$^{=}$ 的 日 子 比 这 歇$^{=}$ 更 好。

237 **好好干吧，这日子一天比一天好。**

xɑo^{53}xɑo^{53}tso^{24}, tɕieʔ^{2}kəʔ^{5}ieʔ^{2}tsɿʔ^{5}ieʔ^{5}t^{h}iɛ̃^{33}pi^{53}ieʔ^{5}t^{h}iɛ̃^{33}xɑo^{53}.

好 好 做，这 个 日 子 一 天 比 一 天 好。

238 **这些年的生活一年比一年好，越来越好。**

tɕi^{24}to^{33}ȵiɛ̃^{31}tieʔ^{5}sen^{33}xuaʔ^{2}ieʔ^{5}ȵiɛ̃^{31}pi^{53}ieʔ^{5}ȵiɛ̃^{31}xɑo^{53}, yɔʔ^{2}lai^{31}yɔʔ^{2}xɑo^{53}.

这 多 年 的 生 活 一 年 比 一 年 好，越 来 越 好。

239 **咱兄弟俩比一比谁跑得快。**

ŋo^{53}men^{0}ɕioŋ^{33}ti^{313}liɑŋ^{53}(in^{31}) pi^{53}ieʔ^{0}ɕiɑ^{0}, k^{h}ɑŋ^{24}k^{h}ɑŋ^{0}nɑ^{53}kəʔ^{0}t^{h}ɑo^{31}təʔ^{0}k^{h}uai^{24}.

我 们 兄 弟 两 （人）比 一 下，看 看 哪 个 逃 得 快。

240 **我比不上你，你跑得比我快。**

ŋo^{53}pi^{53}pɔʔ^{0}ko^{24}ȵi^{53}, ȵi^{53}t^{h}ɑo^{31}təʔ^{0}pi^{53}ŋo^{53}k^{h}uai^{24}.

我 比 不 过 你，你 逃 得 比 我 快。

241 **他跑得比我还快，一个比一个跑得快。**

t^{h}ɑ^{33}t^{h}ɑo^{31}təʔ^{0}pi^{53}ŋo^{53}xaʔ^{2}k^{h}uai^{24}, ieʔ^{2}kəʔ^{5}pi^{53}ieʔ^{2}kəʔ^{5}t^{h}ɑo^{31}təʔ^{0}k^{h}uai^{24}.

他 逃 得 比 我 还 快，一 个 比 一 个 逃 得 快。

242 **他比我吃得多，干得也多。**

t^{h}ɑ^{33}pi^{53}ŋo^{53}tɕ^{h}ieʔ^{5}tieʔ^{0}to^{33}, tso^{24}tieʔ^{0}iaʔ^{5}to^{33}.

他 比 我 吃 得 多，做 得 也 多。

243 **他干起活来，比谁都快。**

t^{h}ɑ^{33}tso^{24}tɕ^{h}i^{0}sɿ^{13}lai^{31}, pi^{53}nɑ^{53}kəʔ^{0}to^{33}k^{h}uai^{24}.

他 做 起 事 来，比 哪 个 都 快。

244 **说了一遍，又说一遍，不知说了多少遍。**

tɕiɑŋ^{53}ləʔ^{0}ieʔ^{2}piɛ̃^{24}iɯ^{13}ieʔ^{2}piɛ̃^{24}, piɑo^{53}tɕiɑŋ^{53}ləʔ^{0}tɕi^{53}to^{33}piɛ̃^{24}.

讲 了 一 遍 又 一 遍，[不晓]讲 了 几 多 遍。

245 **我嘴笨，可是怎么也说不过他。**

ŋo^{53}tsue^{53}pɑ^{33}pen^{313}, tsəʔ^{2}məʔ^{2}tɕiɑŋ^{53}to^{33}tɕiɑŋ^{53}pɔʔ^{2}ko^{24}t^{h}ɑ^{33}.

我 嘴 巴 笨，怎 么 讲 都 讲 不 过 他。

ŋo^{53}tsue^{53}pɑ^{33}pen^{313}, tsəʔ^{2}məʔ^{2}tɕiɑŋ^{53}to^{33}tɕiɑŋ^{53}t^{h}ɑ^{33}pɔʔ^{2}ko^{24}.

我 嘴 巴 笨，怎 么 讲 都 讲 他 不 过。

246　**他走得越来越快，我都跟不上了。**

t^{h}ɑ^{33}yɔʔ^{2}tsəɯ^{53}yɔʔ^{2}k^{h}uai^{24}, ŋo^{53}to^{33}ken^{33}pɔʔ^{5}tɑo^{53}(t^{h}ɑ^{33})ləʔ^{0}.

他 越 走　越 快，　我 都 跟　不 倒 （他）了。

247　**越走越快，越说越多。**

yɔʔ^{2}tsəɯ^{53}yɔʔ^{2}k^{h}uai^{24}, yɔʔ^{2}tɕiaŋ^{53}yɔʔ^{2}k^{h}uai^{24}.

越 走　越 快，　越　讲　越 快。

248　**慢慢说，一句一句地说。**

maŋ^{31}maŋ^{31}tɕiaŋ^{53}, ieʔ^{2}tɕy^{24}ieʔ^{2}tɕy^{24}tɕiaŋ^{53}.

慢　慢　讲，　一 句　一　句　讲。

maŋ^{31}maŋ^{31}tɕiaŋ^{53}, ieʔ^{2}tɕy^{24}tɕy^{24}tɕiaŋ^{53}.

慢　慢　讲，　一 句　句　讲。

第八章 话语材料

第一节

俗语谚语

一　俗语

01　mɑ^{31}pu^{24}tai^{313}tsuɑŋ^{33}tʰieʔ^{5}ten^{33}.

麻 布 袋 装 铁 钉。比喻纸包不住火。

02　sɑŋ^{33}tsɑo^{53}ti^{53}ieʔ^{5}koŋ^{33}.

三 早 抵 一 工。起三次早干的活儿相当于出一天工。

03　tɕʰiɯ^{31}in^{31}pɔʔ^{5}lu^{31}tɕʰiɯ^{31}tʰu^{53}.

求 人 不 如 求 土。求人不如自己下地耕种。

04　tɕʰy^{31}kʰu^{24}tsɿʔ^{0}fɑŋ^{24}pʰi^{24}.

除 裤 子 放 屁。

05　ɕin^{33}tɑ^{53}mɑo^{31}sɿ^{33}sɑŋ^{33}tʰiẽ^{33}ɕiɑŋ^{33}.

新 打 茅 司 三 天 香。

06　tɑ^{31}sue^{53}ȵiɯ^{31}tɕʰiaʔ^{5}pɔʔ^{5}tɑo^{53}saʔ^{5}mu^{53}.

大 水 牛 恰⁼ 不 倒 虱 母。恰⁼tɕʰiaʔ^{5}：压。本俗语比喻“尺有所短，寸有所长”。下一句寓意同。

07　tɑ^{13}ɕieʔ^{2}kʰuai^{24}iɑo^{313}ɕiɑo^{53}ɕieʔ^{2}kʰuai^{24}saʔ^{5}.

大 石 块 要 小 石 块 塞。

08　ieʔ^{5}kʰuai^{24}li^{31}pɑ^{33}sɑŋ^{33}kəʔ^{5}tsuɑŋ^{33}.

一 块 篱 笆 三 个 桩。

09 tɕʰiɛ̃^{33}tsʰen^{31}pu^{24}pɔʔ^{5}ti^{53}ieʔ^{5}tʰiɑo^{31}kʰu^{24}.

千 层 布 不 抵 一 条 裤。指裤子比上衣更保暖。

10 tʰen^{33}foŋ^{33}tɕiɯ^{31}sʅ^{31}y^{53}.

听 风 就 是 雨。

11 tɕiɑo^{24}iɑŋ^{313}xuɑ^{31}xu^{31}lu^{31}.

照 样 画 葫 芦。

12 xɑo^{53}ləʔ^{0}ɕiɑŋ^{33}pɑ^{33}uɑŋ^{31}ləʔ^{0}tʰen^{31}.

好 了 伤 疤 忘 了 疼。

13 u^{53}li^{53}pɔʔ^{5}mɑŋ^{31}tɕiɑ^{33}sʅ^{33}.

五里 不 瞒 家 私。意思近“没有不透风的墙”。

14 toŋ^{33}kɑŋ^{24}tʰai^{24}iɑŋ^{31}ɕi^{33}kɑŋ^{24}y^{53}, nɑŋ^{31}kɑŋ^{24}tɑo^{33}tɕʰiɑŋ^{33}pɑʔ^{5}kɑŋ^{24}xu^{53}.

东 虹 太 阳 西 虹 雨，南 虹 刀 枪 北 虹 虎。

二 谚语

01 yen^{31}tsəɯ^{53}tɕiɑŋ^{33}sɑŋ^{33}, tɑ^{31}sue^{53}mɑŋ^{53}xo^{31}tʰɑŋ^{33}. yen^{31}tɕʰie^{33}pʰu^{53}tɕʰin^{31}, tɑ^{31}tʰiɛ̃^{33}tɕʰin^{31}.

云 走 江 山，大 水 满 河 滩。云 车⁼ 浦 城， 大 天 晴。车⁼tɕʰie^{33}：转

02 ɕiɑo^{53}kɑŋ^{33}len^{53}, u^{33}tɔʔ^{2}tɔʔ^{5}, n̠iɛ̃^{31}pɑʔ^{5}tu^{33}, xɑo^{53}sai^{24}kɔʔ^{5}.

小 竿 岭，乌 笃 笃，廿 八 都，好 晒 谷。

03 ŋo^{31}koŋ^{33}tɔʔ^{2}ieʔ^{5}tai^{24}mɑo^{313}, tɑ^{31}y^{53}tɕiɯ^{31}iɑo^{31}tɑo^{24}.

鹅 公 独 一 戴 帽， 大 雨 就 要 到。

04 u^{33}foŋ^{33}tɕiɛ̃^{33}u^{33}toŋ^{33}toŋ^{33}, pɔʔ^{5}sʅ^{31}y^{53}tɕiɯ^{31}sʅ^{13}foŋ^{33}.

乌 峰 尖 乌 咚 咚， 不 是 雨 就 是 风。

05 y^{53}tɑ^{53}tsoŋ^{33}, liɑŋ^{53}tʰəɯ^{31}kʰoŋ^{33}.

雨 打 中， 两 头 空。指中午若下雨，则早晚无雨。

06 tʰiɛ̃^{33}tsɑo^{53}tsʰɑo^{53}ɕiɑ^{31}, tɑ^{31}y^{53}xuɑ^{33}xuɑ^{33}. ie^{31}uɑŋ^{53}tsʰɑo^{53}ɕiɑ^{31}, me^{53}sue^{53}ɕiɑo^{33}tsʰɑ^{31}.

天 早 炒⁼ 霞，大 雨 哗 哗。夜 晚 炒⁼ 霞，没 水 烧 茶。

07 mɑ^{53}i^{33}ko^{24}pen^{33}, tɑ^{31}y^{53}tɕiɯ^{13}lai^{31}.

蚂 蚁 过 兵， 大 雨 就 来。

08 tɕʰin^{33}men^{31}tuɑŋ^{31}ɕyɔʔ^{2}, kɔʔ^{5}y^{53}tuɑŋ^{31}suɑŋ^{33}.

清 明 断 雪， 谷 雨 断 霜。

09 tɕʰyen^{33}xɑŋ^{31}to^{33}y^{53}sue^{53}, ɕiɑ^{13}xɑŋ^{31}tuɑŋ^{31}y^{53}ləɯ^{31}.

春 寒 多 雨 水， 夏 寒 断 雨 流。

10 tɕʰieʔ^{5}ləʔ^{0}tuaŋ^{33}u^{53}tsoŋ^{24}, miẽ^{31}pe^{313}yẽ^{53}yẽ^{53}soŋ^{24}.

吃了端午粽，棉被远远送。指端午之后天气变暖，不需盖被了。

11 kaŋ^{33}tɕin^{313}toŋ^{33}tsɿ^{24}laʔ^{2}taʔ^{5}ȵiẽ^{31}.

干净冬至邋遢年。指冬至天晴，则春节必多雨。

12 toŋ^{33}tsɿ^{24}tʰəɯ^{31}, toŋ^{24}sɿ^{53}ȵiɯ^{31}. toŋ^{33}tsɿ^{24}tsoŋ^{33}, nuaŋ^{53}xoŋ^{33}xoŋ^{33}. toŋ^{33}tsɿ^{24}ue^{53}, toŋ^{24}sɿ^{53}kue^{53}.

冬至头，冻死牛。冬至中，暖烘烘。冬至尾，冻死鬼。

13 ɕiao^{53}maŋ^{53}pɔʔ^{5}maŋ^{53}, maŋ^{31}tsoŋ^{24}pɔʔ^{5}kuaŋ^{53}.

小满不满，芒种不管。指小满时雨水若不足，芒种时则会欠收。

14 tɕin^{33}tsai^{33}, ai^{31}tsʰaʔ^{5}, pʰiẽ^{24}pʰiẽ^{24}saŋ^{33}len^{31}lɔʔ^{2}iaʔ^{5}iaʔ^{5}.

正栽，二插，片片山林绿压压。指绿化造林正月栽，二月插。

15 tsao^{53}tao^{313}pɔʔ^{5}ko^{24}lieʔ^{2}ɕia^{31}kuaŋ^{33}, uaŋ^{53}tao^{313}pɔʔ^{5}ko^{24}lieʔ^{2}tɕʰiɯ^{33}kuaŋ^{0}.

早稻不过立夏关，晚稻不过立秋关。

16 ɕia^{31}tsɿ^{24}tsai^{33}tsʰaʔ^{5}, pɔʔ^{5}kəɯ^{24}ue^{24}iaʔ^{5}. tsoŋ^{24}ieʔ^{5}faŋ^{24}, ɕiɯ^{33}ieʔ^{5}kuaŋ^{24}.

夏至栽插，不够喂鸭。种一畈，收一罐。

17 tsoŋ^{24}tʰiẽ^{31}pʰa^{24}tʰiao^{33}tsʰao^{53}, tɔʔ^{2}ɕy^{33}pʰa^{24}ko^{24}kʰao^{53}.

种田怕挑草，读书怕过考。过考：赶考，考试。

18 saŋ^{33}fen^{33}tsoŋ^{24}, tɕʰieʔ^{5}fen^{33}kuaŋ^{53}, toŋ^{33}ɕi^{33}tsʰai^{31}ɕi^{33}xaŋ^{53}.

三分种，七分管，东西才稀罕。

19 lieʔ^{2}ɕia^{313}pɔʔ^{5}ɕia^{313}, kao^{33}tʰiẽ^{31}pɔʔ^{5}pa^{313}.

立夏不下，高田不耙。指立夏若无雨，则地势高的田无法耕种。

20 lue^{31}ta^{53}tɕʰiɯ^{33}, tue^{24}paŋ^{24}ɕiɯ^{33}.

雷打秋，对半收。

lue^{31}ta^{53}toŋ^{33}, ɕieʔ^{2}kəʔ^{5}ȵiɯ^{31}laŋ^{31}tɕiɯ^{53}kəʔ^{5}kʰoŋ^{33}.

雷打冬，十个牛栏九个空。

21 lɔʔ^{2}iao^{31}uen^{53}, ua^{33}ȵi^{31}tuen^{53}.

若要稳，挖泥墩。比喻若要稳妥，必须打好基础。

22 iɯ^{53}tɕie^{24}iɯ^{53}xuaŋ^{31}, tsai^{24}tɕie^{24}pɔʔ^{5}naŋ^{31}.

有借有还，再借不难。

23 mao^{31}mao^{31}ɕi^{24}y^{53}ɕieʔ^{5}i^{33}ɕiaŋ^{31}, təɯ^{31}fu^{313}tɕiɯ^{53}tiẽ^{24}liao^{53}tɕia^{33}taŋ^{24}.

毛毛细雨湿衣裳，豆腐酒店了家当。比喻好吃懒做会败家。

24 in^{31}sɿ^{53}tsai^{24}pɔʔ^{5}laŋ^{313}, fu^{31}tsai^{24}tsɿ^{53}xuaŋ^{31}.

人死债不烂，父债子还。

25 tɕʰiɛ̃^{33}tɕʰin^{33}uaŋ^{31}tɕʰin^{33}, pɔʔ^{5}lu^{31}tsɿ^{31}tɕi^{53}ɕiɯ^{53}tɕyɔʔ^{5}tɕʰin^{31}.

千亲万亲，不如自己手脚勤。

26 len^{53}sɿ^{31}foŋ^{33}, tɕʰioŋ^{31}sɿ^{31}kʰoŋ^{33}.

冷是风，穷是空。

27 tsaŋ^{13}tieʔ^{0}tɕin^{24}, tso^{13}tieʔ^{0}tɕin^{24}, pɔʔ^{5}pʰɑ^{24}saŋ^{33}tɕyɔʔ^{5}ten^{24}.

站得正，坐得正，不怕三脚凳。

28 yɔʔ^{2}ɕi^{33}yɔʔ^{2}laŋ^{53}, yɔʔ^{2}tɕʰieʔ^{5}tsue^{53}yɔʔ^{2}taŋ^{313}.

越嬉越懒，越吃嘴越淡。

29 ɕiaŋ^{13}tsʰuaŋ^{31}fu^{33}tɕʰi^{33}, ɕia^{13}tsʰuaŋ^{31}kʰaʔ^{5}.

上床夫妻，下床客。

30 ai^{53}pɔʔ^{5}tʰen^{33}, ɕin^{33}pɔʔ^{5}faŋ^{31}.

耳不听，心不烦。

31 xɑo^{53}tsʰəɯ^{31}pɔʔ^{5}tsʰəɯ^{31}, xaʔ^{2}pʰɑ^{24}lɔʔ^{2}yɔʔ^{2}tʰiɛ̃^{33}me^{53}ieʔ^{2}tʰəɯ^{31}.

好愁不愁，还怕六月天没日头。

32 tʰiɛ̃^{33}pʰɑ^{24}tɕʰiɯ^{33}lai^{31}xaŋ^{313}, in^{31}pʰɑ^{24}lɑo^{53}lai^{31}tɕʰioŋ^{31}.

天怕秋来旱，人怕老来穷。

33 in^{31}sɿ^{313}mɑ^{53}ɕin^{31}, yɔʔ^{2}tso^{24}yɔʔ^{2}tɕin^{33}len^{31}.

人是马形，越做越精灵。

34 tɕʰyɔʔ^{5}men^{31}kʰaŋ^{24}tʰiɛ̃^{33}saʔ^{5}, tɕin^{24}men^{31}kʰaŋ^{24}liɛ̃^{53}saʔ^{5}.

出门看天色，进门看脸色。

35 ɕy^{31}pʰɑ^{24}pɔʔ^{5}pʰi^{31}, in^{31}pʰɑ^{24}ɕiaŋ^{33}ɕin^{33}.

树怕剥皮，人怕伤心。

36 ieʔ^{2}ɕiaŋ^{313}pɔʔ^{5}tso^{24}kʰue^{33}ɕin^{33}sɿ^{313}, ie^{31}paŋ^{24}pɔʔ^{5}pʰɑ^{24}kue^{53}tɕʰiɑo^{33}men^{31}.

日上不做亏心事，夜半不怕鬼敲门。

37 in^{31}ɕiɛ̃^{313}pe^{13}in^{31}tɕʰi^{33}, mɑ^{53}ɕiɛ̃^{313}pe^{13}in^{31}tɕʰi^{31}.

人善被人欺，马善被人骑。

38 ɕiɛ̃^{31}iɯ^{53}ɕiɛ̃^{31}pɑo^{24}, ɔʔ^{5}iɯ^{53}ɔʔ^{5}pɑo^{24}. pɔʔ^{2}sɿ^{13}pɔʔ^{5}pɑo^{24}, sɿ^{31}tɕiɛ̃^{33}me^{53}tɑo^{24}.

善有善报，恶有恶报。不是不报，时间没到。

39 tsɿʔ^{5}iɯ^{53}tɕʰioŋ^{31}in^{31}, me^{53}iɯ^{53}tɕʰioŋ^{31}saŋ^{33}.

只有穷人，没有穷山。

40 xɑo^{53}in^{31}ieʔ^{5}tɕiaŋ^{33}tsue^{53}, xɑo^{53}mɑ^{53}sɿ^{24}tʰiɑo^{31}tʰue^{53}.

好人一张嘴，好马四条腿。

41 in^{31}iɑo^{313}ɕin^{33}xɑo^{53}, ɕy^{13}iɑo^{313}ken^{33}ɕin^{33}.

人要心好，树要根深。

42 ɕieʔ^{2}ȵiɛ̃^{31}xɑŋ^{31}tsʰuɑŋ^{33}fu^{31}in^{31}uen^{313}, ieʔ^{5}tɕy^{53}tɕʰin^{31}men^{31}tʰiɛ̃^{33}ɕiɑ^{31}tsʅ^{33}.

十年寒窗无人问，一举成名天下知。

43 tso^{24}in^{31}pɔʔ^{5}tɔʔ^{2}ɕy^{33}, xuɑʔ^{2}tɕyɔʔ^{2}pɔʔ^{5}lu^{31}tɕy^{33}.

做人不读书，活着不如猪。

44 tsoŋ^{24}tʰiɛ̃^{31}tɕʰiɯ^{31}mi^{53}, tɔʔ^{2}ɕy^{33}tɕʰiɯ^{31}li^{53}.

种田求米，读书求理。

三 歇后语

01 mɑ^{31}tɕʰyɔʔ^{5}tsʰai^{53}sue^{53}tue^{24}——tsʅ^{31}pɔʔ^{5}liɑŋ^{13}lieʔ^{2}.

麻雀踩水碓——自不量力。

02 xo^{53}pʰɑo^{24}fɑŋ^{24}tsai^{313}tɕiɯ^{53}tʰɑŋ^{31}lieʔ^{0}fɑŋ^{24}——me^{53}men^{31}tɕʰi^{24}.

火炮放在酒坛里放——没名气。

03 mɑo^{33}tɑ^{53}fɑŋ^{31}tsen^{24}——tsɑo^{31}xuɑ^{24}kəɯ^{53}.

猫打饭甑——造化狗。

04 sue^{53}ȵiɯ^{31}pe^{24}ɕiɑŋ^{313}paʔ^{2}ken^{33}mɑo^{31}——ue^{31}pɔʔ^{5}tsɔʔ^{5}tɑo^{313}.

水牛背上拔根毛——微不足道。

05 tso^{24}ieʔ^{5}ɕi^{24}xu^{31}li^{31}pe^{31}tɕi^{33}tsʰu^{31}——nɑŋ^{31}təʔ^{5}tɕʰieʔ^{5}kʰue^{33}.

做一世狐狸被鸡锄$^{=}$——难得吃亏。

06 pɑo^{13}xu^{31}li^{31}tɕin^{24}tɕi^{33}tɕʰy^{31}——tsʅ^{31}tɕi^{53}xai^{13}tsʅ^{31}tɕi^{53}.

抱狐狸进鸡橱——自己害自己。

07 tieʔ^{5}tɑo^{53}to^{33}iɑo^{31}tsuɑ^{33}pɑ^{53}ȵi^{31}——suɑŋ^{24}pʰɑŋ^{31}tsʅʔ^{5}tʰai^{24}tɕin^{53}.

跌倒都要抓把泥——算盘子太紧。

08 me^{31}tɕin^{33}liɑŋ^{53}tʰəɯ^{31}tɕiɛ̃^{33}——tʰɑŋ^{33}pɔʔ^{5}tɑo^{53}pʰiɛ̃^{31}i^{31}.

枚针两头尖——贪不倒便宜。

09 kʰuai^{24}tɑo^{33}tɕʰiaʔ^{5}təɯ^{31}fu^{313}——liɑŋ^{53}miɛ̃^{31}kuɑŋ^{33}.

快刀切豆腐——两面光。

10 pɑo^{31}suɑŋ^{24}pʰɑŋ^{31}sue^{31}tɕiɑo^{24}——tɕin^{33}tɕin^{33}tɕi^{24}tɕiɑo^{53}.

抱算盘睡觉——斤斤计较。

11 tɕiɑŋ^{33}tʰai^{24}koŋ^{33}y^{13}fen^{31}uɑŋ^{31}——sʅ^{31}lai^{31}yen^{31}tɕyɛ̃^{53}.

姜太公遇文王——时来运转。

12 tɑ^{53}ten^{33}loŋ^{31}tɕ^{h}in^{31}pɔʔ^{5}tɑo^{53}——nɑŋ^{31}taʔ^{5}.

打灯笼寻不倒——难得。

13 iai^{53}tsɿ^{53}ten^{53}ts^{h}oŋ^{33}tɕiɯ^{313}——tɕ^{h}ieʔ^{5}lieʔ^{2}pɔʔ^{5}t^{h}ɑo^{53}xɑo^{53}.

矮子顶春臼——吃力不讨好。

14 kəɯ^{53}t^{h}əɯ^{31}tɕiaʔ^{2}li^{31}pɑ^{33}——tɕin^{24}t^{h}ue^{24}liɑŋ^{53}nɑŋ^{31}.

狗头夹篱笆——进退两难。

15 k^{h}oŋ^{33}k^{h}ɔʔ^{5}ten^{33}loŋ^{31}tɑ^{13}tsɿ^{31}xɑo^{313}——tsɿ^{31}ts^{h}ue^{33}tsɿ^{13}lue^{31}.

空壳灯笼大字号——自吹自擂。

16 iɑŋ^{31}ue^{53}pɑ^{33}tɕie^{33}pɔʔ^{5}tɕy^{313}iɑŋ^{31}p^{h}i^{24}ku^{53}——ts^{31}tɕi^{53}pɔʔ^{5}tsɿ^{33}tɕ^{h}iɯ^{53}.

羊尾巴遮不住羊屁股——自己不知丑。

17 mɑo^{31}sɿ^{33}ti^{53}ɕieʔ^{2}k^{h}uai^{24}——iɯ^{31}tɕ^{h}iɯ^{24}iɯ^{13}ŋen^{313}.

茅司底石块——又臭又硬。

18 ie^{31}uɑŋ^{53}ɕiɑŋ^{53}tɕ^{h}i^{0}tɕ^{h}iẽ^{33}t^{h}iɑo^{31}lu^{313}, t^{h}iẽ^{33}tsɑo^{53}p^{h}ɑ^{31}tɕ^{h}i^{53}xaʔ^{2}sɿʔ^{5}mo^{13}təɯ^{31}fu^{313}——

夜晚想起千条路，天早爬起还是磨豆腐——

k^{h}oŋ^{33}ɕiɑŋ^{53}.

空想。

19 lɑ^{33}sɿ^{53}ken^{33}ȵi^{53}li^{31}k^{h}ai^{33}sɑŋ^{33}tɕ^{h}iɯ^{33}t^{h}iẽ^{31}——tuɑŋ^{13}tɕyɔʔ^{2}kuɑŋ^{33}ɕi^{0}.

拉屎跟你离开三丘田——断绝关系。

20 k^{h}aʔ^{5}lai^{31}sɑo^{53}ti^{313}, k^{h}aʔ^{5}tɕ^{h}y^{24}ɕiɑo^{33}ts^{h}ɑ^{31}——ɕy^{33}tɕ^{h}in^{31}tɕiɑ^{53}i^{24}.

客来扫地，客去烧茶——虚情假意。

21 kuɑŋ^{33}ɕy^{53}ȵyẽ^{313}, pɔʔ^{5}ɕiɑo^{33}ɕiɑŋ^{33}——tɕin^{13}sɿ^{313}tɕiɑ^{53}xuɑ^{313}.

光许愿，不烧香——尽是假话。

22 tsɿʔ^{5}t^{h}en^{33}ɕiɑŋ^{53}lue^{31}, pɔʔ^{2}tɕiẽ^{24}ɕiɑ^{31}y^{53}——fɑŋ^{24}k^{h}oŋ^{33}p^{h}ɑo^{24}.

只听响雷，不见下雨——放空炮。

23 ko^{24}tɕ^{h}iɑo^{31}tɕ^{h}iɯ^{33}tɕ^{h}iɑo^{31}pɑŋ^{53}——uɑŋ^{31}en^{33}fu^{31}ȵi^{313}.

过桥抽桥板——忘恩负义。

24 xu^{31}li^{31}tɕie^{24}tɕi^{33}——iɯ^{53}tɕie^{24}fu^{31}xuɑŋ^{31}.

狐狸借鸡——有借无还。

25 mɑo^{33}tsɔʔ^{5}sɿ^{53}lɑo^{53}tɕ^{h}y^{53}——me^{53}pen^{53}sɿ^{0}.

猫捉死老鼠——没本事。

26 li^{31}təʔ^{0}tɕyɔʔ^{2}iaʔ^{5}pɑ^{31}təʔ^{0}tɕyɔʔ^{2}——tsoŋ^{53}iɯ^{53}ieʔ^{5}xue^{31}.

犁得着也耙得着——总有一回。

27 sɑŋ^{33}ɕieʔ^{2}ȵiẽ^{31}ie^{313}iɑŋ^{53}tɕy^{33}——tʰai^{24}tsʰʅ^{31}ləʔ^{0}.

三 十 年 夜 养 猪—— 太 迟 了。

28 fɑŋ^{24}pʰi^{24}tɑ^{53}in^{31}——tɕʰiɯ^{24}tɕʰi^{24}nɑŋ^{31}uen^{31}.

放 屁 打 人—— 臭 气 难 闻。

29 mɑo^{33}tɕiɑo^{24}lɑo^{53}xu^{53}ɕiɑŋ^{13}ɕy^{313}——to^{33}y^{31}tieʔ^{0}.

猫 教 老 虎 上 树—— 多 余 的。

30 ɕiɑŋ^{13}liɑŋ^{31}pɔʔ^{5}tɕin^{24}ɕiɑ^{13}liɑŋ^{31}uai^{33}——me^{53}xɑo^{53}iɑŋ^{313}.

上 梁 不 正 下 梁 歪 ——没 好 样。

31 tʰəɯ^{31}ten^{53}mɑo^{31}sʅ^{33}pɑŋ^{53}——liɑo^{31}pɔʔ^{5}tɕyɔʔ^{2}tʰiẽ^{33}.

头 顶 茅 司 板—— 撩 不 着 天。

第二节

歌谣

1. 拜年歌

tɕin yɔʔ tsʰu ieʔ io, pai kəʔ lai tɕie ȵiɛ̃,

正 月 初 一 呦,拜 个 唻姐 年,

ŋo suaŋ tɕyɔʔ li kəʔ kue ɕia ma tɕia ɕin tɕʰiɛ̃.

我 双 脚 哩个 跪 下 嘛 [姐啊] 身 前。

ɕieʔ tsɿ tɕiɛ̃ tɕiɛ̃ tsʰen laŋ tɕʰi, tɕʰin ɕioŋ ti ko ko ȵi mo pai ȵiɛ̃.

十 指尖 尖 撑 郎 起, 亲 兄 弟哥 哥 你莫 拜 年。

ai yɔʔ tsʰu ai io pai ȵiɛ̃ li kəʔ xue, tsəɯ tao na kəʔ lu ɕiaŋ ma pʰoŋ tɕyɔʔ kue.

二月 初 二呦拜 年 哩个 回, 走 到 那 个 路上 嘛 碰 着 鬼。

saŋ xuen tɕʰieʔ paʔ sɿ paŋ tʰiɛ̃ fi, paʔ xuen ti saŋ tɕʰi ma tɕiɛ̃ ȵiɛ̃ tɕyen.

三 魂 七 魄 是半 天 飞, 八 魂 的三 七 嘛 见 阎 君。

saŋ yɔʔ tsʰu saŋ io, tɕie lai kʰaŋ laŋ, pao pao li kəʔ tsao tsɿ pao pao tʰaŋ.

三 月 初 三 呦, 姐 来看 郎, 包 包 哩个 枣 子包 包 糖。

tsəɯ tao ɕieʔ tsɿ tɕiai tʰəɯ sɿ tieʔ kəʔ ti tao ue,

走 到 十 字街 头 是跌 个 的倒 喂,

tsao tsɿ ta liao ma iɯ tsɿ kʰuɔʔ, tʰaŋ tsɿ ti ta liao sɿ maŋ tɕiai iaŋ.

枣 子打了 嘛 又自 哭, 糖 子的打了 是满 街 烊。

sɿ yɔʔ tsʰu sɿ io, tɕie lai kʰaŋ laŋ,

四月 初 四呦, 姐 来看 郎,

tai kəʔ li kəʔ ɕiẽ sen sʅ k^{h}aŋ ŋo laŋ.

带个 哩个 先 生 是看 我郎。

tse iao ŋo laŋ ti pen xue xao,

只要 我郎 的病 会 好,

ɕyɔʔ xua ti in tsʅ ma sʅ ɕieʔ liaŋ.

雪 花 的银子 嘛 四十 两。

（发音人：谢培旺，2016. 8. 19）

2. 十八对（节选）

ti ieʔ na kəʔ to lai səʔ məʔ na kəʔ to ai?

第一那个 多来什 么 那个 多哎?

ti ai na kəʔ to lai səʔ məʔ na to?

第二那个 多来什 么 那多?

ti saŋ na kəʔ to lai səʔ məʔ na kəʔ to ai?

第三 那个 多来 什 么 那个 多哎?

ti sʅ na kəʔ to lai səʔ məʔ na kəʔ to?

第四那个 多来什 么 那个 多?

ti ieʔ na kəʔ to lai t^{h}iẽ ɕiaŋ na kəʔ ɕin ai,

第一那个 多来天 上 那个 星 哎,

ti ai na kəʔ to lai faŋ tɕiẽ na in,

第二那个 多来 凡 间 那人,

ti saŋ na kəʔ to lai saŋ tsoŋ na kəʔ ȵiao ai,

第三 那个 多来山 中 那个 鸟 哎,

ti sʅ na kəʔ to lai sue tsoŋ na y.

第四那个 多来水 中 那鱼。

ȵi na sʅ k^{h}aŋ tɕiẽ t^{h}iẽ ɕiaŋ na kəʔ ɕin ai?

你哪时看 见 天 上 那个 星 哎?

ȵi na sʅ k^{h}aŋ tɕiẽ faŋ tɕiẽ na in?

你哪时看 见 凡 间 那人?

ȵi na sʅ k^{h}aŋ tɕiẽ saŋ tsoŋ na ȵiao ai?

你哪时看 见 山 中 那鸟 哎?

ȵi na sɿ k^haŋ tɕiɛ̃ sue tsoŋ na y?
你哪时看　见 水　中　那 鱼?
ŋo uaŋ ɕiaŋ k^haŋ tɕiɛ̃ t^hiɛ̃ ɕiaŋ na sɿ ɕin ai,
我 晚　上　看　见　天　上　那 是 星 哎,
k^haŋ ɕi k^haŋ tɕiɛ̃ faŋ tɕiɛ̃ na in,
看　戏 看　见　凡　间　那 人,
ŋo k^haŋ ts^hai k^haŋ tɕiɛ̃ saŋ tsoŋ na ȵiao ai,
我 砍　柴　看　见　山　中　那 鸟　哎,
ŋo t^hiao sue k^haŋ tɕiɛ̃ sue tsoŋ na y.
我 挑　水 看　见　水　中　那 鱼。

（发音人：谢培旺，2016. 8. 19）

3．种田歌

ta tɕiɯ na kəʔ t^hiɛ̃ ɕiaŋ ləɯ,
大丘[1]那 个　田　上　喽,
xao tsai o ləɯ.
好　栽　禾喽。
kao saŋ na kəʔ len saŋ ai,
高　山　那 个　岭 上　哎,
xao $tɕ^h$iaŋ na ko.
好　唱　那 歌。
k^həɯ $tɕ^h$iaŋ na kəʔ saŋ ko ləɯ,
口　唱　那 个 山　歌 喽,
ɕiɯ ts^haʔ iaŋ ləɯ.
手　插　秧 喽。
tsao li na kəʔ xaŋ sue ləɯ,
澡　理那 个　汗　水　喽,
ko men na ts^huaŋ.
过 门　那 床。

① “丘”字在这里声母不送气。

ȵiɛ̃ ȵiɛ̃ nɑ kəʔ tɕ^{h}yɛ̃ i,
年 年 那个 穿 衣，
t^{h}iɛ̃ t^{h}iɛ̃ tɕ^{h}i ləɯ.
天 天 起 喽。
tɕ^{h}yɛ̃ k^{h}ɑo nɑ kəʔ suɑŋ ɕiɯ ai,
全 靠 那个 双 手 哎，
tso tɕ^{h}yɔʔ nɑ lai.
做 出 那 来。

（发音人：谢培旺，2016. 8. 19）

第三节

故事

1. 牛郎和织女

tɕieʔ^{5}ɕiɑ^{13}lai^{31}, ŋo^{53}men^{0}ioŋ^{313}ȵiɛ̃^{31}paʔ^{5}tu^{33}xuɑ^{313}ioŋ^{31}ŋo^{53}men^{0}ȵiɛ̃^{31}paʔ^{5}tu^{33}tɕ^{h}iɑŋ^{33}tsai^{24}
接下来，我们用廿八都话 用我们廿八都腔 再
tɕiɑŋ^{53} ieʔ^{5}piɛ̃^{24}ȵiɯ^{31}lɑŋ^{31}tɕieʔ^{5}ȵy^{53}.
讲 一遍牛郎织女。

ku^{53}sɿ^{31}xəɯ^{313}, iɯ^{53}ieʔ^{0}kəʔ^{0}ɕieʔ^{5}tɕ^{h}y^{24}ȵiɑŋ^{31}lɑo^{53}tsɿ^{0}tieʔ^{0}kue^{53}tsai^{53}. t^{h}ɑ^{33}lai^{0}sɿʔ^{5}k^{h}ɑo^{24}səʔ^{2}
古时候， 有一个失去娘老子的鬼仔。他唻是靠什
məʔ^{2}ioŋ^{31}sen^{33}ɑ^{0}? ɕin^{33}piɛ̃^{33}tɕiɯ^{31}iɑŋ^{53}tɑo^{0}ieʔ^{5}t^{h}iɑo^{31}lɑo^{53}ȵiɯ^{31}, k^{h}ɑo^{24}ken^{33}lɑo^{53}ȵiɯ^{31}ieʔ^{5}tɕ^{h}i^{53}
么用生啊？身边就养倒一条老牛，靠跟老牛一起
ioŋ^{31}sen^{33}. tɕieʔ^{2}kəʔ^{2}ɕiɑo^{53}kue^{53}k^{h}ɑo^{24}tɕin^{31}lɑo^{53}ȵiɯ^{31}, k^{h}ɑo^{24}ȵiɯ^{31}ken^{33}li^{31}t^{h}iɛ̃^{31}, tsoŋ^{24}ti^{313}
用生。这个小鬼靠近老牛，靠牛耕犁田、种地
tsuɑŋ^{31}tɕ^{h}iɛ̃^{31}, so^{53}i^{53}, in^{31}tɕiɑ^{33}tɕiɯ^{313}ts^{h}ɔʔ^{5}xɑo^{313}t^{h}ɑ^{33}men^{31}tsɿ^{313}tɕiɑo^{24}ȵiɯ^{31}lɑŋ^{31}. t^{h}ɑ^{33}tieʔ^{0}
赚钱，所以，人家就绰号他名字叫牛郎。他的
men^{31}tsɿ^{313}sɿ^{31}tɕiɑŋ^{24}tsɿʔ^{5}təʔ^{5}lai^{31}tieʔ^{0}.
名字是[这样]子得来的。

tsai^{24}, tɕieʔ^{2}kəʔ^{5}lɑo^{53}ȵiɯ^{31}pɔʔ^{2}sɿ^{313}ieʔ^{5}pɑŋ^{33}tieʔ^{0}ȵiɯ^{31}. pɔʔ^{2}sɿ^{31}ŋo^{53}men^{0}fɑŋ^{31}tɕiɛ̃^{33}, ŋo^{53}men^{0}
再，这个老牛不是一般的牛。不是我们凡间，我们
tsɿ^{31}tɕi^{53}ue^{24}tieʔ^{0}ȵiɯ^{31}. t^{h}ɑ^{33}tɕieʔ^{2}kəʔ^{5}ȵiɯ^{31}lai^{0}, sɿ^{31}sɔʔ^{2}y^{31}t^{h}iɛ̃^{33}ɕiɑŋ^{31}tieʔ^{0}tɕin^{33}ȵiɯ^{31}ɕin^{33}iɯ^{53}i^{24}
自己喂的牛。他这个牛唻，是属于天上的金牛星有意

ɕia^{13}faŋ^{31}, tsɿ^{33}tsu^{313}ȵiɯ^{31}laŋ^{31}tɕʰin^{31}tɕia^{33}lieʔ^{2}ȵieʔ^{2}. ue^{13}səʔ^{2}məʔ^{2}tʰɑ^{33}iao^{313}sɿ^{33}tsɿ^{31}iao^{31}ɕia^{13}faŋ^{31}?
下凡，资助牛郎成家立业。为什么它要私自要下凡？
tao^{24}kʰao^{24}tɕin^{313}ȵiɯ^{31}laŋ^{31}tsɿ^{33}tsu^{313}tʰɑ^{33}lai^{0}? in^{33}ue^{31}lao^{53}ȵiɯ^{31}kaŋ^{53}tɕyɔʔ^{5}tao^{0}, tɕieʔ^{2}kəʔ^{2}ȵiɯ^{31}
到靠近牛郎资助他唻？因为老牛感觉到，这个牛
laŋ^{31}, tɕieʔ^{2}kəʔ^{2}in^{31}, tɕieʔ^{2}kəʔ^{2}xəɯ^{31}sen^{33}la^{0}, tɕieʔ^{2}kəʔ^{2}kue^{53}tsai^{53}la^{0}, in^{31}ɕiaŋ^{33}taŋ^{33}tɕʰin^{31}lao^{31}, faʔ^{5}
郎，这个人，这个后生啦，这个鬼仔啦，人相当勤劳、发
xen^{53}, iɯ^{31}tɕiaŋ^{53}liaŋ^{31}ɕin^{33}, tsai^{31}tɕiaŋ^{24}tieʔ^{0}tɕʰin^{31}kʰuaŋ^{24}ɕia^{31}lai^{0}lai^{31}tsɿ^{33}tsu^{313}tʰɑ^{33}tieʔ^{0}.
狠，又讲良心，在[这样]的情况下唻来资助他的。

so^{53}i^{53}lai^{0}, iɯ^{53}ieʔ^{5}tʰiẽ^{33}lai^{0}, tɕieʔ^{2}kəʔ^{2}ȵiɯ^{31}, tɕieʔ^{2}kəʔ^{2}lao^{53}ȵiɯ^{31}lai^{0}, ɕiaŋ^{53}iao^{313}ɕiaŋ^{53}tsuɑ^{33}
所以唻，有一天唻，这个牛，这个老牛唻，想要想抓
tɕin^{53}ȵiaŋ^{13}ȵiɯ^{31}laŋ^{31}tɕʰin^{31}lieʔ^{2}ieʔ^{2}kəʔ^{2}tɕia^{33}tʰen^{31}, nɑ^{31}pieʔ^{5}ɕy^{33}iao^{31}tʰao^{53}ieʔ^{2}kəʔ^{2}lao^{53}pʰo^{31}. so^{53}i^{0}
紧让牛郎成立一个家庭，那必须要讨一个老婆。所以
lai^{0}, tɕieʔ^{2}kəʔ^{2}tɕin^{33}ȵiɯ^{31}, lao^{53}ȵiɯ^{31}ɕiao^{53}təʔ^{0}, tʰiẽ^{33}ɕiaŋ^{313}tɕʰieʔ^{5}ɕiẽ^{33}ȵy^{53}ti^{31}ai^{31}tʰiẽ^{33}iao^{31}tao^{24}
唻，这个金牛，老牛晓得，天上七仙女第二天要到
pen^{53}tsʰuen^{33}tieʔ^{0}toŋ^{33}piẽ^{0}iɯ^{53}ieʔ^{2}kəʔ^{2}xu^{31}, iao^{31}tao^{24}tɕieʔ^{2}kəʔ^{2}xu^{31}tsɿʔ^{5}lai^{31}ɕi^{53}tsao^{53}. tɕieʔ^{2}kəʔ^{2}xu^{31}
本村的东边有一个湖，要到这个湖子来洗澡。这个湖
lai^{0}, pen^{53}ɕin^{33}lai^{31}tɕiaŋ^{53}, tɕiɯ^{31}sɿʔ^{5}tɕʰieʔ^{5}ɕiẽ^{33}ȵy^{53}me^{53}ieʔ^{5}ȵiẽ^{31}to^{33}iao^{313}ɕia^{31}lai^{31}ɕi^{53}tsao^{53}tieʔ^{0}. faŋ^{53}
唻，本身来讲，就是七仙女每一年都要下来洗澡的。反
tɕin^{24}sɿ^{13}ieʔ^{2}kəʔ^{2}tɕʰyẽ^{31}ɕyɔʔ^{5}, tɕiɯ^{31}tɕiaŋ^{53}lai^{0}tɕieʔ^{2}kəʔ^{2}xu^{31}səʔ^{2}y^{31}ɕiẽ^{33}ȵy^{53}xu^{31}, tʰɑ^{33}tɕyẽ^{33}men^{31}
正是一个传说，就讲唻这个湖属于仙女湖，她专门
tao^{24}tɕieʔ^{2}kəʔ^{2}ti^{31}faŋ^{33}ɕi^{53}tsao^{53}lai^{0}, tɕiɯ^{31}tɕʰieʔ^{5}ɕiẽ^{33}ȵy^{53}ɕia^{31}lai^{31}ɕi^{53}tsao^{53}tieʔ^{0}. tsai^{31}lai^{0}tɕiɯ^{31}tʰɔʔ^{5}
到这个地方洗澡唻，就七仙女下来洗澡的。再唻就托
ləʔ^{0}ieʔ^{2}kəʔ^{2}moŋ^{313}, tʰɔʔ^{5}ləʔ^{0}ieʔ^{2}kəʔ^{2}moŋ^{313}tieʔ^{5}ȵiɯ^{31}laŋ^{31}, xaŋ^{53}ȵiɯ^{31}laŋ^{31}ieʔ^{2}tʰiẽ^{33}tsao^{53}pʰɑ^{31}tɕʰi^{53},
了一个梦，托了一个梦得牛郎，喊牛郎一天早爬起，
tɕiɯ^{31}tao^{24}toŋ^{33}piẽ^{33}tɕieʔ^{2}kəʔ^{2}ɕiẽ^{33}ȵy^{53}xu^{31}tɕʰy^{24}paŋ^{33}tɕieʔ^{2}kəʔ^{2}tɕʰieʔ^{5}ɕiẽ^{33}ȵy^{53}tʰɔʔ^{5}ɕia^{13}lai^{31}tieʔ^{0}
就到东边这个仙女湖去帮这个七仙女脱下来的
tɕʰyen^{31}tsɿʔ^{5}, i^{33}tɕʰyen^{31}ɑ^{0}, nɑ^{31}ieʔ^{5}tɕiẽ^{313}tʰəɯ^{33}xue^{0}lai^{0}. tɕiaŋ^{24}tsɿʔ^{5}lai^{0}, tɕiɯ^{13}nen^{31}kəɯ^{24}təʔ^{5}tao^{24}
裙子，衣裙啊，拿一件偷回来。[这样]子唻，就能够得到
ieʔ^{2}ko^{24}me^{53}li^{313}, tɕʰieʔ^{2}tɕin^{53}, pʰiao^{24}liaŋ^{313}tieʔ^{0}lao^{53}pʰo^{31}, tɕiɯ^{31}xue^{313}tɕʰin^{31}lieʔ^{2}tao^{24}ieʔ^{2}kəʔ^{2}tɕieʔ^{2}
一个美丽、齐整、漂亮的老婆，就会成立到一个这
iaŋ^{313}tieʔ^{0}tɕia^{33}tʰen^{31}.
样的家庭。

ti31ai13tʰiɛ̃33tʰiɛ̃33tsɑo53, ȵiɯ31lɑŋ31ɕin53lai31tieʔ0sɿ31xəɯ313, pʰɑ31tɕʰi53. ɕiɑŋ53lai31ɕiɑŋ53tɕʰy24,
第二天天早，牛郎醒来的时候，爬起。想来想去，
pɑŋ24ɕin24pɑŋ24pɔʔ5ɕin24təʔ0. nɑ53iɯ53tsəʔ2məʔ2ieʔ2xue31tɕiɑŋ24tieʔ0sɿ313? iɯ31sɿ13lɑo53ȵiɯ31tʰɔʔ5tʰɑ33
半信半不信的。哪有怎么一回[这样]的事？又是老牛托他
tieʔ0moŋ313, tʰɑ33tɕiɯ31pɔʔ5kuɑŋ53tsəʔ2məʔ2iɑŋ31tsɿʔ5ləʔ0. iɯ53tɕiɑŋ24tieʔ0sɿ313, me53tɕiɑŋ24tieʔ0sɿ313,
的梦，他就不管怎么样子了。有[这样]的事，没[这样]的事，
tɕʰin31pɔʔ5tɕʰin31, tʰɑ33tɕiɯ31pɔʔ5kuɑŋ53ləʔ0. nɑ31lai0, tɕʰieʔ5tɑo0tsɑo53fɑŋ313, tɕʰieʔ5tɑo0tʰiɛ̃33tsɑo53
成不成，他就不管了。那唻，吃倒早饭，吃倒天早
ləʔ0, tɕʰieʔ5tɑo0tsɑo53, nɑ31pəʔ5tɕiɯ31tɕʰiɑo31tɕyɔʔ0toŋ33piɛ̃33xu31lieʔ5tsəɯ53tɕʰy0. ko53iɛ̃31tsəɯ53tɑo24
了，吃倒早，那吧就朝着东边湖里走去。果然走到
xu31piɛ̃33, faʔ5ɕiɛ̃313tɕʰieʔ2kəʔ5me53li313, pʰiɑo24liɑŋ313tieʔ0ȵy53ɑ31tsɿʔ5tsai13nɑ31ɕi53tsɑo53. tɕieʔ2kəʔ2
湖边，发现七个美丽、漂亮的女娃子在那洗澡。这个
ȵy53ɑ31tsɿʔ5ɑ0, tʰɑ33tsai31ɕi53tsɑo53. ieʔ5kʰɑŋ24lai0, tɕieʔ2kəʔ5xu31piɛ̃33iɯ53ɕy313tieʔ0lɑ0, ieʔ5ken33iɑŋ31
女娃子啊，她在洗澡。一看唻，这个湖边有树的啦，一根杨
ləɯ53ɕy313, tɕieʔ2kəʔ2iɑŋ31ləɯ53ɕy313tsɿ33ɕiɑ31lai0tɕiɯ31kuɑ24tɑo0ieʔ5tɕiɛ̃313tɕʰyen31tsɿʔ5, tsɿ53xoŋ31saʔ5
柳树，这个杨柳树枝下唻就挂倒一件裙子，紫红色
tieʔ0tɕʰyen31tsɿʔ5. so53i53tʰɑ33tɕiɯ31mɑ53ɕiɑŋ313tɕi24tɑo0tʰəɯ31tʰiɛ̃33ie31uɑŋ53təʔ2moŋ313, lɑo53ȵiɯ31
的裙子。所以他就马上记倒头天夜晚得梦，老牛
ken33tʰɑ33tɕiɑŋ53təʔ0ləʔ0. tʰɑ33tɕi24təʔ0xen53tɕʰin33tsʰu53, tɕiɯ313pɑŋ33tɕi24tɕiɛ̃313tɕʰyen31tsɿʔ5nɑ31ləʔ0
跟他讲的了。他记得很清楚，就帮这件裙子拿了
ɕiɑ13lai31. tɕiɯ31pɔʔ5kuɑŋ53tɕiɯ31tʰɑo31ləʔ0, tɕieʔ2tɕieʔ5tʰɑo31tɑo24tɕiɑ33lieʔ5. tɕiɯ31nɑ31xue31lai31
下来。就不管就逃了，直接逃到家里。就拿回来
tɕiɯ31tʰɑo31xue31lai31ləʔ0, tɕiɯ31me53tɑo24ti13ɕiɑŋ313tɕʰy0.
就逃回来了，就没到地上去。

so53i53lai0, tɕiɯ31sɿʔ5tsai313tɑŋ33tʰiɛ̃33tieʔ5ie31uɑŋ53, ȵiɯ31lɑŋ31lai0sue31ləʔ0. tɕieʔ2kəʔ2tɕieʔ5ȵy53,
所以唻，就是在当天的夜晚，牛郎唻睡了。这个织女，
tɕiɯ31sɿ13tɕieʔ2kəʔ2ɕiɛ̃33ȵy53ɑ0, tɕiɯ31sɿʔ5uɑŋ53tʰiɛ̃33ɕiɑ31tieʔ0uɑŋ31mu53ȵiɑŋ31ȵiɑŋ31tieʔ0ȵy53ai31
就是这个仙女啊，就是管天下的王母娘娘的女儿
tɕiɑo24tɕieʔ5ɕiɛ̃33ȵy53tsɿ33tsoŋ33tieʔ0ieʔ2kəʔ2ȵy53ai31. ieʔ2kəʔ2ȵy53tieʔ0, tɕieʔ2kəʔ2ȵy53ɑ31tsɿʔ5, tɕieʔ2
叫七仙女之中的一个女儿。一个女的，这个女娃子，这
kəʔ2tɕʰieʔ5ɕiɛ̃33ȵy53tsɿ33tsoŋ33tieʔ0, tɕieʔ2kəʔ2tɕiɑo24tɕieʔ5ȵy53, men31tsɿ313tɕiɑo24tɕieʔ5ȵy53. ten53tʰɑ33
个七仙女之中的，这个叫织女，名字叫织女。等他

paŋ^{33}tʰɑ^{33}i^{33}ɕiaŋ^{31}tʰəɯ^{33}ko^{0}lai^{0}tieʔ^{0}taŋ^{33}tʰiẽ^{33}ie^{31}uaŋ^{53}, tɕieʔ^{5}ȵy^{53}tɕʰin^{33}tɕʰin^{33}tieʔ^{0}tʰue^{33}kʰai^{33}ȵiɯ^{31}
帮 她 衣裳 偷 过来的当 天 夜晚，织 女 轻 轻 地 推 开 牛
laŋ^{31}tieʔ^{0}men^{31}, tɕiɯ^{31}tsəɯ^{53}tɕin^{24}ȵiɯ^{31}laŋ^{31}tieʔ^{0}faŋ^{31}tɕiẽ^{33}, so^{53}i^{53}tɕiɯ^{31}ken^{33}ȵiɯ^{31}laŋ^{31}tɕieʔ^{5}ue^{0}fu^{33}
郎 的 门，就 走 进 牛 郎 的 房 间，所以就 跟 牛 郎 结 为夫
tɕʰi^{33}. tɕiɯ^{31}sɿ^{3}lao^{53}koŋ^{33}lao^{53}pʰo^{31}, tso^{24}lao^{53}koŋ^{33}lao^{53}pʰo^{31}ləʔ^{0}, lao^{53}koŋ^{33}lao^{53}pʰo^{31}ieʔ^{2}tue^{24}. tɕiaŋ^{24}
妻。就 是老 公 老 婆，做 老 公 老 婆 了，老 公 老 婆 一 对。[这样]
tieʔ^{0}sɿ^{313}ieʔ^{2}tso^{24}lai^{0}tɕiɯ^{31}sɿʔ^{5}lao^{53}koŋ^{33}lao^{53}pʰo^{31}.
的 事 一 做 唻就 是 老 公 老 婆。

tɕia^{33}ɕiaŋ^{313}ȵiɯ^{31}laŋ^{31}tieʔ^{0}tɕʰin^{31}tɕiẽ^{53}, tɕʰin^{31}kʰen^{53}, lao^{53}koŋ^{33}lao^{53}pʰo^{31}tɕiẽ^{24}lieʔ^{2}tao^{53}ieʔ^{2}kəʔ^{2}
加 上 牛 郎 的 勤 俭、勤 恳，老 公 老 婆 建 立 倒 一 个
tɕia^{33}tʰen^{31}, ko^{24}tieʔ^{0}sen^{33}xuaʔ^{2}pi^{53}tɕiao^{24}xao^{53}. ieʔ^{5}tɕyẽ^{53}iẽ^{53}, saŋ^{33}ȵiẽ^{31}ko^{24}tɕʰy^{24}ləʔ^{0}, ȵiɯ^{31}laŋ^{31}ken^{33}
家 庭，过 得 生 活 比 较 好。一转 眼，三 年 过 去 了，牛 郎 跟
tɕieʔ^{5}ȵy^{53}lai^{0}tɕiɯ^{31}sen^{33}tao^{53}liaŋ^{53}kəʔ^{0}ɕiao^{53}kue^{53}, ieʔ^{2}kəʔ^{2}naŋ^{31}tieʔ^{0}, ieʔ^{2}kəʔ^{2}ȵy^{53}tieʔ^{0}, sen^{33}tao^{53}ieʔ^{5}
织 女 唻就 生 倒 两 个 小 鬼，一个 男 的，一个 女 的，生 倒 一
naŋ^{31}ieʔ^{5}ȵy^{53}, ieʔ^{2}kəʔ^{2}ai^{31}tsɿʔ^{5}, ieʔ^{2}kəʔ^{2}ȵy^{53}ai^{31}lɑ^{0}. taŋ^{13}sɿ^{313}, tɕieʔ^{5}ȵy^{53}sɿ^{313}yɔʔ^{2}uaŋ^{31}tɑ^{31}ti^{24}tieʔ^{0}ȵy^{53}
男 一女，一个 儿子、一个 女 儿 啦。但 是，织 女 是 玉 皇 大帝的 女
ai^{31}. uaŋ^{31}mu^{53}ȵiaŋ^{31}ȵiaŋ^{31}faʔ^{5}ɕiẽ^{313}tɕieʔ^{5}ȵy^{53}pɔʔ^{5}tsai^{313}, ɕiao^{53}ləʔ^{0}ieʔ^{2}kəʔ^{2}ȵy^{53}ai^{31}, so^{53}i^{53}tɕieʔ^{5}ȵy^{53}
儿。王 母 娘 娘 发现 织 女不 在，少 了 一个 女 儿，所以织 女
iɯ^{313}pɔʔ^{5}sɿ^{313}tʰiẽ^{33}ɕiaŋ^{313}tieʔ^{0}yɔʔ^{2}uaŋ^{31}tɑ^{31}ti^{24}, uaŋ^{31}mu^{53}ȵiaŋ^{31}ȵiaŋ^{31}tʰoŋ^{31}i^{24}tɕyen^{53}tʰɑ^{33}ɕia^{13}lai^{31},
又 不 是 天 上 的玉 皇 大 帝、王 母 娘 娘 同 意准 她 下 来，
ɕia^{13}faŋ^{31}tsɿ^{33}tsu^{313}tʰɑ^{33}tieʔ^{0}. tʰɑ^{33}sɿʔ^{5}sɿ^{33}tsɿ^{313}ɕia^{13}faŋ^{31}, me^{53}tɕiaŋ^{53}, tʰəɯ^{33}tʰəɯ^{33}tieʔ^{0}tʰao^{31}ɕia^{13}lai^{31}
下 凡 资 助 他 的。她 是私 自 下 凡，没 讲，偷 偷 地 逃 下 来
tieʔ^{0}. so^{53}i^{53}faʔ^{5}ɕiẽ^{313}tʰɑ^{33}me^{53}tao^{24}, tɕiɯ^{31}pʰai^{24}tɕʰyɔʔ^{5}tʰiẽ^{33}pen^{33}tʰiẽ^{33}tɕiaŋ^{24}tsɔʔ^{5}nɑ^{31}xue^{31}ɕiaŋ^{24}tʰiẽ^{33}
的。所以发 现 她 没 到，就 派 出 天 兵 天 将 捉 拿 回 向 天
koŋ^{33}. tsai^{31}iɯ^{53}ieʔ^{5}tʰiẽ^{33}, tɔʔ^{2}iẽ^{31}tsɿ^{33}tsoŋ^{33}ɕiaŋ^{53}tɕʰi^{0}lue^{31}koŋ^{33}, ɕia^{13}tɕyɔʔ^{0}tɑ^{31}y^{53}, ɕi^{51}tɕyɔʔ^{0}xuaʔ^{5}
宫。在 有 一天，突 然 之 中 响 起 雷 公，下 着 大 雨，洗$^{=}$着 □
ɕiẽ^{24}. tsai^{31}tɕin^{24}tsai^{13}ɕia^{313}tɑ^{31}foŋ^{33}tɑ^{31}y^{53}tsɿ^{33}tsoŋ^{33}, tɔʔ^{2}iẽ^{31}tɕiẽ^{33}tieʔ^{0}, tɕieʔ^{5}ȵy^{53}me^{53}ləʔ^{0}, kʰaŋ^{24}
线①。在 正 在 下 大 风 大 雨 之 中，突 然 间 地，织 女 没 了，看
pɔʔ^{5}tao^{53}ləʔ^{0}, me^{53}tao^{0}. tɕieʔ^{5}ȵy^{53}me^{53}ləʔ^{0}i^{53}xəɯ^{31}lai^{0}, ȵiɯ^{31}laŋ^{31}tieʔ^{0}ieʔ^{5}naŋ^{31}ieʔ^{5}ȵy^{53}, tɕieʔ^{2}liaŋ^{53}
不 倒 了，没 倒。织 女 没 了以后 唻，牛 郎 的一男 一女，这 两

① □线xuaʔ^{5}ɕiẽ^{24}：闪电。

kəʔ0ɕiɑo53kue53tsai31nɑ31kʰuɔʔ5. kʰuɔʔ5tieʔ0iɑo313, tɕiɯ13iɑo313tɕʰin33ȵiɑŋ31tɕʰin33. so53i53lɑ0, loŋ31tieʔ0
个小鬼在那哭。哭的要，就要亲娘亲。所以啦，弄得
ȵiɯ31lɑŋ31fu31faʔ5kʰo53nen31. to33piɑo53təʔ5tsəʔ2məʔ2iɑŋ31tsɿ53xue31xɑo53. liɑŋ53kəʔ0ɕiɑo53tieʔ0tɕiɑŋ24
牛郎无法可能。都[不晓]得怎么样子会好。两个小的[这样]
kʰuɔʔ5iɑo31tɕʰin33ȵiɑŋ31tɕʰin33, lai31ȵiɑŋ31tɕʰin33.
哭要亲娘亲，来娘亲。

tɕin24tsai313me53pɑŋ31faʔ5tieʔ0sɿ31xəɯ313, lɑo53ȵiɯ31kʰai33kʰəɯ53tɕiɑŋ53xuɑ31ləʔ0, ken33tʰɑ33
正在没办法的时候，老牛开口讲话了，跟他
tɕiɑŋ53, tɕiɑo24tʰɑ33pɔʔ5iɑo31ɕin33xuɑŋ33, ɕin33piɑo31tɕieʔ5. pɑŋ33tʰɑ33liɑŋ53kəʔ0ȵiɯ31kɔʔ5pɑŋ33ɕiɑ13
讲，叫他不要心慌，心嫑急。帮它两个牛角帮下
lai31, xue31piɛ̃24tɕʰin31liɑŋ53kəʔ0lo31kʰɑŋ33. pɑŋ33liɑŋ53kəʔ0, ieʔ5tue24ai31ȵy53fɑŋ24təʔ0lo31kʰɑŋ33lieʔ5,
来，会变成两个箩筐。帮两个、一对儿女放得箩筐里，
tsai24tɕin31ieʔ5ken33piɛ̃53tʰiɑo33, tɕʰyɛ̃33tɕin0tɕʰy0tʰiɑo33tɕʰi0lai0. tɕiɑŋ24tsɿʔ5, tɕiɯ31kʰo53i53tsue33ɕiɑŋ31
再寻一根扁挑，穿进去挑起来。[这样]子，就可以追上
tɕieʔ5ȵy53. so53i53tsai31tɕieʔ2kəʔ2lɑo53ȵiɯ31tɕin24tsai313tɕiɑŋ53xuɑ313tɑŋ33tsoŋ33, xuɑ313tɕiɑŋ53xuɑ313lai0,
织女。所以在这个老牛正在讲话当中，话讲话唻，
kʰɑŋ33kʰɑŋ33ieʔ5tɕiɑŋ53xuɑ313, liɑŋ53kəʔ0ȵiɯ31kɔʔ5liɑo31ɕiɑ13lai31ləʔ0. tsɿ13ai31tsɿ13iɛ̃31tieʔ0piɛ̃24tɕʰin31
刚刚一讲话，两个牛角料⁼下来了。自而自然地变成
liɑo0liɑŋ53kəʔ0lo31kʰɑŋ33. tʰɑ33lai0, tɕiɯ31pɑŋ33liɑŋ53kəʔ0ɕiɑo53kue53fɑŋ24tsai313lo31kʰɑŋ33lieʔ5, tɕʰin31
了两个箩筐。他唻，就帮两个小鬼放在箩筐里，寻
tɑo53ieʔ5ken33piɛ̃33tʰiɑo33, pɑŋ33tʰɑ33tɕʰyɛ̃33tɕin0tɕʰy0. kʰɑŋ33kʰɑŋ33xɑo53ieʔ5tʰiɑo33ɕiɑŋ31tɕiɛ̃33ləʔ0,
倒一根扁挑，帮它穿进去。刚刚好一挑上肩了，
xɑo53tɕiɑŋ313xen53tɕʰin33kʰuai24. tɔʔ2iɛ̃31tɕiɛ̃33tieʔ0, liɑŋ53kəʔ0lo31kʰɑŋ33xɑo53tɕiɑŋ313ɕin33tɕʰi53iɯ53
好像很轻快。突然间地，两个箩筐好像升起有
yɔʔ2pʰɑŋ53ieʔ5iɑŋ313xue31fi33tieʔ0ləʔ0. tɕiɯ31tɕieʔ2tɕieʔ5ɕiɑŋ13tʰiɛ̃33ɕiɑŋ313fi33tɕʰy0, tɕiɯ31tɕin53tsue33
翼膀一样会飞的了。就直接向天上飞去，就紧追
tɕyɔʔ0tɕieʔ5ȵy53tɕʰiɛ̃31tʰəɯ31tsəɯ53tieʔ0, tʰɑ33tɕiɯ313tsai31xəɯ13tʰəɯ31tɕieʔ2tɕieʔ5tieʔ0ken33ɕiɑŋ0tɕʰy0
着织女前头走的，他就在后头直接地跟上去
ləʔ0. kɑŋ33ken33tɑo24iɑo31tɑo24tʰiɛ̃33tʰɑŋ31, tʰiɛ̃33men31tsɿ33tɕiɛ̃33, xen53kʰuai24tɕiɯ31iɑo31ken33ɕiɑŋ31
了。刚跟到要到天堂、天门之间，很快就要跟上
tɕieʔ5ȵy53ləʔ0, iɯ31ten53uɑŋ31mu53ȵiɑŋ31ȵiɑŋ31kʰɑŋ24tɑo0ləʔ0, ȵiɯ31lɑŋ31tʰiɑo33tɕyɔʔ0liɑŋ53kəʔ0ɕiɑo53
织女了，又等王母娘娘看倒了，牛郎挑着两个小

kue^{53}, ken^{33}tɕyɔʔ^{0}tʰɑ^{33}ȵy^{53}ai^{31}ɕiɑŋ^{31}tʰiɛ̃^{33}tʰɑŋ^{31}. in^{33}ue^{313}ȵi^{53}sɿ^{31}fɑŋ^{31}tɕiɛ̃^{33}tieʔ^{0}fɑŋ^{31}in^{31}, me^{53}faʔ^{0}tɑo^{24}
鬼，跟着她女儿上天堂。因为你是凡间的凡人，没法到
tʰiɛ̃^{33}ɕiɑŋ^{31}tɕʰy^{0}. tʰɑ^{33}sɿʔ^{5}ɕiɛ̃^{33}tɕia^{33}, so^{53}i^{53}uɑŋ^{31}mu^{53}ȵiɑŋ^{31}ȵiɑŋ^{31}tɕʰy^{53}ɕia^{0}tʰəɯ^{31}ɕiɑŋ^{31}tieʔ^{0}tɕin^{33}
天上去。她是仙家，所以王母娘娘取下头上的金
tsʰai^{33}, xuen^{31}tieʔ^{0}ieʔ^{2}kaʔ^{5}, tɔʔ^{2}iɛ̃^{31}tsɿ^{33}tsoŋ^{33}, tʰiɛ̃^{33}ɕiɑŋ^{31}piɛ̃^{24}tɕʰin^{31}tɑo^{53}ieʔ^{5}tʰiɑo^{31}tʰiɛ̃^{33}xo^{31}, xen^{53}
钗，横地一隔，突然之中，天上变成倒一条天河，很
tɕʰiɑŋ^{31}xen^{53}tɕʰiɑŋ^{31}, xen^{53}kʰuɑŋ^{33}xen^{53}kʰuɑŋ^{33}tieʔ^{0}tʰiɛ̃^{33}xo^{31}. tɕiɯ^{31}pɑ^{53}ȵiɯ^{31}lɑŋ^{31}tɕieʔ^{5}ȵy^{53}kaʔ^{5}li^{31}
长很长、很宽很宽的天河。就把牛郎织女隔离
ləʔ^{0}, pɔʔ^{5}nen^{31}tɕieʔ^{5}tɕin^{313}. pɔʔ^{5}nen^{31}tɕieʔ^{5}ɕin^{33}ləʔ^{0}, tɕiɯ^{31}sɿʔ^{5}tɕi^{24}iɑŋ^{313}, iɯ^{31}kʰɑŋ^{24}pɔʔ^{5}tɑo^{53}ləʔ^{0}.
了，不能接近。不能接身了，就是这样，又看不倒了。
xue^{31}xaʔ^{2}pɔʔ^{5}tɑo^{24}ieʔ^{5}tue^{33}tɕiɛ̃^{24}liɛ̃^{53}ləʔ^{0}.
会合不到一堆见脸了。

tsai^{31}tɕi^{24}sɿ^{31}xəɯ^{313}lai^{0}, ue^{313}səʔ^{2}məʔ^{2}me^{53}ieʔ^{5}ȵiɛ̃^{31}tsai^{31}tɕi^{24}sɿ^{31}xəɯ^{313}tɕiɯ^{31}iɑo^{313}tɕiɑŋ^{53}tɑo^{0},
在这时候唻，为什么每一年在这时候就要讲倒，
tʰiɛ̃^{33}ɕiɑŋ^{31}iɯ^{53}tɕieʔ^{2}kəʔ^{2}kʰoŋ^{53}tɕʰyɔʔ^{5}tɕiɑo^{31}, ue^{31}tsəʔ^{2}məʔ^{2}iɯ^{53}tɕieʔ^{2}kəʔ^{2}iɛ̃^{24}tɕʰiɑo^{31}? tɕiɯ^{31}sɿ^{31}me^{53}
天上有这个孔雀桥①，为怎么有这个燕桥②？就是每
ȵiɛ̃^{31}tieʔ^{0}tɕʰieʔ^{5}yɔʔ^{2}tsʰu^{33}tɕʰieʔ^{5}, iɛ̃^{24}tsɿʔ^{0}kʰɑŋ^{24}tɑo^{53}ȵiɯ^{31}lɑŋ^{31}tɕieʔ^{5} ȵy^{53}tɕiɑŋ^{24}ieʔ^{5}tue^{24}lɑo^{53}koŋ^{33}
年的七月初七，燕子③看倒牛郎织女[这样]一对老公
lɑo^{53}pʰo^{31}, tɕiɑŋ^{24}en^{33}ai^{24}tieʔ^{0}fu^{33}tɕʰi^{33}lɑ^{0}, tɕiɯ^{31}me^{53}ieʔ^{2}tsəʔ^{5}ɕi^{53}tɕʰyɔʔ^{5}iɑo^{53}tɕyɔʔ^{0}ieʔ^{2}tɕieʔ^{5}ɕi^{53}
老婆，[这样]恩爱的夫妻啦，就每一只喜鹊咬着一只喜
tɕʰyɔʔ^{5}tieʔ^{0}ue^{53}pɑ^{33}, tsai^{31}tʰiɛ̃^{33}xo^{31}, xen^{53}kʰuɑŋ^{33}ieʔ^{5}iɑŋ^{31}tieʔ^{0}tʰiɛ̃^{33}xo^{31}tsɿ^{33}tsoŋ^{33}, taʔ^{5}tɕʰin^{31}ieʔ^{5}pu^{313}
鹊的尾巴，在天河，很宽一样的天河之中，搭成一部
tɕʰyɔʔ^{5}tɕiɑo^{31}. tsai^{31}me^{53}ȵiɛ̃^{31}tieʔ^{0}tɕʰieʔ^{5}yɔʔ^{2}tɕʰieʔ^{5}. tɕieʔ^{2}kəʔ^{2}tɕʰyɔʔ^{5}tɕiɑo^{31}taʔ^{5}tɕiɛ̃^{24}tieʔ^{0}tɑo^{31}li^{53},
鹊桥。在每年的七月七。这个鹊桥搭建的道理、
mɔʔ^{2}tieʔ^{5}, tɕiɯ^{13}sɿ^{31}sɿ^{53}ȵiɯ^{31}lɑŋ^{31}xo^{31}tɕieʔ^{5}ȵy^{53}tsai^{31}tɕʰyɔʔ^{5}tɕiɑo^{31}ɕiɑŋ^{0}ɕiɑŋ^{33}xue^{313}. tɕieʔ^{2}kəʔ^{2}lai^{0},
目的，就是使牛郎和织女在鹊桥上相会。这个唻，
tɕiɯ^{31}sɿ^{31}ɑ^{0}, tɕiɯ^{31}sɿ^{31}tɕiɑŋ^{53}ŋo^{53}men^{0}ku^{53}xuɑ^{313}tɕʰyɛ̃^{31}ɕyɔʔ^{5}tieʔ^{0}. tɕiɯ^{31}sɿ^{31}tɕiɑŋ^{24}tɕiɑŋ^{53}tɕiɑŋ^{53}tieʔ^{0}
就是啊，就是讲我们古话传说的。就是[这样]讲讲的
ɑ^{0}, ȵiɯ^{31}lɑŋ^{31}tɕieʔ^{5}ȵy^{53}tieʔ^{0}ku^{53}sɿ^{0}tɕiɯ^{31}tɑo^{24}tsʰɿ^{53}tɕiaʔ^{5}səʔ^{5}.
啊，牛郎织女的故事就到此结束。

（发音人：谢培旺，2016.8.19）

①② 为“鹊桥”之口误。

③ 为“喜鹊”之口误。

2．蜈蚣咬死蛇精

tsai24tɕiaʔ5ɕia13lai31tɕiɯ31tɕiaŋ53ieʔ2kəʔ5ɑ0, pʰen31kʰu53in31tɕia33tieʔ0ai31tsɿʔ5taʔ5tsoŋ24tsuaŋ13yɛ̃31,
再接下来就讲一个啊，贫苦人家的儿子得中状元，
sɿ31tsəʔ2məʔ2iaŋ31tsɿʔ5təʔ5tsoŋ24lai31tieʔ0.
是怎么样子得中来的。

in31tɕiɯ31tɕiaŋ53, ku53xua313suəʔ5tɕiaŋ53ləʔ0in31iao31ɕin33tɕʰiaŋ31ue31xao53. faŋ31sɿ313toŋ13fəʔ2to33
人就讲，古话说讲了人要心肠为好。凡是动物都
sɿ13ieʔ2kəʔ2ɕin33men313. in33ue31tɕieʔ2kəʔ2ɕiao53kue53tsai31tɕia33təʔ2ɕy33təʔ0sɿ31xəɯ313, tʰəɯ33tʰəɯ33tieʔ0
是一个生命。因为这个小鬼在家读书的时候，偷偷地
na31tao53ieʔ2kəʔ5səʔ2məʔ2toŋ33ɕi33, na31tao53ieʔ2kəʔ2y31koŋ33. tsuaŋ33tsai31ieʔ2kəʔ5ɕiao53ɕiao53tieʔ0xaʔ2
拿倒一个什么东西，拿倒一个鱼=蚣①。装在一个小小的盒
tsɿʔ5li53tʰəɯ31. maŋ31maŋ31tieʔ0ue24, ue24, ue24. tɕieʔ5ko53ɕiao53kue53tieʔ0n̠iɛ̃31len31ieʔ2tao13tɕiaŋ53ta31ləʔ0.
子里头。慢慢地喂，喂，喂。结果小鬼的年龄一道长大了。
tɕieʔ2kəʔ2y31koŋ33le0, ie31to33tɕiaŋ53ta313. tʰa33to33me53paŋ31faʔ5faŋ24ləʔ0la0. tso24tao0ieʔ2ka24, ioŋ31
这个鱼=蚣呢，也都长大。他都没办法放了啦。做倒一个，用
tʰieʔ5sɿ33yəʔ5tɕʰin31ieʔ2ka24loŋ31tsɿʔ5. paŋ33tɕieʔ2kəʔ2y31koŋ33tsuaŋ33tsai13loŋ31tsɿʔ5li53tʰəɯ31. me53tʰiɛ̃33,
铁丝约=成一个笼子。帮这个鱼=蚣装在笼子里头。每天，
tʰiɛ̃33tʰiɛ̃33lai0tɕieʔ2kəʔ2y31koŋ33tɕʰieʔ5tsəʔ2məʔ2toŋ33ɕi33lai0? taŋ33sɿ31me53tsəʔ2məʔ2toŋ33ɕi33xao53
天天唻这个鱼=蚣吃怎么东西唻？当时没怎么东西好
tɕʰieʔ5, so53i53tʰa33tɕiɯ31ioŋ313tʰoŋ31iɯ31tɕʰy24ue24. tɕieʔ2kəʔ2y31koŋ33tɕiɯ31ten53tʰa33ue24tɕʰin31tsəʔ2
吃，所以他就用桐油去喂。这个鱼=蚣就等他喂成怎
məʔ2iaŋ31tsɿʔ5? ue24tɕʰin31ken33tsʰao53ɕiai31paŋ33iaŋ313xen53ta31ken33. so53i0lai0, tɕieʔ2kəʔ5kue53tsai53
么样子？喂成跟草鞋帮样很大根。所以唻，这个鬼仔
lai0, tɕieʔ2kəʔ5xəɯ31sen33tsai53lai0, tɕieʔ2kəʔ5ua31tsɿʔ5, tɕieʔ2kəʔ5ɕy33tʰoŋ31lai0, tɕiɯ31tsɿ31tao24na53lieʔ0
唻，这个后生仔唻，这个娃子，这个书童唻，就是到哪里
to33paŋ33tɕieʔ2kəʔ2y31koŋ33pe33tɕyəʔ0. tsʰoŋ31lai31me53tʰəʔ5li31ko24ɕin33.
都帮这个鱼=蚣背着。从来没脱离过身。

tsai24y31tao24ieʔ5n̠iɛ̃31tʰa33i53tɕin33n̠iɛ̃31tɕiaŋ53ɕieʔ2tɕʰieʔ5ləʔ0. tɕin24tɕʰin31kʰai33kʰao53. so53i53tʰa33
再遇到一年他已经年长十七了。进城开考。所以他

---

① 鱼=蚣y31koŋ33：蜈蚣。

iɑo^{313}ɕiɑŋ^{31}tɕin^{33}kɑŋ^{53}kʰɑo^{53}ləʔ^{0}, iɑo^{31}tɕʰy^{24}kʰɑo^{53}tsuɑŋ^{13}yɛ̃^{31}ləʔ^{0}. uɑŋ^{53}xue^{31}tsuɑŋ^{13}yɛ̃^{31}sɿ^{13}iɑo^{31}kʰɑo^{53}
要上京赶考了，要去考状元了。往回状元是要考

tieʔ^{0}. nɑ^{31}pəʔ^{0}tʰɑ^{33}tɕʰy^{24}kʰɑo^{53}tsuɑŋ^{13}yɛ̃^{31}tieʔ^{0}sɿ^{31}xəɯ^{313}, ie^{31}pe^{33}tɕyɔʔ^{0}tɕieʔ^{2}kəʔ^{2}y^{31}koŋ^{33}tɕʰy^{24}tieʔ^{0}. pi^{53}
的。那吧他去考状元的时候，也背着这个鱼⁼蚣去的。比

lu^{0}lai^{31}tɕiɑŋ^{53}, tʰɑ^{33}tɕieʔ^{2}kəʔ^{2}in^{31}, sɿʔ^{5}tsʰoŋ^{31}nɑŋ^{31}fɑŋ^{33}ko^{24}lai^{0}, pi^{53}lu^{0}sɿ^{31}tsʰoŋ^{31}pʰu^{53}tɕʰin^{31}. tɕin^{33}ko^{24}
如来讲，他这个人，是从南方过来，比如是从浦城。经过

ŋo^{53}men^{0}n̠iɛ̃^{31}paʔ^{5}tu^{33}. tɑo^{24}ŋo^{53}men^{0}n̠iɛ̃^{31}paʔ^{5}tu^{33}ieʔ^{2}ten^{313}iɑo^{31}tɕy^{13}ie^{313}. kʰo^{53}sɿ^{31}lai^{0}, me^{53}kəʔ^{0}sue^{53}
我们廿八都。到我们廿八都一定要住夜。可是唻，每个水

kʰəɯ^{53}, me^{53}kəʔ^{0}ti^{31}fɑŋ^{33}, ieʔ^{5}kəʔ^{0}tsʰuen^{33}tsuɑŋ^{33}, to^{33}iɯ^{53}kəʔ^{0}sue^{53}kʰəɯ^{53}. sue^{53}kʰəɯ^{53}ɕiɑŋ^{313}pieʔ^{5}ɕy^{33}
口，每个地方，一个村庄，都有个水口。水口上必须

to^{33}iɯ^{53}ku^{53}ɕy^{313}. tɑŋ^{33}tɕieʔ^{2}kəʔ^{2}ku^{53}ɕy^{313}li^{53}tʰəɯ^{0}, iɯ^{53}ieʔ^{2}kəʔ^{2}səʔ^{2}məʔ^{2}toŋ^{33}ɕi^{33}. tɕiɯ^{31}tɕʰin^{31}ue^{31}iɯ^{53}
都有古树。当这个古树里头，有一个什么东西。就成为有

ieʔ^{5}ken^{33}tɕiɑo^{24}ɕie^{31}. ɕie^{31}n̠iɛ̃^{31}len^{31}tɕiɑŋ^{53}tɑ^{313}, ken^{33}tɕy^{24}tɕʰiɛ̃^{33}n̠iɛ̃^{31}tsɿ^{33}xəɯ^{313}, tɕiɯ^{31}piɛ̃^{24}tɕʰin^{31}liɑo^{0}
一根叫蛇。蛇年龄长大，根据千年之后，就变成了

ɕie^{31}iɑo^{33}, tɕiɯ^{31}sɿʔ^{5}kəʔ^{0}iɑo^{33}tɕin^{33}nɑ^{0}. tɕieʔ^{2}ken^{33}ɕie^{31}tɕiɯ^{31}tɕʰin^{31}tɕin^{33}ləʔ^{0}. tɕʰin^{31}tɕin^{33}tsɿ^{33}xəɯ^{313}, lu^{31}
蛇妖，就是个妖精哪。这根蛇就成精了。成精之后，如

ko^{53}tɕieʔ^{2}kəʔ^{5}ɕie^{31}pəʔ^{2}sɿ^{31}xɑo^{53}ɕie^{31}, ɑ^{31}, tʰɑ^{33}sɿ^{31}ɕie^{31}ləʔ^{0}, mɑŋ^{53}ɕie^{31}, tɕyɛ̃^{33}men^{31}xai^{31}in^{31}tieʔ^{0}. nɑ^{31}
果这个蛇不是好蛇，啊，它是蛇了，蟒蛇，专门害人的。那

pəʔ^{0}tɕiɯ^{31}tsɿ^{31}tɕiɑŋ^{53}, n̠i^{53}iɯ^{53}pen^{53}tsɿ^{313}tieʔ^{0}in^{31}, n̠i^{53}ieʔ^{2}tɕin^{24}tɑo^{0}tsʰuen^{33}fɑŋ^{33}, so^{53}i^{53}lieʔ^{2}sɿ^{53}i^{53}lai^{31},
吧就是讲，你有本字⁼的人，你一进到村坊，所以历史以来，

ŋo^{53}men^{0}tɕieʔ^{2}tsoŋ^{53}tɑ^{31}pe^{24}, tɕʰiɛ̃^{31}pe^{24}, lɑo^{53}in^{31}tɕiɑ^{33}to^{33}ken^{24}pəʔ^{2}ioŋ^{31}tɕiɑŋ^{53}ləʔ^{0}. tɕi^{24}tiɛ̃^{53}ieʔ^{2}ten^{313}
我们这种大辈，前辈，老人家都更不用讲了。这点一定

iɑo^{31}ɕiɑo^{53}ɕin^{33}: n̠i^{53}pəʔ^{5}kuɑŋ^{53}tɕʰyəʔ^{5}men^{31}tɑo^{24}nɑ^{53}lieʔ^{0}tɕʰy^{24}, ie^{31}uɑŋ^{53}piɛ̃^{33}lai^{31}ləʔ^{0}, ie^{31}ləʔ^{0}, tɕiɯ^{31}
要小心：你不管出门到哪里去，夜晚边来了，夜了，就

sɿ^{31}ieʔ^{2}ləʔ^{2}ɕi^{33}sɑŋ^{33}tieʔ^{0}sɿ^{31}xəɯ^{313}, ieʔ^{2}tɕin^{24}tsʰuen^{33}tsuɑŋ^{33}iɑo^{31}tɕy^{13}ie^{313}, lu^{31}ko^{53}faʔ^{5}ɕiɛ̃^{313}, tʰen^{33}tɕiɛ̃^{24}
是日落西山的时候，一进村庄要住夜，如果发现，听见

iɯ^{53}in^{31}tɕiɑ^{33}xɑŋ^{53}n̠i^{53}, tɑ^{13}men^{31}tɑ^{31}ɕin^{24}tieʔ^{0}, tɕin^{33}men^{31}ɕieʔ^{2}ɕin^{24}tieʔ^{0}, lu^{31}ko^{53}n̠i^{53}me^{53}kʰɑŋ^{24}tɑo^{53}
有人家喊你，大名大姓地，真名实姓地，如果你没看倒

tɕieʔ^{2}kəʔ^{2}in^{31}, tue^{24}liɛ̃^{53}tue^{24}tɕyɔʔ^{0}, tɑŋ^{33}liɛ̃^{53}, xɑŋ^{53}n̠i^{53}təʔ^{0}xuɑ^{313}, tɕʰiɛ̃^{33}uɑŋ^{313}pəʔ^{2}iɑo^{31}in^{24}, in^{24}
这个人，对脸对着，当脸，喊你的话，千万不要应，应

pəʔ^{2}təʔ^{2}tieʔ^{0}.
不得的。

kʰo^{53}sɿ^{31}lai^{0}tɕieʔ^{2}kəʔ^{2}kue^{53}tsai^{53}tʰɑ^{33}sɿ^{31}piɑo^{53}təʔ^{5}tieʔ^{0}. tɕin^{24}tɑo^{0}tɕieʔ^{2}kəʔ^{2}sue^{53}kʰəɯ^{53}lai^{0}, təʔ^{2}iɛ̃^{31}
可是哝这个鬼仔他是[不晓]得的。进到这个水口哝，突然
tsɿ^{33}tɕiɛ̃^{33}ləʔ^{0}, tɕiɯ^{31}iɯ^{53}in^{31}tɕiɑ^{33}xɑŋ^{53}tʰɑ^{33}tieʔ^{0}tɕin^{33}men^{31}ɕieʔ^{2}ɕin^{24}ləʔ^{0}. tʰɑ^{33}məʔ^{0}tsəʔ^{5}in^{13}ue^{0}, ɕiɑo^{53}
之间了，就有人家喊他的真名实姓了。他嘛只认为，小
ɕiɑo^{53}tɕʰioŋ^{31}kʰu^{53}tɕʰyəʔ^{5}ɕin^{33}tsai^{31}tɕiɑ^{33}tieʔ^{0}, tɕin^{33}ko^{24}tɕiɑ^{33}tʰen^{31}tɕiɑo^{33}yəʔ^{5}tieʔ^{0}, tsoŋ^{53}lɑo^{31}lɑo^{31}tieʔ^{0}
小穷苦出身在家的，经过家庭教育的，总牢牢地
tɕi^{24}tɕy^{0}, ȵiɑŋ^{31}tɕʰin^{33}lɑo^{53}tsɿʔ^{0}tɕiɑo^{33}tai^{313}tʰɑ^{33}, tɑo^{24}uai^{13}tʰəɯ^{31}ieʔ^{2}ten^{13}iɑo^{313}tue^{24}in^{31}iɑo^{31}iɯ^{53}kəʔ^{0},
记住，娘亲老子交代他，到外头一定要对人要有个，
kʰaʔ^{5}tɕʰi^{24}. in^{31}tɕiɑ^{33}xɑŋ^{53}ȵi^{53}lai^{0}, piɑo^{13}nɑ^{31}tɑ^{31}ko^{33}ɕiɑŋ^{24}, me^{53}faʔ^{0}pɔʔ^{2}in^{24}in^{31}tɕiɑ^{33}tieʔ^{0}. so^{53}i^{53}tsai^{31}
客气。人家喊你哝，嫑拿大哥相，没法不应人家的。所以在
tɕiɑŋ^{24}təʔ^{0}tɕʰin^{31}kʰuɑŋ^{31}tsɿ^{33}ɕiɑ^{31}ləʔ^{0}. tʰɑ^{33}lai^{0}, tɕiɯ^{31}loŋ^{31}pɔʔ^{5}tɕʰin^{33}tsʰu^{53}ləʔ^{0}. tɕieʔ^{2}kəʔ^{2}ɕie^{31}tɕin^{33}xɑŋ^{53}
[这样]的情况之下了。他哝，就弄不清楚了。这个蛇精喊
tʰɑ^{33}təʔ^{0}sɿ^{31}xəɯ^{313}, tʰɑ^{33}in^{24}tɑo^{0}ləʔ^{0}.
他的时候，他应倒了。

in^{24}tɑo^{0}tsɿ^{33}xəɯ^{31}lai^{0}, ieʔ^{2}tɕin^{24}tɑo^{0}ȵiɛ̃^{31}paʔ^{5}tu^{33}tɕieʔ^{2}kəʔ^{2}ti^{31}fɑŋ^{33}ləʔ^{0}. nɑ^{31}pəʔ^{0}ieʔ^{2}ten^{13}iɑo^{31}tɕy^{13}
应倒之后哝，一进到廿八都这个地方了。那吧一定要住
ɕiɑ^{0}lai^{0}. tɑŋ^{33}sɿ^{31}lai^{0}, ieʔ^{2}tɕin^{24}tsʰuen^{33}fɑŋ^{33}, tsʰoŋ^{31}tɕʰi^{31}ieʔ^{2}tɕin^{24}sue^{53}kʰəɯ^{53}, tɕiai^{33}tʰəɯ^{31}uen^{31}tɑo^{24}
下来。当时哝，一进村坊，从其一进水口，街头问到
tɕiai^{33}ue^{53}. me^{53}kəʔ^{0}in^{31}uen^{31}tʰɑ^{33}iɯ^{53}in^{31}tɕiɑ^{33}xɑŋ^{53}tʰɑ^{33}me^{0}. tʰɑ^{33}to^{33}tɕiɑŋ^{53}iɯ^{53}tieʔ^{0}. “nɑ^{31}ȵi^{53}in^{24}
街尾。每个人问他有人家喊他没。他都讲有的。“那你应
me^{53}?” tʰɑ^{33}tɕiɑŋ^{53}: “ŋo^{53}to^{33}in^{24}tieʔ^{0}.” in^{31}tɕiɑ^{33}lai^{0}ɕieʔ^{2}tsai^{31}sɿ^{13}tɕiɑ^{33}lieʔ^{5}iɯ^{53}faʔ^{0}tɕy^{313}, to^{33}ken^{33},
没？”他讲：“我都应的。”人家哝实在是家里有法住，都跟，
to^{33}sɿʔ^{5}tʰue^{33}tʰɔʔ^{5}tɑo^{24}tɕiɑ^{33}me^{53}faʔ^{0}tɕy^{31}tieʔ^{0}. ue^{13}səʔ^{2}məʔ^{0}in^{31}tɕiɑ^{33}iɑo^{31}tɕiɑŋ^{24}tsɿʔ^{5}uen^{13}tʰɑ^{33}? xai^{31}
都是推脱到家没法住的。为什么人家要[这样]子问他？还
me^{53}təʔ^{0}tʰɑ^{33}tɕy^{31}lai^{0}? in^{33}ue^{31}tʰɑ^{33}in^{24}ko^{0}ləʔ^{0}. tɕiɯ^{31}tsɿ^{13}tɕin^{33}ieʔ^{2}in^{24}ko^{24}tieʔ^{0}, tɑŋ^{33}tʰiɛ̃^{33}tieʔ^{0}ie^{31}uɑŋ^{53},
没得他住哝？因为他应过了。就是今日应过的，当天的夜晚，
tɕieʔ^{2}kəʔ^{2}ɕie^{31}tɕin^{33}ieʔ^{2}ten^{13}iɑo^{31}lai^{31}pɑŋ^{33}tʰɑ^{33}tɕʰieʔ^{5}tɑo^{0}. iɑo^{31}lai^{31}pɑŋ^{33}tʰɑ^{33}tɕʰieʔ^{5}tɑo^{0}tieʔ^{0}. so^{53}i^{53}
这个蛇精一定要来帮他吃倒。要来帮他吃倒的。所以
tɕiɑ^{33}tʰen^{31}ieʔ^{2}iɑŋ^{313}tieʔ^{0}sɿ^{31}pɔʔ^{5}kɑŋ^{53}ten^{53}tʰɑ^{33}tɕy^{313}.
家庭一样的是不敢等他住。

so^{53}i^{53}ieʔ^{5}tɕieʔ^{2}tɑo^{24}ləʔ^{0}tɕiai^{33}ue^{53}tsəʔ^{2}məʔ^{2}pɑŋ^{313}? tsəʔ^{5}iɯ^{53}tɕiai^{33}ue^{53}ieʔ^{2}tɕiɑ^{33}in^{31}ɕiɑŋ^{53}tɑo^{0}ieʔ^{5}
所以一直到了街尾怎么办？只有街尾一家人想到一

kəʔ2səʔ2məʔ2paŋ31faʔ5. pi53lu0lai31tɕiaŋ53ŋo53tsai31ŋo53men0ȵiɛ̃31paʔ5tu33, tsoŋ53iao31ɕiaŋ53tɕhi0ieʔ5
个什么办法。比如来讲我在我们廿八都，总要想起一
men31, tsue24xəɯ313ieʔ5tɕia33in31. pi53lu0lai31tɕiaŋ53tɕiɯ31sɿ13tɕiaŋ24ɕiaŋ33len31tsɿ33tɕiɛ̃33tieʔ0ieʔ2kəʔ2ti31
门，最后一家人。比如来讲就是[这样]相邻之间的一个地
faŋ33, tsao31ləʔ0ieʔ2toŋ24tɕiaŋ24ɕiao53ɕiao53tieʔ0ken33miao313ieʔ2iaŋ31təʔ0, ieʔ2toŋ24tɕiaŋ24tieʔ0faŋ31tsɿʔ5.
方，造了一栋[这样]小小的跟庙一样的，一栋[这样]的房子。
faŋ31tsɿʔ5li53khai33tɕin0tɕhy0, ieʔ2toŋ24ɕiao53ɕiao53faŋ31tsɿʔ5. tɕhi31tshɿ24lai0iɯ53ieʔ2kəʔ2faŋ31tɕiɛ̃33, tɕieʔ2
房子里开进去，一栋小小房子。其次唻有一个房间，这
kəʔ2faŋ31tɕiɛ̃33lai0, li53thəɯ0lai0, ɕieʔ5iɯ53laʔ2tsəʔ5ten33xo53. tshɑ31tɕy313, iaŋ31iaŋ31li53thəɯ0, iɯ53tshuaŋ31
个房间唻，里头唻，设有蜡烛灯火。茶具，样样里头，有床
phu33, kao53təʔ0kaŋ33kaŋ33tɕin31tɕin313, tɕhin33tɕhin33paŋ53paŋ0tieʔ0. tɕiɯ13ȵiaŋ313tɕieʔ2kəʔ2in24ko0
铺，搞得干干净净、清清绑⁼绑⁼的。就让这个应过
tieʔ0in31, tɕiɯ31ken33thɑ33tɕiaŋ53, ɕieʔ2tsai31me53paŋ31faʔ5ləʔ0, nɑ31məʔ2tsəʔ5iɯ53ŋo53nɑ31lieʔ5iɯ53ieʔ5
的人，就跟他讲，实在没办法了，那么只有我那里有一
tɕiɛ̃33faŋ31tɕiɛ̃33khoŋ24tieʔ0. ie31pəʔ5kaŋ53ken33thɑ33tɕiaŋ53 "ȵi53in24ko0, ɕie31iao13lai31tɕhieʔ5ȵi53". tsəʔ5
间房间空的。也不敢跟他讲"你应过，蛇要来吃你"。只
xao53ken33thɑ33tɕiaŋ53lai0: "nɑ31ȵi53tao24nɑ31ɕie33tɕy313iɯ53faʔ0me53faʔ0?"
好跟他讲唻："那你到那些住有法没法？"

nɑ31məʔ2tɕieʔ2kəʔ2uɑ31tsɿʔ5lai0then33tao53in31tɕia33tɕiɯ313, tɕi24kəʔ0lao53ie31ie31ken33thɑ33tɕiaŋ24
那么这个娃子唻听倒人家就，这个老爷爷跟他[这样]
tɕiaŋ53lai0, thɑ33tɕiɯ31kao33ɕin24ləʔ0. "nɑ31to33iɯ53faʔ0tieʔ0." thɑ33tɕiaŋ53: "ȵi53tɕhieʔ5ləʔ0ie31uaŋ53me53?"
讲唻，他就高兴了。"那都有法的。"他讲："你吃了夜晚没？"
nɑ31pəʔ0tsai31thɑ33tɕia33to33tɕhieʔ5tao0ie31faŋ313ləʔ0. thɑ33lai0, kuai313tɕyəʔ0ten33loŋ31, soŋ24tao0tɕieʔ2kəʔ2
那吧在他家都吃倒夜饭了。他唻，□着灯笼，送到这个
xəɯ31sen33. tɕiɯ31tao24tɕieʔ2kəʔ2, tɕi24tɕiɛ̃33ɕiao53faŋ31tsɿʔ5lieʔ5tɕhy24tɕy313. nɑ31pəʔ0tɕieʔ2kəʔ2xəɯ31sen33
后生。就到这个，这间小房子里去住。那吧这个后生
lai0, tɕieʔ2kəʔ2uɑ31tsɿʔ5lai0, tɕiɯ31tɕy13tsai0tɕieʔ2kəʔ2ti31faŋ33.
唻，这个娃子唻，就住在这个地方。

tɕy13tsai0tɕieʔ2kəʔ2ti31faŋ33tɕy13ɕia0təʔ0sɿ31xəɯ313, tsai24tɕieʔ5iao313tɕiaŋ53tao0thɑ33tɕieʔ2kəʔ2y31
住在这个地方住下的时候，再这要讲到他这个鱼⁼
koŋ33, iao31tɕhi53ieʔ5ten313təʔ0tsəʔ5ioŋ313. tsai24kaŋ33kaŋ33xao53iao31tao24ie31paŋ24saŋ33ken33sɿ31, təʔ2iɛ̃31
蚣，要起一定的作用。再刚刚好要到夜半三更时，突然

kuaʔ^{5}tɕ^{h}i^{0}tɑ^{0}foŋ^{33}, liɛ̃^{31}laʔ^{2}tsɔʔ^{2}xo^{53}, ten^{33}tsaŋ^{53}xo^{53}tiɛ̃^{53}pɔʔ^{0}tɕy^{0}. in^{33}ue^{0}t^{h}ɑ^{33}sɿ^{13}iɑo^{313}ɕiɑŋ^{31}tɕin^{33}kaŋ^{53}
刮起大风，连蜡烛火，灯盏火点不住。因为他是要上京赶
k^{h}ɑo^{53}tieʔ^{0}, ieʔ^{2}kəʔ^{5}ɕy^{33}sen^{33}ieʔ^{2}iɑŋ^{31}təʔ^{0}ieʔ^{2}kəʔ^{5}ɕyɔʔ^{2}sen^{33}. t^{h}ɑ^{33}pieʔ^{5}ɕy^{33}iɑo^{313}k^{h}ɑŋ^{24}fen^{31}tɕiɛ̃^{31}ɑ^{0}. tɑŋ^{33}
考的，一个书生一样的一个学生。他必须要看文件啊。当
sɿ^{31}kuaʔ^{5}tɕyɔʔ^{0}tɑ^{31}foŋ^{33}lɑ^{0}, tɕieʔ^{2}kəʔ^{2}ten^{33}tsaŋ^{53}tiɛ̃^{53}pɔʔ^{0}tɕy^{0}xo^{53}ləʔ^{0}. ten^{53}t^{h}ɑ^{33}ts^{h}ue^{33}xaʔ^{5}ləʔ^{0}. nɑ^{13}tsəʔ^{0}
时刮着大风啦，这个灯盏点不住火了。等它吹黑了。那怎
məʔ^{2}paŋ^{313}? so^{53}i^{53}tɕieʔ^{2}kəʔ^{2}y^{31}koŋ^{33}tieʔ^{2}ieʔ^{5}suaŋ^{33}iɛ̃^{53}tɕin^{33}ken^{33}t^{h}oŋ^{31}len^{31}ieʔ^{2}iɑŋ^{31}təʔ^{0}suɑ^{33}liɑŋ^{313}
么办？所以这个鱼=蚣的一双眼睛跟铜铃一样的撒=亮
suɑ^{33}liɑŋ^{313}. tɕieʔ^{2}kəʔ^{2}y^{31}koŋ^{33}lai^{0}, tsai^{31}t^{h}ɑ^{33}me^{53}sue^{313}tsɿ^{33}tɕ^{h}iɛ̃^{31}, tɕiɯ^{31}ɕi^{53}ɕi^{53}xuɑ^{33}xuɑ^{33}təʔ^{0}iɑo^{31}
撒=亮。这个鱼=蚣唻，在他没睡之前，就稀稀哗哗地要
tɕ^{h}yɔʔ^{5}lai^{0}. so^{53}i^{53}t^{h}ɑ^{33}tɕiɯ^{31}ken^{33}, tue^{24}tɕyɔʔ^{0}tɕieʔ^{2}kəʔ^{2}y^{31}koŋ^{33}tɕiɑŋ^{53}ləʔ^{0}ieʔ^{2}tɕy^{24}tsəʔ^{0}məʔ^{2}xuɑ^{313}.
出来。所以他就跟，对着这个鱼=蚣讲了一句怎么话。
t^{h}ɑ^{33}tɕiɑŋ^{53}: "tɕ^{h}yɔʔ^{5}sen^{33}, ȵi^{53}ts^{h}oŋ^{31}ɕiɑo^{53}ŋo^{53}paŋ^{33}ȵi^{53}iɑŋ^{53}tɑo^{0}tɕiɑŋ^{24}tɑ^{313}. tɕin^{33}ieʔ^{5}ȵi^{53}tsɿ^{31}tsɿ^{31}tsai^{31}
他讲："畜生，你从小我帮你养到[这样]大。今日你自自在
tsai^{31}tieʔ^{0}, tɕin^{33}ieʔ^{2}ue^{31}səʔ^{2}məʔ^{2}tsuɑŋ^{24}tɕyɔʔ^{0}ieʔ^{2}ten^{13}iɑo^{313}t^{h}ɑo^{31}tɕ^{h}yɔʔ^{0}lai^{0}? lu^{31}ko^{53}ȵi^{53}iɑo^{313}tɕ^{h}yɔʔ^{5}
在的，今日为什么钻着一定要逃出来？如果你要出
lai^{0}iɯ^{53}səʔ^{2}məʔ^{2}tɕieʔ^{5}sɿ^{313}, nɑ^{31}ȵi^{53}ɕiɑŋ^{24}ŋo^{53}tiɛ̃^{53}ieʔ^{2}ɕiɑ^{13}t^{h}əɯ^{31}. nɑ^{31}ŋo^{53}tɕiɯ^{31}paŋ^{33}ȵi^{53}faŋ^{24}tɕ^{h}yɔʔ^{5}
来有什么急事，那你向我点一下头。那我就帮你放出
lai^{0}." so^{53}i^{53}lai^{0}, tɕieʔ^{2}kəʔ^{2}y^{31}koŋ^{33}ɑ^{0}, tɕiɯ^{31}tɕin^{33}tieʔ^{0}ŋaŋ^{31}tɕ^{h}i^{53}lai^{0}ləʔ^{0}. ken^{33}in^{31}ieʔ^{2}iɑŋ^{313}xue^{313}tsaŋ^{13}
来。"所以唻，这个鱼=蚣啊，就真的昂起来了。跟人一样会站
fe^{31}təʔ^{0}lɑ^{0}. tɕiɯ^{31}tɕ^{h}iɛ̃^{31}ts^{h}o^{24}t^{h}ai^{31}tɕ^{h}i^{53}lai^{0}, ke^{33}t^{h}ɑ^{33}tiɛ̃^{53}tɑo^{0}saŋ^{33}tiɛ̃^{53}t^{h}əɯ^{31}. so^{53}i^{53}t^{h}ɑ^{33}tɕiɑŋ^{53}: "nɑ^{31}
肥=的啦。就前错=①抬起来，给他点倒三点头。所以他讲："那
tɕiɑŋ^{24}tsɿʔ^{0}, ŋo^{53}paŋ^{33}ȵi^{53}ɕiɛ̃^{33}paŋ^{33}ȵi^{53}ue^{24}pɑo^{53}." pen^{53}lai^{0}sɿ^{31}t^{h}ɑ^{33}tai^{24}tɕyɔʔ^{0}t^{h}oŋ^{31}iɯ^{31}, ieʔ^{5}t^{h}iɛ̃^{33}lai^{0}
[这样]子，我帮你先帮你喂饱。"本来是他带着桐油，一天唻
tsɿʔ^{5}tɕyen^{53}t^{h}ɑ^{33}tɕ^{h}ieʔ^{5}ieʔ^{5}ɕiɑo^{53}liɑŋ^{53}t^{h}oŋ^{0}iɯ^{31}. tɕiɯ^{31}nen^{31}kəɯ^{24}tɕiai^{53}tɕyɔʔ^{0}t^{h}ɑ^{33}, fi^{31}ts^{h}ɿ^{31}tɕieʔ^{2}kəʔ^{2}
只准它吃一小两桶油。就能够解决它，维持这个
y^{31}koŋ^{33}təʔ^{0}sen^{33}xuaʔ^{2}, ȵiɑŋ^{31}y^{31}koŋ^{33}xuaʔ^{2}tɕyɔʔ^{2}tieʔ^{0}. so^{53}i^{53}lai^{0}, tɕiɑŋ^{24}tsɿʔ^{0}ləʔ^{0}t^{h}ɑ^{33}tɕin^{33}ieʔ^{2}ie^{31}uɑŋ^{53}
鱼=蚣的生活，让鱼=蚣活着的。所以唻，[这样]子了他今日夜晚
lɑ^{0}, tɕiɯ^{31}tɕiɑ^{33}tɑo^{0}ieʔ^{2}pe^{313}təʔ^{0}t^{h}oŋ^{31}iɯ^{31}ȵiɑŋ^{31}t^{h}ɑ^{33}tɕ^{h}ieʔ^{5}.
啦，就加倒一倍的桐油让它吃。

① 前错=tɕ^{h}iɛ̃^{31}ts^{h}o^{24}：前半截。

tɕʰieʔ5ləʔ0tsɿ33xəɯ313tsai24paŋ33tɕieʔ2kəʔ2men31ieʔ5tɑ53kʰai33, tɕieʔ2kəʔ5y31koŋ33ɑ0təʔ2iɛ̃31tɕiɯ31tʰen31
吃了之后 再帮 这个门 一打开， 这个鱼⁼蚣啊突然就 腾
kʰoŋ33ai31tɕʰi53ieʔ5fi33. fi33tieʔ0səʔ2məʔ2ti31faŋ33? in33ue31tiɛ̃53pɔʔ0tɕy0xo53ləʔ0la0, me53paŋ31faʔ5kʰaŋ24
空 而起 一飞。飞得什么地方？因为点不住火了啦，没办法看
ɕy33ləʔ0. na31məʔ2tɕieʔ2kəʔ2ɕy33sen33pieʔ5ɕy33iao313sue313ləʔ0, sue13tsai31tsʰuaŋ31ɕiaŋ313. tɕieʔ2kəʔ2y31
书了。那么这个书生必须要睡了，睡在床上。这个鱼⁼
koŋ33ieʔ5fi33tɕiɯ31fi33tsai31tɕieʔ2kəʔ2tsʰuaŋ31pʰu33ɕiaŋ0. uaŋ53n̠iɛ̃31təʔ0tsʰuaŋ31pʰu33sɿ31iɯ53tʰiɛ̃33xua33
蚣一飞就飞在这个床铺上。往年的床铺是有天花
paŋ53, iɯ53tɕieʔ2kəʔ2xo53tɕʰiaŋ31paŋ53tieʔ0. tɕiɯ31ieʔ5fi33fi33tsai313tɕieʔ2kəʔ2tsʰuaŋ31pʰu33ɕiaŋ31ləʔ0.
板，有这个火墙板的。就一飞飞在这个床铺上了。
tɕiɯ31fi33, ieʔ5tsaŋ313lai0tɕiɯ31tsaŋ313tsai31tɕieʔ2kəʔ0tʰiɛ̃33xua33paŋ53təʔ0tɕʰiaŋ31paŋ53ɕiaŋ0. liaŋ53kəʔ0iɛ̃53
就飞，一站唻就站在这个天花板的墙板上。两个眼
tɕin33tɕiaŋ31ieʔ2kəʔ2, ieʔ2tue24sua33liaŋ313sua33liaŋ31kəʔ0men31tɕy33. iɛ̃53tɕin33tɕʰiao31tɕyɔʔ0faŋ31tɕiɛ̃33
睛像一个，一对撒⁼亮撒⁼亮个明珠。眼睛朝着房间
men31tieʔ0, tɕieʔ2kʰaŋ24tɑ13men31, tɕieʔ2kʰaŋ24tɕy0men31.
门的，直看大门，直看住门。

so53i53tao24ie31paŋ24saŋ33ken33sɿ31, təʔ2iɛ̃31u33tʰiɛ̃33xaʔ5ti313, mao13tɕyɔʔ0kʰuaŋ31foŋ33tɑ31y53ləʔ0.
所以到夜半三更时，突然乌天黑地，冒着狂风大雨了。
tɕieʔ2kəʔ2y31koŋ33piao33tɕʰyɔʔ0lai0tsɿ33xəɯ313tɕiɯ31tsaŋ31tsai0na31kəʔ0ti31faŋ33. tɕieʔ2kəʔ5ua31tsɿʔ5sue313
这个鱼⁼蚣标⁼出来之后就站在那个地方。这个娃子睡
tieʔ0tsʰuaŋ31pʰu33, tsəʔ2məʔ2sue31təʔ0tɕyɔ0lai0? pen53lai0tɕiɯ31sɿ31sue31pɔʔ5tɕyɔʔ0. so53i0la0, tsəʔ5tʰen33
的床铺，怎么睡得着唻？本来就是睡不着。所以啦，只听
tao0uai31tɑ13men31"kʰaʔ5tsʰaʔ5", tɕin24lai0ləʔ0. tsai24iao31tao24ləʔ0faŋ31tɕiɛ̃33, tsəʔ5kʰaŋ24tao0faŋ31tɕiɛ̃33
到外大门"咔嚓"，进来了。再要到了房间，只看到房间
men31tʰue33kʰai33ləʔ0. in33ue0tɕieʔ2kəʔ2y31koŋ33tieʔ0iɛ̃53tɕin33sua33liaŋ313, kaŋ33kaŋ33xao53tɕieʔ2ken33
门推开了。因为这个鱼⁼蚣的眼睛撒⁼亮，刚刚好这根
maŋ53ɕie31tɕin33ləʔ0, kaŋ33kaŋ33xao53tʰəɯ31ɕin33tɕin24saŋ33tsʰuen24. tɕieʔ2kəʔ2y31koŋ33ieʔ5ten33, ten33tao53
蟒蛇精了，刚刚好头伸进三寸。这个鱼⁼蚣一叮，叮倒
tɕieʔ2kəʔ2maŋ53ɕie31təʔ0saŋ33tsʰuen24. ue13səʔ2məʔ2? ku53xua313lai31tɕiaŋ53, tsoŋ53iɯ53y31 koŋ33nen31
这个蟒蛇的三寸。为什么？古话来讲，总有鱼⁼蚣能
kəɯ24paŋ33ɕie31tsɿ31tao0. na13tɕiɯ31tao24, ieʔ5tɕieʔ2tao24ɕiɛ̃13tsai313, ku53xua313tɕʰyɛ̃31suɔʔ5sɿ13tɕyɔʔ2tue24
够帮蛇治倒。那就到，一直到现在，古话传说是绝对

pɔʔ^{5}ts^{h}o^{24}: y^{31}koŋ^{33}nen^{31}kəɯ^{24}pɑŋ^{33}ɕie^{31}iɑo^{53}sɿ^{53}tieʔ^{0}. nɑ^{31}pəʔ^{0}lai^{0}tɕieʔ^{2}kəʔ^{2}tɕiɑŋ^{24}tɑ^{31}tieʔ^{0}y^{31}koŋ^{33},
不错：鱼⁼蚣能够帮蛇咬死的。那吧唻这个[这样]大的鱼⁼蚣，
pɑŋ^{33}tɕieʔ^{2}kəʔ^{2}ɕie^{31}ten^{33}tɕy^{0}sɑŋ^{33}ts^{h}uen^{24}. liɑŋ^{53}in^{31}tɕiɯ^{13}tsai^{31}t^{h}ɑ^{33}fɑŋ^{31}tɕiɛ̃^{33}sɿ^{53}tɕin^{24}fɑŋ^{33}kuen^{53}. so^{53}
帮这个蛇叮住三寸。两人就在他房间使劲翻滚。所
i^{0} fɑŋ^{33}lai^{31}fɑŋ^{33}tɕ^{h}y^{24}, fɑŋ^{33}lai^{31}fɑŋ^{33}tɕ^{h}y^{24}ləʔ^{0}.
以翻来翻去，翻来翻去了。

fɑŋ^{33}tɑo^{53}pɑŋ^{24}kəʔ^{0}to^{33}ɕiɑo^{53}sɿ^{31}i^{53}xəɯ^{313}, tɕieʔ^{2}kəʔ^{2}ɕie^{31}tɕin^{33}ie^{31}me^{53}iɯ^{53}taʔ^{2}tɕ^{h}in^{31}, ie^{31}me^{53}
翻倒半个多小时以后，这个蛇精也没有达成，也没
tɕ^{h}ieʔ^{5}tɑo^{0}tɕieʔ^{2}kəʔ^{2}uɑ^{31}tsɿʔ^{5}. tɑŋ^{33}sɿ^{31}lai^{0}tɕiɯ^{31}ten^{53}tɕieʔ^{2}kəʔ^{2}kue^{53}tsai^{53}ue^{24}tieʔ^{0}tɕieʔ^{2}ken^{33}y^{31}koŋ^{33}
吃倒这个娃子。当时唻就等这个鬼仔喂的这根鱼⁼蚣
xuaʔ^{2}xuaʔ^{2}tieʔ^{0}, ken^{33}tɕyɔʔ^{0}t^{h}ɑ^{33}iɑŋ^{53}tɑo^{53}ləʔ^{0}to^{33}n̠iɛ̃^{31}təʔ^{0}y^{31}koŋ^{33}, xuaʔ^{2}xuaʔ^{2}tieʔ^{0}pɑŋ^{33}tɕi^{24}kəʔ^{0}mɑŋ^{53}
活活地，跟着他养倒了多年的鱼⁼蚣，活活地帮这个蟒
ɕie^{31}lai^{0}tɕiɯ^{31}iɑo^{53}sɿ^{53}ləʔ^{0}. iɑo^{53}sɿ^{53}, fɑŋ^{33}kuen^{53}tieʔ^{0}sɿ^{31}xəɯ^{31}lai^{0}tɕiɯ^{31}ieʔ^{5}tɕieʔ^{2}kuen^{53}tɑo^{0}, tɕiɯ^{31}sɿ^{53}
蛇唻就咬死了。咬死，翻滚的时候唻就一直滚倒，就死
ləʔ^{0}, sɿ^{53}tɑo^{0}. tɕieʔ^{2}kəʔ^{2}ɕie^{31}tɕin^{33}sɿ^{53}tɑo^{0}i^{53}xəɯ^{313}tɕiɯ^{31}t^{h}en^{31}tsɿ^{53}foŋ^{33}y^{53}, tɕiɯ^{31}me^{53}y^{53}ɕiɑ^{313}, ie^{31}me^{53}
了，死倒。这个蛇精死倒以后就停止风雨，就没雨下，也没
foŋ^{33}tɕ^{h}i^{53}ləʔ^{0}. so^{53}i^{0}tɕieʔ^{2}kəʔ^{2}xəɯ^{31}sen^{53}tɕiɯ^{31}ieʔ^{5}tɕieʔ^{2}ten^{53}tɑo^{0}t^{h}iɛ̃^{33}liɑŋ^{313}.
风起了。所以这个后生就一直等到天亮。

p^{h}ɑ^{31}tɕ^{h}i^{53}ieʔ^{2}k^{h}ɑŋ^{24}t^{h}ɑ^{33}tieʔ^{0}y^{31}koŋ^{33}i^{53}tɕin^{33}sɿ^{53}ləʔ^{0}. tɕiɯ^{31}tso^{13}tsai^{31}fɑŋ^{31}tɕiɛ̃^{33}, tso^{13}tsai^{31}li^{53}
爬起一看他的鱼⁼蚣已经死了。就坐在房间，坐在里
t^{h}əɯ^{0}xɑo^{31}t^{h}i^{31}tɑ^{31}k^{h}uɔʔ^{5}. ɕieʔ^{2}tsai^{31}sɿ^{31}t^{h}ɑ^{33}t^{h}en^{33}tɑo^{0}men^{31}uai^{313}, uai^{31}tɑ^{13}men^{31}, ɕieʔ^{2}tɕi^{24}ɕiɑŋ^{0}lai^{31}
头嚎啼大哭。实在是他听到门外，外大门，实际上来
tɕiɑŋ^{53}t^{h}ɑ^{33}sɿ^{31}me^{53}pɑŋ^{33}men^{31}t^{h}ue^{33}k^{h}ai^{33}. in^{33}ue^{0}tɕieʔ^{2}kəʔ^{2}ɕie^{31}lai^{0}t^{h}ɑ^{33}pieʔ^{2}tɕin^{24}sɿ^{31}tɕin^{33}ləʔ^{0}, iɑo^{31}lai^{31}
讲他是没帮门推开。因为这个蛇唻它毕竟是精了，要来
tɕ^{h}ieʔ^{5}t^{h}ɑ^{33}. nɑ^{31}pəʔ^{0}tɕiɯ^{31}ieʔ^{5}kəʔ^{0}in^{31}tɕy^{13}tɕieʔ^{2}kəʔ^{2}fɑŋ^{31}tɕiɛ̃^{5}ləʔ^{0}. tɕiɯ^{31}xɑo^{31}t^{h}i^{31}tɑ^{31}k^{h}uɔʔ^{5}, t^{h}ɑ^{33}
吃他。那吧就一个人住这个房间了。就嚎啼大哭，他
k^{h}uɔʔ^{5}səʔ^{2}məʔ^{2}toŋ^{33}ɕi^{33}, tɕiɯ^{31}k^{h}uɔʔ^{5}t^{h}ɑ^{31}tsɿ^{31}tɕi^{53}to^{33}n̠iɛ̃^{31}ue^{24}tɕyɔʔ^{0}, tai^{24}tɕyɔ^{0}ɕin^{33}piɛ̃^{33}təʔ^{0}y^{31}koŋ^{33}.
哭什么东西，就哭他自己多年喂着、带着身边的鱼⁼蚣。

（发音人：谢培旺，2016. 8. 19）

参考文献

蔡　恭、祝龙光主编 2007《廿八都镇志》，北京：中国文史出版社。

曹志耘主编 2008《汉语方言地图集》，北京：商务印书馆。

曹志耘、黄晓东 2007 吴徽语区内的方言岛，载谭慧敏主编《语言的多视角考察》，（新加坡）南洋理工大学中华语言文化中心出版。

曹志耘、秋谷裕幸主编 2016《吴语婺州方言研究》，北京：商务印书馆。

曹志耘、秋谷裕幸、太田斋、赵日新 2000《吴语处衢方言研究》，（日本）好文出版。

丁声树 1989 方言调查词汇手册，《方言》第2期。

丁声树、李　荣 1981 汉语音韵讲义，《方言》第4期。

范俊军 2006 语言活力与语言濒危的评估——联合国教科文组织文件《语言活力与语言濒危》述评，《现代外语》第2期。

黄晓东 2010 江山市廿八都"正字"音系，（日本）《开篇》第29卷。

江山市志编纂委员会 1990《江山市志》，杭州：浙江人民出版社。

教育部语言文字信息管理司、中国语言资源保护中心 2016《中国语言资源调查手册·汉语方言》，北京：商务印书馆。

李如龙 1991 浦城县内的方言，载陈章太、李如龙主编《闽语研究》，北京：语文出版社。

李永燧 1999 论民族语、母语和第一语言，《民族研究》第3期。

林芝雅 2005《浙赣闽交界官话方言语音比较研究》，暨南大学硕士学位论文。

林芝雅、沈先君 2014 赣浙闽边界廿八都官话的语音特点，《读与写》（教育教学刊）第9期。

刘丹青、唐正大、陈玉洁、盛益民、王　芳 2017 汉语方言语法调查问卷，《方言》第

1期。

罗杰瑞 1995《汉语概说》，张惠英译，北京：语文出版社。

罗杰瑞 2006 从音韵看汉语方言，《方言》第1期。

潘家懿 1998 军话与广东平海"军声"，《方言》第1期。

秋谷裕幸 2001《吴语江山广丰方言研究》，日本爱媛大学综合政策研究丛书1（爱媛大学法文学部综合政策学科）。

衢州市志编纂委员会 1994《衢州市志》，杭州：浙江人民出版社。

孙锐欣 2005 廿八都话的中塞调的实验研究，《常州工学院学报》（社科版）第1期。

陶　寰 2007 廿八都方言研究，《东方语言学》第2辑，上海：上海教育出版社。

陶　寰、盛益民 2018 共同吴闽语词汇研究：以"桸/檝"为例，《语言研究集刊》第2期。

王洪钟、赵普义 2017《中国语言文化典藏·江山》，北京：商务印书馆。

肖　潇 2016《语言接触视角下江山市廿八都"正字"研究》，浙江财经大学硕士学位论文。

张树铮 1998 对"无方言族"的初步观察，《语文建设》第8期。

赵日新、邓　楠 2019《安徽祁门军话》，北京：商务印书馆。

中国社会科学院和澳大利亚人文科学院 1988《中国语言地图集》（第一版），香港：朗文出版（远东）有限公司。

中国社会科学院语言研究所方言研究室资料室 2003 汉语方言词语调查条目表，《方言》第1期。

中国社会科学院语言研究所方言组 1981 方言调查词汇表，《方言》第3期。

中国社会科学院语言研究所、中国社会科学院民族学与人类学研究所、香港城市大学语言资讯科学研究中心编 2012《中国语言地图集》（第二版），北京：商务印书馆。

庄初升、丁沾沾 2019《广东连南石蛤塘土话》，北京：商务印书馆。

Richard VanNess Simmons（史皓元）1992 The Hangzhou dialect. 美国华盛顿大学博士学位论文。

Richard VanNess Simmons（史皓元）1995 Distinguishing characteristics of the Hangzhou dialect, 载徐云扬编《吴语研究》，香港：香港中文大学新亚书院。

调查手记

廿八都镇位于浙闽赣三省交界处，独特的地理位置造就了历史上频繁的战争、屯兵、移民，使廿八都成了“方言王国”和“百姓古镇”。因此吸引了大批语言学研究者前往探究调查，李如龙、曹志耘、陶寰、林芝雅、沈先君等学者都曾关注过此地方言。

2002年春，我为了完成博士学位论文第一次“闯入”了廿八都古镇。时隔17年，回想当年的调查竟恍如隔世。那时的廿八都尚未开发旅游业，从峡口到廿八都的山路蜿蜒曲折，又高又陡。我循着这条古道来到了廿八都，仿佛来到一个世外桃源。调查期间我借住在发音人杨展三先生家，每日在他家那座气势恢宏的老宅里记录神奇的廿八都话。更为神奇的是，直到离开之时我才知道，我居住多日的那个房间还是以前大户人家小姐的闺房。如今想来，那段时日我的身体和灵魂都完美地融入了这个古镇过往的岁月之中。

廿八都老街　江山市廿八都 /2018.2.23/ 黄晓东 摄

在为期近一个月的调查中，在杨展三先生和姜志远先生的配合下，我记录了《方言调查字表》、2000条词和近百个语法例句。非常遗憾的是，后来由于博士学位论文题目的缩小，廿八都的调查材料并未纳入我的博士学位论文。但是，我与廿八都的情缘却由此开始了：环抱的青山、欢唱的溪水、宏伟的古建、精美的门楼、热情的居民以及神奇的方言，都让我久久不能忘怀，一直希望有机会故地重游。

虽然念念不忘，但杂事耽身，再次踏上这片土地竟是7年之后。2009年8月，我终于再次回到廿八都，另请杨舜日先生为发音人，对之前的调查材料全部进行了核对和补充。并于2010年在日本《开篇》第29卷上发表了《江山市廿八都"正字"音系》一文。这篇论文是对我之前调查的一个小结。但随着调查的逐步深入，我越来越发现该地的方言绝对不是单篇论文所能涵盖的：它的起源、它的归属、它的演变……这一系列问题都太值得我们进行更为全面深入的探讨和研究。

或许是冥冥之中的安排，2016年初，我有幸获批中国语言资源保护工程专项"濒危汉语方言调查·浙江江山廿八都正字"（YB1620A002）项目，终于可以实现我的夙愿了。2016年4月，我带领一支方言调查小分队前往廿八都进行方言调查实习。随后这支小分队的成员也都主动请缨，参加到"濒危汉语方言调查·浙江江山廿八都正字"项目的后续调查。天时地利人和，一切条件都顺势具备，凭借该项目，我们在接下来的几年中得以对廿八都正字进行了全面细致的调查研究。

按照中国语言资源保护工程项目要求，我们先进行了发音人的筛选。我首先找到之前多次调查过的杨舜日先生。除了年龄略大以外，杨大叔非常符合老男的要求。鉴于濒危汉

在杨舜日先生家调查　江山市廿八都 /2016.5.1/ 黄晓东 摄

语方言调查的特殊性，再加上之前有很好的合作基础，我们就以他作为老男发音合作人。果然，对老男的纸笔调查进行得分外顺利。我们又按照语保调查手册的要求仔细核对了每一个条目，保证了记音的准确性和严谨性。杨大叔还时不时从他家老宅里搬出各种老物件，对照着调查手册和我们讲解，这也让我们更为直观地了解了当地的生活习惯、人情风物，大大减少了调查的误差。看着杨大叔爬上爬下，把压箱底的物件都掏出来让我们辨识欣赏，大家都直呼大开眼界，可算见识了从前大户人家的风范。这为我们的调查增加了不少欢乐和惊喜，我们也常常戏称自己是“廿八都深度游”。

但其他几位发音合作人的寻找却一直困扰着我。杨舜日先生和我所借住的房东吴享根一家都热情地加入到了发音人的寻访队伍中。在他们的帮助下我们陆续又找到了老女吴春姣阿姨和擅长唱山歌、讲民间故事的口头文化发音人谢培旺大叔。吴春姣阿姨热情善良，对我们的调查工作格外支持，二十分钟的话语讲述她多次演练试录，直到以最完美的状态呈现才作罢。事后她还一再感谢我们给了她一个回忆个人经历的机会，这让我们感动不已。谢培旺大叔装了一肚子的民间故事，有几个晚上我们围坐在杨舜日先生家的老宅堂屋里，就着昏暗的灯光，听谢大叔抑扬顿挫地给我们讲故事。那些守着星光听故事的夜晚仿佛把我们带回到了那些古老的岁月，没有网络、没有电视，只有那悠长而久远的声音在时光里缓缓流淌。

可是廿八都调查的青男青女却迟迟没有着落。廿八都深处崇山峻岭之中，经济欠佳，年轻人基本外出务工，鲜有留在本地的，更别提要符合语保诸多条件的年轻人。艰苦的寻找工作持续了很长时间。甚至有一段时间，每天调查完，我们课题组的成员就走街串巷地去找青男青女：和镇上的老人们聊天，和过路的年轻人攀谈，向路边的小朋友打听……只要有一线希望就留下联系电话，请他们帮忙留意。功夫不负有心人，在和一个年轻妈妈的聊天中我们得知，她孩子的老师就是土生土长的本地姑娘。一路追踪过去，找到了当地幼儿园教师陈丽云女士。她善良美丽，讲着一口地道的廿八都话。知道我们来意之后，一口答应。趁着工作间隙，她认真配合我们完成了调查工作。2018年，在我给她送发音人证书那天，正赶上她出嫁，真心祝福她一生幸福！

青男的“出现”最晚，但他最后不但成了我们的发音人，还成了我们的课题组的“编外”成员。那天傍晚，我们一路寻找到了古镇西端的水岸桥，在旁边205国道上拦住了一位过路的中年男子，向他打听是否有符合条件的青年男子。他脱口而出：“廿八都小学的林超老师就符合你们要求啊！”随后就告诉了我们林超老师家的住址。那一刻我们欣喜若狂，颇有“踏破铁鞋无觅处，得来全不费工夫”的感觉，拿着要到的地址直奔林超老师家。记得当时林超老师的妻子刚刚生育，家中事务非常繁忙，但是他仍然热情地接待了冒昧寻访上门的我们，也是一口答应配合我们的调查工作。在后来的日子中，他不但充当了发音人

江山市教育局语委办领导慰问调查团队和发音人　江山市廿八都 /2018.8.20/ 肖潇 摄

的角色，还帮我们修理摄录电脑、布置场地、转写语料、提供方言文化照片，甚至积极帮助完成了对当地小学生方言使用情况的调查，成了我们的好战友！

中国语言资源保护工程的最大特色就是对发音人的发音材料进行摄录，这是一个极具开拓性的举措。但是，要在这样一个条件极其艰苦的地方找到一个合适的摄录场地几乎是一个不可能完成的任务。可就是这样，我们课题组的张薇老师仍以极大的毅力和创造性思维成功解决了摄录场地问题。张薇老师带领着研究生肖潇跑遍了廿八都的角角落落：小学正在施工，无法使用；镇政府人来人往，无法使用；宾馆隔音效果不好，无法使用……张薇老师甚至打上了那些百年老宅的主意，她还真去借到了一座当地的老宅院，可进去一看整座宅子还停留在点煤油灯的阶段——连电都没通！

无数次的燃起希望，无数次的失望，可她始终保持乐观的心态。最后她在一个山坡上发现了廿八都幼儿园有一间小小的保健室似乎可用。在江山市教育局的协调之下我们终于借到了这间只有七八平方米的保健室。可保健室的条件实在简陋：在八月的酷暑中，不要说空调，连电风扇都没有；线路老化得非常厉害，设备一启动，裸露在外的电线就火星直冒；整个房间光线昏暗，隔音效果差……但是，这已经是我们在廿八都镇上能找到最为合适的场地了。张薇老师在镇上找到了一家弹棉花的店家，租借了一批棉被，在四周墙上严

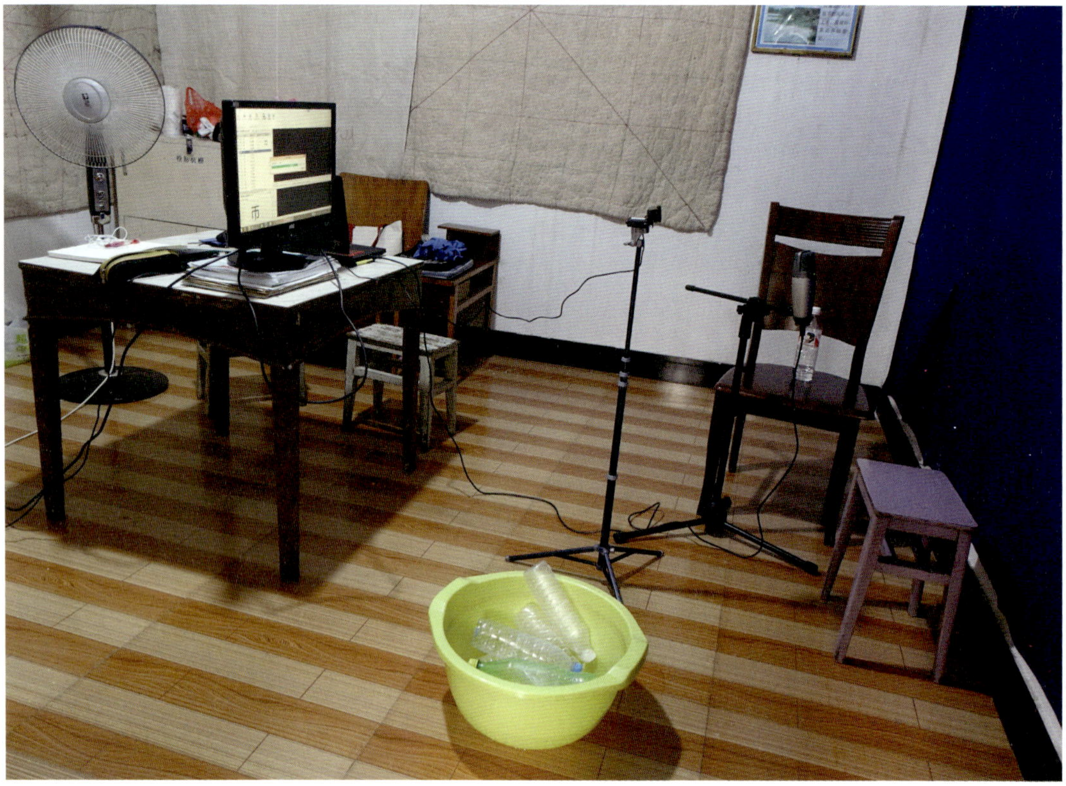

艰苦的工作环境　江山市廿八都 /2016.8.21/ 黄晓东 摄

严实实地钉上了棉被，搭建了一个临时“录音棚”。又去镇上五金商店买了两个LED灯，挂在房顶解决了光线问题，还请来师傅检修了电线线路，保证了设备的供电。

最难解决的是高温酷热问题，在那个闷热的小屋里待上几分钟就汗流浃背，发音人上了年纪根本无法适应这样的工作环境。为此，我们借用了房东的电扇，还去菜市场联系了一家冷库，每天买冰块回来降温。每隔两天我们就要往摄录场地扛一箱矿泉水去，每天累得饭都吃不下，只会一瓶一瓶灌矿泉水。

摄录工作就是在这样艰苦的环境中艰难进行着，可是无论发音人还是我们调查人员，没有一个人抱怨过工作环境的艰苦，我们还以较高的质量完成了摄录。在后来课题验收工作中，很多专家几乎无法相信我们是在这样的条件下完成了摄录工作。

2018年2月和4月我为撰写书稿《浙江江山廿八都话》再赴廿八都核对语料。经过这些年的调查，我对廿八都的熟悉程度简直不亚于本地人。熟悉的发音人、熟悉的房东、熟悉的朋友……坐在路边小店吃饭时，总有熟人上来和我打招呼攀谈，甚至拿着他们自己都不舍得吃的土鸡蛋一个劲往我背包里塞。临走时，也总有人拎着几块当地自家做的糕点让我捎上。他们对我的问候语也从“你是谁？”“你从哪里来的？”“你来干什么？”变成了“黄老师，你又来啦！”“黄老师，你什么时候再回来？”这让我都有了一种回到故乡的错觉，

夕阳下的廿八都古镇　江山市廿八都 /2016.8.28/ 黄晓东 摄

所以我也更加觉得自己应该为这里淳朴的人们做点儿什么、留下点儿什么。

廿八都话作为“中国语言资源保护工程专项·濒危汉语方言调查”的调查工作终于在克服了一个又一个困难之后完成了，如今回想那段时光，依然无比怀念那片错落有致的古建筑、忠厚淳朴的廿八都人以及全心付出的伙伴们！在无数个忙碌的日子里我都曾担心能否按期交稿，甚至好多次动过放弃出版的念头，但是曾经一起奋斗过的伙伴们都无比挂念书稿的出版，每次见面都会提及。一听到我说进展不顺时，都一再强调，只要他们能帮上忙，肯定全力以赴提供支持。每次听到这些话，我都是既感动又自责。犹记得2016年完成摄录那天傍晚，我们团队成员一起爬上房顶，眺望落日余晖映照下的远山和古镇，纷纷按下快门。我意气风发地宣布：“将来出书了，一定要把这些照片放进去！”每每念及于此，我都不敢有丝毫懈怠，我和我的团队一起走过的艰苦日子成了鼓舞我前进的最大动力。我深深知道，能高质量地完成预定任务，把我们的调查成果完整地展示在世人面前，就是对我们曾经的付出最好的回报！

后 记

从第一次踏上廿八都调查，到如今成书，弹指一挥间，竟是十七年时间的转瞬而过。在这十七年中，我先后八次赴廿八都调查，看着这历经百年的老街老宅，这十七年似乎只是时间长河中的一刹那，什么都没有改变。但转念一想，十七年来改变得又太多太多：十七年前的我还是一个忙于博士学位论文的学生、杨大叔正直壮年，如今我已步入不惑之年、杨大叔也已是古稀之年；十七年前调查是我单打独斗，但如今却是一个团队与我共同奋战；十七年前我对廿八都话还一片茫然，如今也算完成了一部相对系统完整的书稿……捧着手里的书稿，我太清楚了，这绝对不是凭我一己之力所能完成的，让我之所以有机会对廿八都话进行全面系统深入调查并形成书稿，我需要感谢的人实在是太多太多。

首先，我要感谢我的导师曹志耘先生，最初把廿八都话纳入我的研究视野就是得益于曹老师的指点。2002年我初次赴廿八都调查之后，曹老师就对我的调查材料进行过多次指点，虽然后来由于我博士学位论文题目的缩小，廿八都材料没有纳入我的博士学位论文，但2007年，曹老师和我合作发表了《吴徽语区内的方言岛》，文章对廿八都话、开化县华埠土官话、玉山怀玉山官话的语言特点进行了比较，推测三者很可能有共同的来源。这是我第一次跟曹老师合作发表文章。2015年，中国语言资源保护工程启动，翌年，在曹老师的首肯和支持之下，中国语言资源保护工程专项"濒危汉语方言调查·浙江江山廿八都正字"（YB1620A002）得以立项，这让我有机会对廿八都话进行全面系统的调查。在成书过程中，曹老师也不断地指导督促鞭策我，让我这个有严重拖延症的人能及时完成书稿的写作。

其次，我要感谢本丛书的主编张振兴先生和邢向东先生，以及编委沈明先生、赵日新先生、庄初升先生！这些先生们不但学问高深，而且都有着不遗余力提携后辈之心。在整个调查成书过程中，他们在百忙之中不断地审阅我的材料，给出了诸多中肯的意见，及时纠正了不少错漏。尤其是张先生和邢先生，为了赶进度，熬夜审阅书稿，并给出了详细的修改意见，甚至亲自做了很多修改工作，令我既惭愧，又感激！另外，本书的写作也得到过陶寰先生的多次指点，一并致以谢忱！

感谢商务印书馆周洪波主编、余桂林主任对本丛书的重视和支持，以及朱俊玄、刘建梅、王丽艳、魏晓明、陈玉庆等编辑的辛苦与努力！我作为语保中心与出版社的联系人，与他们保持着紧密的联系，彼此之间的合作非常愉快。本丛书的出版时间紧，任务重，编辑团队牺牲了多个节假日，加班加点，我深知他们的不易，也为他们的敬业精神所折服。特别要感谢本书责编朱俊玄老师！他以高度认真负责的态度，指出了本书中形式和内容方面的诸多问题，令人敬佩，也令我惭愧万分。

再次，感谢陪伴我一起完成整个调查过程的团队成员和发音人。和其他语保工程调查点相比，濒危点的调查难度更大：濒危点往往定在较为偏远的镇或乡里，相较于县城，这些点上的条件会更差，不仅仅是居住生活条件，更重要的是缺乏合适的摄录场地。除了"硬件"跟不上，"软件"也不合人意。由于是濒危点，能说会说的人口在不断减少，特别是能说这些濒危方言的年轻人在急剧减少，这让我们在寻找青年组发音人时伤透了脑筋。

但是，我们课题组成员从来没有抱怨过条件的艰苦，2016年，课题组的张薇老师带着我在浙江财经大学的研究生肖潇先期到达廿八都进行调查前准备。等我带着其他成员到达廿八都时，他们已经做好了一切准备，住宿、场地、发音人等都安排妥当。当时去廿八都的交通并不方便，高铁下来之后还要换乘两趟车才能到廿八都镇上，且车次不多，可他们俩硬生生把两箱子设备扛到了廿八都。寻找发音人和摄录场地也是诸多曲折，那时还正值G20峰会，位于浙、闽、赣三省交界处的廿八都是重兵把守的一个重要关卡，每天都有荷枪实弹的武警盘查。因为每天四处"乱窜"，张薇老师还被警察带去一番盘查，但解释之后我们的工作得到了他们的理解和支持，每次路过他们的关卡，站岗的警察都会向我们微笑致意。

由于有前期调查经验，纸笔调查相对轻松，最大的困难在于摄录，我们自创的"摄录棚"后来在语保经验推广会上得以传播，鼓舞了一大批惧怕摄录工作的课题组。在这里，我还要特别感谢江山教育局的徐凌志老师，没有他的支持我们的工作难以如此完美地完成。在百般寻找摄录场地之后，我们看中了廿八都幼儿园一间小小的保健室，但在联系了园长之后我们才知道这是一家民办幼儿园，而园长也并不愿意租借给我们场地。万般无奈之下，我们只能打电话给徐凌志老师求助，徐老师一刻也没耽搁地帮我们去了解情况，发现该幼儿园的房产是归属于廿八都小学，经过他的协调我们终于借到这个来之不易的摄录场地。没过几天，徐老师还开车来看望我们，并自费买了不少水果食品送给我们。徐老师的帮助，我们没齿难忘！

成功的方言调查离不开一支好的发音人队伍，从2002年初次到廿八都调查，到完成濒危志的调查，先后有七人担任过我的发音人，他们是：杨舜日先生、姜志远先生、杨展三先生、谢培旺先生、林超先生、吴春姣女士和陈丽云女士。他们善良淳朴、真诚热情，可能他们并不能真正理解方言调查的意义和价值，但他们却都全力以赴地对待这项工作。至今仍有几幅画面深深地印刻在我脑海里：

我们经常在杨大叔家的大堂里进行调查，杨大叔家祖上是镇上为数不多的秀才，是当年的大户人家，老宅虽然年久失修，但气势仍在。在调查过程中，为保证词条的准确性，杨大叔经常和老伴一起翻箱倒柜、爬上爬下搬出各种实物来给我们讲解说明，常常是调查结束，他家的天井和前堂里摊了一地的老物件。

谢大叔是杨大叔的邻居，自从被确定为我们的口头文化发音人之后，他也积极加入了我们的调查队伍，经常过来一起讨论词汇部分的说法。在进行民间故事摄录之前的好几个晚上，他都和我们一起聚在杨大叔家大堂里，就着昏暗的灯光罗列他会讲的民间故事，让我们挑选适合摄录的。谢大叔是一个“长妈妈”式的人物，虽然文化程度不高，可却装着一肚子民间故事，当他知道我们一般对民间故事摄录长度只需要十分钟左右时特别吃惊，因为他信手拈来讲个民间故事都是半小时起步，以至于我们摄录时一直担心电量不够。

青男林超温和厚道，他不但积极配合我们的调查，还义务帮助我们进行调查摄录，看着我们调查队伍女生为主就常常来帮忙，扛设备、修机器、拍照片，从来都是默默来帮忙做好就走了。等我们离开廿八都时，他又成了我们课题组留守廿八都的成员，有材料需要核对、有照片需要补拍、有物品需要寄送……他都认真细致地帮我们完成。此外，他还发动了林群女士、曹俐娜女士等亲朋好友，为本书提供了多张民俗文化图片。

还有我们借住的房东吴享根大叔和林秀香阿姨。他们热情地帮我们找发音人、找场地，知道我们摄录时酷热难耐、连电扇都没有之时，又毫不犹豫把家里唯一一台落地扇扛到了我们摄录场地。

最后，还要感谢众多研究生的热情参与和大力支持，包括北京语言大学的赵晓阳、赵亚伟、董丽丽、周磊、牟思洁、许怡、吴家欢、陆秋玲、朱莉凡、李琪、殷若思、凌蹇、孙会敏、陈艺雯、丁坦，浙江财经大学的肖潇，浙江师范大学的吴露露，杭州师范大学的程舒雯、林舒青，等等。各位同学在紧张的学习之余，帮助调查、录入、校对，没有他们的帮助，此项工作也是不可能完成的。

需要感谢的人太多太多，绝对不是几段文字所能记录的。我只能衷心感谢这些曾经帮助过我的人，衷心祝福他们一生平安！

黄晓东

2019年3月24日